놀이치료 ❶

· 이론과 기법편 ·

PLAY THERAPY

A Comprehensive
Guide to
Theory and Practice

David A. Crenshaw · Anne L. Stewart 편저
이순행 · 최해훈 · 박혜근 · 윤진영 · 최은실 공역

학지사

Play Therapy: A Comprehensive Guide to Theory and Practice
by David A. Crenshaw and Anne L. Stewart

역자 서문

놀이치료를 한다는 것은 어떤 것일까? 나는 지금 놀이치료를 잘 하고 있는 걸까? 아동은 왜 저런 행동을 하는 것일까? 지금의 상황을 어떻게 설명할 수 있을까? 앞으로 이런 상황이 또 나타난다면 놀이치료사로서 어떻게 대처해야 할까?

놀이치료사로서, 그리고 놀이치료를 가르치는 교육자로서 우리는 스스로 이러한 질문을 한다. 때로는 후배들에게서, 때로는 놀이치료를 준비하는 학생들에게서 이러한 질문을 받곤 한다. 그럴 때마다 수많은 놀이치료 서적을 찾아보고 함께 고민하면서 '이러한 질문들을 종합적으로 다루는 놀이치료 핸드북이 있으면 좋겠다.'라고 바라곤 하였다.

그때 마침 만나게 된 서적이 바로 『Play Therapy: A Comprehensive Guide to Theory and Practice』라는 책이다. 이 책은 최근의 놀이치료의 흐름을 세 부분, 즉 '놀이치료 이론과 접근' '놀이치료의 임상적 적용' '놀이치료 연구와 실제적 안내'로 세분화하여 종합적으로 다루고 있다. 번역서를 출간하면서, 이 책의 광범위한 분량으로 인해 『놀이치료 1: 이론과 기법편』과 『놀이치료 2: 임상적 적용편』으로 분권하여 출간하게 되었다. 『놀이치료 1: 이론과 기법편』은 '놀이치료 이론과 접근' 내용을 포함하고 있고, 『놀이치료 2: 임상적 적용편』은 '놀이치료의 임상적 적용'과 '놀이치료 연구와 실제적 안내' 내용을 포함하고 있다.

『놀이치료 1: 이론과 기법편』은 20여 년의 놀이치료 경력을 가진 전문가들에 의해 번역되었다. 제1장, 제6장, 제13장은 박혜근 선생님, 제2장, 제3장, 제4장은 윤진영 선생님, 제5장, 제11장, 제12장은 이순행 선생님, 제7장, 제8장, 제9장은 최해훈 선생님, 제10장, 제14장은 최은실 선생님이 담당하였다. 바쁜 일정을 쪼개 가며 만났지만, 번역 작업을 함께할 수 있었음에 늘 감사할 따름이다.

이 책을 번역하면서 우리 역시 놀이치료에 대해 새롭게 이해하게 되었고, 우리의 전문성 향상에 큰 도움을 받았다. 놀이치료 현장에서 내담자를 더 잘 이해하고 싶어 하는 분들과 다양한 놀이치료 접근을 이해하고자 하는 놀이치료사 및 예비 놀이치료사에게 이 책이 큰 도움이 되리라 믿어 의심치 않는다.

끝으로 이화여자대학교에 발달 및 발달임상심리 전공의 길을 여시고, 이화여자대학교 발달장애아동센터, 사단법인 인간발달복지연구소, 아이코리아 치료교육연구소, 서울형 소아청소년 주간치료센터인 아이존 등을 개원하셔서 제자들의 진로를 이끌어 주신 김태련 교수님과 방희정 교수님께 깊은 감사의 말씀을 드린다. 또한 놀이치료와 관련하여 이론 및 임상사례를 함께 공부하고 나눌 수 있었던 한국발달지원학회에도 진심으로 감사를 드린다. 그리고 이 책이 출판되도록 도움을 주신 학지사의 김진환 사장님과 편집부에 감사를 드린다.

2018년 8월

역자 일동

서문

『Play Therapy: A Comprehensive Guide to Theory and Practice』는 그 내용이 매우 풍부해서 독자 및 수련생으로 하여금 놀이 그 자체가 가진 변형력에 깊이 빠져들게 할 것이다. 각 장은 놀이를 '자연의 힘'으로 인정하여 그 본질을 포착하고, 포괄적 기술, 폭넓은 연구, 그리고 뛰어난 작가와 편집자의 다양한 관점을 통해 내용을 정교화하고 있다. 이러한 몰입을 통해 전문가는 영감뿐 아니라 심화된 직업적 정체성을 획득하여 적용할 수 있고, 이에 내담자는 더욱 안전하고 즐거운 사람이 되도록 치유받을 수 있다. 독자들은 다양하고 신선한 관점들을 통해서 이론적 · 철학적 기초를 세움과 동시에 견고한 임상적 안내를 통해 더 큰 전문성을 갖추게 될 것이다.

'놀이치료 이론과 접근'에서는 놀이치료사로서의 개인적 진술과 전문적 정체성을 제공할 것이고, 이는 난무하는 이론의 바다에서 닻을 내리는 데 도움을 줄 것이다. 치료를 통해 다양한 접근과 수많은 이론적 근거—아동 중심, Jung학파, 정신분석적, Adler학파, 인지 행동, 애착기반—가 각각 놀이라는 요소를 통해 하나로 묶일 수 있었다. 놀이는 경험 그 자체만으로도 변형적 마술이 될 수 있지만 치료사 입장에서는 단단한 기초 작업을 필요로 한다.

각 장에서 치유의 공유 요소에 대해 좀 더 자세히 들여다볼 것이다. 우리를 우리 자신과 바깥세상으로 가장 심오하게 연결시키는 놀이란 무엇인가?

놀이.

이는 시간과 상관없이 타인으로부터 분리된 상태로 내가 존재하도록 해 준다. 그리고 이러한 상황은 내적 동기로부터 발생하며 무수히 많은 형식을 가진 자기조직적 현상이지만 그 자체로 존재와 행위가 되는 과정이다. 그리고 이러한 풍요로움을 발견 혹은 재발견하기 위한 전제 조건은 깊이 있는 전문가의 지혜와 진단적 · 임상적 기술이 될 것이다. 내담자가 좀 더 풍부하게 이러한 과정을 경험할 수 있도록 전문가가 안내한다면, 그 과정은 즉각적인 경험 그 자체를 뛰어넘어 진심 어린 안내로 유도된 성공이라는 지속적이며 크나큰 선물을 보장받게 될 것이다.

건강하고 진정한 놀이가 없는 세상이란 어떤 것일까? 더 적절하게 질문한다면, 건강한 놀이는 무엇을 주는가? 그래서 건강한 놀이를 하지 못한다면 무엇을 놓치게 되는가? 즐거움을 느끼는 능력, 자유로운 탐색, 개인 특유의 재능을 탐지하고 실현하는 것, 친밀감을 통한 안전감, 그리고 인생과 미래에 대한 긍정적이고 낙관적인 시각 등이 바로 놀이로부터 얻는 축복과 이점일 것이다. 놀이치료를 통해 이러한 이점을 어떻게 가져올 것인가에 대해서는 '놀이치료의 임상적 적용'에서 기술하고 있으며 이를 통해 내담자들은 온전히 기능하는 인간(fully human)이 되는 길을 안내받을 수 있을 것이다. 놀이에 접근하지 않고서 이러한 인간의 생득권을 즐긴다는 것은 사실 불가능하다. 이러한 결손을 채워 감으로써 전문가들의 정체성이 살아나고 치료사와 내담자 모두의 균형 잡힌 인생을 도울 수 있는 정서적 보상을 획득하게 된다. 그리고 이것은 전문가의 진심 어린 안내로부터 얻어지는 큰 성공 중 또 다른 한 가지이다.

유능하게 놀이한다는 것은 복잡한 운동장에서처럼 인생 중에 있을 모든 도전을 경험하는 것과 같다. 놀이가 없다면 삶은 전쟁터가 되어 버린다. 이러한 인도주의적인 지원을 제공하는 데 있어 완전한 토대가 되는 것에 일조한다는 것은 치료사로서의 직업적 삶에 더 큰 의미와 목적을 부여한다. 그리고 아마도 놀이치료사에게 가장 특별한 점은 이 작업이 즐겁다는 것이다. 그래서 이 작업은 내담자와 전문가 모두에게 매우 큰 이득이 된다.

동물과 인간 모두에게 놀이 행위는 진화론적 궤도를 가지고 있으며 최근에는 수많은 신경과학 연구를 통해 생존적 동기와 연관되어 있음이 밝혀지고 있다. 피질하부 회로에 저장되어 있으면서, 놀이 행동을 발생시키는 생물학적 뿌리는 이 원초적인 욕구를 작동하고 유지하기 위해 환경적으로 적절한 신호를 필요로 한다. 몸과 마음의 정교화 및 지속적인 조작이 아동기에 가장 긴급한 요소이지만 사실, 이것은 아동기 외에 인생의 다른 시기에도 계속 요구된다.

전문가가 역할모델과 멘토로 기능하기 위해서는 자신의 삶 안에서 진실되어야만 한다. 그래서 기술을 습득하고 복잡한 인생을 살아 나감으로써 놀이신호가 정교해지고, 자기 자신에게 좀 더 자유롭게 접근하며, 비언어적 놀이언어를 사용할 수 있게 되는데, 이를 통해 선형적 인지의 한계를 초월하는 진실성과 정서적 기초를 획득하게 된다. 그렇다. 개인의 인생이라는 예술적 측면이 놀이치료라는 과학 안으로 들어오는 것이다. 이러한 과정은 놀이치료실이라는 임상장면을 넘어 인생 안에서 연마되어야 한다.

'놀이치료 연구와 실제적 안내'에서는 놀이치료가 즐겁게 수행되고 조율된 형태로 제공되도록 하기 위해서 실제적으로 필요한 것들에 초점을 맞출 것이다. 이 교재만의 독특한 기여는 과학과 예술로서의 놀이 인식과 발생학적인 부분에 대해 함께 설명하고 있다는 점일 것이다. 환경적 즐거움이 우반구 신호를 기다리는 전두엽피질 유전자에 큰 영향을 미친다는 것을 보여 주는 연구에서, 동물놀이 연구자들은 즐거운 실험실 동물들을 통해 임상가들이 추측하는 것들이 효과적이고 변형적인 놀이치료 환경에서 일어난다는 것을 보여 주고 있다. 다시 말해, 사회적 뇌를 구성할 새로운 대뇌피질 연결은, 특히 활동적 놀이 경험을 필요로 한다는 것이다. 임상가들은 놀이가 실행되면 부가적 이득으로 정서조절과 함께 새로운 두뇌 지도를 형성하게 된다는 개념을 이해하고 있다. 새로운 동물기반 지식이 점점 더 깊이를 더하고 있으며 개인의 적응과 융통성을 다루는 데 필수적인 요소로서의 놀이를 다시 한번 강조하고 있다.

이 책은 놀이치료기법의 성경과 같은 서적으로 자리매김하기 위해 놀이치료기법을 신선하고도 발견적인 방식으로 소개하며, 치료사들에게 개인적·직업적 보충설명을 풍부하게 제공하고 있다.

Stuart Brown, MD

차례

놀이치료 2: 임상적 적용편 차례

제2부 놀이치료 연구와 실제적 안내

놀이치료 이론과 접근

오래전 Virginia Axline이 저술한 『딥스: 자아를 찾아서(Dibbs: In Search of Self)』(1964)는 전 세계 놀이치료사들의 상상력을 자극하였고, 유럽과 미국의 아동 정신분석가들은 놀이치료를 실시하게 되었다. 이런 역사와 초기 아동 정신분석가인 Freud의 딸, Anna Freud에 대한 내용은 John B. Mordock이 쓴 '정신역동놀이치료'에 나와 있다(5장). Axline의 책은 임상의 독립된 분야로서 놀이치료를 차별화한 영향력 있는 업적이지만, 아동치료와 아동치료사의 거대한 맥락 안에서 학령 전기 아동과 함께 작업하지 않는 사람은 놀이치료를 실시하는 사람이라고 보지 않았다. 오늘날 많은 아동 정신과 의사들은 놀이치료 훈련을 거의 받지 않는다. Virginia Axline, Clark Moustakas와 Garry Landreth(Dee C. Ray와 Garry L. Landreth가 쓴 1장을 참고)는 Carl Rogers의 인간중심이론에 기초하여 아동중심놀이치료(CCPT)를 개발하였다. Garry Landreth는 노스텍사스대학교의 교수로, 지금도 여전히 아동중심놀이치료에 대한 워크숍을 전 세계 놀이치료사들에게 실시하고 있다.

대상관계(애착기반을 둔) 접근 놀이치료는 Sarah C. Patton과 Helen E. Benedict가 상세히 설명하였다(2장). Helen Benedict는 놀이치료 분야에서 가장 존경받는 학자이자 연구자이다. Terry Kottman과 Jeffrey S. Ashby는 Adler학파 놀이치료의 원리와 주요 형태를 설명하였다(3장). J. P. Lilly는 그 자신을 Jung학파 이론의 단순한 '기술자'에 불과하다고 비유하고 있지만, 실제로는 Jung학파 분석적 놀이치료를 쉽지만 훌륭하게 설명해 냈다(4장). Angela M. Cavett는 인지행동놀이치료를 학술적이면서도 읽기 쉽게 설명하였다(6장). 역사적 뿌리가 있는 이런 핵심이론들 이후에는 다양한 놀이치료 접근들에 대해 다루었다.

Charles Schaefer의 잘 알려진 처방적 접근과 유사한 통합적 접근은 외상 회복과 교육을 위한 Gil 연구소의 Eliana Gil과 동료들이 집필하였다(7장). 8장은 애착기반 놀이치료(William Whelan과 Anne L. Stewart), 9장은 부모-자녀 관계치료(Sue Bratton), 10장은 치료놀이(Phyllis B. Booth와 Marlo L.-R. Winstead), 11장은 모래상자치료(Theresa Kestly), 12장은 내러티브놀이치료(Joyce C. Mills), 13장은 가족놀이치료(Greg Czyszczon, Scott Riviere, Diane Koontz Lowman과 Anne L. Stewart), 14장은 상당히 새로운 놀이치료 접근으로 동물매개놀이치료(Risë VanFleet와 Tracie Faa-Thompson)이며 놀이치료 분야 후학 중에서 선도적인 역할을 하는 학자들이 집필

하였다.

놀이치료 분야는 상처받은 아동을 치료하는 이론과 접근법을 더욱 개발하고자 하는 선도자와 혁신가들의 노력에 의해 발전해 왔다. 이 책을 집필한 새로운 놀이치료사 세대는 아동 및 가족의 치유 과정에 대해 계속해서 깊이 그리고 창의적으로 생각하려고 노력한다.

참고문헌

Axline, V. (1964). *Dibbs: In search of self*. Boston: houghton Mifflin.

제1장 아동중심놀이치료

Dee C. Ray
Garry L. Landreth

이론적 구성
치료적 과정
목표
구조
관련 연구
임상사례
결론

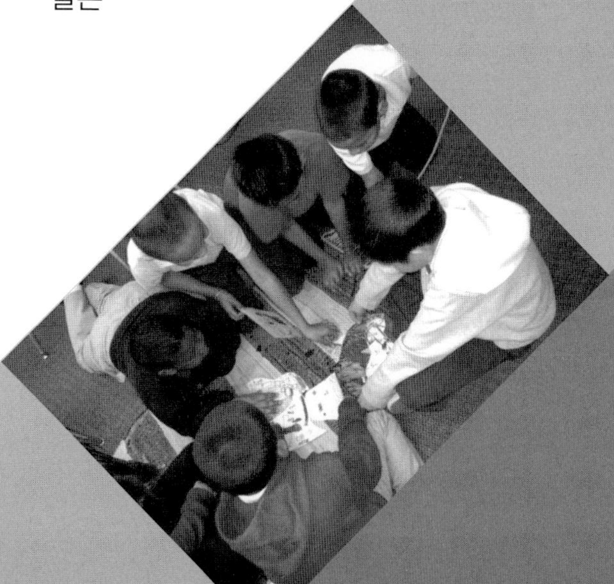

관계가 바로 치료이다. 이는 치료나 행동 변화를 위한 준비가 아니다.
- Garry L. Landreth(2012, p. 82)

아동중심놀이치료(Child-Centered Play Therapy: CCPT)는 맥락적, 발달적, 내적 문제로 인한 어려움을 경험하고 있는 아동에 대해 치료사와 아동 사이의 관계가 일차적인 치료 요인이라는 신념에 기초를 둔다. 아동중심놀이치료는 놀이가 아동의 발달에 적절한 언어라고 보는데, 이는 놀이치료의 대부분의 학파에서 공통적인 원칙이다. 그러나 아동중심놀이치료는 건강과 기능의 원천으로서 관계와 환경에 초점을 둔다는 점에서 다른 놀이치료 접근과 차별화된다. Landreth(2012)는 놀이치료를 "아동(또는 다른 연령의 사람)과 치료사 사이의 역동적인 대인관계"로 정의하였고, "치료사는 최적의 성장과 발달을 위해 아동의 자연스러운 의사소통 매체인 놀이를 통해 자기(기분, 사고, 경험, 행동)를 전적으로 표현하고 탐색하도록 아동(또는 다른 연령의 사람)에게 놀이 자료를 선별하고 안전한 관계의 발달을 촉진하는 사람이며 놀이치료 과정에 훈련된 사람이다."(p. 11)라고 하였다. 자신을 스스로 향상시키는 방향으로 나아가도록 아동의 잠재력을 이끌어 내는 것은 치료를 받아들이는 아동의 능력뿐만 아니라 아동의 세계에 대한 치료사의 이해와 수용을 통해서 가능하다.

아동중심놀이치료는 1940년대에 개발되었으며, 오늘날 사용되고 있는 가장 오래 지속된 정신 건강 개입 중 하나이다. Virginia Axline(1947)은 인간중심이론(Rogers, 1951)을 아동중심놀이치료의 구조로 조작화하였고, 인간중심원칙에 따라 아동과 작업하는 방법을 제공하였다. Axline은 이 접근을 비지시적인 놀이치료라고 불렀으며, 이는 나중에 미국의 치료사들에 의해 아동중심놀이치료라고 명명되었다. 아동중심놀이치료의 도입 이후 이 치료의 효과를 탐색하는 62개의 연구 결과가 나왔으며, 아동중심놀이치료가 아동에게 실행가능하고 효과적인 개입이라는 증거가 제시되었다(Ray, 2011). 최근 아동중심놀이치료는 미국에서 가장 널리 적용되는 놀이치료 접근으로 인식되며(Lambert et al., 2005), 이 접근은 높은 국제적 명성을 얻었다(West, 1996; Wilson, Kendrick, & Ryan, 1992 참조). 아동중심놀이치료를 다룬 문헌은 많지만, 모두 기본적인 원리와 구조에 동의하고 있다(Axline, 1947;

Cochran, Nordling, & Cochran, 2010; Landreth, 2012; Ray, 2011; VanFleet. Sywulak. & Sniscak, 2010).

이론적 구성

아동중심놀이치료의 기반이 되는 인간중심이론은 Carl Rogers(1951, pp. 481-533)가 19가지 진술을 통해 명쾌하게 제시하였고, 이를 바탕으로 인간을 다음의 9개 요점으로 요약할 수 있다.

- 개인적 현실에 대한 최고의 결정자이다. 인간의 지각적 영역은 '현실'이다.
- 조직화된 전체로서 행동한다.
- 자기의 독립, 성숙, 향상을 향해 노력한다.
- 욕구를 만족시키기 위해 노력하는 데 있어서 목표 지향적인 방식으로 행동한다.
- 합리적 사고에 영향을 주는 기분에 의해 행동이 영향을 받는다.
- 자기개념에 일치하는 방식으로 행동한다.
- 자기개념과 모순되는 행동은 하지 않는다.
- 위협에 대해 경직된 행동으로 반응한다.
- 자신이 위협에서 자유롭다면, 자기와 모순되는 경험의 자각을 인정한다.

이러한 진술을 통해 Rogers는 다음을 설명하고자 하였다. 그것은 '인간과 성격 발달의 자기실현적 본성' '정서, 사고, 행동의 역할' '존재의 자기향상적 방식의 발달 또는 결여'이다. 이러한 진술은 아동중심놀이치료 사용에 이론적 근거를 제공하며, 놀이치료사가 아동의 변화 과정을 이해하고 촉진하기 위한 안내가 된다(Ray, Sullivan, & Carlson, 2012). 이 진술은 인간이 각자 자신의 지각된 현상적 영역의 중심이라는 것을 강조하며, 이는 각 사람의 경험에 대한 지각이 그 개인의 현실을 표상한다는 의미이다. 개인의 현상적 경험은 현상적 영역으로부터 자기의 지각에 이르기까지 경험의 지각과 통합을 포함하며, 이는 자기의 성장과 발달을 이끈다. 모든 유기체는 자기의 실현과 유지, 향상을 추구한다.

아동이 자기를 구성해 가는 것은 발달 전체의 지각적 영역에서 타인과의 상호작용을 통해서 이루어진다. 상호작용이 일어나면서 아동은 타인의 지각된 기대와 수용에 근거해서 자기가치를 평가한다. 자신의 가치에 대한 이러한 지각된 조건은 결국 발달하는 자기에 통합되며, 이로 인해 이후의 경험은 자신의 가치를 어떻게 평가하는지에 대한 아동의 내면화된 표상을 나타내게 된다. 그러므로 자기구성과 관련하여 평가된 경험의 내면화된 표상이 어떠한지에 따라, 자신의 가치를 평가하는 과정은 최적의 발달에 기여할 수도, 아닐 수도 있을 것이다. 인간이 자각하든 아니든, 행동은 자기에 대한 관점 및 가치 평가 과정과 직접적으로 일치한다. 행동은 환경에 대한 지각된 기대에 따라 유기체를 유지하고 요구를 충족시키려는 시도로 볼 수 있으며, 행동과 동반한 정서는 행동에 대한 지각된 필요에 따라 좌우된다. 그러므로 인간은 자기에 대한 관점이 개인의 최적의 성장을 촉진시키지 못하더라도, 자기에 대한 관점과 일치하는 방식으로 행동하고 정서적인 반응을 보일 것이다(Ray et al., 2012).

자기구조는 타인과 환경에 대한 아동의 기대와 관련하여 형성되고 지속적으로 발달한다. 아동이 이러한 기대를 자기와 일치하게 통합할 때 기능이 향상된다. 자기와 일치하지 않고 통합을 부정하는 경험은 이러한 경험이 잠재적으로 유기체를 향상시킬지라도 자기에게 위협으로 지각될 수 있다. 위협적이지 않은 환경이 제공될 때 인간은 평가적이지 않은 방식으로 경험을 살펴볼 수 있고, 유기체의 본능적인 방향을 존중하는 자기구조로 경험을 통합할 수 있다. 인간은 자기실현과 관계를 맺고자 하는 본능을 가지고 있기 때문에, 일치된 자기구조는 타인과의 관계를 향상시키는 욕구와 능력을 갖게 한다.

놀이치료에 특정해서 말하면, 아동에 대해 개념화할 때 이러한 인간중심원칙을 생활에 적응시키는 것이 중요하다. 우리는 이 과정을 보다 단순한 용어로 묘사하도록 시도할 것이다. 아동은 이 세상에 태어나서 현실이나 타인의 지각과는 다른 고유하고 개인적인 방식으로 대인 간 상호작용을 인식한다. 아동은 가장 자기조직화를 향상시키는 방향으로 움직일 것이다. 자기감(sense of self)은 유의미한 타인과의 상호작용과 이러한 상호작용에 대한 아동의 지각을 통해서 확립된다. 아동의 상호작용은 자기가치에 대한 태도를 만드는데, 자기가치는 타인에 의해 수용되었다는 지각과 타인의 기대에 영향을 받는다. 만약 아동이 자기의 어떤 측면에 대해 가치가 없거나 수용되지 못하였다고 느낀다면, 자기수용에 대한 장벽이 발생한다. 유기체는 전체적으로 움직이기 때문에, 아동의 기분과 행동은 일치할 것이다. 보다 구체적으로, 만약 아동이 자신을 수용하지 못하거나 타인에게 수용되지 못하였다고 느낀다면, 기분과 행동은 더욱 부정적이 되고 자기의 향상은 덜 이루어질 것이다. 아동의 부적응을 묘사하는 데 있어서 Axline(1947)은 다음과 같이 썼다. "완전한 자기실현을 달성하려는 시도에서 개인이 만들어 낸 자기의 내적 개념은 개인의 행동과 일치하지 않는다. 행동과 자기개념 간의 괴리가 클수록, 부적응의 정도도 커진다"(p. 14).

발달에 대한 이러한 관점은 아동중심놀이치료 과정에 근본적인 함의를 가진다. 첫째, 아동은 촉진적인 관계와 환경이 제공될 때 자기향상을 향해 나아갈 것이라고 믿어진다. 둘째, 아동의 행동과 정서를 이해하는 가장 좋은 방법은 아동이 자신의 세계를 어떻게 보는지를 이해하는 것이다. 셋째, 환경 내에서 아동과 타인의 관계는 아동이 자신과 타인을 보는 관점에 결정적인 영향을 준다. 마지막으로, 아동의 내적 세계를 수용하는 환경과 관계를 치료사가 제공하고 아동이 지각할 수 있을 때, 아동은 자기향상의 통합과 기능을 향해 나아갈 것이다.

치료적 과정

아동중심놀이치료의 치료적 과정은 인간중심이론에서 유래되었기 때문에, 치료사가 제공하는 치료적 관계가 개입의 핵심적인 특징이라고 결론지을 수 있다. 아동의 성장을 증진시키는 관계와 환경을 제공하는 치료사의 능력이 치료의 주된 관심사이다. 아동중심놀이치료의 실제에서는 자기구조에 위협이 되는 것을 제거하는 데 특히 관심을 두며, 이를 통해 아동은 자기와 일치하거나 일치하지 않는 경험을 탐색하여 새로운 자기구조로 통합할 수 있게 된다(Ray, 2011). 아동의 건설적인 본성에 자율성과 신념을 가질 권리를 인정하기 위해, 치료사가 비지시성을 제공하는 인간중심 입장에서는 위협의 제거가 기본이 된다(Wilkins, 2010). 비지시성이란 아동의 목표나 치료적 내용을 안내하지 않고 아동의 자기충족감(self-sufficiency)을 촉진하는 태도이다. 비지시적인 치료사는 치료 과정에서 적극적이고 열중하는 참여자이다.

Landreth(2012)는 "모든 아동에게는 강력한 힘이 존재하고, 이는 지속적으로 자기실현을 위해 노력한다. 이러한 타고난 노력은 독립, 성숙, 자기지시를 향한다. 아동의 마음과 의식적인 사고는 정서적인 요구의 영역으로 아동의 행동을 이끄는 것이 아니다. 오히려 아동이 가고자 하는 곳으로 이끄는 것은 내적인 균형을 향한 아동의 본능적인 노력이다."(p. 62)라고 언급하였다. 치료는 아동의 문제영역이 아니라 아동 그 자체에 초점을 둔다. 촉진적인 환경이 제공될 때, 아동은 자발적으로 자기향상을 향해 나아갈 것이다. 그러므로 치료사의 역할은 이러한 움직임에서 아동을 지지하고, 아동의 실제 세상에서 장벽을 제거하도록 돕고, 변화가 일어나기 위한 관계를 함께하는 것이다.

Rogers(1957)는 건설적인 성격 변화를 향한 작업에는 특정한 조건이 필요하다고 언급했으며, 그는 이를 다음과 같이 정의하였다. "피상적인 수준과 깊은 수준에서, 임상가가 동의하는 방향으로 일어나는 개인의 성격 구조의 변화는 더 큰 통합과 내적 갈등의 감소, 효과적인 생활에 적용할 더 많은 에너지를 의미한다. 행동의 변화는 일반적으로 미숙한 것으로 간주되는 행동과 멀어지고, 성숙하다고 간주되는 행동으로 향하는 것이다"(p. 95). Rogers는 치료적 변화를 위한 6개의 필요충분조건을 확인하였다. ① 두 사람이 심리적인 접촉을 갖는다. ② 첫 번째 사람(내담자)은 부조화의 상태에 있다. ③ 두 번째 사람(치료사)은 관계에서 조화로운 상태이다. ④ 치료사는 내담자에 대한 무조건적이고 긍정적인 수용을 경험한다. ⑤ 치료사는 내담자의 내적 참조의 틀에 대한 공감적인 이해를 경험하고, 내담자와 이 경험에 대한 의사소통을 시도한다. ⑥ 치료사의 공감적 이해와 무조건적인 긍정적 수용에 대해 내담자에게 의사소통하는 것이 적어도 최소한으로는 이루어진다(Rogers, 1957).

Ray(2011)는 인간중심조건을 아동중심놀이치료에 적용하여 놀이치료 과정에서 어떻게 나타날지 세부적인 사항을 살펴보았다. 첫 번째 조건에서, 치료사와 아동은 심리적인 접촉, 보다 단순하게 말하면 관계를 가져야 한다. 이 관계에서 치료사와 아동은 둘 다 상대가 자신의 현상적인 영역에 들어오도록 허용하면서, 서로에 대해 자각해야 한다. 두 번째로, 아동은 부조화의 상태에 있으며, 이는 불안이나 취약함으로 나타날 것이다. 아동은 자신의 환경 내에서 성공적으로 기능하는 데 대한 무능력을 보여 주는 문제 행동을 통해 흔히 부조화를 드러낼 것이다. 다른 말로 하면, 세상과 관계 맺는 자기의 방식과 자기 간에 부조화가 존재한다. 다음의 세 가지 치료사의 태도 조건(Bozarth, 1998), 즉 ① 치료사의 조화 상태, ② 무조건적 공감적 수용, ③ 공감적 이해는 치료사의 책임이다. 이러한 치료사의 태도 조건은 아동을 포함하여 모든 사람들이 가지고 있는 실현적 성향을 촉진하는 환경을 제공한다.

치료사의 조화 상태의 특징은 치료적 관계 내에서 자유롭게 자기 자신이 되고, 경험과 자기자각 사이에 조화를 경험하는 능력이다(Rogers, 1957). 조화는 치료사의 자기자각과 이러한 자각에 대한 수용, 그리고 아동에게 자각을 적절히 표현하는 것의 결합이다. 치료사가 아동에게 진정으로 무조건적 긍정적 수용과 공감적 이해를 표현하려면 조화로운 상태에 있어야 한다. 만약 놀이치료사가 진정성이 없다면, 무조건적 긍정적 수용과 공감적 이해에 대한 아동의 지각은 제한될 것이다(Ray, 2011).

무조건적 긍정적 수용은 판단이나 평가 없이 내담자 경험의 모든 측면을 따뜻하게 수용하는 것이다(Rogers, 1957). 이와 더불어, 무조건적 긍정적 수용은 자기실현을 향해 나아가는 아동의 능력에 대한 신뢰감을 치료사가 경험한다는 점에서 치료사가 느끼는 것이다. Landreth(2012)는 다음과 같이 주장하였다. "관계는 아동에 대한 일관적인 수용을 제공하며, 아동이 자기향상의 방식으로 자신을 표현하기 위한 충분한 내적 자유과 안정감을 발달시키려면 이러한 수용이 필요하다"(p. 83). 무조건적인 긍정적 수용은 아동중심놀이치료에서 치료적 요소가 되며, 발달 중에 아동이 겪는 조건에 대한 자연적인 해독제이다(Bozarth, 2001).

치료사의 마지막 태도 조건은 치료사가 자기감을 잃지 않은 상태에서 마치 자신의 것인 것처럼 아동의 세계로 들어가는 공감적 이해이다(Ray, 2011). 공감이 표현의 수단으로 간주되기 때문에, 공감적 이해는 무조건적 긍정적 수용의 개념과 밀접하게 관련되어 있다(Bozarth, 2001). 치료사가 아동의 세계로 들어갈 때, 치료사는 아동의 경험과 능력을 최대한 존중하며 아동의 세계는 귀중한 것이라는 기저의 메시지를 전달한다(Ray, 2011).

성격 변화가 일어나기 위해서는 마지막 조건이 충족되어야 한다. 즉, 아동이 치료사의 무조건적 긍정적 수용과 공감적 이해를 적어도 최소한의 수준으로는 지각해야 하는 것이다. 치료사는 아동이 치료사로부터 제공받은 조건을 지각할 수 있는지 여부에 대한 통제력이 거의 없다. 그러므로 이 조건은 아동의 내적 세계에 달려 있다. 일반적으로 치료사가 이전의 조건을 달성할 수 있다면, 아동은 무조건적 긍정적 수용과 공감적 이해를 지각할 것이고 변화의 치료적 과정에 참여할 것이다. 그럼에도 불구하고, 이 조건의 성취는 치료사와 환경에 대한 아동의 수용성(receptivity)에 달려 있다.

목표

아동중심놀이치료의 많은 대중적 믿음과 달리, 우리는 아동중심 접근이 특정한 목표를 염두에 두고 작동한다고 주장한다. 그러나 아동중심놀이치료 목표의 본질은 다른 접근과 상당히 다르며, 아동중심놀이치료 목표는 과정과 결과에서 치료사의 책임에 중심을 둔다. 아동중심놀이치료의 목표는 치료조건을 확립하여 아동이 성장과 통합을 경험할 수 있고, 보다 건강한 기능을 향해 아동이 나아가도록 유도하는 것이다. Ray(2011)는 효과적인 아동중심놀이치료사는 아동의 적극적이고 타고난 향상의 과정을 촉진하는 방식으로 자신과 환경을 사용한다고 제안하였다. 또한 "치료사가 위협적이지 않은 환경을 제공하고 내담자에게 권한을 주는 메시지를 전달할 때, 내담자는 관계에 긍정적인 영향을 줄 뿐 아니라 자기를 향상시키는 구조를 만들 것이다."(p. 56)라고 말하였다. 아동중심놀이치료에서는 치료사나 부모가 아니라 아동이 변화를 위한 목표를 선택한다. 아동의 내적 세계의 요구를 충족시키려는 시도로 행동과 정서가 나타나기 때문에, 오직 아동만이 더 건강한 기능으로 변화하기 위해 무엇이 필요한지 결정할 수 있다. 어린 아동들에게 이러한 결정은 인지적인 과정이라기보다는 오히려 심리적인 안전과 수용적인 관계를 경험할 때 독립, 성숙, 자기의 향상을 향해 움직이는 내적 과정의 기능이다. 아동중심놀이치료를 촉진할 때, 변화를 위한 아동의 잠재력을 이끌어 내는 관계를 만들기 위해서 치료사는 자기를 공유하고 아동의 세계로 이동하며, 아동을 이해하기 위한 대화에 온전히 참여하는 등 깊이 전념해야 한다.

아동중심놀이치료에서 관계의 목표가 충족되면 어떠한 결과가 분명히 드러나는데, Landreth(2012, pp. 84-85)는 아동의 성장을 촉진하도록 돕기 위한 목표로 그러한 결과들을 언급하였다.

아동은 다음과 같은 모습을 보일 것이다.

- 더욱 긍정적인 자기개념을 발달시킨다.
- 더 큰 자기책임을 맡는다.
- 더욱 자기지시적이 된다.
- 더욱 자기수용적이 된다.
- 더욱 자기탄력성을 가진다.
- 스스로 결정하는 의사결정을 수행한다.
- 통제감을 경험한다.
- 대처 과정에 민감해진다.
- 내적 평가 자원을 개발시킨다.
- 자신을 더욱 신뢰한다.

이러한 목표는 인간으로서 아동에게 초점을 두고 있으며, 아동이 자신의 자각 내에서 경험을 표현하고 허용할 때 자기는 더 강해지고 자기실현을 향해 움직인다는 신념을 갖는다.

구조

Axline(1947, pp. 73-74)은 변화를 촉진하는 조건을 만들기 위해 아동중심놀이치료 구조의 지침을 제공하였다. 이러한 지침은 아동중심놀이치료의 본질과 치료사의 역할을 정의하고 이를 직접 적용하는 데 도움이 된다. 이는 '8가지 기본 원칙'이라 부르며 다음과 같다.

① 치료사는 가능한 한 빨리 아동과 따뜻하고 친밀한 관계를 발전시킨다.
② 치료사는 아동이 어떤 면에서든 다르기를 바라지 않고, 정확히 있는 그대로를 수용한다.
③ 치료사는 관계에서 허용되는 기분을 느끼도록 하여 아동이 생각과 기분을 완

전히 표현하도록 한다.

④ 아동이 행동에 대한 통찰을 얻도록 돕기 위해 치료사는 아동의 기분에 조율하고 이를 아동에게 다시 반영한다.

⑤ 치료사는 선택하는 책임을 아동에게 남겨 놓은 채로, 문제를 해결하는 아동의 능력을 존중한다.

⑥ 치료사는 아동의 행동이나 대화에 지시를 하지 않고 오히려 아동을 따라간다.

⑦ 치료사는 치료적 과정의 점진적인 본성을 인식하면서 치료를 서두르려고 시도하지 않는다.

⑧ 치료사는 아동을 현실에 있도록 하거나 관계에서 책임을 자각하게 만들 때에 한해서만 한계를 설정한다.

이러한 기본 원칙은 아동중심놀이치료 과정을 이끌며, 아동과 치료적 관계를 형성하고 인간중심이론에서 묘사된 환경을 만들어 성장을 촉진시키기 위한 구체적인 단계로 볼 수 있다. 치료사가 Axline의 원칙을 받아들인다면, 아동중심놀이치료는 치료에 대한 인간중심접근에 기반을 둘 것이다. 아동중심놀이치료에서 치료사의 역할에 대한 더 자세한 지침을 제공하기 위해, Axline(1947)과 Ginott(1961), Landreth(2012) 및 Ray(2011)는 아동중심놀이치료 지침을 반영하는 특정한 유형의 반응을 제시하였다. 이러한 반응의 범주로 기분 반영(예: "너는 슬프구나."), 내용 반영(예: "너는 친구랑 싸웠구나."), 행동 추적(예: "너는 그것을 저쪽으로 옮기고 있어."), 의사결정 촉진(예: "네가 결정할 수 있어."), 창의성 촉진(예: "그건 네가 원하는 대로 무엇이든 될 수 있어."), 격려(예: "넌 열심히 하는구나."), 관계 촉진(예: "네가 나에게 관심이 있다는 것을 내가 알았으면 하는구나."), 제한 설정(예: "나를 때리는 건 안 돼.") 등이 있다. 반응은 치료적 조건을 만드는 구체적인 방법을 보여 주고자 한다. 예를 들어, 반영은 공감적 이해를 나타내며, 마찬가지로 의사결정과 창의성 촉진은 무조건적 긍정적 수용을 나타낸다. 그러나 Ray(2011)는 "놀이치료사가 진실되고 개인적인 방법으로 필요한 조건을 전달하는 반응을 해 주는 추상적인 작업 방식으로 진보하여 구체적인 기술 이상으로 전진하는 것이 모든 놀이치료사의 목표가 되어야 한다."라고 주의를 주었다(p. 89).

아동이 자신, 타인, 놀이실에 위협이 될 수 있을 때, 치료사는 필요하면 제한 설정을 활용할 수 있다. Sweeney와 Landreth(2011)는 놀이실에서 제한을 설정하는 몇 가지 이유를 언급하였다. 제한은 ① 치료적 관계의 경계를 정한다. ② 물리적, 정서적으로 아동에게 안정감과 안전감을 제공한다. ③ 아동을 안전하게 하려는 치료사의 의도를 보여 준다. ④ 치료회기를 현실에 기반하게 한다. ⑤ 치료사가 아동에 대한 긍정적이고 수용적인 태도를 유지하도록 한다. ⑥ 아동이 위험을 초래하거나 이후에 보복에 대한 두려움을 경험하지 않고 부정적인 기분을 표현할 수 있게 한다. ⑦ 연속성과 일관성을 제공한다. ⑧ 자기책임과 자기통제에 대한 아동의 감각을 촉진하고 향상시킨다. ⑨ 상징적인 통로를 통해 카타르시스를 촉진한다. ⑩ 놀이치료실과 자료들을 보호한다. ⑪ 법적, 윤리적, 전문적 기준을 유지한다.

Landreth(2012)는 ACT라는 3단계 치료적 제한설정 모델을 제안하였다. 기분을 인정하기(Acknowledge the feeling), 제한을 설정하고 이해시키기(Communicate the limit), 대안을 제공하기(Target an alternative). ACT를 적용하면, 치료사는 아동의 기분을 인정하여(예: "너 나한테 화가 났구나.") 다른 무엇보다 먼저 아동의 의도를 이해하고 이에 대해 의사소통하려고 시도한다. 두 번째로, 치료사는 명확하고 확실한 제한을 설정한다(예: "나를 찌르면 안 된다."). 마지막으로, 치료사는 아동이 기분을 적절히 표현할 수 있도록 대안을 제공한다(예: "인형을 찌르는 것은 괜찮아."). 제한 설정은 아동이 놀이실을 안전한 환경으로 지각하도록 해 준다. Axline(1947)이 언급한 것처럼, 아동이 자기조절을 더 잘하게 이끌면서 동시에 가능한 한 많은 탐색과 표현을 할 수 있는 허용적인 환경을 제공하기 위해, 제한은 보통 꼭 필요할 때에만 설정한다.

특히 놀이치료사의 반응에서는 질문이나 놀이 지시, 분석과 같은 지시적인 기술이나 기법의 사용이 배제된다. Landreth(2012)는 치료사의 질문은 아동에게 언어적 표현을 강요하고, 아동의 이해 부족을 전달하며, 아동이 이끌어 갈 과정을 치료사가 통제하도록 한다고 지적하였다. 놀이치료의 목적은 발달적으로 적절한 수준에서 아동을 만나기 위해 비언어적으로 의사소통하는 것이다. 질문을 하고, 놀이를 지시하고, 해석적 진술을 제공하는 것은 아동을 성인의 언어 표현 세계에 두는 것이며, 또한 치료사의 목표에 맞추어 작동하도록 아동을 압박하는 것이다. 더욱이 치료사가 자신의 목표대로 아동을 이끌려고 시도할 때 아동의 세계에 대한 이해는 막혀 버린다. 아동중심관점에서 이러한 지시적인 반응은 아동의 자기향상을 방해하며, 치료의 목표와 과정을 손상시킨다.

놀이실과 자료들

아동중심놀이치료는 아동이 넓은 범위의 기분을 표현할 수 있도록 신중하게 선별된 장난감이 제공된 놀이실에서 실시된다. 놀이실은 이 환경에서 아동의 모든 부분이 수용된다는 메시지를 전달한다(Ray et al., 2012). Landreth(2012)는 놀이치료를 3.5m×4.5m(12ft×15ft) 크기의 방에서 실시하도록 권고하였지만, 더 작거나 큰 방도 사용될 수 있다. 더 작은 방은 장난감을 위한 공간과 아동이 움직일 수 있는 개방된 공간이 충분한지 확인해야 한다. 더 큰 방은 놀이실의 크기를 제한하기 위해 커튼이나 선반으로 구역을 나눌 수 있고, 이렇게 하면 아동이 압도되지 않을 것이다. Landreth는 또한 치료사가 때로 하나의 세팅으로 고정되지 않은 이동성 놀이실(토트백 놀이실)을 구성하도록 선택할 수 있다고 제안하였다. 놀이실의 자료는 장난감, 공예 재료들, 물감, 이젤, 인형 극장, 모래상자, 아동 가구를 포함한다.

Landreth(2012)는 세 가지 범주의 장난감을 제안하였다. 이는 실제 경험을 놀이하도록 돕는 실제 생활의 장난감, 강렬한 정서를 표현하기 위한 행동화/공격성 장난감, 비구조화되고 표현적인 놀이를 할 수 있도록 창의적인 표현과 정서적 발산을 위한 장난감이다. 보통 보드 게임이나 카드 같은 구조화된 장난감은 아동중심놀이치료 놀이실에서 사용하지 않는데, 이는 이 장난감이 표현을 억제하고 경쟁을 촉진하기 때문이다. 비디오 게임도 역시 같은 이유로 권장되지 않는다. 장난감은 표현과 관계를 촉진하기 위해 선택되고, 각 장난감은 놀이실에서 목표를 충족시켜야 한다. Ray(2011)는 장난감을 선택할 때 다음의 질문을 고려해 보라고 제안하였다. 그것은, ① 이 방을 사용하는 아동을 위해 이 장난감이 어떤 치료적 목표를 충족시킬 것인가? ② 이 장난감이 아동이 자신을 표현하는 데 어떻게 도움을 줄 것인가? ③ 이 장난감이 아동과의 관계를 형성하는 데 있어서 치료사를 어떻게 도울 것인가이다. 장난감이 치료적 목적을 충족시키고, 아동이 자신을 표현하도록 돕고, 치료사와 아동 간의 관계 형성을 도울 때, 그 장난감은 놀이실에서 가치 있는 것으로 볼 수 있다.

부모의 역할

Landreth(2012)는 놀이치료 과정에서 부모를 파트너라고 하였다. 부모가 참여하였을 때 놀이치료의 효과가 더 크다는 것이 연구에서 나타났다(Bratton, Ray, Rhine, & Jones, 2005). Ray(2011)와 Sweeney, Landreth(2011)는 아동에게 치료를 제공하기 위해서는 부모의 동의가 필요하다는 것을 강조하면서, 보호자로서 부모의 법적인 권리에 주목하였다. 일차적인 양육자로서 부모는 아동의 삶에 가장 중요한 인물이다. 아동의 삶에서 부모의 존재 또는 부재는 발달과 정서적 안정감에 영향을 준다(Ray, 2011). 아동중심놀이치료사의 목표가 아동과의 촉진적인 관계를 제공하는 것이라는 점과 마찬가지로, 부모와의 관계도 필수적으로 중요하다. 놀이치료사는 부모가 수용되고, 이해 받으며 안전하다고 느끼도록 부모와의 관계를 발전시키려 노력한다.

Ray(2011)는 놀이치료사가 부모와 작업할 때 다음의 태도를 가지도록 제안하였다. ① 놀이치료사는 아동의 삶에서 가장 중요한 관계인 부모의 역할과 아동에 대한 부모의 지식을 존중해야 한다. 심지어 가장 소홀한 부모도 종종 아동과 아동의 발달에 대해 자세한 지식을 가지고 있으며, 놀이치료사는 새로운 치료적 관계의 효과를 증진시키기 위해 이러한 지식이 필요하다. ② 놀이치료사는 인간으로서 부모에 대한 애정을 유지해야 한다. 놀이치료사가 자신을 돌보아 준다고 느낄 때, 부모는 치료적 과정에 더욱 참여할 것이다. ③ 치료사는 부모에게 인내심을 가져야 한다. 부모는 그들 자신의 속도로 작업하고, 부모마다 다르게 작업한다. ④ 놀이치료사는 내담자인 아동에게 명확한 초점을 유지해야 한다. 놀이치료사와 부모의 모든 상호작용은 아동의 성장을 촉진하기 위해 시작된다. 개인 상담이 필요하거나 변화하려는 동기가 없는 부모와 작업할 때, 내담자인 아동에게 초점을 두는 것은 치료사가 한계를 깨닫는 데 도움을 준다. ⑤ 마지막으로, 놀이치료사는 자신만의 전문적 감각을 전달해야 한다. 놀이치료사가 아동과 놀이치료에 대한 지식과 경험을 보여 줄 때, 부모는 자신의 취약성과 염려를 나눌 만큼 충분히 안전하다고 느끼기 쉽다. 아동중심놀이치료의 관점에서 전문성은 발달, 전형적인 아동의 행동, 그리고 적절할 때 부모를 교육하는 기술에 대한 지식을 통해 드러난다. 강의, 충고 전달 또는 부모를 지시하려는 시도를 통해서는 전문성을 보여 줄 수 없다.

아동중심놀이치료 개별치료 모델에서, 아동은 내담자이며 부모는 전체에 영향을 주는 파트너이다. 치료사는 보통 3~5회기마다 갖게 되는 부모와의 상담 시간을 통해서 부모와 작업한다. 부모 상담의 목표는 지지를 제공하고, 지식이나 기술을 교육하며, 부모가 진전되었다고 지각한 내용을 알아보는 것이다. 복잡한 상황 맥락이나 위기에 처한 아동의 경우에는 부모 상담이 더 자주 필요할 것이다. 부모 상담이 없으면 치료 과정에 부모의 관여와 참여가 이루어지지 않으며, 심지어 치료가 조기에 종결될 수 있다. 부모 상담의 목표는 아동과의 관계라는 아동중심놀이치료의 목표에 맞추어 조정한다. 치료사는 아동의 성장을 저해하는 장벽을 식별하고 제거할 수 있도록 아동의 환경에 개입하고자 노력한다. 아동중심놀이치료에서 부모 상담은 흔히 부모와 아동 간의 관계를 형성하는 데 초점을 두며, 이는 경험을 설계하기 그리고 부모가 아동을 더 이해하도록 돕고 둘 간의 긍정적인 관계를 촉진하는 기술을 제공하기를 통해 이루어진다.

아동중심놀이치료 접근으로부터 발달된 개입의 하나인 필리얼치료에서는 부모와 아동 간에 놀이회기를 사용하여 치료사가 아동중심놀이치료 기술을 가르쳐서 부모-자녀 관계를 증진시키기 위해 교육적으로 개입한다. 아동의 어려움이 부모-자녀 관계와 연관된 것으로 보이고, 부모가 아동을 위한 촉진적인 환경을 제공하는 데 초점을 둘 수 있을 때 필리얼치료를 권유할 수 있다. Landreth와 Bratton(2006)은 효과가 입증된 필리얼치료의 10회기 모델을 기술하였다.

아동중심놀이치료에서 부모의 참여를 원하긴 하지만, 치료의 효과를 위해 반드시 필요하지는 않다. Axline(1947)은 치료를 받는 아동은 부모의 참여 없이 자신의 행동과 세상에서의 존재 방식을 변화시킬 수 있다고 처음으로 강조하였다. Bratton 등(2005)은 부모의 참여 없이도 놀이치료 결과의 효과 크기가 컸다고 보고하여 이러한 주장을 지지하였다. 심지어 아동이 변화하려는 노력에 대해 환경이 도움을 주지 않을 때에도 변화를 만드는 아동의 힘을 믿는 것이 아동중심놀이치료의 또 다른 고유한 측면이다. 그러나 아동은 긍정적인 부모관계의 지지가 있을 때 외적 변화를 더욱 잘 시작할 수 있다고 널리 인정된다.

관련 연구

아동중심놀이치료는 심리적 개입의 연구에서 가장 긴 역사를 가지고 있다. Dulsky(1942)가 지적 문제와 정서적 문제 간의 관계에 대해 수행한 연구가 가장 최초의 연구로 확인된다. 그는 아동중심놀이치료의 묘사와 일치하는 비지시적 놀이치료의 효과를 우연히 확립하였는데, 치료를 통해 사회적·정서적 적응이 유의미하게 향상되었지만 지적인 향상은 나타나지 않았다. 초기 놀이치료 연구에는 통제나 대조 집단, 무선 할당, 참여자에 대한 자세한 기술, 개입에 대한 자세한 기술의 부족과 같은 연구 설계의 결함이 나타났다. 지난 수십 년 동안 가장 엄격한 방법으로 아동중심놀이치료를 조사하려는 공동 노력은 긍정적인 경험적 지지를 얻었다. Ray(2011)는 1940년부터 2010년까지 시행된 아동중심놀이치료 연구들을 검토하여 아동중심놀이치료의 긍정적인 결과를 보여 준 총 62개의 연구를 찾아내었다. 62개의 연구 중에서 29개는 사전-사후 무선 할당 통제 집단 설계를 사용한 실험 연구로 분류되었다. 또한 아동중심놀이치료 연구는 2000년 이후로 증가하여 21세기의 첫 십 년간 19개의 아동중심놀이치료 연구가 이루어졌는데, 이는 1940년 아동중심놀이치료 연구의 시작 이래로 10년간 이루어진 연구로는 가장 많은 개수이다. 이러한 결과는 성인의 인간중심치료 연구가 부흥을 일으키고 있다는 Elliott과 Greenberg, Watson, Timulak, Friere(2013)의 관찰과 일치한다. 연구 결과는 다문화주의, 외현화/파괴적 행동, 주의력결핍 과잉행동장애(ADHD), 내재화 문제, 불안, 우울, 자기개념/자기존중감, 사회적 행동, 부모-교사 관계, 성적 학대/외상, 노숙문제, 확인된 장애/의학적 조건, 학업 성취/지능, 언어 기술과 관련된 문제에서 아동중심놀이치료의 긍정적인 효과를 보여 주었다.

임상사례

유치원생인 Anita는 교사와 어머니에 의해 서로 다른 이유로 놀이치료에 의뢰되었다. Anita의 어머니는 주로 스페인어를 하는 가정에서 자란 Anita가 의뢰 두 달

전부터 스페인어 말하기를 중단하고 아무리 유도해도 스페인어 말하기를 거부하는 것을 염려하였다. Anita의 어머니는 자신이 스페인어만 하기 때문에 Anita와 더 이상 의사소통하지 못하여 걱정하였다. 어머니는 Anita가 스페인어로 말하기를 거부하는 것은 의도적인 반항이라고 여겼다. Anita의 교사는 Anita가 교실에서 더 이상 전혀 말을 하지 않기 때문에 의뢰하였다. 학교에서의 첫 한 달 동안 Anita는 행복했고, 타인과 관계를 맺었으며, 수업에 적극적으로 참여하였다. Anita의 교사는 지난 두 달 동안 Anita가 자신이나 다른 아이들과 상호작용하기를 멈추었다고 설명하였다. 영어도 유창하게 말하는 Anita는 스페인어와 영어 둘 다 말하는 것을 거부하였다. 그리고 Anita는 과제가 주어지면 곧 포기하였고, 더 이상 학교 공부를 마무리하지 않았다. Anita의 교사는 치료사와 Anita에 대해 이야기하면서 상당한 정서적 염려를 공유하였다. "나는 단지 무슨 일이 일어난 건지 모르겠어요. Anita는 정말 행복한 아이였는데 이제는 너무나 위축되고 슬퍼 보여요."

치료사는 그들의 염려를 듣고 놀이치료에 대해 말하기 위해 Anita의 어머니와 교사 둘 다 만났다. 어머니와 교사 둘 다 Anita가 변한 이유를 모르는 것처럼 보였기 때문에, 치료사는 비언어적인 방법으로 자신을 표현할 기회를 주기 위해서 아동중심놀이치료로 Anita를 만나겠다고 설명하였다. 또한 치료사는 비언어적 개입이 Anita에게 가장 좋으며, Anita는 안전한 관계의 맥락에서 놀이를 통해 말없이 자신을 표현할 수 있다고 설명하였다.

놀이회기는 치료사가 놀이 영역을 만든 학교 교실에서 이루어졌다. 놀이 영역에는 다양한 장난감이 선반에 있었는데, 이는 실제 생활, 공격, 표현 범주에 따라 정리되어 있었다. 큰 선반으로 놀이 영역이 교실의 나머지 부분과 분리되었다. 치료사는 Anita의 교실 문에서 처음 Anita를 만나서 "안녕, 나는 Dee 선생님이라고 해."라고 자신을 소개하였다. Anita는 살짝 웃고 바닥을 쳐다보았다. 치료사는 Anita의 손을 잡고 "우리가 놀이실에 갈 시간이야."라고 말하였다. Anita는 두려워 보였지만 기꺼이 치료사의 손을 잡고 놀이실로 걸어갔다. 치료사는 놀이실을 소개하였다. 둘 간의 상호작용에 대한 설명은 괄호 안에 적혀 있다.

치료사: Anita, 여기가 놀이실이야. 너는 네가 원하는 대로 마음껏 이 장난감을 가지고 놀 수 있어. 우리는 매주 화요일과 목요일에 여기에 올 거야.

Anita: (미소 짓고, 재킷을 잡고 몸을 비꼬면서 방 한가운데 서 있다. 움직이지 않고 방 안을 둘러보기 시작한다.)

치료사: 놀이실을 둘러보고 있구나. 너는 이 장소에 대해 아직 안심이 안 되는구나. [Anita의 불안한 움직임을 반영하려 시도함.]

Anita: (치료사를 쳐다보고 미소 짓는다.)

치료사: 너는 여기를 좀 좋아하는 것 같아. [미소를 지을 때 Anita가 약간 이완된 것을 주목함.]

Anita: (미소를 지으며 선반에 있는 바비 인형을 가리킨다.)

치료사: 오, 너는 그게 좋구나. [Anita의 의사소통 방식을 수용한다는 것을 전달하기 위해서 Anita가 말하지 않는 선택을 존중하고 Anita의 비언어적 의사소통을 계속해서 따라감.]

Anita: (바비 인형을 계속 쳐다보면서, 자신이 바비 인형을 좋아한다는 것에 동의하며 고개를 격렬하게 끄덕인다.)

치료사: 너는 바비 인형을 정말 좋아하고 그걸 가지고 놀고 싶은 것 같아.

Anita: (놀아도 되는지 물어보는 것처럼 치료사를 쳐다본다.)

치료사: 여기서는 무엇을 가지고 놀지 네가 결정할 수 있어. [이 반응은 놀 것인지 놀지 않을 것인지 Anita가 결정하도록 하면서 Anita에게 책임을 돌린다. Anita가 결정하게 된다.]

Anita: (바비 인형 쪽으로 가서 인형을 집어 올리고 머리를 쓸어 주기 시작한다.)

치료사: 너는 인형이 어떤지 보고 있네.

Anita: (치료사 쪽으로 돌아서 웃고, 바비 인형의 옷 쪽으로 간다.)

치료사: 인형이 무엇을 가지고 있는지, 너는 무엇이 좋은지 보고 있구나. [이 반응은 Anita가 좋아하고 가치를 두는 것이 중요하다는 것을 알게 하려는 의도를 가진다.]

Anita: (새 옷을 입히려고 바비 인형의 치마를 벗기려 한다. 치마가 쉽게 벗겨지지 않는다. Anita는 금방 포기하고 바비 인형을 내려놓는다.)

치료사: 옷을 갈아입히지 않기로 했구나. 그게 너무 힘들었네.

Anita: (치료사를 쳐다보지 않는다. 이젤로 이동한다.)

치료사: 다른 것을 하기로 했구나.

Anita: (몇 번 칠을 하고 나서 종이를 바꾸려 한다. 종이가 잘 떨어지지 않아서 포기하고 부엌으로 간다.)

치료사: 저건 정말 힘들어 보인다. 넌 이제 다른 것을 하려는구나.

첫 번째 회기 동안, Anita는 몇 가지 놀이 활동을 시도하고 포기하였다. 부엌의 찬장 문은 약간 꽉 끼었고, 아동은 인형 극장으로 갔다. 아동이 원하는 인형은 약간 높이 있었고, 아동은 계산대로 갔다. 아동은 계산대를 어떻게 여는지 알아내지 못하였고, 그러고 나서 모자를 써 보았다. 아동이 하고 싶은 일에 약간의 어려움이 나타날 때마다, 아동은 포기하고 다른 것으로 이동하였다. 예상한 바와 같이 아동은 절대 좌절감을 표현하지 않았지만, 상황에서 물러났다. 아동이 놀이 행동에 참여하는 동안, 아동은 치료사가 아동을 정확하게 반영할 때 미소를 짓거나 고개를 끄덕이면서 치료사와 비언어적으로 계속 상호작용하였다. 아동은 전혀 말하지 않았다. 놀이회기 동안 치료사는 놀이에서 Anita의 의도를 이해하고, 아동이 포기할 때 평가 없이 아동의 이동을 인지하고, Anita를 따뜻하게 수용하려고 노력하였다.

두 번째 회기에서, 치료사는 교실 문 앞으로 왔고 Anita는 즉시 웃으면서 나와서 치료사에게 뛰어와서 손을 잡았다. 복도를 따라 걸어갔을 때, Anita는 "선생님은 Dee 선생님이에요?"라고 말했다. 치료사는 "응, 나는 Dee 선생님이야. 너는 나를 Dee 선생님이라고 부를 수 있어. 너는 오늘 즐거워 보인다."라고 대답하였다. Anita는 활짝 웃고 격렬하게 고개를 끄덕여서 대답하였다. 놀이실에 들어온 후에, Anita는 즉시 같은 놀이 행동을 시작하며 어떤 종류의 어려움에 직면할 때마다 중단하였다. 한 가지 눈에 띄는 차이는 Anita가 회기 중에 치료사에게 말을 한 것이다. Anita는 자신의 옷, 치료사의 옷, 그리고 놀이실에 있는 옷에 대해 주로 이야기하였는데, 이 주제는 아동이 놀고 있는 것과 관련이 없었다. 이 회기의 발췌 내용은 다음과 같다.

Anita: (치료사에게 걸어와서 치료사의 목걸이를 만진다.) 이 목걸이 마음에 들어요.
치료사: 이걸 가까이에서 보고 싶었구나.
Anita: (손으로 잡으면서) 네, 정말 예뻐요. 우리 엄마도 이런 것 있어요.
치료사: 이걸 보니 엄마 생각이 났구나.
Anita: (이젤 쪽으로 간다. 종이가 떨어지지 않자, 부엌으로 간다.) 내 신발 마음에 들어요?
치료사: 넌 다른 것을 하기로 결정한 것 같구나. 그게 너의 신발을 생각나게 했나 보다.

Anita: 분홍색이에요.

치료사: 너는 네 분홍색 신발을 좋아하나 보다. 내가 그걸 알았으면 했구나.

이 회기와 이후 몇 번의 회기는 매우 비슷하게 진행되었다. Anita는 놀이 활동을 계속 포기하였지만 치료사에게 더욱더 관심을 쏟았다. 치료사는 아동의 놀이에서 일어나는 것을 반영하는 데 균형을 맞추는 동시에, 관계를 위한 Anita의 접근을 수용하고 이에 답하였다. 이러한 패턴이 확립되고 나서, 치료사는 보다 깊은 수준의 관찰을 반영하였다. "뭔가 힘들어질 때, 너는 다른 것을 하러 가는구나." "하기 어려울 때 너는 그걸 하고 싶지 않구나." 그리고 "어떤 때는 생각보다 하기 어려운 것 같고, 그러면 계속 하기 어렵지." 더 깊은 수준의 반영은 치료사가 Anita의 내적 세계가 어떠한지 이해한다는 것을 나타낸다. 치료사는 Anita가 계속 시도하고 포기하지 않도록 촉구하고 싶은 유혹에 저항하였다. 치료사는 Anita가 심지어 가장 간단한 과제조차도 매우 어렵게 생각하고, 그래도 괜찮다는 느낌을 받기 위해 치료사와의 관계에 의지하는 것을 수용했다. 변화는 5번째 회기에 일어났다.

Anita: (부엌 찬장을 열려고 하다가 잘 안 되니 포기한다. 처음으로 부엌을 둘러보고 부엌 찬장 뒤에 있는 구멍에 손을 넣을 수 있다는 것을 깨닫는다.)

치료사: 부엌에서 완전히 다른 방법을 알아냈구나.

Anita: (모든 그릇과 접시를 모래로 채운다.) 나는 선생님의 식사를 만들고 있어요. 우리 엄마가 하는 특별한 요리예요. 오래 걸릴 거예요. 선생님은 기다려야 해요. (모든 그릇에 아주 조심스럽게 모래를 가장자리까지 채우기 위해 놀이 시간을 다 사용하였다.)

치료사: (5분의 경고를 주었지만 Anita는 무시하였다.) Anita, 오늘 우리 놀이 시간은 이제 끝났어.

Anita: 안 돼요! 거의 다 했어요. 선생님이 먹어야 해요. 잠깐만 기다려요.

치료사: 너는 네가 만든 것을 내가 먹기를 정말 바라는구나. 하지만 오늘 우리 놀이 시간은 끝났어. 다음 화요일에 너는 나한테 그걸 줄 수 있어. [Anita가 맥락적 제한 내에서 작업하는 것을 배우도록 돕기 위해 ACT 제한설정 모델을 사용한다.]

Anita: 안 돼요, 안 돼, 안 돼요. (반항적으로 들린다.)

치료사: 너는 정말 갈 준비가 안 되었구나. 하지만 오늘은 이제 시간이 끝났어.

Anita: (치료사에게 등을 돌리고 그릇을 계속 채우고 있다.) 안 갈 거예요.

치료사: 너는 여기 있고 싶겠지만, 오늘은 우리의 시간이 끝났어. 다음 주에 다시 올 수 있어.

Anita: 네. 하지만 선생님은 다음에 꼭 먹어야 해요.

치료사: 다음번에는 네가 만든 것을 내가 먹을 거라고 확실히 해 두고 싶구나.

이 상호작용은 Anita의 놀이와 아동의 의지 표현의 변화를 보여 준다. 처음으로 아동은 문제해결에 창의성을 동원하였고, 또한 아동의 어머니가 묘사하였지만 지금까지 교사나 치료사에게 보여 주지 않았던 반항적인 측면을 드러냈다. 아동이 원하는 것을 말할 수 있는 힘을 보여 주었기 때문에, 아동의 의지 표현은 치료의 진보로 볼 수 있다. 아동중심놀이치료에서 이러한 유형의 표현은 가치 있고 수용된다. 그리고 심리적 · 물리적 안전감을 유지하는 제한 내에서 작업할 필요성과 균형을 맞추어야 한다.

이후에 이어지는 회기에서, Anita는 자신의 창의성을 발휘하기 시작하였고 이전에 힘들어했던 놀이를 다시 시도하였다. 아동은 바비 인형의 옷을 갈아입힐 수 있을 때까지 인형 옷과 계속 작업하였다. 아동은 종이를 떼어 낼 때까지 이젤에서 작업하였고, 쉽게 닿지 못하였던 인형을 잡기 위해 점프하였다. 마지막 성과로 아동은 부엌 찬장 문을 여는 방법을 터득하였다. 이러한 모든 도전은 또한 치료사를 위해 식사를 만드는 정교한 작업을 하면서 수행되었다. 아래는 이러한 교류에서 발췌한 것이다.

Anita: 나는 선생님이 먹을 음식을 만들 거예요. 이건 여태까지 선생님이 먹어 본 것 중에서 제일 좋을 거예요.

치료사: 너는 정말로 나를 위해 뭔가 하고 싶구나.

Anita: 선생님 기분이 더 좋아질 거예요.

치료사: 나는 너에게 중요한 사람이구나. 너는 내가 기분이 좋았으면 하네.

Anita: 네, 이렇게 하면 좋아질 거예요.

Anita가 치료사를 돌보아 주는 행동을 할수록, 아동은 어려운 과제에 접근하는 데 더 큰 힘을 보여 주었다. 12회기에 Anita는 회기 중에 학교 공부를 시작하였다. 아동은 단어와 문장, 수학 문제도 이젤에 썼다. 아동은 그것들을 설명하고, 해결하려고 노력하면서 시간을 보냈다. 흥미롭게도 Anita는 치료사에게 절대 도움을 요청하지 않았다. 아동은 자기 힘으로 일을 하고자 하였다.

교사와의 상담에서, 놀이치료사는 놀이실에서 Anita의 처음 행동이 교실에서의 행동과 똑같다는 것을 알았다. 학교생활 초기에 Anita는 활동에 열정적으로 참여하였지만, 몇 주가 지난 후에 그만두기 시작했다. 교사는 아동이 아주 잠깐 각 활동을 시도하고 나서 활동이 어려워지면 포기하였다고 보고하였다. Anita가 새로운 환경에 있는 동안 학교 공부에 겁을 내고 모든 학업적인 기대에 압도되었다는 것이 분명해졌다. 아동의 반응은 무기력감을 느끼지 않으려는 것이었다. 어머니에 대한 반항은 어머니가 이해할 수 없는 언어로 의사소통하면서, 환경에 대한 통제를 다시 얻으려는 방법으로 보였다. Anita와 어머니의 관계는 Anita에게 안전한 것이었고, 그러므로 Anita는 부적절감을 해결하기 위해 어머니에게 자신의 의지를 주장하였던 것이다.

치료사는 Anita의 교사와 어머니가 아동의 기분을 이해하고 반영하여 이러한 이행을 지지하도록 격려하였다. 부모 상담에서(통역사를 사용하여), 치료사는 어머니의 좌절감과 딸에 대한 상실감을 이해하려고 노력하였다. 치료사는 Anita가 자신의 능력에 대해 가진 높은 불안을 다루기 위해 기술을 발달시킬 필요가 있다는 것을 어머니가 이해하도록 도왔다. 치료사가 어머니와 Anita의 관계를 굳건히 하려고 노력하는 것을 어머니가 느끼면서, 어머니는 Anita의 기분을 반영하고 격려하는 말을 해 보라는 치료사의 제안을 더욱 잘 받아들이게 되었다. 교사 상담에서 치료사는 "네가 할 수 있을지 확신이 없어도 너는 노력했구나." "잘 못할까 봐 걱정되지만 노력하고 있구나."와 같은 반영적이고 격려하는 진술의 예를 교사에게 알려 주었다. 이러한 진술은 교사가 '제대로' 해야 한다는 압박을 주지 않으면서 Anita를 돕는 구체적인 방법이 되었다.

아동중심놀이치료 환경에서 Anita는 이러한 도전에 어떻게 접근할 수 있는지 알아낼 수 있었고, 특히 놀이치료에서 치료적 파트너의 지지를 받으면서 자신을 성공적인 사람이라고 느낄 수 있었다. 만 5세인 Anita는 자신의 잠재력을 발휘하도록 하는 관계와 환경을 만났을 때, 자신의 환경적 문제를 다룰 수 있도록 온전하고 자연스럽게 준비가 되었다. 7주가 지나 15회기가 되자, Anita의 교사와 어머니는 Anita가 스페인어와 영어를 모두 사용하여 말하고 대답하면서, 이제 가정과 학교에서 완전히 참여한다고 보고하였다.

결론

아동중심놀이치료의 가장 큰 특징은 모든 아동에게는 자기구조, 정서, 행동의 성장과 향상을 향해 움직이려는 타고난 경향성이 존재한다는 믿음이다. 각 아동은 고유한 방식으로 세상을 경험하는 인간이며, 또한 자기, 그리고 타인과의 관계에서 변화를 온전히 만들 수 있는 인간이다. 아동이 특정한 환경에 놓이거나 환경을 위협적으로 지각할 때, 자기에 대한 경직된 관점을 지키기 위해 행동과 정서가 발생하고 자기향상을 향한 전진은 손상될 것이다. 아동중심놀이치료에서 치료사의 역할은 성장에 대한 장벽을 제거하는 환경을 만들고, 아동이 자신의 자기실현적 경향을 작동시킬 수 있는 관계를 만들어 주는 것이다.

놀이치료를 실제로 수행하려면 공간, 가구, 다양한 장난감을 포함하여 많은 자원이 필요하다. 장난감의 사용과 놀이를 통해 아동은 자연스럽고, 발달적으로 적절한 방법으로 자신을 표현할 수 있다. 그러나 놀이치료실에서 놀이치료사보다 더 핵심적인 자원은 없으며(Ray, 2011), 놀이치료사는 부모나 다른 양육자뿐만 아니라 아동에게 환경을 제공하는 중심이 된다. 놀이치료사는 아동중심놀이치료에서 가장 핵심적인 치료적 도구이다. 아동중심놀이치료에서 변화를 위한 중요한 치료적 요소는 치료사와 아동간의 관계에 달려있지만, 이러한 관계를 시작하고 이 관계를 키워나가는 환경을 유지하는 것은 놀이치료사이다. 아동이 자기표현을 하기 쉬운 허용적인 환경 내에서 따뜻하고 수용적이며 이해받는 진정한 관계를 경험할 때, 아동은 치료적 변화의 방향을 결정할 수 있고 자신의 일상생활 경험과 타인과의 관계를 향상시키는 내적, 외적 행동과 정서를 발달시킬 수 있다.

제 2 장

대상관계 및 애착기반 놀이치료

Sarah C. Patton
Helen E. Benedict

대상관계 및 애착기반 놀이치료(Object Relations and Attachment-Based Play Therapy)는 통합적이고 다차원적인 접근으로, 대상관계이론(Bowlby, 1988; Winnicott, 1965), 아동의 놀이주제(Benedict, 1997; Benedict & Grigoryev, 1995; Benedict & Hastings, 2002), 애착에 대한 신경생물학 연구(Schore, 2010), 그리고 외상에 대한 신경발달이론(Perry, 2006)에 기반을 두고 있다. 경험과 관계에 집중하는 이 접근은 손상된 대상관계 및 외상과 관련된 증상에 초점을 둔다. 증상은 신경생물학적 토대를 가지며, 신경 발달은 위계적이고 경험의존적인 방식으로 일어난다는 입장에서 문제에 접근한다(Perry, 2001). 따라서 이러한 놀이 접근은 생의 초기 결정적인 발달적 시기 동안 성학대, 방임, 양육자의 약물 남용에 노출, 그리고/또는 유기와 같은 애착 외상으로 인해 고통받고 있는 어린 아동에게 이상적이다. 대상관계치료사는 감각에 집중하는 '일차 과정' 놀이(Gaskill & Perry, 2012; Schore, 1994)와 우반구의 상호주관적이며, 조율되고, 공감적인 상호교류를 특징으로 하는 치료적 관계를 통해 아동에게 개입한다. 또한, 치료사는 부적응적 작동 모델을 수정하기 위해 은유적 초대를 활용하는 놀이주제를 통해 아동의 독특한 표상적 세계로 들어간다.

미국 내에서 학대의 위험에 노출된 아동의 수는 대략 3백만 명에 달하며(미국보건복지부, 2011), 연구자들은 학대는 '공공 건강에 대한 가장 위협적인 도전'이라는 결론에 이르게 되었다(van der Kolk, 2005, p. 401). 발달신경과학자들은 초기 애착 외상은 특히 만성적으로 발생하는 경우, 건강한 신경발달에 치명적 문제를 야기하며 뇌 자체에 역기능적 패턴을 만들어 낸다는 것을 입증하는 결과를 제시하고 있다(Perry, 2008). 학대받은 아동은 충동성, 정서조절 문제, 과도한 경계심, 불안정함, 공격성, 부주의, 난폭함 등 다양한 문제를 보이는데, 이러한 증상들은 기본적으로 신경정신의학적 토대를 갖는다(van der Kolk, 2005). 대인관계 외상은 신경 발달 및 신경생물학적 기능의 이상을 일으켜 전 생애에 걸쳐 광범위한 정서적, 관계적, 사회적, 인지적, 건강 문제를 초래한다(Anda et al., 2006). 따라서 현대의 대상관계놀이치료사는 거시적(관계) 수준에서 개입하고자 한다면 반드시 미시적(신경생물학) 수준에서 역기능의 문제를 다뤄야 할 필요성을 분명히 인식하고 있다(Perry, 2006).

대상관계 놀이치료는 의미 있는 변화를 목표로 하는 포괄적인 치료 계획의 일부로 충분히 반복적으로 시행될 때 그 효과를 극대화할 수 있다(Gaskill & Perry, 2012;

Perry, 2006). 애착 외상을 경험한 많은 아동은 뇌의 하부 영역(뇌간, 간뇌)의 문제에서 비롯된 증상을 보인다. 이러한 문제에 대한 치료 과정에는 반복적이고, 패턴화된 감각 입력이 요구되는데, 이는 일주일에 한 번씩 실시되는 심리치료에서 제공할 수 있는 것을 넘어서는 것이다(Perry, 2006). 포괄적 치료에는 부모-자녀 쌍에 대한 개입, 작업치료, 음악이나 동작 수업, 치료적 교육 프로그램이 포함될 수 있다. 양육자의 심각한 정신건강 문제나 아동 거주지의 잦은 변경 등, 외상을 경험한 아동을 대상으로 실시되는 부모-자녀 치료를 방해하는 많은 잠재적 장애물들이 있다. 아동의 주 양육자가 부재하거나 아동과 함께하는 치료에 참여할 수 있을 정도로 심리적 준비가 되어 있지 않은 상황이라면, 부모-자녀 치료를 보완하거나 이에 대한 준비 작업으로써 애착 중심 개인치료를 실시하는 것이 유용할 수 있다. 이 장은 개별 놀이치료에 초점을 두고 있지만, 아동과 관련된 전체 양육 시스템에 대한 치료적 개입 역시 중요하다는 것을 잊어서는 안 된다.

역사적 배경

대략 80년 전 시작된 놀이치료는 현재 아동에 대한 중요한 심리치료 양식으로 확고한 자리매김을 하고 있다. 초기 놀이치료는 Anna Freud와 Melanie Klein의 정신역동적 접근과 Virginia Axline의 비지시적 접근에 기원을 두고 발전했다(Benedict, 2003). 정신역동적 전통은 초기 관계의 중요성을 강조하는 대상관계이론을 중심으로 발전을 거듭했다. 동시에 대상관계 접근은 신경과학, 특히 생의 초기 뇌 발달에서의 관계 경험의 중요성에 대한 연구 결과를 통합해 가고 있다(Schore, 2001, 2003, 2009, 2010). Benedict와 동료들(2006)은 정신역동이론을 정교화하며 대상관계놀이치료에 놀이주제에 대한 연구를 접목시켰다. Benedict(2004)는 연구를 통해 아동의 놀이는 정서(예: 슬픔, 질투)와 상호작용 패턴(예: 좋은 사람-나쁜 사람)을 담고 있을 뿐 아니라 주제(예: 안전, 양육)를 포함하고 있으며, 민감한 임상가는 이를 분명히 알아챌 수 있다는 것을 보여 주었다. 놀이주제를 통해 아동의 표상적 세계는 지금-여기에서 생생히 드러나며, 놀이주제는 아동의 내면화된 관계 모델과 자기와 타인에 대한 신념 및 감정을 보여 준다.

이론적 개념화

대상관계 및 애착기반 놀이치료의 이론은 심리학이론부터 신경심리생물학 이론에 이르기까지 다학제 연구에 기반을 두고 있다. 이러한 놀이치료 접근의 기원은 영국의 대상관계이론가인 John Bowlby(1988)와 Donald Winnicott(1965, 1971a), Magaret Mahler의 발달이론(Mahler & Purer, 1968)에서 비롯되었다. 대상관계이론의 핵심 가정은 다음과 같다. 첫째, 중요한 관계는 인간 발달의 일차적인 동기력이 된다. 둘째, 영아와 영아의 애착대상은 함께 상호작용패턴을 만들어 가고, 영아는 무의식적으로 이 패턴을 '내적작동 모델'(Bowlby, 1988)로 지칭되는 인지-정서적 청사진으로 통합해 나간다. 이러한 모델에는 자기, 타인, 그리고 타인과의 관계에서의 자기에 대한 신념과 정서가 반영된다. 내적작동 모델은 지속되는 대인관계 경험과 상호작용하면서 유의미한 타인, 자기 자신 그리고 세상을 지각하고 이들과 관계를 맺는 습관적 방식을 만들어 내며, 다시 현재의 상호작용의 영향을 받아 재형성되는 과정을 지속한다(Bowlby, 1988; Siegel, 1999). 그러므로 대상관계이론가들은 내적작동 모델이 처음 출현하게 되는 아동의 초기 애착관계에 상당한 중요성을 부여한다.

이 모델에는 영국 대상관계 학파 중 한 명인 Winnicott(1971a)의 다섯 가지 심리학적 개념이 포함되는데, 바로 거짓 자아, 충분히 좋은 양육, 안아 주는 환경, 조율, 전환 대상이 바로 그것이다. **거짓 자아**(false self)는 아동이 인정이나 승인을 얻기 위해 양육자에게 과도하게 순응하여 진정한 자아와 단절될 때 생겨나는 것이다. **충분히 좋은 양육**(good-enough mothering)은 아동을 수용하고 아동의 욕구를 충족시켜 주면서 침범으로부터 아동을 보호해 주는 양육 환경에서 발생한다(Abram, 1996). **안아 주는 환경**(holding environment)은 치료적 관계 내에서 이러한 양육적인 환경이 재창조되는 것이다. 마지막으로 **조율**(attunement)은 양육자가 아동의 욕구를 정확하게 해석하고 이러한 욕구를 지속적이고 민감하게 충족시켜 주는 것을 의미한다. Fairburn(1952)의 **병리적 애착**(obstinate attachment)은 학대하거나 방임하는 양육자에 대한 역설적 애착을 설명하는 용어로, 이 개념 또한 모델에 포함되어 있다.

대상관계이론은 "한 개인의 자기와 타인에 대한 심적 표상이 어떻게 견고한 정신

구조로 발달해 가는가?"에 대해 다양한 견해를 제공한다(Glickauf-Hughes & Wells, 1997, p. 18). 영국 대상관계 학파 중 한 명인 John Bowlby(1988)는 일찍이 심리학과 생물학 간의 '관계 회복'을 예견하며(Schore, 2010), 발달은 아동의 잠재적 유전자와 양육 환경 간의 반복적이고 상호적인 과정이라고 정의했다. Bowlby는 동료였던 Mary Ainsworth와의 공동 연구를 통해 애착이론을 발전시켰으며, 그의 이론은 오늘날 심리적 발달에 대한 가장 통합적이면서 포괄적인 모델로 평가받고 있다(Hughes, 2009). 애착관계는 내적작동 모델을 형성할 뿐 아니라 아동에게 탐색을 위한 '안전기반'(Ainsworth, 1963)과 스트레스 상황에서 다시 되돌아올 수 있는 '안식처'(Bowlby, 1988)를 제공한다. 이러한 개념은 아동의 애착, 공포, 탐색 시스템 간의 역동적 관계를 반영하므로, 심리적 요소와 생물학적 요소를 모두 포함한다고 할 수 있다(Cassidy, 2008). 애착 시스템은 특정 역치 이상으로 활성화되면 애착 행동(울기, 양육자에게 다가가기)을 통해 양육자에 대한 근접성을 유지하게 하고 탐색 시스템을 억제한다. 안전감을 느낄 정도로 양육자가 가까이 있고 또한 양육자가 가용적이라고 지각하면 영아의 애착 시스템은 비활성화되고 탐색이 촉진된다(즉, 안전기반). 스트레스를 받으면 공포와 애착 시스템이 모두 활성화되어 탐색은 감소하고 아동은 다시 양육자에 대한 근접을 추구하게 된다(즉, 안식처)(Ainsworth, 1963; Bowlby, 1988; Cassidy, 2008).

최근의 발달적 신경과학 연구 결과들은 애착이론의 핵심 개념들을 그대로 보여 주고 있다. 이러한 연구들은 부모-영아 상호작용이 어떻게 신경 발달을 조화롭게 조직화하고, 그런 과정 속에서 심리적 구조와 생물학적 구조가 어떻게 통합되는지에 대한 정교한 설명을 제시하며, 패러다임의 전환을 제안한다(Schore, 2009). 최근의 경험적 자료들은 최적의 뇌 발달은 '성장을 촉진하는' 애착관계 없이는 절대 일어날 수 없다는 것을 분명히 보여 주고 있다(Schore, 2001). 어머니-영아 쌍이 정서적으로 의미 있고, 조화를 이루며, 예측 가능한 청각적-운율, 시각적-얼굴 표정, 촉각적-제스처의 의사소통 패턴을 만들어 갈 때 안정 애착관계가 형성될 수 있다(Schore, 2009). 영아는 관계에 대한 기대를 갖고 태어나는데, 이는 영아의 최적의 시각 초점 거리와 얼굴 윤곽에 대한 선호에서 분명히 드러난다(Sigelman & Rider, 2005). 심지어 신생아들조차도 애착대상과의 친밀한 교류를 원하며, 어머니의 주관적 상태를 인식할 수 있다(즉, 상호주관성)(Trevarthen & Aitken, 2001). 어머니는 본능적으로 '어머니 말투'를 사용하여 생리적이고 전언어적인 방식으로 정서적 뉘앙스와 동기를 전달한다. Trevarthen과 Aitken(2001)은 "역동적 내러티브에는 어머니의 발화, 음성의 높낮이, 그 외의 다른 다양한 특징들이 포함되어 있으며, 이는 영아의 자기인식과 의식적 주도성 발달에 필수적이라는 것이 확인됐다."(p. 8)고 기술한 바 있다. 이러한 전언어적 접촉은 '정신 상호 간의 일차적 의사소통'(Trevarthen & Aitken, 2001)을 만들어 내며, 이는 안정 애착의 핵심기반이 된다.

어머니-영아 간의 '원형적 의사소통'(Bateson, 1971)에 대한 면밀한 연구를 통해 이러한 의사소통은 매우 복잡하며 양방향적이고(Lavelli & Fogel, 2013), 상호유관적인 성인들 간의 대화가 갖는 주요 특성을 포함한다는 것이 밝혀졌다(Trevarten & Aitken, 2001). 영아는 어머니의 상호작용 방식을 매우 빠른 속도로 파악해 낸다. 대략 생후 2개월이 되면 영아는 어머니와 다른 상호작용 패턴을 보이는 낯선 이의 음성과 미소에 감소된 반응성을 보인다(Bigelow & Rochat, 2006). 이러한 반응성에서의 차이는 관계적 원형(즉, 작동 모델)이 몸에 기반하며 전의식적이라는 점을 시사한다. Schore(2009)의 신경생물학적 애착이론에 의하면, 영아는 이렇게 동시발생적이고 정서가 포함된 '원형적 대화'를 통해 조절능력을 발달시킨다. 출생 당시 영아는 과도하게 높거나 낮은 각성 상태를 스스로 조절할 수 있는 능력을 갖고 있지 않다. 따라서 양육자의 공동조절 기능은 필수적이다. Schore는 다음과 같이 단언한다. "안전 애착의 형성에는 영아의 인지나 행동에 대한 어머니의 심리생물학적 조율이 아니라, 영아의 내적 각성 상태, 즉 에너지 차원의 정서적 상태에 대한 조절이 핵심적이다"(2010, p. 20).

공동조절은 양육자가 영아의 비언어적인 정서적 의사소통을 정확히 '읽고', 평형 상태를 회복하기 위해 신체감각적 신호를 조정하는 것과 관련된다(Schore, 1994). Schore(2009)는 양육자가 영아의 '정서 활력'(Stern, 1985)을 미러링(mirroring)하는 것의 중요성을 강조했는데, 이는 양육자가 영아의 정서적 에너지 차원에 자신을 맞추고 평형 상태로 되돌아갈 수 있도록 조절하는 것이다. 어머니와 영아 관계에서의 정상적 '균열'을 피할 수는 없다. 이는 쉽게 회복가능하며, 사실상 영아의 자율적 조절 능력의 성장을 촉진하는 데 도움이 되기도 한다(Schore, 2010). 신속하고 민감하게 바로잡을 수만 있다면, 잘못된 조율은 '상호적 회복'의 기회를 제공하고 영아의 회복력을 촉진하며 영아가 어머니와 영아 간의 조절과정을 내면화하는 데 도움이 될 수 있다(Schore, 2009).

Schore(2010)는 어머니와 영아 간의 공동조절 과정은 어머니와 영아 두 사람의 우반구에서 발생하며, 영아의 피질하 신체기반 정서 상태와 우반구 상부 영역의 의식적 정서 상태 간의 신경 연결을 만들어 낸다. 이러한 신경 회로는 정서 처리, 공감, 자아 발달에 핵심적인 역할을 한다. 우반구와 변연계 영역은 생후 첫 일 년 동안 급속히 발달하기 때문에(Schore, 1994), 초기 애착관계는 상당히 장기적인 영향을 미치게 된다. 애착대상과 영아의 정서적 교류는 우반구의 피질-피질하 네트워크를 형성하고, 암묵적인 절차적 기억으로 저장된다. 이렇게 신체에 기반을 둔 전의식적 부호화는 관계에 대한 내적작동 모델로 표현되고, 이는 애착대상의 가용성에 대한 '절차적 기대'(Cortina & Liotti, 2007; Schore, 2010)를 통해 드러난다. 이러한 전언어적인 모델은 좌반구가 아닌 우반구가 주로 담당하며, 아동이 양육자에 대한 의식적인 부정적 신념 체계(좌반구)를 형성하기 전에 이미 아동의 대인관계 패턴과 스트레스에 대한 습관화된 반응을 제어한다(Schore, 2010).

주요 개념

Perry(2006)의 여섯 가지 신경발달 원리는 애착 중심 놀이치료의 개념화 및 치료적 접근과 밀접한 관련성을 갖는다. Perry에 의하면, 뇌는 위계적 방식으로 조직화된다. 즉, 외적, 내적 감각 자극은 맨 처음 뇌의 원시적이고 무의식적인 하부 영역(뇌간, 간뇌)에 입력된다. 감각 자극은 신경망 연결을 통해 '신경 패턴 활성화'를 유발하여 뇌의 상부 영역(변연계, 피질)으로 전달된다. Perry는 뇌는 신경 활성화 패턴을 기억 속에 저장하고, 저장된 패턴을 위험과 연결 짓는다고 설명했다. 새로운 신경활성화 패턴이 뇌의 상부 영역으로 전달되면, 그 패턴은 뇌에 저장되어 있던 기존의 패턴과 비교되는 과정을 거친다. 두 패턴이 동일한 것으로 판단되면, 아동의 '알람 시스템'이 활성화되고 '다양한 신경전달물질을 포함하는 뉴런이 분포된 뇌간과 간뇌의 핵에서 강한 신경 활성화'가 시작된다. 중요한 점은 이 알람 시스템은 변연계와 피질하 영역에 도달하기도 전에 먼저 활성화되며, 따라서 의식적 인식이 불가능하다는 것이다(Perry, 2008). 이는 아동의 대상관계 특성이 무의식적이고, 신체에 기반을 둔다는 것을 시사한다.

Perry의 원리는 뇌가 특정 기간 동안 순차적으로 발달하며 그 복잡성이 점진적으로 증가된다는 것을 보여 준다. 또한 Perry는 뇌는 '경험의존적으로' 조직화되어 뇌 발달에는 아동의 환경이 반영된다고 주장했다. 그 복잡성에 따라 뇌의 네 영역은 뇌간, 간뇌, 변연계, 피질 영역으로 나뉠 수 있다(Perry, 2006). 뇌간은 0~9개월 사이에 가장 활발히 발달하며, 각성, 수면, 혈압, 심장박동, 체온, 공포 상태의 조절과 주로 관련된다. 6개월에서 2세 사이에 발달하는 간뇌는 미세운동기술 통제, 감각 통합, 운동 기능 통제, 관계적 변화에 대한 유연성 촉진에 핵심적인 역할을 한다. 변연계는 1~4세 사이에 급격히 발달하며, 아동의 정서 조절 능력, 비언어적 정보에 대한 해석, 타인에 대한 공감, 사회적 연결감의 경험, 스트레스와 차이를 인내하는 능력을 주로 담당한다. 피질은 가장 고차적이며 복잡한 뇌영역으로, 3~6세 사이에 주로 발달한다. 피질은 추상적 인지 처리, 사회-정서적 정보의 통합과 관련된다. 추상적 사고 능력, 창의성, 타인에 대한 존중, 영적 혹은 도덕적 개념이 주로 피질의 기능과 관련된다(Perry, 2006, 2008).

애착 외상의 시기, 결정적인 발달적 시기 동안 입력되는 자극의 양과 질은 모두 중요한 의미를 갖는다(Perry, 2006). 출생 당시 아동의 뇌신경 시스템은 분화되지 않았기 때문에 잠재성을 발달시키기 위해서 환경과 내적 신호(신경전달물질, 신경호르몬)는 필수적이다. 아동의 초기 경험 특히, 관계적 경험은 분자 활성체의 역할을 하는데, 이는 문자 그대로 신경 발달이 환경에 적응적인 방식으로 이루어진다는 것을 의미한다. 입력되는 감각 자극이 부적절하거나 혹은 혼란을 초래한다면, 아동의 신경 조직화에는 동일한 혼란이 발생하게 된다(Gaskill & Perry, 2012). 뇌의 하부 영역 조직화와 관련된 부정적인 발달적 경험의 영향은 특히 파괴적인데, 이는 자동적으로 뇌 상부 영역의 기능을 손상시키기 때문이다. 핵심적인 모노아민 신경네트워크는 뇌간과 간뇌로부터 뇌의 보다 복잡한 영역으로 확대된다(Perry, 2008). 뇌의 상부 영역의 기능은 하위 영역과 밀접한 관련성을 갖는다.

이 접근의 토대가 되는 또 다른 주요이론은 놀이의 중요성에 관한 것이다. 놀이는 건강한 애착 및 아동의 사회, 인지, 언어 발달에 핵심적이고 필수적인 요소이다(Cicchetti & Valentino, 2006, pp. 152-153). 코에 입 맞추기, 배에 바람 불어 주기, 노래 불러주기와 같은 즐거운 상호교류를 통해 어머니-영아 쌍은 상호주관성

(Trevarthen, Aitken, Vandekerckhove, Delafield-Butt, & Nagy, 2006, pp. 65-126)과 즐거움과 기쁨을 특징으로 하는 긍정적 정서 상태의 순간을 공유한다. 이렇게 충만한 기쁨의 공유는 정서 조절과 안정 애착을 촉진한다(Trevarthen et al., 2006, pp. 112-113). 놀이는 복잡하면서도 원초적이며(Brown & Vaughan, 2009), "아동의 뇌를 프로그래밍하는 본능적이고 신경학적인 과정"으로 이해될 수 있다(Gaskill & Perry, 2012). 놀이는 뇌 하부 영역의 조직화에 특히 중요한데, 그 이유는 놀이의 주된 특성이 바로 눈맞춤이나 얼굴 표정, 음색, 리듬, 움직임, 접촉과 같은 전언어적이고 감각적인 의사소통이기 때문이다(Gaskill & Perry, 2012; Schore, 1994). 이러한 놀이의 요소는 특히 우반구의 비언어적인, 뇌의 하부 영역과 관련된 애착 중심 개입을 실시할 때 많은 도움이 될 수 있다.

마지막으로 Perry(2006)의 각성의 연속적 단계에 대해 살펴볼 필요가 있다. 위협을 지각하면 아동의 내적 상태는 진정에서 극단적 각성 상태인 공포까지 연속적으로 변하게 된다. 각성의 다섯 가지 단계(진정, 각성, 주의, 경계, 공포, 극단적 공포)에는 각기 다른 뇌 영역이 관여한다. 예를 들어, 아동의 내적 상태가 '경계' 수준인 경우, 변연계/중뇌 영역이 활성화되며 이때 추론이나 추상적 사고와 같이 피질이 매개하는 기능은 제한된다. 아동이 극단적 공포에 사로잡히게 된다면, 아동의 기능은 주로 뇌간이 담당하게 되고 아동은 억압되거나 혼란스러운 것처럼 보이게 된다(Perry, 2006).

정신병리의 개념화

신경생물학(Schore, 2010) 및 신경발달 원리(Perry, 2006)에 의하면 애착 외상은 발달 과정에 심리적 영향뿐 아니라 생물학적인 영향력을 미치며, 복합적인 장단기적 어려움을 초래한다. 앞에서 논의했듯이 방임이나 학대의 양육 환경은 신경 조직화에 문제를 일으켜 신경계 혼란이나 위축을 초래한다. 하부 뇌의 역기능은 정서조절, 주의, 충동통제, 인지, 기억에 심각한 손상을 일으킨다(Perry, 2008). '발달적으로 부정적인 대인관계 외상'(Developmentally Adverse Interpersonal Trauma: DAIT; Ford, 2005)을 경험한 많은 아동은 외상후 스트레스 장애(PTSD)의 세 가지 증상 영역을 넘어서는 복잡한 증상을 보인다. 이에 van der Kolk(2005)는 인지, 생물학, 관계의 영역에서의 외상 관련 문제를 나타내는 발달적 외상 장애의 진단을 제안하기도 했다.

외상 경험은 교감신경계를 활성화시켜 강렬한 정서를 유발하며 투쟁 혹은 도피 반응을 촉발한다(van der Kolk, 1994). 증가된 아드레날린 활성화는 다양한 생리적 증상을 통해 드러난다(증가된 심박, 혈압, 불안, 호흡, 땀 분비)(van der Kolk, 2006). 알람 시스템의 활성화는 언어적 의사소통, 기억, 감각 자극의 통합과 관련되는 뇌영역을 약화시킨다(van der Kolk, 2006). 공포를 느끼게 되면, 하부 뇌 영역의 기능이 우세해지고 피질 영역은 억제되어 쉽게 압도당하거나 강렬한 정서를 조절하는 데 문제가 생기게 된다(Gaskill & Perry, 2012; Lehrer, 2009; van der Kolk, 2006). 이러한 피질 억제로 인해 아동은 정서적 및 관계적 불안정성에 취약해지고, 학습과 탐색에 손상을 입게 된다.

만성적인 대인관계 외상은 지속적인 과각성 상태를 초래하는데 이는 아동의 기본적인 생리적 각성 수준을 상승시키고, 스트레스 반응 시스템을 민감하게 하며, 알람 시스템의 반응성을 높인다(Perry, 2006). 애착과 공포 시스템 간의 역동성에 대한 Bowlby의 이론에 근거해 볼 때, 만성적인 경계 상태에 있는 아동은 활발한 탐색이 어렵고 탐색 활동의 질 또한 빈약해 이후의 학습 경험은 제한될 수밖에 없다. 신경발달 원리에 의하면(Perry, 2006), 만성적 외상은 특정 감각적 단서와 자동적인 공포 반응 간의 강력한 피질하 연결을 만들어 낸다. 그 결과 무해해 보이는 자극(예: 노래, 냄새, 얼굴 표정)에도 아동은 반복적으로 촉발되는데, 이는 아동의 뇌가 무해한 자극을 위험과 연합시켰기 때문이다. 이러한 촉발은 신경 신호가 변연계나 피질 영역에 다다르기 전에 뇌 하부 영역에서 매우 빠른 속도로 일어나기 때문에 아동은 이러한 반응을 의식적으로 인식하거나 이해하지 못한다.

Schore(2010)의 신경생물학적 애착이론에 의하면, 초기 관계적 외상은 우반구 특히 안와전두피질 및 안와전두피질과 변연계 시스템 간의 연결과 관련된 신경 회로의 조직화와 기능을 심각하게 손상시킨다. Schore는 이 영역이 바로 '뇌의 가장 복잡한 정서 및 스트레스 조절 시스템'을 담당하는 곳이며, 'Bowlby의 애착 시스템의 중추'가 되는 영역이라고 설명했다(Schore, 2011, p. 80). 이 모델에 따르면 심각한 애착 외상은 결국 스트레스에 대한 습관적 해리 반응, 아동의 자아감의 심각한 손상뿐 아니라 심각한 해리와 관련되는 성인기 심리장애(예: 해리성 정체감 장애, 경계선 인격장애)를 초래하게 된다(Schore, 2010). Schore(2001, 2010)에 의하면, 해리는 계속되는 교감신경계의 활성화로 인한 과각성 상태에서 일어난다. 이때 아동은 만성적인 과도한 경계심과 압도된 상태를 경험하게 된다. 극단적인 대인관계 외상의 경우(기질적 취약성과 결합된), 아동은 교감신경계의 활성화 상태에서(과각성) 부교감신경계 활성화 상태(해리)로 전환되기도 한다. 해리는 신경에 해가 되고 대사과다를 일으키는 자극 입력으로부터 뇌를 지키기 위한 심리적 그리고 생물학적 보호 반응으로 이해될 수 있지만, 우반구의 지속적 성장에는 부적절한 자극이 된다(Schore, 2010).

애착 외상은 방임, 성적 학대, 부모의 약물 남용에 노출되는 것과 같이 '전반적으로 병리적인 양육'에 의해 발생할 수 있다(미국정신의학회, 1994). 어머니의 우울과 같이 보다 미묘한 관계 외상 역시 발달에 부정적인 영향을 미칠 수 있다. 우울한 어머니의 영아는 인간의 목소리와 얼굴에 대해 낮은 반응성을 보이는 반면(Field, Diego, Hernandez-Rief, & Ascencio, 2009), 조율을 잘 하는 어머니의 3개월 영아는 더 빈번한 웃음과 소리 내기 반응을 보이며 어머니를 더 자주 응시한다는 연구 결과가 있다(Legerstee & Varghese, 2001). 영아의 기질, 질병, 감각 통합 문제 역시 안정 애착 형성을 방해할 수 있다. 또한 기본적인 생리적 수준과 같은 기질적 요인 역시 관계 외상에 대한 영아의 취약성 수준에 영향을 미친다. 기질에서의 차이는 가혹한 양육과 결합하여 다른 발달적 결과를 가져올 수 있다(Sturge-Apple, Davies, Martin, Cicchetti, & Hentges, 2012).

애착 외상은 아동과 양육자 간에 부적응적인 정서적, 행동적 패턴을 만들어 낸다. 이러한 패턴은 불안정 애착 유형, 애착 형성의 실패(Ainsworth, Blehar, Waters, & Wall, 1978; Schuder & Lyons-Ruth, 2004), 최악의 경우 아동이 분명한 애착 전략을 발달시키지 못하는, 혼란된 애착으로 표현될 수 있다. 혼란된, 즉 'D 유형' 애착(Main & Solomon, 1986)은 양육자가 아동에게 극단적 공포를 유발하는 심각하게 병리적인 양육 환경에서 자주 관찰된다. 이러한 공포는 아동에게 견딜 수 없는 모순된 상황을 만들어 아동은 보호받기 위해 양육자에 대한 근접을 추구하는 동시에 공포의 원인이 되는 애착대상으로부터 달아나려고 한다. 이러한 경험에 빈번히 노출된 아동은 작동 가능한 대처 전략을 발달시키지 못하게 된다(Schore, 2001).

불안정 애착은 애착대상을 안전기반 혹은 안식처로 사용할 수 있는 능력의 손상과 관련된다. Zeanah와 Boris(2000)가 제안한 애착장애의 범주에는 와해된 애착장애, 안전기반 왜곡, 비애착장애가 포함된다. 비애착장애의 경우, 아동은 선호하는 애착대상에 대해 애착을 형성하지 못한 것처럼 보인다. 이러한 아동은 정서를 표현하고 조절하는 데 어려움을 보이며, 위안을 얻기 위해 다른 사람에게로 다가가는 특징을 보인다. 안전기반 왜곡의 범주는 다음의 네 가지 하위 유형, 즉 자신을 위험에 빠뜨리는 애착장애, 매달리고-억제된 애착장애, 과잉순응 애착장애, 역할전환 애착장애로 나뉜다. 이 하위 유형은 양육자가 아동이 세상을 탐색하는 데 있어서의 안전기반의 역할과 아동이 위안을 얻기 위해 되돌아올 수 있는 안식처의 역할을 수행하지 못했을 때 발생한다(Cooper, Hoffman, Powell, & Marvin, 2005). 세 번째 유형인 와해된 애착장애는 양육자의 투옥이나 죽음, 혹은 양육자가 아동을 유기함으로써 초기 애착관계가 붕괴된 경우에 초래된다.

기법과 목표

이 모델은 치료적 개입이 정서적으로 조율되어 있고 또한 조절되어 있는 치료사와의 안전하고 의미 있는 관계 맥락에서 이루어져야 한다는 것을 강조한다. 대상관계놀이치료의 다양한 기법은 그 이론적 토대로부터 자연스럽게 도출된다. 개입은 주로 치료사와 아동의 안전기반 관계, 뇌간 기능에 집중하는 진정시키는 활동, 안전하고 공감적인 대인관계 맥락에서의 놀이주제로의 초대를 통해 이루어진다. 치료사는 수용, 호기심, 공감, 즐거움을 특징으로 하는 상호작용을 촉진한다(Hughes, 2009). 이러한 상호작용은 초기 발달 과정에서 왜곡되어 있거나 혹은 매우 드문 경우가 많다. 아동에 대한 치료사의 내적 태도, 치료사 자신의 정서를 조절할 수 있는 능력, 아동에 대한 공감 능력 역시 중요하다. Schore(2010)의 연구에 의하면, 이러한 요인들은 목소리 톤, 얼굴 표정, 제스처, 눈맞춤 등 신체감각적 의사소통을 통해 무의식적으로 전달된다.

치료사는 아동에 대한 수용, 공감, 상호주관적 조절을 포함하는 환경을 만들어 냄으로써 조율된 관계를 이루어 나갈 수 있다. 이러한 기본적인 치료적 태도 중 한 가지는 치료사 자신뿐 아니라 놀이실의 항상성을 제공하는 것이다. 놀이실의 항상성은 새로운 놀잇감에 대해 미리 설명을 해 주고, 놀잇감을 일정한 장소에 보관해 두며, 다음 회기까지 '놀이의 변화 과정'을 안전하게 보관할 수 있는 장소(예: 플라스틱 바구니)를 제공함으로써 가능해진다. 심리적, 신체적 안전의 부장 역시 중요하다. 예를 들어, 놀이실에서의 유일한 제한은 안전에 관한 제한인데, 안전에 대한 위협이 있는 경우 이 제한을 반드시 상기시켜 주어야 한다. 치료사는 안전과 관련된 경우가 아니라면, 편안하게 통제권을 포기할 수 있어야 한다. 이는 치료사가 아동의 요구를 따르고, 아동이 남은 치료 시간을 알 수 있게 하기 위해 아동-친화적인 시계(숫자에 스티커가 붙어 있는 아날로그시계)를 사용하는 것에도 잘 드러난다(예: "긴 바늘이 코끼리에 닿으면 놀이를 그만해야 돼.").

치료사의 태도에 있어서 두 번째 핵심적인 특징은 아동의 조절에 대한 접근이다. 치료사는 아동의 정서와 행동에 대한 공동조절자로서 행동해야 하는데, 외상을 경험한 아동은 자기조절에 어려움을 갖기 때문이다. 공동조절은 다양한 방법을 통해 가능하다. 아동의 감정을 반영해 주고, 치료사가 아동의 감정을 인식함으로써 아동이 자신의 감정을 알 수 있도록 돕는다. 치료사는 또한 아동의 정서 활력 수준에 자신을 맞춘 후(Hughes, 2009), 과도하게 각성된 정서와 행동을 부드럽게 감소시키거나 혹은 정서가 너무 가라앉아 있는 경우에는 조심스럽게 아동을 각성시킨다. 아동의 경계심을 감소시키고 자기진정 능력을 향상시킴으로써 아동이 위협에 반응하기보다 안전에 반응하는 것으로 변화시키는 것 역시 공동조절의 한 과정이 될 수 있다. Perry(2006)가 제안한 신경발달적 활동 역시 도움이 될 수 있는데, 패턴과 리듬이 있는 반복적인 활동뿐 아니라, 미술 및 음악 활동이나 흔들어 주기(놀이실에 흔들의자를 사용할 수 있다.) 등이 포함된다.

놀이주제

놀이치료 연구자들(Benedict, 1997, 2004; Benedict & Hastings 2002; Benedict, Hastings, Ato, Carson, & Nash, 1998)은 아동이 놀이 속에서 잠재적으로 다양한 의미를 갖는 독특한 캐릭터와 이야기를 통해 비교적 쉽게 감지해 낼 수 있는 놀이주제를 드러낸다는 것을 발견했다. 놀이주제로는 가족(양육, 분리, 재결합), 안전(구조, 위험), 공격성(좋은 사람-나쁜 사람, 죽음, 공격자-피해자) 등이 있다. 예를 들어, 무너져 가는 빌딩 안에 갇혀 있는 소년을 치료사의 조심스런 초대를 통해 등장한 구급차와 소방차가 건물 잔해 속에서 구출해 내는 놀이는 안전의 주제를 보여 준다. 상어가 잠수부를 공격하고 배를 침몰시키는 놀이는 공격성 주제와 관련된다. 놀이실이라는 안전한 맥락에서 아동의 표상적 세계는 아동의 조절 능력을 지나치게 압도하지 않은 채 지금-여기에서 표현될 수 있다. 고통스러운 내용을 드러냄으로써 아동은 힘겨웠던 기억, 신념, 감정을 전달하고 처리하며 해결하기에 충분한 심리적 거리감을 가질 수 있게 된다. Gil(2003)에 의하면, 외적으로 표현하고 투사하면서 외상으로부터의 회복이 가능해질 수 있는 것이다.

아동은 주제가 있는 놀이를 통해 힘든 정서를 인내하고 수용하며 공감적으로 조절하는 치료사의 역량을 간접적으로 시험하기도 한다. 치료사는 놀이의 주제와 아동의 실제 생활환경 간의 관련성을 쉽게 알아챌 수 있지만, 이에 대한 해석이 반드시 필요한 것은 아니다. 갑작스럽게 이루어지는 해석은 심지어 아동을 압도할 수도 있다. 대신 간접적인 방식으로 개입하는데, 치료사는 초대를 거쳐 아동의 표상적 세계로 들어가 은유를 통해 아동과 의사소통한다(Gil, 1991). 치료사가 맡은 놀이 속 인물은 은유의 한 부분이 되어 공감을 전달하거나 문제의 해결 방법을 제안한다. 또는 치료사는 놀이 캐릭터를 통해 아동의 힘든 경험을 구체화함으로써 아동이 외적으로 드러내지 못했던 지각과 정서를 표현하기도 한다.

놀이치료 연구자들은 아동 놀이에 대한 포괄적 평가에는 놀이주제뿐 아니라 현재의 정서 및 대인관계 패턴이 포함되어야 한다고 설명한다(Benedict, 2004; Benedict et al., 1998). 민감한 임상가는 놀이 속에서 슬픔, 질투, 분노 등의 정서와 관계 패턴을 인식할 수 있다. 관계 패턴은 보호하는 관계, 통제적인 관계, 도움을 주는 관계, 공유하는 관계와 같이 다양할 수 있다. 이러한 요소들은 아동의 자기와 타인에 대한 내적작동 모델 뿐 아니라 자기와 타인의 관계에 대한 지각을 드러낸다. 이러한 이해를 바탕으로 치료사는 부적응적 대상관계에 도전하고 이를 수정하는 놀이를 통해 아동-반응적인 초대를 이끌어 낼 수 있다. 놀이주제는 아동의 관계, 정서, 경험에 대한 풍부한 그림을 제공하고, 손상된 작동 모델과 외상적 기억을 치유할 수 있는 발달적으로 민감한 형태의 무대를 만들어 내는 것이다.

놀이에서의 치료적 초대는 치료사의 다양한 언어화와 행위를 통해 만들어지며, 여기에는 아동에게 놀이에 대한 새로운 방향이나 감정, 행동에 대한 새로운 이해를 조심스럽게 제안하는 것이 포함된다. 예를 들어, 매우 공격적인 캐릭터로 다른 캐릭터를 죽이는 놀이를 하던 아동에게 치료사는 남아 있는 캐릭터 중 하나를 보호할 수 있는 아동을 초대하라고 제안해 볼 수 있다. 이는 **초대**하는 것이다. 왜냐하면 아동의 모든 반응, 심지어 초대를 무시하는 반응까지도 수용가능하다는 치료사의 이해를 바탕으로 하는 잠정적 제안이기 때문이다. 치료사는 초대를 활용하여 아동의 내적작동 모델이 기대하는 것과는 다른 방식으로 반응함으로써 부적응적인 내적작동 모델에 도전할 수 있다. 또한 관계적 틀뿐 아니라 자기와 타인에 대한 인지적 이해도 변화시킬 수 있다. 초대는 외상을 경험한 아동이 응집성 있는 애착과 자기-내러티브를 만들어 나가는 데도 도움이 될 수 있다. 이는 암묵적 외상 기억을 인지적으로 매개된 기억으로 변환하고, 그러한 기억에 대한 촉발 요인을 제거함으로써 가능하다. 마지막으로 스토리텔링과 미술 활동은 아동이 자신의 삶의 이야기를 아는 것에 대해 편안해지고 이해하는 데 도움이 될 수 있다.

임상사례

3세 남아인 Henry가 치료를 위해 지역사회 정신건강 클리닉에 들어섰을 때 Henry의 할머니는 극도로 흥분된 상태로 그 뒤를 따르고 있었다. Henry의 발달력은 어머니의 약물남용으로 인한 태내기 약물 노출, 애착 붕괴, 관계적 외상까지 다양한 문제를 포함하고 있었다. 외상은 마치 공기와도 같이 Henry를 둘러싸고 있었으며, Henry는 외상이라는 캡슐에 갇혀 꼼짝할 수 없는 슬픈 현실에 놓여 있는 듯했다. Henry의 임신 사실을 알았을 당시 부모는 심각한 약물남용의 상태에 있었다. 낙태를 권유받은 후 Henry의 아버지는 자취를 감췄다. 부모와 과도하게 밀착되어 있던 Henry의 어머니는 임신 기간 내내 좌절과 두려움, 극심한 외로움을 느꼈다. Henry가 영아기를 보내는 동안 약물에 중독되어 있던 어머니의 양육, 조율, 상호주관적 교류 능력은 심각한 수준으로 손상되어 있었다. 양방향적인 정서적 의사소통은 거의 발생하지 않았으며, 이조차도 제대로 기능하지 못하는 때가 많았다. 이로 인해 시각적-얼굴 표정, 청각적-음성, 촉각적-제스처를 통해 이루어지는 정서적 의사소통을 주로 담당하는 우뇌 시스템은 적절히 발달할 수 없었다(Schore, 2009, p. 194). 결정적인 '공감적 미러링'(Kohut, 1971) 역시 제한될 수밖에 없었다. 정서적 의미 처리의 중추인 Henry의 변연계는 부적절한 자극 입력에 지속적으로 노출되어 있었다(Dapretto et al., 2006; Schore, 2009).

이에 더해 어머니의 과도한 약물 사용으로 인해 Henry는 자극의 부족 혹은 자극의 과잉 상태에서 양육되었고, 그 결과 Henry는 방임과 과도한 각성상태에서 초래되는 두려움 사이를 지속적으로 번갈아 가며 경험하게 되었다. Henry는 건강한 영아처럼 예측가능한 의사소통 패턴과 속도를 보이며 안정되지 못했다. 어머니의 얼굴표정과 목소리 톤, 음성 리듬은 급격한 변화를 거듭했으며, 이는 Henry를 혼란스럽고 두렵게 만들었다. 정서조절 문제, 함께 조절해 주는 대상의 부재, 뒤얽혀 버린 신경생물학적 회로로 인해 Henry는 공포 단서에 대한 과도한 민감성과 함께 강렬한 정서에 대한 취약성을 발달시키게 되었다. Henry는 첫 돌이 되기 전에 외할머니에게 맡겨졌다. 일 년 뒤 어머니는 다시 나타나 Henry를 데려갔다. 그러나 몇 주가 지난 후 어머니는 아무런 설명도 없이 Henry를 다시 외할머니 집에 데려다 놓았다. Henry는 재결합과 분리에 의해 큰 충격을 받은 것처럼 보였으며, 과잉행동, 계속되는 울음, 경계심, 공격성, 난폭함을 보였다. 시간이 지날수록 이런 문제는 악화되었고 결국 심리치료를 받기에 이르렀다.

치료사인 Gabriella는 애착 및 신경발달 외상의 이론적 틀로 Henry의 증상을 개념화했다. 왜곡된 안전기반으로 인해 붕괴된 애착 특성을 보였으며, 특히 자기를 위험에 처하게 하는 행동과 과도한 경계가 두드러졌다(Zeanah & Boris, 2000). Henry는 자기와 타인, 관계에 대해 광범위한 부정적인 작동 모델을 형성한 듯 보였고, 양육을 요구하거나 수용할 수 없었다. 공격적 행동과 위험한 행동을 통해 과도한 통제 욕구를 드러냈고, 양육자를 멀리하려 했다. Henry는 양육자를 '안전기반'과 '안식처'(Bowlby, 1988) 중 그 어떤 것으로도 이용하지 못했다. Henry의 발달력은 정서조절과 건강한 애착 및 관계에 필수적인 뇌간 수준의 역기능, 과도하게 민감한 스트레스 반응 시스템, 손상된 우반구 기능을 시사한다. Henry는 과제의 전환을 어려워했으며, 쉽게 당황스러워했고 과도한 충동성을 보였다.

치료 초반 Gabriella는 Henry와의 안전기반 형성 및 하부 뇌의 역기능에 집중했다. 뇌간에 대한 치유 과정 없이는 변연계와 피질 영역과 관련된 상징놀이나 언어적 개입은 별다른 효과를 거두지 못한다(Gaskill & Perry, 2012). Gabriella는 찰흙놀이, 모래놀이, 노래 부르기, 호흡하기, 그림 그리기와 같이 감각을 주로 활용하는 놀이를 실시했다. 치료사는 Henry의 외할머니와 교사의 협조를 구해 일상생활에서도 이완활동이나 치료적 마사지, 음악 활동을 실시할 수 있도록 했다. 치료의 초기 단계에서 Henry는 강력한 독단적 행동을 보였고, 통제적이고 공격적이었으며 자신을 위험에 빠뜨리는 행동을 서슴지 않았다. Henry는 책상 위에 올라가 위태롭게 서 있었으며, 선반을 기어 올라갔고, 장난감에 부딪치고, 제멋대로 뛰어다녔다. Gabriella가 안전을 위한 조치를 취하려고 하면 신경질적으로 때로는 공격적으로 저항했다. Gabriella는 제한을 설정하고 조절된 상태를 유지하며 안전을 만들어 냈다. 또한 Henry의 정서적 표현을 확인하고 반영해 주었으며, 신체적 표현과 정서를 연결 지었다(예: "네가 그렇게 큰 소리로 말할 정도로 화가 많이 났구나." "슬픈 기분이 들 때면 네 몸을 아프게 하고 싶은가 보구나."). Gabriella는 목소리 톤과 신체 움직임, 목소리의 크기를 사용하여 Henry의 정서 활력에 자신을 맞추고자 했으며, Henry를 안전하게 하려고 할 때마다 분노하는 Henry의 감정에 공감을 표현했다.

Gabriella는 즐거움, 수용, 호기심, 그리고 공감[Playfulness(즐거움), Acceptane(수용), Cunosity(호기심), Empathy(공감): PACE; Hughes, 2009]을 적용하고 눈맞춤, 말의 억양, 신체 움직임을 사용하여 신체적 표현을 통해 정서를 보여 주는 방식을 채택했고, 이는 Henry의 각성 조절에 상당한 도움이 되었다. 또한 Gabriella는 Henry와 함께 예측가능한 일상의 순서를 만들어 냈다. 회기를 시작하기 전에 늘 간식을 먹고, 회기를 마치기 10분 전에 항상 알람이 울리도록 했다. 또한 상호주관성의 상태와 공유된 긍정적 정서를 경험하기 위한 특별한 시간을 만들어 내기도 했다. 예를 들어, Gabriella와 Henry는 기차가 지나가는 소리를 듣기 위해 그 시간에 맞춰 재빨리 창가로 이동하곤 했다. Gabriella는 자신의 목소리와 몸짓, 얼굴 표정을 사용하여 함께 조절하는 대상의 역할을 하며, Henry의 흥분을 거울처럼 비춰 주고 강렬한 감정을 공유하였으며 Henry가 각성을 조절해 나가는 것을 도왔다. Henry의 정서는 조절의 한계를 넘어설 때가 많았다. 따라서 Henry의 과격해진 정서에 맞춰 주고 난 이후에는 Henry가 마음을 가라앉힐 수 있도록 모래놀이나 그림 그리기를 하도록 했다.

Henry가 이완되고 조절되어 가면서 치료는 주제가 있는 놀이를 중심으로 진행되었다. Henry의 놀이는 공격성, 망가짐, 수리하기 등 강렬한 주제를 담고 있었다. Henry는 놀잇감이 사용 불가능할 정도로 망가져 있다고 인식하거나(예: "이건 작동하지 않아요."), 위험하다고 지각하여 '화난 사람(남자 손인형)'이나 장난감 칼을 갑작스럽게 두려워하기도 했다. Henry는 처음에는 위협적으로 지각한 놀잇감으로 공격적 놀이를 하는 패턴을 보였는데, '무서운' 가면을 쓰고 Gabriella를 향해 돌진하기도 했다. 심지어 간식 시간에도 공격성을 보였는데, 동물 모양 과자를 갖고 쉭쉭 소리를 내며 싸우는 시늉을 하기도 했다. 모래상자놀이에는 팔을 물어뜯는 악어와 싸움을 하는 뱀이 등장했다. 또한 조용한 순간에 갑자기 Gabriella를 향해 "빵!" 하고 소리를 지르며 놀라게 하고 웃음을 터뜨리기도 했다. 이러한 놀이는 타인을 신뢰하는 것에 내재된 강렬한 불안, 양육자를 위협적이고 통제적이며 예측 불가능하고 공격적인 대상으로 인식하고 있다는, 즉 양육자에 대한 부정적인 내적 관계적 모델을 반영하는 것이다.

Henry가 선택하는 놀이 캐릭터는 언제나 Gabriella의 캐릭터에 반대하거나 혹은 지배하는 역할을 했다. 예를 들어, 가게놀이를 할 때면 Gabriella의 캐릭터는 절대 물건을 살 수 없게 했다. Henry는 보안관 인형을 갖고 Gabriella의 '나쁜' 사람을 잡아들였다. 또한 상어 인형으로 Gabriella의 사람을 잡아먹었는데, 이때 Gabriella의 사람은 어떤 수를 써도 달아날 수 없었다. Henry의 놀이주제는 관계에 대한 부정적 신념을 반영하고 있는데, 놀이에서의 대부분의 관계적 역동은 통제적이거나 적대적인 것이었다. Henry는 또한 자기에 대해서도 심각한 부정적인 관점을 보였다. Gabriella가 자신의 이름을 부르지 못하게 하기도 했고, "나는 내가 싫어요."라고 말하며 거울로 자신을 비춰 보는 것을 거부하기도 했다. 치료가 중반에 이르렀을 때 Henry의 동생이 태어났다. 이때 Henry는 다시 공격적이고 불안한 상태로 되돌아가는 듯 했다. Henry는 동생의 사진을 가져와 Gabriella에게 보여 주었는데, 분명한 양가적 태도를 보였다. Henry는 가게놀이를 하며 Gabriella가 반복되는 노력에도 불구하고 사진을 구매할 수 없도록 하여 Gabriella가 사진에 다가가는 것을 통제했다. Gabriella는 놀이에의 초대와 은유에 내포된 내용에 대한 반영을 활용하여 캐릭터의 정서를 명명하고 '망가진' 물건을 수리하며, 혹은 캐릭터를 구조하거나 두 캐릭터 간의 협력적 관계를 제안함으로써 Henry의 부정적 대상관계를 다뤄나갔다.

Henry는 Gabriella와 숨바꼭질놀이를 하기 시작했다. 그러나 여전히 숨었던 곳에서 너무 일찍 나와 버림으로써 이 놀이를 통제하려고 할 때가 많았다. Henry는 아직도 Gabriella의 항상성과 가용성을 신뢰하지 못하는 것처럼 보였다. Gabriella는 Henry의 놀이 흔적을 사무실에 보관해 둠으로써 항상성을 만들어 내고자 했다. Gabriella는 다음과 같이 질문했다. "내가 안전하게 보관해 두기를 바라는 것이 있니?" 책상 뒤에 갇혀 있는 척하다가 Gabriella가 다가오면 웃으면서 탈출하는 등 비록 시험하는 방식일 때가 많기는 했지만, Henry는 점차 치료사에게 양육을 요구할 수 있게 되었다. Henry는 양육 놀이를 시작했는데, Gabriella에게는 취약한 환자 역할을, 자신은 의사 역할을 했다. Gabriella는 Henry의 주도를 따라가며 Henry가 여전히 수용하지 못하거나 분명히 표현하지 못하고 있는 내면의 감정적 욕구를 언어화했다. Gabriella는 또한 Henry가 신체적, 언어적으로 공격성을 보일 때의 공포 감정을 읽어 줌으로써 Henry의 정서를 간접적으로 타당화해 주었고 타인은 정서적으로 안전하지 않다는 내적작동 모델이 맞지 않다는 것을 확인시켜 주었으며, 정서적 유능성을 보여 주었다.

치료가 진행되면서 Henry는 점차 안전을 위한 제한과 양육, 협력적 초대를 수용할 수 있게 되었다. 통제적인 놀이는 감소하고 캐릭터들 간의 협조적 태도는 증가했다. 치료 과정의 핵심은 치료사가 자기인식을 바탕으로 자신의 조절된 상태를 유지하는 능력과 Henry의 강렬한 정서를 공감적으로 반영해 주는 역량에 있다. Gabriella는 지속적으로 자신의 정서를 모니터링함으로써 Henry가 공격성을 보일 때마다 자신 안에서 불안과 좌절이 유발된다는 것을 알아챘다. Gabriella는 이러한 반응에 대해 평소 신뢰하던 선배 치료사와 상의했다. Gabriella는 그 의미에 대해 생각해 보고 난 후, Henry가 도착하기 전 몇 분 동안 심호흡을 하며 마음의 준비를 하는 시간을 가짐으로써 이 반응을 다뤄 나갔다.

결론

대상관계 및 애착기반 놀이치료는 생의 초기 동안 애착 외상을 경험한 어린 아동을 위한 다층적이고 통합적인 접근이다. 이 접근은 대상관계이론, 애착이론, 아동의 놀이주제에 대한 연구, Perry(2006)의 신경발달 원리, 그리고 Schore(2009)의 애착에 대한 신경생물학 모델에 기반을 둔다. 치료사는 조율, 상호주관성, 공동조절, 공감을 특징으로 하는 안전기반 치료적 관계를 만들어 냄으로써 아동의 내면화된 부정적인 관계 모델과 애착 관련 증상들을 다뤄 나간다. 치료사는 뇌의 하부 영역의 역기능에 접근하기 위해 모래놀이, 핑거페인트놀이와 같은 감각 중심 놀이 활동을 활용한다. 아동의 양육자 역시 집이나 학교에서 유사한 활동을 실시할 수 있도록 격려한다(Gaskill & Perry, 2012). 치료사는 놀이주제라는 아동의 표상적 세계로 들어가 즐겁고 은유적인 초대를 활용하여 아동의 부정적인 작동 모델을 수정한다. 이 접근의 이론적 토대 및 주요 개념을 지지하는 강력한 증거들이 있다. 그럼에도 애착 외상을 경험한 어린 아동에 대한 효과성을 입증하기 위해 다양한 경험적 증거들을 확보하기 위한 연구는 계속되어야 할 것이다.

제3장
Adler학파 놀이치료

Terry Kottman
Jeffrey S. Ashby

Adler학파 놀이치료(Adlerian Play Therapy)는 Alfred Adler의 **개인심리학**(Individual Psychology)이론에 기반을 둔 놀이치료 접근이다(Ansbacher & Ansbacher, 1956). Adler학파 놀이치료사는 다양한 문제를 드러내는 아동에게 지시적 기법과 비지시적 기법을 조합하여 개입한다. Adler학파 놀이치료 과정에서 치료사는 아동이 새로운 지각, 태도, 행동을 발달시키고 실행할 수 있도록 돕는다(Kottman, 2003; Watts, 2006). 치료사는 개인심리학의 이론적 개념에 기반하여 내담자의 이슈를 개념화하고 치료 계획을 수립한다. Adler학파 놀이치료는 네 단계로 진행된다. 그것은 ① 초기의 관계 형성 단계, ② 내담자의 생활양식 탐색 단계, ③ 내담자가 자신의 생활양식에 대한 통찰을 형성하도록 돕는 단계, ④ 치료사가 내담자의 방향전환과 재교육을 촉진하는 단계이다. Adler학파 놀이치료에서 치료사는 자신의 성격과 대인관계 접근에 적합한 방식으로 내담자에게 개입한다. 결과적으로 Adler학파 놀이치료에서 치료사는 자신의 자연스러운 방식을 편안하게 적용할 수 있다. 예를 들어, 다소 지시적인 개입을 강조하는 치료사가 있는 반면 비지시적인 개입을 중시하는 치료사도 있다. 혹은 다양한 유머와 재미를 이용하는 치료사도 있지만, 이를 덜 사용하는 치료사도 있다. 그러나 모든 치료사는 일관된 이론적 틀을 통해 내담자의 이슈를 개념화하고 관련되는 이론적 치료 목표를 향해 나아간다.

이 책에 기술된 대부분의 놀이치료 접근과 유사하게 Adler학파 놀이치료는 포괄적인 놀이치료 개입 체계로서, 이미 다른 기회를 통해 상당히 심도 깊게 설명된 바 있다(예: Kottman, 2003, 2009, 2011a). 따라서 여기에서는 Adler학파 놀이치료사가 내담자와 그 가족을 어떻게 이해하는지, 그리고 웰빙을 촉진하기 위해 어떻게 체계적으로 개입하는지에 대해 독자의 이해를 돕는 것을 목적으로 한다. 이를 위해 Adler이론의 주요 개념을 포함하는 핵심적 기본 개념, 내담자 개념화에 적용되는 이론적 틀에 대해 논의하고자 한다. 치료 단계에 따라 치료 과정의 목표 및 치료사, 아동, 부모의 역할이 상이하므로 각 요소는 네 단계의 맥락에서 설명된다. 치료사는 놀이치료 단계에 따라 다른 전략과 기법을 적용하므로, 이 장의 순서 역시 치료 단계에 따라 구성되었다. 임상사례는 Adler학파 놀이치료가 실제로 어떻게 적용될 수 있는지에 대한 이해를 돕기 위해 제시되었다.

개관

Adler이론의 주요 개념

좋은 이론만큼 실제적인 것은 없다.
- KURT LEWIN(1951, p. 169)

이론과 실제 간 연결의 중요성을 정확히 묘사하고 있는 이 경구는 남용되고 있는 경향이 있기는 하지만, 개인심리학에는 상당히 유용하게 적용될 수 있다. Adler는 자신의 이론을 발전시키는 과정에서 이론의 실용성에 많은 관심을 가졌고, 이는 Adler의 접근을 '심리학의 활용'이라고 묘사하는 데까지 이르게 하였다(Ansbacher & Ansbacher, 1956, p. 204). Adler학파 놀이치료의 실제 적용은 다음에 설명하는 Adler의 주요이론적 원리와 개념에 기반하고 있다.

인간은 자기-결정적이며 창조적이다

인간은 지속적으로 자신의 행동, 사고, 감정, 태도를 선택하고, 이러한 선택의 결과 모든 인간 개개인은 다른 사람과 구별되는 독특하고 특별한 존재이다(Adler, 1931/1958; Kottman, 2003). Adler학파 놀이치료사는 모든 인간은 한 개인으로서 환경과 유전의 영향을 받지만, 어떤 단일한 요인이 인간을 결정할 수는 없다고 믿는다. Adler학파 놀이치료에서 치료사는 내담자는 자유 의지를 가지며 선택의 과정에서 목적성을 향해 나아가고, 이러한 선택은 개인 자신의 삶과 타인의 삶에 영향력을 미친다는 것을 강조한다.

인간은 실재를 주관적으로 지각한다

Adler학파 놀이치료사는 현상학적 관점을 취한다. 따라서 주관성이 지각과 경험의 해석뿐 아니라 정서, 행동에까지 영향을 미친다고 가정한다(Adler, 1931/1958; Kottman, 2003). Adler학파 놀이치료 과정에서 치료사는 아동, 부모, 교사, 그리고 아동과 상호작용하는 모든 사람의 다양한 관점을 고려해야 하며, 이때 그 관점을 이해하고 서로의 관점을 존중하도록 도울 수 있는 시선을 갖는 것이 중요하다.

인간의 행동은 의도적이며 목적-지향적이다

인간 개개인은 자신이 결정하는 모든 선택과 행위를 관통하는 목적을 갖는다. 그러나 많은 경우 행동의 목표는 우리의 의식 밖에 있기 때문에, 행동의 목표는 있지만 목표를 모를 수 있다는 것을 기억해야 한다. Adler학파 놀이치료에서 치료사는 내담자가 자신의 행동 목표를 인식하여 패턴을 변화시키고 새로운 선택을 시작할 수 있도록 하며, 내담자가 파괴적 목표가 아닌 건강한 목표를 향해 노력할 수 있도록 도와야 한다.

인간은 소속감 및 타인과 연결되고자 하는 욕구를 가진다

Adler이론에서 욕구의 발달은 **사회적 관심**으로 설명된다(Ansbacher & Ansbacher, 1956; Kottman, 2003). 이러한 이론에 기초하여 Adler학파 놀이치료사는 아동이 속한 사회적 맥락, 즉 가정, 학교, 이웃 안에서의 내담자를 이해하고자 한다. 아동은 소속감을 형성하기 위한 수단으로서 처음에는 가정에서 그리고 이후에는 또래관계나 학교에서 타인의 상호작용을 관찰하며, 이 과정에서 적응하고 의미를 획득할 수 있는 방법을 결정한다(Kottman, 2003). 아동은 훌륭한 관찰자지만, 소속감을 획득하기 위한 '최상의' 방법을 결정하는 데 있어 오류를 범하기도 한다. 이러한 잘못된 결정으로 인해 아동은 고통을 겪게 되고 놀이치료에 의뢰되는 결과가 초래되기도 한다. Adler학파 놀이치료사는 아동이 자신만의 사회적 관심을 발달시키도록 돕는다. 즉, 아동이 사회적으로 적절한 방식으로 소속감과 의미를 획득할 수 있는 새로운 방법을 배울 수 있도록 해야 한다.

인간은 타인에 대한 열등감을 경험하는 경향성을 갖고 있다

열등감은 자기이상과 자기지각 간의 불일치에서 발생하는 보편적인 심리현상이지만, 개인이 열등감을 다루는 방식에 따라 상당히 다른 결과가 뒤따르게 된다. 열등감으로 인해 좌절이 초래될 수도 있지만, 열망을 경험할 수도 있다(Ansbacher & Ansbacher, 1956; Kottman, 2003; Mosak & Miniacci, 2010). 열등감에 의한 좌절을 선택한 사람은 새로운 시도나 보상을 위한 노력을 포기하게 되어 개인 내적 갈등과 대인관계 어려움을 경험하게 된다. Adler학파 놀이치료사는 내담자가 열등감을 촉발하는 원인을 탐색하고 적응적인 대처 전략을 발달시킬 수 있도록 돕는다.

생활양식

생활양식은 Adler학파 놀이치료사가 내담자를 이해하는 데 적용하는 가장 중요한 개념적 틀로서(Kottman, 2003), 자신과 타인, 그리고 세계에 대한 신념뿐 아니라 이러한 신념에 기반을 둔 행동을 포함하는 포괄적 개념이다(Carlson, Watts, & Miniacci, 2005; Sweeney, 2009). 아동은 상호작용과 반응을 관찰하고 자기가치감을 평가하며, 소속감과 가치감을 획득하기 위한 가장 적절한 방법을 선택하는 과정을 통해 자신의 생활양식을 형성하며, 이는 대략 8세 무렵까지 지속된다. 아동은 예리한 관찰자이지만 언제나 정확한 것은 아니어서 잘못된 신념과 사적 논리를 발달시키기도 한다. **사적 논리**는 개인이 만들어 낸 생활양식, 즉 자기와 타인, 세계에 대한 특정 신념 세트와 일관된 방식의 추론 과정이다.

좌절로서의 부적응

Adler학파 놀이치료사는 좌절의 관점에서 부적응을 이해하는 것이 가장 좋은 방법이라고 믿는다(Carlson et al., 2005; Kottman, 2003; Sweeney, 2009). 좌절은 빈약한 사회적 관심과 관련되며, 타인에 대한 연결감의 손상, 결핍된 소속감 및 공동체 의식을 초래한다. 또한 열등감에 압도되거나 열등감을 과잉보상하려고 할 때 좌절감이 초래될 수도 있다(Eckstein & Kern, 2009). 마지막으로, 내담자는 자기와 타인, 그리고 세계에 대한 잘못된 신념이나 적절히 기능하는 능력을 방해하는 사적 논리로 인해 부적응을 경험할 수도 있다. Adler학파 놀이치료의 궁극적 목표는 치료사가 내담자의 생활양식을 이해함으로써 내담자의 자기이해를 촉진하고, 기능성과 적응을 촉진하는 방향으로 생활양식과 행동을 변화시킬 수 있도록 돕는 것이다.

이론적 틀

내담자를 이해하기 위해 Adler학파 놀이치료사는 **생활양식 평가**로 지칭되는 이론적 개념 형성의 과정을 거친다. 생활양식의 탐색이 주로 이루어지는 놀이치료의 두 번째 단계에서 생활양식에 대한 많은 다양한 정보를 수집하지만, 일반적으로 Adler학파 놀이치료사는 첫 만남에서부터 이 과정을 시작한다. 생활양식은 이론적 개념 형성의 기초를 이루기 때문에 놀이치료사는 강점, 생애과업에서의 기능, 부적응 행동의 목표, 핵심 C 요인, 성격 우선순위, 생활양식 신념, 사적 논리를 포함하는 다양한 측면에서의 중요한 생활양식을 탐색한다(Kottman, 2003, 2009, 2011a). 가족구도과 가정환경은 내담자의 생활양식 형성에 결정적 역할을 하기 때문에 치료사는 가정 내에서의 성장 과정의 영향 역시 탐색한다. Adler학파 놀이치료에는 부모 상담이 포함되므로(필요한 경우 교사 상담도 실시될 수 있다.) 치료사는 아동의 삶에서 중요한 타인의 생활양식 역시 함께 탐색한다.

강점

Adler학파 치료는 가능한 모든 순간에 강점기반 접근을 취한다. Adler학파 치료사는 좌절이 투쟁의 주요 원천이라고 가정하므로 내담자와 내담자 삶에 포함된 사람들의 정서적, 행동적, 태도에서의 강점에 대한 정보를 획득하는 것은 중요한 의미를 갖는다. 강점은 좌절에 대응하는 수단이 된다.

생애과업

Adler이론의 중요한 개념 중 하나는 바로 일, 사랑, 우정, 영성/존재의 의미, 자기를 포함하는 다섯 가지 생애과업에 대한 것이다(Mosak & Maniacci, 1999). "생애과업은 내담자가 대치하고 있는 모든 핵심적인 이슈에 대해 현재 어떻게 기능하고 있는지에 대한 유용한 전반적인 설명을 제공한다"(Eckstein & Baruth, 1996, p. 116). Adler학파 놀이치료사는 어떤 영역이 강점인지 그리고 최적의 기능을 위해 외적 지원이나 도움이 필요한 영역을 결정하기 위해 아동이 이 다섯 가지 영역 각각에서 어떻게 기능하고 있는지를 검토한다. 아동에게 있어서 일에 해당하는 생애과업은 학교나 유치원에서의 기능을 통해 평가할 수 있다. 사랑은 다른 가족 구성원과의 관계를 통해, 우정은 또래관계로 평가한다. 영성/존재 과업은 고차원적 존재에 대한 태도나 관계로 구성된다. 그리고 자기에 해당하는 과업은 자기가치감과 자기효능감의 발달과 관련된다.

부적응 행동의 목표

아동은 좌절하게 되면 부적응 행동을 보인다. Dreikurs와 Soltz(1964)에 따르면, 부적응 행동은 네 가지 가능한 목표를 갖는데, 바로 관심을 끄는 것, 힘을 획득하거나 보복하는 것, 부적절함을 증명하는 것이다. Adler학파 놀이치료사의 개입 전략은 목표-특수적이므로, 아동의 부적응 행동이 갖는 목표 혹은 목표들을 확인하는 것이 중요하다. 특수한 목표를 인식하고 이에 적절하게 반응하는 것 역시 부모나 교사 상담에서 가르쳐야 하는 핵심적 기술이다.

핵심 C 요인[1)]

내담자의 생활양식을 탐색하는 데 있어 또 다른 중요한 이론적 개념은 핵심 C 요인이다(Lew & Bettner, 1996, 2000). Lew와 Bettner(2000)는 회복력을 설명하기 위해 삶에서 성공을 이뤄 내고 강한 관계성을 발달시킬 준비가 되어 있는 아동과 어려움을 겪고 있는 아동을 구별해 낼 수 있는 핵심 C 개념을 발달시켰다. Lew와 Bettner는 성공적인 아동은 행동을 안내하고 지각과 태도 행동을 결정짓는 원리가 되는 네 가지 신념을 갖고 있다는 것에 주목했다. 이러한 신념은 바로 "타인과의 연결성을 형성하고 공동체감을 갖는 것, 자기 자신을 돌볼 수 있는 능력, 타인에 의해 존중받는 것으로 자신이 중요하고 변화를 만들어 낼 수 있다는 것을 아는 것, 용기를 갖는 것"이다(Lew & Bettner, 2000, p. 3). 핵심 C 요인(연결감, 유능감, 가치, 용기)으로부터 기원한 내적 자원을 가질 때, 아동은 회복력과 풍부한 자원을 가지며 생산적이고 행복할 수 있고 도전에 성공적으로 대처할 준비를 갖추게 된다.

견고한 소속감을 갖는 아동은 별다른 어려움 없이 학교와 이웃에서 친구를 사귀고 만남을 지속하면서 자신의 관계 형성 능력에 확신을 갖는다. 놀이치료에서 이러한 아동은 치료사와 쉽게 라포를 형성하고 놀이실에서 보다 자신감 있게 행동한다. **유능감**을 느끼는 아동은 스스로를 돌볼 수 있다고 믿는다. 이러한 아동은 놀이실과 외부 세상에서 무언가를 해낼 수 있는 자신의 능력에 대한 확고한 믿음과 함께 자신감을 갖고, 학교와 가정에서 강한 자기효능감을 보인다. 자신의 **가치**를 믿는 아동은 자신이 사랑과 관심을 받을 수 있으며, 굳이 무언가 특별한 것을 하지 않더라

---

1) 역자 주: 핵심 C 요인은 연결감(Connection), 유능감(Capability), 가치(Counting), 용기(Courage)를 지칭하는 것으로, 모두 영어 대문자 C로 시작하는 단어들이다.

도 자신은 중요하며 가치 있는 존재라는 것을 알고 있다. 이러한 아동은 타인이 자신의 가치와 중요성을 알고 있으라는 것을 확신하지만, 결코 오만하지 않다. **용기**를 가진 아동은 자신이 삶에 직면할 수 있고, 성공을 보장할 수 없는 상황에서조차 심리적 위기를 감수할 수 있다. 희망과 확신을 느끼며, 자신이 타인과 동등하다는 것을 알고, 새로운 것을 시도하는 모험을 감수한다.

Adler학파 놀이치료에서 치료사는 강점을 형성하고 결함을 치유하기 위한 수단으로서 이 영역 모두를 평가한다(Kottman, 2003). 내담자가 약점을 보이는 핵심 C 요인에 대해서 치료사는 놀이치료 전략을 개발하고, 부모가 핵심 C 요인을 강화하기 위한 양육 전략을 발전시키도록 돕는다. 핵심 C 요인을 발달시키기 위해 치료사는 아동이 자기 자신을 강점으로 활용하는 것을 강조한다. 부모-교사 상담에서 Adler학파 놀이치료사는 아동의 삶에서 중요한 성인의 핵심 C 요인을 개념화하여 약한 C 요인을 향상시키고 강한 C 요인을 활용하기 위해 성인과 작업한다(Kottman & Dougherty, 2014).

성격 우선순위

내담자 생활양식에 대한 이론적 개념화에서 또 다른 중요한 측면은 **성격 우선순위**를 확인하는 것이다(Kefir, 1981). 성격 우선순위는 개인의 행동 패턴과 대인관계 상황에 대한 반응을 조직화하는 원리가 된다. 이는 소속감, 의미, 숙달감을 획득하는 가장 좋은 방법이 무엇인가에 관한 신념에 기반을 둔다. Kefir, Pew(1976), 그 외 연구자들의 작업을 종합하여 Kottman(2003)은 타인을 만족시키는 것, 편안함, 통제감, 우월감의 네 가지 성격 우선순위를 확인했다. 타인을 만족시키는 것이 성격 우선순위에 있는 아동은 타인을 행복하게 하는 것을 통해 소속감과 숙달감을 획득하고자 한다. 이러한 아동은 자기가치에 대한 믿음이 부족하기 때문에 타인의 욕구를 충족시킴으로써 수용과 승인을 얻고자 노력한다. 편안함이 성격 우선순위에 있는 경우, 아동은 쾌락과 쉬움을 추구한다. 스트레스와 기대, 책임을 회피하는 것에 동기화되어 있고, 그 결과 성취 수준이 낮고 과제를 완수하기 어려우며 타인에 의해 과소평가된다는 느낌을 받는다.

Kottman(2003)은 나머지 두 성격 특성인 통제감와 우월감은 두 개의 하위 범주로 나누어질 수 있다고 보았다. 예를 들어, 통제감이 성격 우선순위에 있는 아동은 자기 자신의 통제에 몰입해 있거나 혹은 타인과 그 밖의 모든 것을 지배하는 것에 몰두해 있다. 이 경우 스스로를 통제하거나 타인이 자신을 지배할 수 없다는 것을 보여 줌으로써 자신의 중요성과 소속감을 확인하고자 한다. 이러한 아동은 자신이 통제할 수 없다고 지각하는 상황에서 불편감을 느끼고, 통제감 상실을 회피하기 위해 부지런히 노력한다. 통제감을 우선순위에 두는 아동은 불안과 좌절에 취약하고 자발성 및 친밀감과 관련하여 어려움을 경험한다.

마지막으로 우월감이 성격 우선순위에 있는 아동은 자신이 하는 모든 것에서 완벽과 성취를 위해 노력함으로써 소속감과 정체감을 획득한다. 통제감이 성격 우선순위에 있는 경우와 마찬가지로 우월감은 두 개의 하위 범주로 나뉠 수 있다. 첫 번째는 성취감으로, 타인과 비교할 필요를 느끼지 않은 채 개인적 성취와 숙달에 몰두하는 것이다. 다른 하나는 타인을 능가하는 것으로, 자신의 수행을 타인의 수행과 비교함으로써 자기가치감을 재단하는 것에 해당한다. 우월감을 우선순위에 두는 아동은 보통 타인으로부터 주목받고 인정받기 위해 성취에 상당한 에너지를 기울인다. 그 결과 완벽주의를 위해 고군분투하고 무의미함과 허무감을 느낄 수 있다. Kottman(2003)은 사람들은 일차적 성격 우선순위와 이차적 성격 우선순위를 갖기도 하며, 이는 상황과 관계에 대한 대응 패턴을 조직화한다고 설명했다. 중요한 성인과의 상담 과정에서 Adler학파 놀이치료사는 성격 우선순위를 평가하고, 이를 제언과 개입을 고안하기 위한 수단으로서 활용한다(Kottman & Dougherty, 2014).

가족구도와 가정환경

가족구도와 환경에 대한 이해는 내담자의 생활양식을 이해하는 데 있어 핵심적 요인이다. Adler(1931/1958)는 가족구도와 출생 순위의 중요성에 주목했다. 최근 Adler학파 치료사(Dreikurs & Soltz, 1964; Eckstein & Kern, 2009; Mosak & Maniacci, 1999)와 연구자들(Campbell, White, & Stewart, 1991; Eckstein et al., 2010; Stewart, Stewart, & Campbell, 2001)은 심리적 출생 순위의 중요성을 강조하고 있다. Adler학파는 가족 맥락이 개인이 소속감을 추구할 수 있는 가장 편한 곳이라는 데 동의한다. 따라서 첫째, 가운데, 막내, 외동으로 태어나는 것은 생활양식의 발달에 영향을 미친다. 유사하게 가족환경, 즉 가족의 전반적인 정서나 분위기는 가족구도와 상호작용하여 생활양식에 영향을 미친다. 가정환경은 부모의 특성, 자녀에 대한 태도,

훈육 철학, 생활양식, 가족의 가치, 부모의 원가족의 분위기, 부부관계, 양육기술, 강점, 개인적 문제, 혹은 자녀에 대한 따뜻함과 존중, 구조를 제공하는 능력을 손상시킬 수 있는 생활환경의 상호작용을 통해 형성된다(Kottman, 2003). 예를 들어, 재정적 압박이나 부모의 건강 문제는 가족구도와 상호작용하여 가족 구성원에 다른 영향력을 미친다. 치료사는 가족구도와 분위기를 이해함으로써 내담자의 생활양식을 이해할 수 있다. Adler학파 놀이치료에서 치료사는 다음과 같은 질문을 던짐으로써 아동을 이해한다. "특정한 시기의 이 특정한 가정에서 이 특정한 아동은 어떤 존재인가? 이 가정은 아동의 사고, 감정, 행동 패턴에 어떤 영향을 미쳤는가?"

기본 신념과 잘못된 믿음

아동은 강점, 생애과업에 대한 기능, 부적응 행동의 목표, 핵심 C 요인, 성격 우선순위, 가족구도와 가정환경에 대한 개인적 경험과 해석을 통해 자기, 타인, 세계에 대한 기본 신념을 발달시키고, 아동은 마치 이러한 신념이 진실이고 사실인 것처럼 행동하게 된다(Kottman, 2003). 아동의 생활양식에 대한 이해를 확고히 하기 위해 Adler학파 놀이치료사는 아동 내담자(그리고 부모와 교사)가 다음의 문장을 어떻게 완성시킬지에 대한 잠정적 가설을 세운다.

> "나는 …… 이다. / 나는 …… 이어야만 한다. / 나는 반드시 …… 해야 한다."
> "타인은 …… 이다. / 타인은 …… 이어야만 한다. / 타인은 반드시 …… 해야 한다."
> "세상은 …… 이다. / 삶은 …… 이다. / 삶은 반드시 …… 해야 한다."
> "이러한 신념에 기반하여, 나는 …… 이어야만 한다. / 나는 반드시 …… 해야 한다."

앞에서 설명했듯이 아동은 훌륭한 관찰자이지만, 왜곡된 해석을 할 수 있다. 아동은 자기, 타인, 세상에 대한 믿음이 진실인 것처럼 행동한다. 신념을 확고히 하기 위해 확증 편향에 의존하고, 자신이 이미 믿고 있는 바를 입증할 수 있는 상황에 주목한다. 위의 질문에 대한 가설을 설정하는 과정에서 놀이치료사는 아동이 갖고 있는 자기, 타인, 세상에 대한 잘못된 기본 신념을 확인해야 한다. 잘못된 신념은 좌절을 가져오므로 내담자에게 도움을 주기 위해서는 자기패배적 신념을 교정하고 재조정하는 것이 필요하다. Adler학파 치료사는 이러한 잘못된 신념을 확인한 후, 내담자가 사고, 감정, 행동에서의 자기패배적 신념을 인식하게 함으로써 통찰을 가질 수 있도록 돕는다. 내담자가 자기, 타인, 세상을 새롭고 보다 적응적인 방식으로 바라보고 새로운 신념이 진실인 것처럼 행동할 수 있도록 격려해야 한다.

치료적 과정의 목표와 치료사, 아동, 부모의 역할

내담자가 좌절로부터 역량 증진의 과정으로 나아갈 수 있도록 돕기 위해 Adler학파 놀이치료사는 몇 가지 주요 목표를 설정한다. 치료 과정은, ① 내담자가 자신의 생활양식에 대한 인식과 통찰을 얻을 수 있도록 돕고, ② 자기, 타인, 세상에 대한 잘못된 신념을 변화시키며, ③ 보다 긍정적인 행동목표를 설정할 수 있도록 하며, ④ 파괴적 패턴의 소속감과 가치감에 대한 느낌을 건강한 패턴으로 대치하며, ⑤ 내담자의 사회적 관심과 타인과의 연결성을 향상시키며, ⑥ 긍정적인 방식으로 열등감에 대처할 수 있도록 하며, ⑦ 내담자가 자기의 강점을 인식하고 확고히 할 수 있도록 돕고, ⑧ 내담자가 자기향상적 선택을 함으로써 긍정적 태도, 감정, 행동을 증진시킬 수 있도록 구성되어야 한다(Kottman, 2003, 2009).

Adler학파 놀이치료는 네 단계로 구성된다.
① 평등한 관계의 형성
② 내담자의 생활양식 탐색
③ 내담자가 자신의 생활양식에 대한 통찰을 얻을 수 있도록 돕기
④ 방향전환/재교육

치료의 단계가 항상 구분되는 것은 아니며, 분명하고 명백한 전환을 거치며 순차적으로 진행되는 것은 아니다. 예를 들어, 평등한 관계의 형성이 주요 목표가 되는 첫 번째 단계에서 치료사는 내담자의 생활양식에 대한 초반 인상을 형성하고 초기 가설을 발달시킬 수 있는데, 이는 보통 두 번째 단계에서 이루어진다. 또한 내담자가 생활양식에 대한 통찰을 얻을 수 있도록 돕는 세 번째 단계의 목표가 마지막 단

계의 방향전환/재교육의 일환으로 이루어질 수도 있다.

네 단계는 모두 각각의 목표를 갖는다(Kottman, 2003, 2009; Kottman, Bryant, Alexander, & Kroger, 2008). Adler학파 놀이치료 첫 단계의 치료적 목표는 내담 아동 및 아동의 부모와 평등하고 공감적인 관계를 형성하는 것이다(Kottman, 2003, 2009). 치료사가 부모 이외의 다른 가족 구성원과 관계를 형성해야 하는 경우도 있다. 또한, 아동이 학교에서 어려움을 겪고 있다면, 치료사는 아동의 교사와도 관계를 형성해야 한다.

두 번째 단계에서 놀이치료사는 아동과 아동에게 영향을 미치는 사람들의 생활양식을 탐색한다. 이 단계에서 놀이치료사는 아동과 부모, 그리고 필요하다면 교사와 형제, 다른 가족 구성원의 신념, 목표, 정서, 태도, 동기에 대한 가설을 세운다. 또한 아동의 생활양식과 아동에게 중요한 사람들의 생활양식 간의 상호작용을 고려하는 것 역시 중요하다. 세 번째 단계에서도 역시 놀이치료사는 모든 관심 대상이 자신의 생활양식, 잘못된 신념, 자기패배적 행동과 목표에 대한 통찰을 얻도록 도울 수 있다. 또한 치료사는 아동의 삶에 함께 하는 성인이 아동을 이해하고 아동에게 공감해 주며 성인의 생활양식과 아동의 생활양식 간의 상호작용을 이해할 수 있도록 노력해야 한다. 아동이 통찰을 얻어가면서 치료는 네 번째 단계로 나아갈 수 있다. 네 번째 단계에서는 내담자가 새로이 발견한 이해와 고무적인 관점을 적용하면서 통찰이 태도와 인지, 정서, 행동의 변화로 전환될 수 있도록 돕는 것이 목적이 된다.

"Adler학파 놀이치료 과정에서 치료사는 아동, 부모, 교사, 형제의 파트너이자, 용기를 북돋아 주는 사람, 교사의 역할을 한다"(Kottman, 2011a, p. 97). Adler학파 놀이치료사는 아동이 아니라 아동, 부모, 다른 가족 구성원으로 이루어진 가족 **체계**가 바로 내담자의 실제라는 것을 믿는다. 이러한 관점과 일관되게 Adler학파 놀이치료는 아동, 부모, 형제를 치료 과정의 파트너로 간주한다. 결과적으로 Adler학파 놀이치료사는 체계의 모든 구성원이 통찰을 얻고 변화를 이루어 내는 것에 관심을 갖고, 치료 과정에 기꺼이 그리고 적극적으로 동참하게 될 것이라는 희망을 갖는다. 또한 가족 구성원 각각은 자신의 삶에 대한 전문가라고 할 수 있다. 따라서 가족 구성원을 통해 가족 내에서 벌어지는 일들에 대한 정보를 얻는 것이 중요하다.

Adler학파 놀이치료의 네 단계를 거치면서 치료적 과정에 관여하는 모든 사람의 역할은 파트너십의 틀 안에서 변화를 거듭한다. 첫 번째 단계에서 Adler학파 놀이치료사는 아동에 대해 상대적으로 비지시적인 태도를 취한다. 여기에서는 아동이 대장이 될 수도 있고 때로는 치료사가 대장이 될 수도 있다는 것이 확립되면, 치료사는 아동이 놀이실에서 팀워크과 협동의 파트너십을 만들어 내는 방식으로 결정하고 선택할 수 있도록 격려한다(Kottman, 2003, 2011a). 아동의 역할은 놀이하고, 놀이치료사를 신뢰하는 법을 배우며, 진실한 성인과의 관계에 온전히 참여하고, 파트너십 정신으로 힘을 공유하는 방법을 배우는 것이다. 아동과 함께 하는 성인으로서 치료사는 아동의 말을 경청하고 용기와 이해를 전달함으로써 신뢰성 있고 정직한 관계를 확립해 나가야 한다. 부모나 교사의 역할은 가정 또는 교실에서 무슨 일이 벌어지고 있는지를 터놓으며, 현재의 문제, 가족역동, 과거에 효과가 있었던 혹은 효과가 없었던 개입 전략에 대한 솔직한 정보를 제공하는 것이다.

두 번째 단계에서 놀이치료사는 보다 적극적이고 지시적인 역할을 한다. 치료사는 아동에게 질문하고, 이야기 만들기, 그림 그리기, 손인형놀이, 모래상자 만들기, 인형집놀이나 주방놀이 등을 하고 상호적 게임에 참여할 것을 요구한다. 아동의 역할은 이 과정에 협조하는 것으로, 치료사가 제안하는 활동에 즐겁게 참여하고 다른 놀이를 주도하여 시작하는 것이다. 치료사는 부모 및 교사와의 만남에서도 적극적이고 지시적인 태도를 취하며, 아동의 생활양식, 부모의 생활양식, 그리고 이 둘 간의 상호작용에 대한 성인의 지각에 대한 정보를 요구한다. 이 과정이 효과적으로 진행되기 위해서는 중요한 성인들이 협조적이고 정직해야 하며 준비가 되어 있어야 한다. 이 과정 동안 치료사는 탐정과 같은 역할을 하며, 생활양식의 단서가 되는 내담자의 상세한 경험을 파악하고, 치료에 관련된 모든 사람들의 생활양식에 대한 개념화를 발달시킨다. 이러한 개념화에 근거하여 치료사는 이후의 치료 과정을 이끌어 가게 되는 치료 계획을 수립한다.

세 번째 단계에서 놀이치료사는 적극적이고 지시적인 역할을 지속하며 아동, 부모, 교사가 자신과 다른 사람의 생활양식에 대한 통찰을 얻도록 돕는다. 치료사는 해석과 치료적 은유를 통해 내담자의 거울이 되어 주며, 내담자가 자신의 강점을 활용하고 사고, 감정, 행동에서의 부적응적 패턴을 인식할 수 있도록 돕는다. 아동의 역할은 마음을 열고 치료사의 피드백을 받아들이고, 대안적 신념과 목표, 사고, 태도, 행동을 기꺼이 그리고 적극적으로 고려하는 것이다. 부모와 교사의 역할 역시 아동과 유사하다. 성인에게는 아동과 아동과의 관계를 새로운 방식으로 생각하고 상호작용 패턴의 변화에 개방적인 태도를 취하는 것이 요구된다.

네 번째 단계에서 치료사는 비지시적 요소와 지시적 요소를 조합하여 개입하며, 진전을 격려하고 기술을 가르치는 것에 집중한다. 치료사는 비지시적인 방식으로 아동의 놀이를 관찰하고 아동의 노력과 발전, 강점을 인정하며 긍정적인 변화를 격려한다. 부모와 교사를 변화시키는 과정에서도 유사한 전략이 사용된다. 아동과 부모에 대한 적극적 기술교육에는 더 많은 지시적 요소가 포함된다. 이 단계에서 아동 내담자의 역할은 놀이를 적극적으로 활용하여 분노조절, 우정, 타협 등의 새로운 기술을 학습하는 것이다. 성인은 새로운 전략을 배우고, 새롭게 배운 전략을 아동과 상호작용하는 데 적용해 보아야 한다.

전략과 기법

Adler학파 놀이치료의 네 단계에는 각기 다른 전략과 기법이 적용된다. 첫 번째 단계에서는 다른 많은 놀이치료 접근에서 사용되는 비지시적 관계 형성 기법과 Adler학파 놀이치료만의 독특한 몇 가지 기법이 함께 적용된다(Kottman, 2011b). 이러한 관계 형성 기술은 치료의 전 과정을 통해 지속적으로 활용된다. 나머지 세 단계에는 보다 지시적이며 Adler학파의 독특한 전략이 추가된다.

평등한 관계 형성

Adler학파 놀이치료 과정의 초기 과제는 아동과 평등한 관계를 형성하는 것이다. 이를 위해 놀이치료사는 아동의 행동을 따라가고, 말한 내용을 재진술하며, 아동에게 책임을 돌려주고, 감정을 반영해 준다. 이는 다른 놀이치료 접근에서 사용하는 기법과 유사하다(Kottman, 2011b). Adler학파 놀이치료사가 내담자와 관계를 형성하는 또 다른 방법 중 하나는 은유를 사용하는 것이다. Adler학파 놀이치료사는 은유의 언어를 사용하고, 은유적 놀이에 참여하기 위해 많은 노력을 기울인다. 또한, 놀이의 은유적 특성을 알기 위해 속삭임 기법을 사용하기도 한다. 이는 놀이에서 치료사의 역할이나 다음에 무엇을 해야 하는지 질문할 때 속삭이듯이 물어보는 것이다(예: "이제 나는 무엇을 할까?"). 이 기법을 통해 놀이에서의 은유를 존중하고, 치료사는 내담자가 원할 때 그리고 은유에 대한 내담자의 계획과 의도에 맞춰 놀이에 참여할 수 있다. 이와 같이 보편적인 놀이치료 기법에 더해 Adler학파 놀이치료사가 사용하는 보다 독특한 개입 방법들이 있다.

Adler학파 놀이치료의 다소 독특한 측면 중 하나는 허용 또는 제안으로, 이는 치료사가 상호작용에 진실되고 적극적으로 참여하는 것이다. 이를 위해 Adler학파 놀이치료사는 놀이 활동에 협조하고 설명을 하며, 필요한 경우 질문을 하거나 대답을 해 주며 아동과 적극적으로 상호작용한다.

Adler학파 놀이치료의 또 다른 독특한 측면은 치료 과정에서 의도적으로 내담자를 격려하는 것이다. 칭찬과는 대조적으로 **격려**는 결과물이 아닌 아동의 발전과 노력을 인정해 주는 것을 의미한다. 인정을 통해 아동에 대한 신뢰, 확신, 수용을 보여 줄 수 있다. 치료 초반 단계뿐 아니라 전 과정을 거쳐 치료사는 아동이 스스로 할 수 있는 것을 대신해 주지 않는다. 격려는 내담자 스스로 할 수 있고, 스스로 배울 수 있다는 것을 분명히 전달할 수 있는 방법이다. 해결책을 찾기 위해 치료사와 협동하거나 함께 방법을 찾는 상황은 많지 않다(Kottman, 2003).

Adler학파 놀이치료사는 특별한 네 단계 과정을 통해 제한을 설정한다(Kottman, 2003). 첫째, 아동이 제한을 위반하는 행동을 했을 때 치료사는 비판단적 방식으로 제한을 말해 준다. "그것은 놀이실 규칙에 어긋나는 행동이야."라고 조용하지만 단호하게 말한다. 두 번째 단계에서는 아동 행동의 목표를 드러내거나 목표로 추정되는 감정을 반영해 준다. "화가 났구나. 네가 어떻게 해야 하는지에 대해 내가 말할 수 없다는 것을 보여 주려고 하는 것 같구나." 혹은 "네가 모래를 바닥에 쏟는 것에 대해 내가 어떻게 반응하는지를 보고 싶어 하는 것 같구나."라고 말할 수 있다. 세 번째 단계에서 치료사는 아동이 놀이실의 규칙에 위배되지 않는 대안들을 산출해 낼 수 있도록 한다. 다음과 같이 말할 수 있다. "우리는 놀이실의 규칙을 위반하지 않으면서 모래를 쏟을 만한 것을 찾을 수 있어." 이 단계를 통해 치료사와 아동은 양측이 모두 동의하는 놀이실에서의 적절한 행동에 대한 합의를 이루어 낸다. 많은 경우, 여기가 마지막이 된다. 치료사와 아동이 함께 수용 가능한 대안을 생각해 냈기 때문에 아동이 금지된 행동을 지속하지 않기 때문이다. 그러나 때로는 허용되지 않는 행동을 반복하려는 아동도 있다. 이런 경우, 치료사는 네 번째 단계를 반드시 진행하여 세 번째 단계에서 이루어 낸 합의를 깨뜨린 것의 결과에 대해 함께 생각해 보는 시간을 갖는다. 이 과정에서 치료사는 아동과 함께 그 결과에 대해 다시 합의점을 찾고, 그 결과가 무엇이든 따르게 한다.

Adler학파 놀이치료 접근의 또 다른 독특한 측면은 회기가 끝났을 때 내담자와 치료사가 놀이실을 함께 정리하는 것이다(Kottman, 2003, 2011b). 반드시 따라야 하는 필수 사항은 아니지만, 함께 정리하는 과정을 통해 치료사와 내담자는 필요한 과업을 완수하기 위해 협력해야만 한다(누군가는 결국 정리를 해야만 한다). 협력을 통해 관계가 형성되고 내담자의 사회적 관심 역시 발달할 수 있다.

내담자의 생활양식 탐색

Adler학파 놀이치료의 두 번째 단계는 내담자와 내담자의 삶에서 중요한 사람들의 생활양식을 탐색하는 것이다. 이 단계에서 치료사는 정보 수집 과정을 통해 생활양식에 대한 잠정적 가설을 설정하고, 추가적인 자료를 근거로 가설을 검증하게 된다. 맨 처음 Adler학파 놀이치료사는 내담자의 가족구도와 가정 분위기를 통해 내담자의 맥락을 이해하고자 시도한다. 치료사는 또한 다양한 영역, 즉 생애과업에 대한 기능, 강점, 행동과 부적응 행동의 목표, 성격 우선순위, 핵심 C 요인, 생활양식 신념, 잘못된 믿음에 대한 가설을 검토하기 시작한다. 생활양식 개념화를 위한 도구가 되는 정보를 수집하기 위해 아동, 부모, 교사에게 질문을 할 수 있다(Kottman, 2003). 질문은 아동, 현재 문제, 또래관계, 가족역동, 문제해결 전략, 아동이 가족과 교실 이웃에 적응해 온 방식, 그리고 그 외 무수히 많은 다른 요인들에 대한 정보를 얻기 위한 것이다. 치료사는 또한 아동, 부모, 그 외 관련된 사람의 생활양식 정보를 얻기 위해 지시적 미술 기법(예: 가족 그림, 교실 그림, 자화상 그리기), 모래상자 기법, 놀이전략(예: 보드게임, 상호적 모험 기법, 동작과 댄스 전략)을 적용하고, 초기 기억을 회상해 보게 한다(Ashby, Kottman, & DeGraaf, 2008; Kottman, 2003, 2011b; Kottman, Ashby, & DeGraaf, 2001).

Adler학파 놀이치료사는 성격 우선순위, 부적응행동의 목표, 핵심 C 요인에 대한 정보를 얻기 위해 아동의 놀이, 아동과 다른 사람들의 상호작용, 부모의 행동과 관계를 관찰하기도 한다. 다음은 Adler학파 놀이치료의 두 번째 단계에서 내담자를 이해하기 위해 치료사가 행동과 상호작용을 관찰하는 전략 중 일부이다. 치료사가 아동과 아동의 삶에 관여하는 사람들을 관찰하는 동안 마음속으로 다음과 같은 질문을 하며 성격 우선순위를 평가한다. 먼저, "이 사람은 무엇을 회피하려고 하는가?" 하는 질문으로 시작한다. 편안함이 우선순위에 있는 경우, 스트레스, 책임, 기대를 회피하려고 한다. 다음으로 "이 사람은 무엇을 성취하고자 애쓰고 있는가?" 하는 질문을 한다. 타인을 만족시키는 것을 우선순위에 두는 사람은 타인의 욕구를 충족시키고 모든 사람을 행복하게 하기 위해 노력한다. 세 번째 질문은 "내담자의 강점은 무엇인가? 혹은 내담자는 무엇을 잘할 수 있는가?"이다. 통제감이 우선순위에 있는 사람은 좋은 리더인 경우가 많고, 주장적이며, 조직화되어 있고 책임감이 강하다. 마지막으로 놀이치료사는 다음과 같이 질문한다. "내담자가 타인과 상호작용하기 위해 치러야 하는 대가는 무엇인가?" 우월감을 우선순위에 두는 사람은 압도되고 있다고 느끼거나 과잉관여하고 있을 수 있다. 이런 질문은 아동과 상호작용하고 부모나 교사와 대화하며 아동의 놀이를 관찰하면서 답할 수 있으며, 성격 우선순위를 확인하는 데 도움이 된다. 특정 부적응 행동의 목표를 확인하기 위해 치료사는 다음과 같은 질문을 한다.

- 아동의 부적응 행동에는 어떤 것들이 있는가?
- 부적응 행동을 할 때 아동은 어떤 기분을 느끼는가?
- 부적응 행동의 기저에는 무엇이 있는가?
- 충족되지 못한 아동의 욕구는 무엇인가?
- 아동이 부적응 행동을 보일 때 부모나 다른 성인은 어떤 기분을 느끼는가?
- 부적응 행동에 대해 부모나 다른 성인은 어떤 반응을 보이는가?
- 부모나 다른 성인이 훈육이나 교정을 시도했을 때, 아동은 어떤 반응을 보이는가?

관심을 끌기 위해 부적응 행동을 보이는 아동은 관심받고 있지 않을 때면 자신이 중요하지 않은 것처럼 느끼고 있는 것이다. 이런 아동들은 다른 사람을 귀찮게 하고, 과시하며, 사소한 말썽을 피우고, 가정이나 교실에서 익살꾼처럼 행동하고, "못해요."라고 말하며, 불안해 하거나 게으름을 피우는 부적응 행동을 보인다. 아동의 부적응 행동 이면에는 모든 가능한 수단을 동원해서라도 관심을 끌고자 하는 의도가 숨어 있다. 모든 사람에게는 관심이 필요하고, 또 관심을 원한다. 긍정적 방법으로 관심을 얻지 못하면, 부정적 방식으로 관심을 끄는 것으로 옮겨 가게 되는 것이다. 관심을 끄는 것이 목적인 부적응 행동을 맞닥뜨리게 되면, 부모와 다른 성인들은 보통 귀찮아하거나 짜증을 내고 아동에게 행동을 멈추라고 요구한다. 이러한 요구는 그 순간 아동의 행동을 바로잡을 수는 있지만, 아동은 잠시 행동을 멈췄다가 곧 관심 끌기 행동을 다시 시작하게 된다.

힘 또는 권력이 목적인 아동은 자신이 다른 사람을 지배하고 있거나 혹은 다른 사람이 아동이 시키는 대로 행동한다고 확신할 때 자신이 중요한 사람이라고 느낀다. 또한 사람들에게 "당신은 나를 지배할 수 없어."라는 메시지를 전달하고자 한다. 이러한 아동은 말다툼을 하고 상대를 반박하며 분노폭발을 보이고 부정직하고 반항적이며 고집을 부리고 순응하지 않으며 거의 혹은 전혀 노력하지 않는다. 수동-공격 경향성을 보이기도 한다. 권력 지향적인 부적응 행동의 이면에는 다른 사람이 지배하는 상황에서 통제감 상실이나 안전하지 못하다고 느끼는 것이 있다. 이러한 아동에게는 구조, 일정한 생활, 비순응 행동에 대한 예상 가능한 결과 및 규칙과 함께 연령에 적절한 삶에 대한 통제력이 필요하다. 부모나 성인은 이런 아동의 행동에 대해 화를 내거나 자신에게 도전하거나 혹은 자신을 위협한다고 여기기 쉬우며, 아동이 화를 유발시킨다고 느낄 수 있다. 이러한 행동에 대해 성인이 교정 행동을 보이면, 힘을 얻고자 하는 아동의 행동은 더욱 악화되어 더 강하게 다른 사람을 지배하려고 들거나 다른 사람이 자신을 통제할 수 없다는 것을 보이려 한다.

보복에 집중하는 아동은 대부분 삶 속에서 타인으로 인해 상처 입은 경우가 많다. 따라서 어느 누구도 아동을 학대하거나 방임하는 것을 반복하지 못하게 하는 것이 목표가 된다. 이러한 아동은 다른 사람은 위험하고, 안전해지기 위해서는 다른 사람들을 밀쳐 내야 한다고 느낀다. 중요한 사람들이 안전의 욕구를 충족시켜 주지 않았기 때문에 환경의 안전함을 신뢰하지 못한다. 이러한 행동의 이면에는 더 이상 당하지 않기 위해 선제공격을 하려는 마음 혹은 관계는 고통과 아픔을 가져온다는 믿음이 자리 잡고 있다. 악의적 행동과 격렬한 감정 폭발이나 공격, 잔인하거나 타인에게 해를 입히는 행동(언어적 혹은 신체적으로), 물건 훔치기, 다른 사람을 괴롭히기, 위협하기, 다른 사람에게 상처를 주기 위해 철수하기 등이 해당된다. 이런 행동에 맞닥뜨리게 되면 부모나 성인은 상처를 입고 아동에게 되갚아 주려고 하며 혹은 자신을 보호하기 위해 관계로부터 철수하려고 든다. 훈육하게 되면, 아동의 복수하려는 행동은 더욱 강해진다.

자신이 부적절하다는 것을 증명하기 위해 애쓰는 아동은 자신이 제대로 할 수 있는 것은 아무것도 없다고 믿으며 따라서 그 어떤 것도 시도하지 않기도 결정한다. 자신의 무능함을 드러내 보이기로 결정한 것의 이면에는 자신이 아무것도 할 수 없고 중요하지 않다는 믿음이 있다. 중요한 성인이 두 가지 핵심 C 요인(유능감과 가치)을 키워 주지 않았기 때문에 아동은 단절을 경험하고 용기는 꺾여 버린 것이다. 이러한 아동은 학교, 집, 삶에서 어떤 것도 하려고 들지 않으며, 쉽게 포기하고 자주 우울해지며 자살 생각을 하기도 한다. 이러한 아동과 상호작용하게 되면 좌절감, 무기력, 절망감을 느끼게 된다. 이러한 아동은 수준 이하의 성취로 인해 비난을 받기는 하지만, 꾸중을 듣는 경우는 거의 없는데 아동이 어떤 것도 적극적으로 하려고 하지 않기 때문이다. 자신이 판단되거나 비판받는다고 느끼면 더욱 좌절하고 심지어 갑작스럽게 모든 것을 중단해 버릴 수도 있다.

핵심 C 요인, 생애과업, 생활양식 신념, 잘못된 믿음에 대한 평가 과정도 이와 유사하다. 두 번째 단계를 통해 놀이치료사는 아동의 행동을 살펴보고 질문을 하며 지시적인 놀이치료 기법을 사용하여 정보를 모은다. 이러한 과정은 아동과 아동 삶에서의 중요한 인물들을 체계적으로 개념화하고 이후의 치료 단계에서 적용하게 될 개입을 위한 치료 계획을 수립하기 위한 것이다.

내담자가 생활양식에 대한 통찰을 얻도록 돕기

Adler학파 놀이치료의 세 번째 단계에서 치료사는 적극적이고 지시적인 역할을 지속하며 잠정적인 가설을 적용하여 아동 및 아동과 관련된 사람들의 생활양식에 대한 이론적 개념화를 연결 지을 수 있는 패턴과 주제에 대해 상위적 의사소통을 시도한다(Kottman, 2003, 2011a). 놀이치료사는 생애과업에 대한 아동의 기능, 강점, 행동과 부적응 행동의 목표, 성격 우선순위, 핵심 C 요인, 가족역동, 관계 패턴, 문제해결 전략, 그 외의 생활양식의 모든 측면에 대한 해석적 추정을 한다. 아동은 이들에 대해 인식하지 못할 수 있으나, 이 모든 것이 최적의 기능을 방해하고 있을 수 있다. 이 단계에서 Adler학파 놀이치료사는 단일한 사건/행동, 특정 사건/행동의 의미, 회기 내 혹은 회기 간 패턴, 생활양식 주제에 대해 상위적 의사소통을 한다. 치료사는 또한 아동이 잘못된 믿음이 진실인 것처럼 행동하고 있다는 사실에 대한 가설을 공유한다. 잘못된 믿음으로 인해 내담자가 자기패배적 방식으로 행동하게 되는 패턴을 지목하는 것을 '내담자의 수프에 침 뱉기'라고 지칭하는데, 이는 Adler 학파의 독특한 기법 중 하나이다(Kottman, 2003; Sweeney, 2009).

상위적 의사소통과 수프에 침 뱉기는 부모와 교사가 아동의 생활양식, 부모나 교사 자신의 생활양식, 그리고 이 두 생활양식 간의 상호작용에 대한 통찰을 얻도록 돕는 데 사용되는 주요 도구이다. 이 단계에서 놀이치료사는 부모와 교사가 성격 우선순위나 핵심 C 요인과 같은 생활양식 요소에 대해 배울 수 있도록 교육을 실시하기도 한다. 또한 놀이치료사는 아동의 행동을 재구성하고 성인과 아동이 부적응 행동의 목표가 갖는 근본적 역동을 인정하도록 돕는다.

치료적 은유의 고안 및 적용은 세 번째 단계의 또 다른 주요 수단이 된다. 다양한 형식(손인형극, 인형집놀이, 책만들기, 그림 그리기나 색칠하기, 이야기 만들기 등)을 통해 놀이치료사는 아동의 상황, 문제, 관계와 관련되는 이야기를 만들어 나간다. 치료사는 이야기 속에 아동을 나타내는 주인공이나 아동의 삶 속에 등장하는 다른 사람들(동료, 지원이 되는 사람, 적대적 인물 등)을 표현하는 캐릭터를 포함시킨다. 전체적인 과정은 문제를 다루고 아동이 새로운 기술을 배우거나 여러 상황에 대해 보다 다양한 관점을 가질 수 있는 새로운 방법을 제안할 수 있도록 구성된다. 치료사가 이야기를 만들어 내는 것이 어렵게 느껴지는 경우, 독서치료를 위해 고안된 아동 도서를 사용할 수도 있다. Adler학파 놀이치료사는 아동이 자신의 생활양식에 대한 통찰을 얻을 수 있도록 이야기와 치료적 은유를 주고받기 위한 수단으로써 수정된 상호적 이야기 꾸미기 기법(Gardner, 1993; Kottman, 2003, 2011b), 창조적 인물(Brooks, 1981; Kottman, 2003, 2011b), 공유된 이야기를 적용할 수 있다. 또한 부모나 교사와도 유사한 상황을 경험했던 다른 사람들이 이 상황에 어떻게 대처했는지에 대한 은유적 이야기를 만들어 볼 수 있다.

Adler학파 놀이치료사는 치료의 세 번째 단계에서 아동이나 부모 및 교사와 지시적 미술 기법, 모래상자, 역할놀이, 즉각적 해석, 직면, 유머를 사용할 수 있다. 이 단계에서 치료사는 놀이회기에 다른 가족 구성원이나 학교 친구를 초대할 수도 있다.

내담자에 대한 방향전환과 재교육

Adler학파 놀이치료의 네 번째 단계는 아동 내담자와 부모, 교사, 가족 구성원에게 기술을 교육하는 것 중심으로 진행된다. 치료사는 놀이를 이용하여 아동이 적절한 대안적 행동과 태도를 발달시킬 수 있도록 돕고, 아동에게 새로운 행동과 태도를 가르치며, 아동이 새로운 행동과 태도를 실행에 옮길 수 있도록 돕는다. 이 단계에는 새롭게 배운 기술을 놀이실 밖의 상황에서 실제 적용해 보는 것도 포함된다. 치료사는 사고, 감정, 행동의 변화에 집중하면서 미술 기법, 모래상자, 이야기 만들기, 역할놀이, 모험 치료 기법 활동을 실시한다(Ashby et al., 2008; Kottman, 2003; Kottman et al., 2001). 이는 아동이 효과적인 문제해결 기술을 배우고 더 나은 관계를 형성하며 자신을 최적화하고 핵심 C 요인을 촉진하는 것을 목표로 한다. 또한 다섯 가지 생애과업에 대해 적절히 기능하고, 보다 적절한 행동 목표를 가지며, 부정적 측면보다는 긍정적 측면의 성격 우선순위를 보이고, 자기와 타인, 세상에 대한 잘못된 믿음을 긍정적 신념으로 대체하는 것 역시 목표에 포함된다. 분노를 조절하고, 친구를 만들고 관계를 유지하며, 적절한 주장성을 보이고 좌절에 대처하고 정서를 조절해 가는 데 필요한 기초 기술부터 배워야 하는 아동도 있을 수 있다. 노력과 발전에 대한 격려는 치료의 전 과정을 통해 이루어 내야 하는 배움의 과정을 강화하는 데 도움이 될 수 있다.

Adler학파 놀이치료사는 부모나 교사에 대해서도 동일한 도구를 사용하여 핵심 C 요인, 성격 우선순위, 부적응 행동의 목표와 같은 Adler이론의 핵심 개념을 가르친다. 치료사는 부모와 교사가 아동의 핵심 C 요인을 촉진하고 아동의 성격 우선순위에서 긍정적 측면을 발달시킬 수 있도록 도와야 한다. 부모나 교사는 아동을 대하는 데 있어 격려와 자연스러운 논리적 결과, 제한된 선택을 하는 방법을 배워 나간다. 치료사와 부모 또는 교사는 문제에 대한 책임과 아동의 욕구에 관심을 기울이는 것에 대해 이야기를 나눈다. 치료사는 부모와 교사가 자신의 이슈가 어떤 방식으로 자기 자신에게 방해 요인을 만들어 내고 아동에게서 문제로 드러나게 되는지를 볼 수 있게 돕는다. 이러한 문제가 유의미한 것으로 판단되면, 보다 적절하며 효과적인 변화가 일어날 수 있도록 부부 상담이나 개인 상담, 가족치료로 의뢰한다.

관련 연구

오늘날까지 Adler학파 놀이치료의 효과성에 대한 체계적인 연구는 거의 실시된 바 없다. 그러나 최근 학교 장면에서의 효과성에 대한 증거가 제시되고 있다. 예를 들어, Meany-Walen, Bratton과 Kottman(2014)은 Adler학파 놀이치료가 초등학생의 파괴적 행동 감소에 효과적임을 보고하였다. 또한, Rosselet와 Stauffer(2013)는 영재성을 보이는 청소년에 대한 사례 연구를 통해 Adler학파 놀이치료 기법과 역할놀이를 접목하여 실시했을 때 심리사회적 발달이 촉진될 수 있다는 것을 보여 준 바 있다.

임상사례

여기에서는 실제 임상사례가 아닌 가상적 사례 연구를 제시하고자 한다. Karen은 6세의 아프리카계 미국인 여아로, 공립초등학교 1학년에 재학 중이다. Karen은 어머니 및 의붓아버지와 함께 생활하고 있다. Karen에게는 6개월 된 이복 남동생인 Darius가 있는데, Karen의 의붓아버지가 Darius의 생물학적 아버지이다. Karen은 현재 자신의 생물학적 아버지와 교류하고 있지 않다. Karen은 최근 들어 가정과 학교에서 위축과 사회적 고립을 보인다는 이유로 놀이치료에 의뢰되었다. 어머니는 Karen이 외할머니 집에 머무르다가 최근 집으로 돌아왔다고 보고했다.

치료사는 부모와의 초기 상담을 통해 Karen이 다른 주에 있는 외할머니의 집에서 여름을 보내고 개학하기 직전에 집에 돌아왔다는 것을 알았다. 집에 돌아온 이후 Karen은 유치원 때와는 달리 학교에서 위축된 모습을 보였으며 매우 제한된 상호작용에만 참여했다. Karen은 평균에서 평균 상에 해당하는 IQ 수준을 보였고, 글을 일찍 깨우쳤는데 지난 여름 외할머니와 함께 읽기 연습을 했다고 보고되었다.

Adler학파 놀이치료의 초기단계에서 치료사는 Karen과 평등한 관계를 형성하기 위한 작업을 실시했다. 놀이실에서의 주도권을 공유함으로써 치료사는 Karen을 놀이로 초대하고 또한 Karen이 함께 놀이하기를 원할 때 협조하며 참여했다. 치료사는 Karen과 관계를 형성하기 위해 노력하는 동시에 Karen의 생활양식, 성격 우선순위, 생애과업에서의 기능, 핵심 C 요인에 대한 평가를 시작했다. 초기 단계 동안 그리고 전체 놀이치료 과정에서 치료사는 부모 및 다른 중요한 성인(예: 교사)과 상담을 지속했다. Karen의 생활양식을 평가하는 과정에서 치료사는 제일 먼저 Karen의 자산과 강점(예: 지능)을 고려했다. 치료사는 또한 Karen이 세상에 적응하고 소속감을 얻기 위해 어떤 생활양식을 발전시켜 왔는지를 확인하기 위해 핵심 C 요인, 성격 우선순위, 사적 논리를 평가했다. 치료사는 관찰, 상호적 놀이, 부모 및 교사 상담을 통해 수집한 정보를 근거로 초기 가설을 검증했다.

치료사는 Karen이 자신이 중요하지 않다고 느끼고 있다는 초기 가설을 세웠다. 동생의 출생, 가정 분위기의 변화, 어머니의 결혼, 의붓아버지와 함께 살게 된 것, 외할머니의 집에서 관심의 중심이었다가 집으로 돌아오면서 관심과 주의를 공유하게 된 것 등을 포함하는 최근 가족구도의 변화로 인해 Karen은 적절한 소속감과 자신에 대한 중요성을 느낄 수 없게 되었던 것이다. 놀이치료의 두 번째 단계에서 치료사는 아동 특성, 아동의 생활양식 평가 결과, 그리고 치료사의 개인적 스타일을 고려한 다양한 기법을 적용했다. 이 기법들은 초기에 설정한 가설을 검증하며 내담자의 생활양식을 충분히 탐색하기 위해 실시되었다.

Adler학파 놀이치료의 세 번째, 네 번째 단계는 Karen이 자신의 생활양식에 대한 이해와 통찰을 갖고 강점을 만들어 가며 새로운 사고 및 행동 방식을 실행에 옮기고 일반화하는 것에 초점을 두고 진행되었다. 이때 치료사는 은유, 독서치료, 손인형, 게임, 모래놀이 등을 활용했다. Karen의 사례에서 치료사는 또한 핵심 C 요인, 특히 Karen이 강점을 중요하게 여기는 데 도움이 되는 기법을 적용했다. 가족, 학교, 세상에 적응하기 위해 형성된 잘못된 신념들을 변화시키기 위한 작업 역시 실시되었다.

결론

Adler학파 놀이치료는 개인심리학의 개념과 기법을 놀이치료와 통합하여 적용하는 접근이다. 치료의 네 단계를 통해 놀이치료사는 내담자와 관계를 형성하고, 내담자의 생활양식을 탐색하며, 내담자가 자신의 생활양식에 대한 통찰을 갖도록 돕고, 내담자의 방향을 전환시키고 또 재교육하고자 한다. Adler학파 치료사는 아동과 아동의 삶에서 중요한 성인들을 개념화할 수 있는 몇 가지 특별한 방법을 사용한다. 이 방법들에는 부적응 행동의 목표, 핵심 C 요인, 성격 우선순위의 평가가 포함된다. Adler학파 놀이치료를 실시하는 과정에서 치료사는 다양한 놀이치료 전략과 기법을 활용하지만, 개인심리학의 견고한 이론적 토대를 유지하고 진정한 치료사 자신이 될 수 있는 자연스러운 방식으로 치료에 참여한다.

제4장
Jung학파 분석적 놀이치료

J. P. Lilly

Jung학파 분석적 놀이치료(Jungian Analytic Play Therapy)에 대한 Craig Peery (2003)와 Eric Green(2009)의 훌륭한 저술이 이미 출판되어 있음에도 유사한 내용으로 이 장을 집필해 달라는 제안을 받았다. 두 저자와 개인적 친분이 있고 이들의 저서에 익숙했기 때문에 이 요청에 두려운 마음이 앞섰다. 이 두 저자는 모두 뛰어난 역량을 갖춘 Jung학파 놀이치료의 이론가이자 임상가이다. 비유를 하자면, 나는 이 두 저자를 수준 높은 '공학자'로, 나는 단순히 이 분야에 재능이 있는 '기술자'로 생각해 왔다. 이 도전을 받아들이기로 결정한 후 거울 앞에서 나 자신을 정면으로 바라보며 어떤 부분에서 기여할 수 있을지에 대해 자문했다. 이 두 저자의 저술을 단순히 반복하는 것이 아니라, Jung학파 놀이치료에 친숙하지 않은 일반 놀이치료사들이 이 접근을 이해할 수 있도록 돕는 것이 바로 내가 수행해야 할 집단적 임무였다. 내적 고민을 거친 후 Jung학파 놀이치료의 실제적 적용에 대해 알리는 것이 내가 해야 할 일이라는 것을 깨달을 수 있었다.

Jung학파 놀이치료의 선도적 기술자로서 나는 대략 24년 동안 이 접근의 기본 개념을 활용해 왔다. 그 시간 동안 수많은 성공과 실패를 경험했다. 모든 성공과 실패를 통해 이 이론의 실제적 적용에 대해 더 많은 것을 배울 수 있었다. 그러나 실제적 적용이 빠져 있는 이론은 철학일 뿐이고, 이론적 토대를 갖추지 않은 실제 적용은 우리가 만나는 내담자뿐 아니라 치료사에게도 위험하다고 생각해 왔다. Jung학파 놀이치료를 적용하는 데 있어 치료적으로 책임감 있는 틀과 구조를 만드는 것이 나의 바람이다. 또한 수천 시간의 현장 경험을 이용하여 다양한 이론적 배경을 갖는 임상가들이 이 정교하고도 복잡한 이론의 실제 적용을 배우고 이해하는 데 도움을 주는 것이 목표이다.

Jung학파 분석심리학은 결코 이해하기 쉽지 않다. 이 접근이 어려운 데는 몇 가지 이유가 있다. 첫째, Jung은 심리적 현상을 정의하기 위해 자신만의 용어를 만들어 사용하였다. 둘째, Jung의 접근은 그의 저작들을 통해 심화되고 변화를 거듭했다. 셋째, 이 이론적 접근은 내담자의 '불안정한' 특성뿐 아니라 치료사의 심리적 웰빙도 중요시한다. 넷째, 이 접근은 양적으로 접근할 수 없는 현상에 깊이 뿌리박고 있다. 심지어 '객체 정신'과 같은 개념은 이 이론에 기반을 둔 임상가들조차도 겁을 먹게 한다. 그러나 용기를 갖고 이 접근의 심연을 탐색하고 그 체험적 가치를 받아들여 이론적 원리를 수용한다면 또 다른 세계가 열리며 보다 충분히 그리고 깊이 아동을 도울 수 있다. 또 다른 세계는 바로 무의식의 영역이다.

Jung학파 놀이치료는 기법에 기반을 둔 접근이 아니다. 일련의 증상들을 근거로 아동을 특정 진단명으로 분류할 수 있다는 전제를 갖고, 치료 과정은 교과서 같은 프로토콜로 기술되어야 한다는 입장을 받아들이지 않는다. 이 접근은 '치료 프로토콜'을 중시하지 않는다. 치료 과정에서 만나는 모든 아동은 자신만의 독특한 세계를 갖고 있으며, 또한 자신만의 고유하고 의미 있는 방식으로 세상에 대처하고 있다고 가정한다. 우리의 목표는 치료 방법의 시스템을 구축하는 것이 아니라, 안전의 역치를 넘어서 놀이치료실에 오게 된 모든 아동의 개인적 자유를 지원하는 것이다. 아동 내면의 치유자를 깨우고자 한다. 내면의 치유자는 외부 동인의 산물이 아니며, 치유과정은 진실하고 신뢰롭다는 것을 확인시키고자 한다. 우리의 목표는 증상의 제거가 아니라 진정한 변형적 치유이다. 변형적 치유가 일어나면 자연스럽게 증상은 감소하거나 제거될 수 있다.

이 장을 통해 Jung학파 놀이치료사가 치료에 의뢰된 아동을 어떠한 관점에서 바라보고 평가하는지에 대해 살펴보고자 한다. 아동이 보이는 역기능의 과정을 이해하기 위해 내가 10년 이상 적용해 온 모델을 소개할 것이다. 또한 아동을 역기능에 가둬 버리는 이슈와 임상가가 어떤 과정을 통해 치유를 향한 문을 열게 되는가를 보여 주고자 한다. 또한, 이 이론을 근거로 아동을 치유하는 과정에 대한 이해를 돕기 위해 Jung학파 분석심리학이론의 핵심적인 심리적 역동에 대해 설명할 것이다.

개관

Jung학파 놀이치료의 기본은 정신의 구조로부터 시작한다. Jung은 정신을 나타내는 말로 독일어 seele(심혼)을 사용했지만, 영어에는 이에 해당하는 적절한 단어가 없다. Jung(1971)에게 정신은 "의식과 무의식을 포함하는 모든 정신 과정의 전체성"(para, 797)을 의미한다. 다소 단순화시키는 것이기는 하지만 여기에서는 정신을 의식적 구조와 무의식적 구조를 아우르는 말로 정의하고자 한다.

의식에 대해 Jung은 Freud와 유사한 견해를 보였다. Jung과 Freud는 모두 의식을 무의식과 세계에 의해 작용하는 것으로 보았다. Freud는 '자아'를 사회적 관습 및 규범(초자아)과 무의식의 본능적인 성적 충동(이드)을 중재하는 심리적 구조의 일부라고 정의했다. 자아에 대한 Jung의 정의는 보다 복잡한데, 자아에는 집단적 특징과 개인적 특징을 모두 있다고 보았다. Jung은 '집단 의식'이라는 용어를 사용했다. 이는 사회, 공동체, 그리고 문화와 같은 집단(혹은 '다수')이 우리(개인)에게 정상적이고, 관습적이며, 수용 가능하다고 정의 내린 것을 의미한다. Jung은 각 개인의 삶에서 가장 위대한 도전은 '개성화'라고 이론화했다. 개성화는 각 개인이 집단 의식 뿐 아니라 집단 무의식으로부터 개성화됨으로써 진정한 자기 자신이 되는 것을 말한다. Freud와 Jung은 자아의 역할이 의식적 마음과 무의식적 마음을 중재하는 것이라는 데는 동의했지만, Jung은 자아가 성격의 중심이라는 견해는 받아들이지 않았다. Jung에 따르면, 자아는 그 자체로 성격과 동일한 것은 아니며, 전체가 되기 위해서는 다른 요소, 즉 자기(Self, 의식적 자아와 구별하기 위해 대문자 S로 표현한다)가 필요하다. 이는 성격이 전체가 되기 위해서는 자아와 자기 간의 연결층이 있어야 한다는 것을 의미한다. 훗날 Edward Edinger(1972/1992)는 자아와 자기 간의 관계를 의식적 에너지와 무의식적 에너지 간의 상호 교류가 일어나는 '자아-자기 축'으로 명명했다. Jung(1958)은 이러한 역동적 교류를 다음과 같은 비유로 설명했다. "이끌려지는 것과 이끄는 것 혹은 객체에 대한 주체와 같이, 자아는 자기에 대치한다"(CW 11, para 391). 자아와 자기 간의 상호연결성은 Jung학파 놀이치료사의 방법론을 이해하는 데 매우 중요한 개념이다. 자아방어가 너무 강하면, 자기는 자아에 영향을 미칠 수 없고 아동은 치유와 적응, 자기와의 조화로운 삶을 가능하게 하는 '내적 방향성'을 가질 수 없게 된다. Edinger는 자아방어가 너무 견고하여 자기로부터 분리되어 '감정 폭발과 함께 기세가 꺾이는 것'을 보이게 된 아동의 사례를 예시로 이 과정을 설명한 바 있다(1972/1990, p. 5). Jung학파 놀이치료사의 주된 과제 중 하나는 아동에게서 건강한 자아-자기 축을 복원하는 것이다. 다음은 이를 이루어 내기 위한 방법들에 대한 설명이다.

Jung과 Freud의 유사성과 차이점

자아는 무의식에 다다를 수 없고, 또한 무의식은 그 깊이에 있어 여러 층을 갖는다고 보는 데 있어 Jung과 Freud는 유사한 견해를 갖고 있다. Freud는 의식의 밖에 있으며, 거의 또는 별다른 노력을 기울이지 않고도 쉽게 불러 올 수 있는 무의식의 부분을 전의식이라고 명명했다(예: 전화번호나 도로 명). Jung 역시 무의식이 여러 층으로 이루어져 있다고 보았다. 그러나 이 두 이론가가 동의하는 것은 이 지점까지이다. Jung에게 무의식은 본능적 그리고 성적 충동들의 단순한 저장소가 아니며, 또한 잊혀지거나 억압된 자료 혹은 개인적 경험만으로 이루어진 것이 아니다. 마찬가지로 Jung은 정신을 외부 세계와의 접촉을 시작으로 경험이 새겨지는 빈 석판(tabla rasa)으로 보는 Locke의 관점 역시 거부했다. Jung에게 있어 무의식은 강력한 심리적 활동의 원천이며, 그 자체로 객체성을 갖는 것이다. 의식적 마음과 유사하게 무의식 역시 집단적 요소와 개인적 요소를 갖는다. Jung은 개인의 독특한 기억이나 경험과 관련된 것으로 억압되거나 잊혀진 것을 '개인 무의식'으로 지칭했다. 개인 무의식은 '집단 무의식'으로 일컬어지는 보다 깊은 정신의 층에 기원을 둔다. 집단 무의식은 오랜 세월에 걸쳐 누적된 인간 체험의 패턴 혹은 '원형'의 저장소이다. 집단 무의식은 자아와 독립적으로 작용하며, 자아와 의식적으로 소통하지 않고, 원형, 상, 은유, 상징, 환상을 통해 드러난다. Jung은 집단 무의식이 개인 무의식보다 더 중요하다고 보았는데, 그 이유는 집단 무의식에 내재된 내용 때문이다. 또한 집단 무의식을 궁극의 정신적 힘, 심리적 전체성, 내적 변화의 원천이라고 설명했다.

여기에서 포함되어야 할 무의식의 또 다른 층은 바로 '고태적 자아'이다. 이는 무의식의 한 부분으로, 생존을 위한 본능적 기능을 갖는다. 고태적 자아는 손으로 꼭 쥐기나 빨기와 같은 생의 초기 영아가 보이는 생존 기술과 관련된다. Green(Kalsched에서 인용, 1996)은 고태적 자아라는 '내적 공간'에서 해리가 일어난다고 가정했다. 이 부분은 초기 생존을 가능하게 하는 기능을 갖지만, 자아가 삶에 적응하기 시작하면서 활동을 멈추고 불필요한 것이 된다. 해리를 무의식에 있는 고태적 자아의 생존기능이라고 가정한 것은 상당히 흥미로운 견해라고 볼 수 있다.

집단 무의식

집단 무의식에 대한 Jung의 이론은 Jung학파 놀이치료사에게 핵심적인 부분이다. 그 이유는 Jung학파 놀이치료사는 놀이치료실을 원형적 잠재성이 가득 찬 곳이라고 여기기 때문이다. 놀이치료실의 놀잇감, 게임, 미술재료는 집단 무의식의 상징, 은유, 상을 전달하며, 치유자 원형을 불러일으켜 치유자 원형이 아동의 자아에 적극적으로 관여하게 한다. 치유적인 원형적 활동은 아동이 선택하는 놀잇감과 놀잇감을 통해 드러내는 놀이주제를 통해 표현된다. 치료사는 원형을 형상화 하는 영웅, 악한, 위대한 어머니, 사기꾼, 그 외의 모든 상징들의 이미지를 담고 있는 놀잇감을 선택한다. 인간의 모든 삶을 형성한 것은 바로 원형이다. 아동이 선택하는 놀잇감과 상징적 이미지가 어떻게 놀이를 통해 표현되는지에 주목함으로써 아동에 대한 이해를 심화하고 아동의 치유적 힘을 촉진할 수 있는 로드맵을 가질 수 있다. 목적은 집단 무의식의 무의식적 특성이 출현하여 상처 입은 아동의 치유 과정에 적극적 역할을 하게 하는 것이다. 적절한 조건이 주어진다면, 집단 무의식은 아동의 자아에 영향력을 발휘하고 고통을 주었던 상처로부터 치유되는 데 필요한 여정을 안내할 수 있을 것이다.

원형과 무의식

Jung에 의하면, 원형은 정신에 내재해 있는 한 부분이다. 처음에는 이 원형을 태고적 상이라고 지칭했으나, 1917년 이후부터는 **원형**이라는 용어를 사용했다. 원형은 모든 문화와 개인의 삶에 걸쳐 드러나는 무의식적 청사진 혹은 원판을 의미한다. 원형은 일반적으로 악한과 영웅, 어머니와 아버지, 선과 악, 파괴자와 치유자와 같이 대극과 쌍을 이룬다. Jung은 무의식의 가장 중심이 되는 원형이 바로 자기(Self) 혹은 '자신 안의 신'이라고 보았다. 자기는 모든 인간이 운명적으로 되어야 하는 바로 그것이다. 자기의 대극은 그림자, 혹은 나의 것임이 분명하지만 다른 사람이 모르기를 바라는 모든 것이다.

치유 과정에서의 분열

출생 당시 자아와 자기는 하나이지만, 점차 자아가 실제 삶에서의 여행을 시작하면서 자아와 자기의 관계는 분리를 겪게 된다. 이 분리는 자아와 자기 간의 파열이 아니라, 자아가 강화되어 가는 과정이라고 볼 수 있다. 자아 강도가 발달해 가는 과정은 자아가 새로운 규칙이나 개념과 같이 새롭거나 친숙하지 않은 것에 계속 부딪쳐 가면서 지속된다. 새로움은 자아 안에 '분열'을 만들어 낸다(Fordham, 1973). 자아는 새롭게 맞닥뜨리게 된 것에 대해 사전 지식이나 경험을 갖고 있지 않기 때문이다. 자아는 이전에 습득한 스크립트나 도식에 근거하여 상황을 평가하고 과거의 행동 패턴을 '조절'하는데, 이는 '재통합'과 일정 수준의 항상성을 유지하기 위한 것이다(Ault, 1977). 스크립트나 도식이 없다면, 자아는 항상성을 되찾고 재통합을 촉진하기 위해 새로운 행동을 '동화'함으로써 상황을 다룰 수 있는 새로운 방식을 만들어 내야 한다. 이렇게 분열되고 다시 통합되어 가면서 자아 강도는 발달한다. 스크립트와 도식이 많을수록 자아는 더 적은 분열의 과정을 겪는다. 아동에게는 적응적 스크립트와 도식을 습득할 시간이 충분하지 않다. 따라서 아동의 자아 강도는 약할 수밖에 없고, 아동의 자아는 분열을 초래하는 상황에 취약하고 망가지기 쉽다.

콤플렉스와 프로토콤플렉스

자아가 효과적으로 재통합할 수 있는 범위를 넘어서는 경험과 자료들은 억압되거나 프로토콤플렉스(protocomplex)를 형성한다(Peery, 2003). 프로토콤플렉스는 완전히 발달한 콤플렉스처럼 반응하며, 매우 강렬한 정서를 수반한다. 이러한 정서는 원형의 핵심에 부착되어 관련된 자료를 억압시켰던 상황과 그 역동이 유사한 상황에 의해 촉발된다. 프로토콤플렉스와 완전히 발달한 콤플렉스 간의 가장 큰 차이점은 그 자료가 억압되는 깊이에 있다. 프로토콤플렉스는 무의식적으로 깊게 억압되지 않기 때문에 자아가 보다 쉽게 접근할 수 있으며, 그것이 나타나는 경우에도 콤플렉스처럼 강렬하지는 않다.

집단 무의식의 언어는 상징, 상, 원형, 은유이므로, 오직 외적으로 드러나는 것을 통해서만 이해할 수 있고 따라서 해석을 필요로 한다. 해석은 Jung학파 놀이치료사의 가장 핵심적 역할 중 하나이다. 이 역할에 대해 다음 장에서 보다 자세히 설명하겠지만, Jung학파 치료사가 아동을 충분히 이해하기 위해서는 무의식의 언어에 친숙해져야 한다는 것을 강조하기 위해 여기에서 언급할 필요가 있다. 기본적인 이론적 토대에 대한 이해는 아동의 치유력을 촉진할 수 있는 방식으로 반응하는 데 도

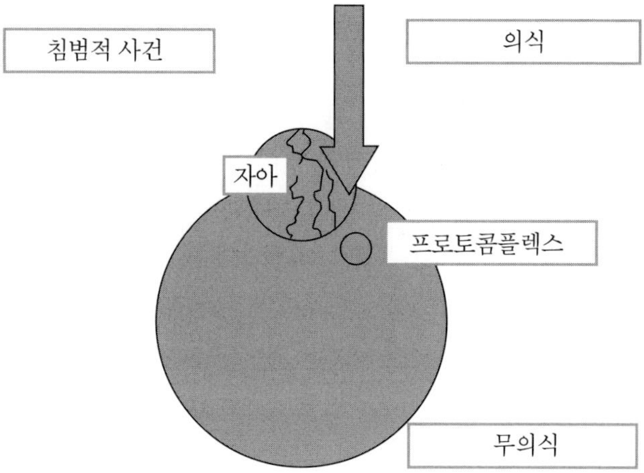

[그림 4-1] 프로토콤플렉스 모델

움이 된다. Jung학파 놀이치료사의 다른 두 역할은 목격자와 담아 주는 사람의 역할이다. 이 역할에 대해서는 테메노스(Temenos)의 개념에 대해 설명할 때 자세히 다룰 것이다.

[그림 4-1]은 프로토콤플렉스 혹은 콤플렉스의 형성 과정을 보여 준다. 이 그림에서 큰 구는 무의식을 나타낸다. 자아는 작은 구로 표현되어 있는데, 외부 세계로 이동하기 위해 무의식으로부터 분리되어 있다. 침범적 사건이 발생하여 자아의 분열 혹은 파열이 일어난다. 분열은 행동적 변화, 인지적 변화, 그리고 증상이라고 일컬어지는 정서적 불안정으로 이어진다. 자아는 재통합을 향한 움직임을 시작하게 되면서 이전에 습득했던 행동, 인지, 정서적 경험을 불러들여 평형성을 되찾고 재통합의 상태를 만들어 내려고 한다. Piaget는 이를 인지적 '불평형' 상태로 기술하고, 뇌는 이 불균형의 상태를 해소하기 위해 두 방향 중 하나를 선택하게 된다고 가정했다. 그중 하나는 '동화'로, 뇌가 이전에 습득한 스크립트와 도식을 새로운 경험에 적용하는 것이다. 아동은 정서적·행동적으로 동화를 이루어 낸다. 예를 들어, 생일파티는 재미있는 경험이라는 도식을 갖고 있는 경우, 이 행동적인 경험에는 정서적 반응과 인지적 반응이 모두 수반된다. 아동에게 생일파티에 초대받는 경험은 즐거운 정서적 반응을 동반하게 된다. 뇌가 평형성을 되찾기 위해 기능하는 또 다른 방식은 '조절'이다. 이는 뇌가 새로운 정보에 스스로를 개방하는 것이다. 조절은

새로운 스크립트와 도식의 발달을 허용할 수 있는 충분한 인내와 회복력을 요구하므로, 더욱 강화된 자아 강도를 필요로 한다. 아동은 '재통합'과 정상적 자아 기능을 이루어 내기 위해 행동적 · 정서적 조절을 한다. 예를 들어, 예방 접종을 위해 아동을 병원에 데려가는 상황을 가정해 본다면, 이전의 주사에 대한 경험은 고통스럽고 불쾌한 것임이 분명하다. 이때 아동의 형이 숨을 들이마신 후 꾹 참아서 볼을 가능한 한 볼록하게 하고 있으면 그렇게 고통스럽지 않다고 말해 준다. 아동은 이제 주사가 과거 경험만큼 불쾌하지는 않을 것이라는 희망(공포와 다른 정서인)을 갖고 새로운 행동을 받아들이게 된다.

아동이 분열에 대처할 수 있을 정도의 경험과 삶의 스크립트, 도식, 자아 강도를 갖고 있지 않은 경우가 있다. 자아가 경험에 의해 압도되면(행동적, 인지적, 혹은 정서적으로), 이 경험은 무의식으로 억압된다. 이렇게 억압된 자료는 잠재적으로 프로토콤플렉스 혹은 콤플렉스를 형성하게 된다. 경험에 참여할 것인지를 결정하는 핵심 요소는 바로 아동의 자아 강도이다. 아동에게 충분한 지지가 주어진다면, 아동은 경험과 자료에 기꺼이 참여하여 자아 강도를 회복하는 방법을 찾아갈 수 있다.

놀이치료 모델

대략 20년 전 필요에 의해 [그림 4-2]와 같은 놀이치료 모델을 만들었다. 그 당시 치료 모델을 만들 수 있는 '공학자'를 찾는 데 실패했기 때문에 나 자신의 이해를 돕기 위해 스스로 이 모델을 만들게 되었다. 이 모델은 처음에 의도했던 것보다 다양하게 쓰이고 있는 것 같다. Kevin O'Connor가 이 모델을 활용하여 놀이치료에 대한 행동적 접근을 설명했을 때 상당히 반가운 마음이 들었던 기억이 있다. 이 모델의 목적은 Jung학파 놀이치료사가 아동이 어떤 과정을 통해 '상처를 입고' 또 치료를 받게 되는지를 보여 주고, 아동이 왜 혼자서 치료될 수 없는지를 설명하며, 치유 과정에서의 놀이치료의 역할에 대해 소개하기 위한 것이다. 이 모델은 아동의 심리적 손상의 문제, 아동이 문제에 갇혀 버리게 된 이유, 놀이의 치유 과정에 대해 부모교육을 할 때도 상당히 유용하다.

이 모델은 치료가 필요하지 않은 건강한 아동과 치료를 필요로 하는 건강하지 않은 아동의 반응을 보여 준다. 이 모델은 새롭고 친숙하지 않은 혹은 외상적 사

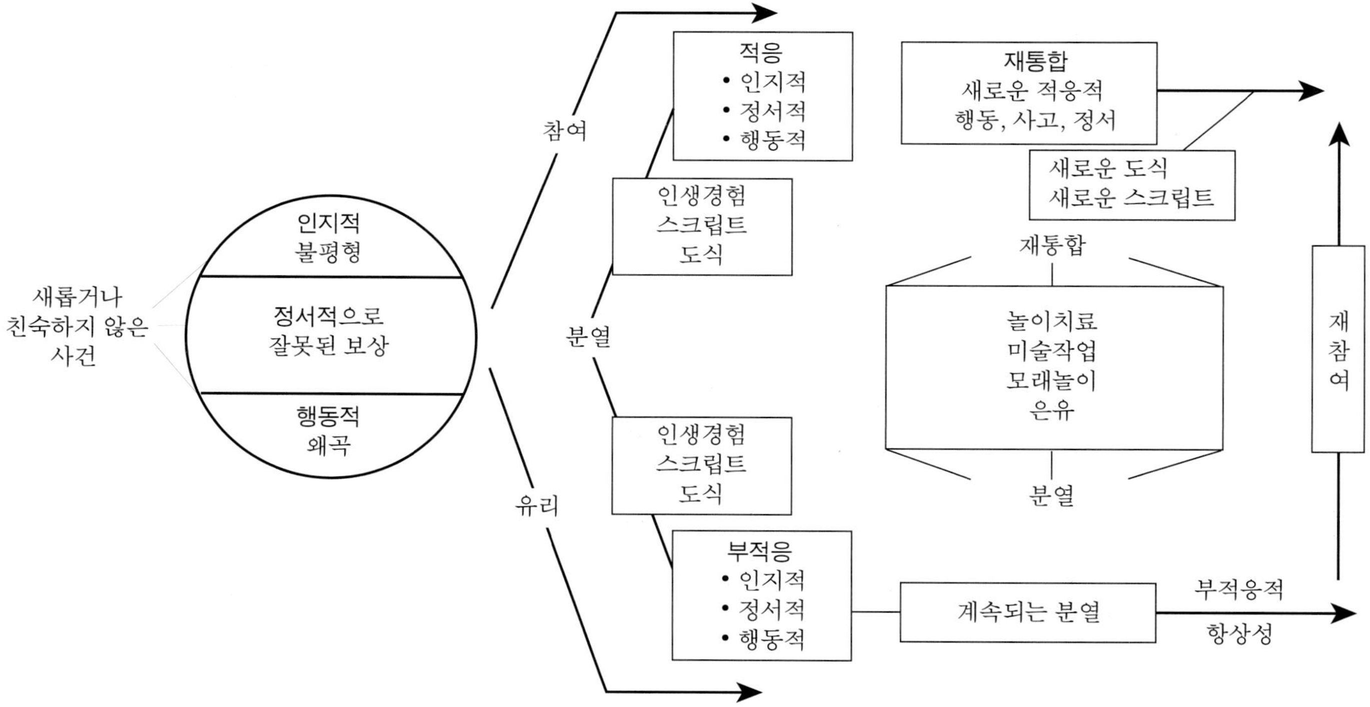
새롭거나
친숙하지 않은
사건
인지적
불평형
정서적으로
잘못된 보상
행동적
왜곡
참여
분열
유리
적응
• 인지적
• 정서적
• 행동적
인생경험
스크립트
도식
인생경험
스크립트
도식
부적응
• 인지적
• 정서적
• 행동적
재통합
새로운 적응적
행동, 사고, 정서
새로운 도식
새로운 스크립트
재통합
놀이치료
미술작업
모래놀이
은유
분열
계속되는 분열
부적응적
항상성
재
참
여

[그림 4-2] 놀이치료 모델

건의 발생부터 시작한다. 우리 삶에서 가장 기본이 되는 세 가지는 생각하고, 느끼고, 행동하는 것이다. 관계적 요소와 영적 요소를 생각하는 경우도 있겠지만 여기에서는 보다 단순하게 설명하기 위해 이 세 가지만 선택했다. 새롭거나 친숙하지 않은 사건이 발생하면 인간 경험의 세 가지 측면에서 분열이 일어난다. 행동적 분열에는 Bandura(1969)의 용어를, 인지적 분열에 대해서는 Piaget(Berk, 1989)의 용어를 적용하고자 한다. 이 세 가지 다른 영역에서의 분열의 특징적 측면은 다음과 같다. 행동적 분열의 특징은 **왜곡**(deterioration), 인지적 분열의 특징은 **불평형**(disequilibration), 정서적 분열의 특징은 **잘못된 보상**(decompensation)이다.

분열이 일어나면 자아는 자신이 침범적인 사건에 참여할 수 있는지를 평가한다. 여기에서 참여는 사건이나 자료에 대한 의식적 인식과 이에 직면할 수 있는 내재된 능력을 가리킨다. 참여는 사건의 분열 수준에 대한 자아 강도 수준의 비율에 따라 결정된다. 자아 강도는 이전의 삶의 경험, 학습된 스크립트와 도식, 아동이 환경 안에서 경험해 온 안전과 지지를 통해 형성된다. 참여의 과정에서 자아는 동화와 조절을 통해 세 가지 수준에서의 인간 경험에서 적응을 이뤄 낼 수 있게 된다. 그 결과로 새로운 행동적, 인지적, 정서적 스크립트가 형성된다. 그 뒤를 이어 자아의 재통합화와 평형화의 복구가 이루어진다.

이제 건강한 환경에서 성장했지만, 학교에서 돌아오는 길에 공원에서 낯선 사람에게 공격을 당한 아동의 사례를 예로 들어 설명해 보고자 한다. 아동의 자아 강도는 세 가지 수준의 인간 경험에서 이 사건에 직면할 수 있을 정도로 충분히 발달해 있다. 세 가지 수준에서의 아동의 적응 양상은 다음과 같다. ① 건강한 행동적 적응: "나는 이제 혼자서는 공원에 가지 않을 거야." "공원에 갈 때는 Ripper(가족의 애완견)를 데려갈 거야." ② 건강한 인지적 적응: "그 일은 내 잘못이 아니야." "나는 더럽혀지지 않았어." "나는 그런 일을 당해도 되는 사람이 아니야." ③ 건강한 정서적 적응: "나는 두려웠어." "나는 그 일 때문에 화가 났어." "나는 그 사람을 미워하고 있어." 이러한 건강한 적응은 발생한 사건에 특정한 것으로, 아동이 정상적인 자아 통합 수준을 회복하는 데 유용하다.

반대로 임상 장면에서 만나게 되는 많은 아동들은 건강한 자아 적응을 경험해 오지 못했다. 따라서 자아는 자료나 사건을 억압하기 위한 적극적 시도를 하게 된다. 이러한 회피의 에너지 혹은 역동은 **유리**(disengagement)를 가져온다. 이는 아동의 자아가 그 사건을 적극적으로 억압하거나 혹은 그 자료로부터 분리되는 것을 의미한다. 자아는 압도적인 힘을 갖는 사건에 적응할 수 있을 정도로 강한지 혹은 그 사건을 견뎌 낼 수 있는지를 본능적으로 알고 있다. 이 유리의 과정은 **부적응**을 가져온다. 성학대를 경험한 동일 사례를 적용했을 때 다음과 같은 과정이 뒤따르게 된다. 아동의 행동적 부적응은 다른 아동에게 성적인 행동 보이기, 다른 아동 괴롭히기, 집 밖으로 나가는 것을 거부하는 것으로 나타날 수 있다. 인지적 부적응은 "그런 일은 없었어." "그 일은 내 잘못이야." "나는 그런 일을 당할 만해."와 같은 생각들이다. 정서적 부적응은 "나는 그런 일이 일어나서 좋아." "그런 사람을 다시 만나고 싶어."와 같은 것이며, 혹은 정서적 무덤덤함으로 표현될 수도 있다. 이 예가 모든 부적응의 형태를 보여 주는 것은 아니며 부적응은 매우 다양한 형태로 드러날 수 있지만, 부적응이 아동으로 하여금 사건에 참여하는 것을 방해하는 과정이 어떻게 일어나는지에 대한 대략적인 이해를 도울 수 있을 것이다. 자기가 치유의 과정을 효과적으로 돕게 하기 위해서는 반드시 참여의 과정이 요구된다. 유리의 핵심은 사건이나 사건이 자아에 미치는 영향에 직면하는 것을 회피하게 하는 것이다. 부적응은 프로토콤플렉스의 고통스런 정서와 콤플렉스의 형성을 완화시킬 수는 있지만 유리를 초래하기 때문에 결국 건강한 적응을 불가능하게 한다. 이것이 부모가 아동에게 문제가 있다는 것을 인식하고, 도움을 구하기 위해 치료실 문을 열고 들어오는 이유가 된다.

Jung학파 놀이치료사는 아동이 자신의 모든 의식적 능력을 모아 압도적 자료와 사건을 해결하기 위해 애써 왔다고 가정한다. 아동은 부적응의 과정을 추구하는 것이 아니다. 그 이유는 아동 안의 자기의 존재와 정신의 구조를 믿기 때문이다. 아동이 치료실에 들어서는 그 순간부터 치료사의 과제는 아동이 압도적인 사건이나 자료에 안전하게 참여하고 아동 안의 자기치유의 힘을 활성화시켜 자기와 자아가 접촉하게 하여 놀이실의 상징을 사용해 치유의 과정을 표현하도록 돕는 것이다. 아동에게 치유자 원형이 무엇인지, 또는 치유자 원형이 어떻게 드러나는지에 대해 확실하게 알려진 바는 없다. 이것은 Green이 Jung학파 놀이치료사의 특성 중 하나를 '인내심 있는 관찰자'(Green, 2009)라고 묘사한 이유이기도 하다.

여기에서 증상에 대해 설명할 필요가 있어 보인다. Jung학파 놀이치료사는 증상이 있는 것에 안도하는 입장을 갖는다. 그 이유는 증상을 자아를 압도하는 사건이나 자료로부터 유리되고자 하는 부적응의 수단으로 보기 때문이다. 흥미롭게도 증상에는 프로토콤플렉스 원형과 얽혀 있거나 콤플렉스와 짝을 이루는 '확인적' 혹은 '보상적' 역동이 수반된다. 이는 신체적 학대를 경험한 후 휴식 시간에 운동장에서 다른 친구들을 때리기 시작한 아동의 예에서 잘 드러난다. 만약 아동이 학대를 당하는 동안 무기력과 무력감을 경험하고 이러한 느낌이 의식적으로 참여할 수 없는 억압된 자료의 일부로 돌아온 것이라면, 다른 아동을 때리는 것은 자신의 힘을 회복하기 위한 '보상적 수단'이 될 수 있다. 혹은 반대로 아동이 스스로를 다른 사람들로부터 폭력을 당하는 상황에 처하게 할 수도 있다. 이러한 행동은 아동이 자신을 학대했던 사람과의 경험을 '확인'하고 무력감을 극복하고자 하는 욕구에서 촉발된 것이다. 사회적으로 부정적인 행동은 일시적으로 부적절감과 무력감을 완화시킬 수는 있지만, 이러한 행동은 참여를 향해 나아가는 것을 방해하므로 결코 해결에 다다를 수는 없다. 증상은 아동의 프로토콤플렉스 또는 콤플렉스와 역동적으로 관련되므로, 주의 깊은 분석을 통해 의식적 행위와 무의식에 억압된 근원적인 역동 간의 관계성을 이해하는 것이 필요하다.

이 모델에서 고군분투하고 있는 아동을 위한 다음 단계는 아동에게 놀이치료를 도입하는 것이다. 놀이치료를 통해 아동은 고통스러운 사건이나 자료에 참여할 수 있다. Jung학파 놀이치료사는 아동이 이미 고통스러운 사건으로 인한 분열을 해결하기 위해 모든 의식적 수단을 동원하여 노력해 왔다는 것을 인식하고 있어야 한다. 아동은 단순히 경험에 참여할 수 있을 정도의 자아 강도를 발달시키지 못한 것이 아니라, 참여하지 않기 위해 애쓰고 있는 것이다. 이는 아동이 경험하고 있고 드러내고 있는 증상이 아동의 능력과 통제력을 넘어서는 것이라는 점에서 분명하다. 놀이치료는 치료실 안에서 그리고 아동과 치료사의 관계에서 테메노스를 만들어 가는 것으로 시작한다.

치료적 안전

테메노스(Temenos)는 신의 존재를 느낄 수 있는 신성한 공간을 나타내는 고대 그리스어이다. Jung은 이 단어를 내담자가 억압된 자료나 콤플렉스에 의식적으로 접근할 수 있게 하기 위해서 반드시 갖춰야 하는 치료적 안전을 나타내는 말로 사용하였다. 여기에서는 이 말을 놀이치료실의 안전과 아동과 치료사 간의 치료적 관계의 안전에 대해 설명하기 위해 사용한다. 테메노스는 안전하고 담아 주는 개인적 공간을 제공함으로써 만들어질 수 있다. 아동은 이 공간 안에서 풍부한 원형적인 상징의 언어에 접근할 수 있다. Peery(2003)는 이미 놀이치료실의 물리적 특성, 즉 크기, 마루의 재료, 다른 치료실 및 부모대기실과의 분리, 외부로 나갈 수 있는 출구, 놀이실 전용으로 사용되는 공간 등에 대해 자세히 설명한 바 있다. 따라서 여기에서는 놀이실에 대한 설명을 생략하고자 한다.

그러나 놀이치료실에 관해 몇 가지 추가해야 하는 측면이 있다. 모든 놀잇감은 아동이 접근할 수 있어야 하고, 개방적으로 배치되어 있어야 한다. 원형적 자료에 대한 상징적 표상을 이끌어 낼 수 있는 놀잇감이 적절하다. 원형적 자료는 쌍을 이루기 때문에(예: '영웅-악인' '구조자-파괴자' '살인자-치유자') 이러한 상징적 표상을 나타내는 놀잇감들 간의 균형을 맞추는 것 역시 중요하다. Green(2009)은 놀잇감의 상징적 특성과 관련지어 중요한 점을 지적했다. 아동은 원형적 자료의 상징적 형상화에 깊고 그리고 강하게 빠져 있기 때문에, 회기가 끝나 감에 따라 아동이 놀이실을 떠나기 전 '다시 현실에 발을 딛게 하는 것'이 필수적이다. 이를 위해 놀이치료실 밖의 실제 생활에서 마주칠 수 있는 아동에게 의미 있는 놀잇감과 놀이 재료를 갖추는 것 역시 중요하다. Gary Landreth가 그의 책『Play therapy: The art of the relationship』(2002)에서 상세하게 묘사한 '실생활 놀잇감'이 이에 해당될 수 있을 것이다(Landreth는 이 책의 pp. 144-145에 유용한 놀이 목록을 제시하였다). Byron과 Carol Norton(1997)은 놀이실에 필요한 놀잇감의 선택, 놀잇감에 대한 표준적 해석(부록 B), 환경에 대한 해석(부록 C), 동물에 대한 해석(부록 D)을 위한 훌륭한 안내서를 펴낸 바 있다(Landreth와 Norton은 놀이치료이론의 교육에 탁월한 능력을 갖고 있을 뿐 아니라 좋은 임상가이기도 하며, 초보 놀이치료사가 효과적인 치료를 하기 위해 필요한 환상적인 놀이치료실을 만드는 데도 거장이라고 할 수 있다).

Jung학파 놀이치료사들이 가장 기본적으로 해야 하는 것 중 하나는 상징적 영역과 실생활 영역과 관련된 놀잇감을 적당히 갖추고 있는 놀이치료실을 만드는 것이다. 놀잇감의 특성 자체에 포함된 원형적 잠재성에 더해 Jung학파 놀이치료사는 놀잇감에 대한 치료사 자신의 관계와 반응에 대해 신중히 고려해 보고, 치료가 진행되는 동안 적절히 모니터링해야 한다. 상징을 다루는 일이기 때문에 치료사는 놀잇감의 에너지 속에서 길을 잃거나 또는 그것을 인식하지 못할 수도 있다. 동료 중 한 명이 나의 놀이치료실의 상징적 특성에 대해 비판한 적이 있는데, 저자의 친구인 Craig Perry는 나의 치료실이 너무 남성적임을 언급하며 고무로 만든 문어 인형을 가져다 준 적이 있다. Peery의 지적이 옳았다고 생각한다. 또한 놀잇감과의 관계가 시간이 지남에 따라 변화할 수 있고 실제로 변화하며, 우리 역시 지속적인 진화의 과정에 놓여 있다는 것을 인식할 필요가 있다.

놀이실의 안전과 안정성에 더해 고려해야 할 것은 놀잇감의 배치와 관련된 것이다. Peery(2003)는 놀잇감의 배치는 테메노스를 구성하는 데 핵심적인 요소라고 설명하였다. Green(2009) 또한 의식에서 무의식으로 이동하였다가 다시 되돌아가는 문제에 대해 다룬 바 있다. 놀잇감과 관련하여 고려해야 할 또 다른 요소는 놀잇감이 치료받는 아동들의 인지발달 전 범위를 모두 포괄하는 것이어야 하는가이다. 아동에게서 퇴행을 감지하는 가장 쉬운 방법 중 하나는 아동이 자신의 발달 단계에 비해 낮은 수준은 자료를 가지고 놀이하기 시작할 때이다. 인지발달 수준을 기준으로 놀잇감을 배열하는 것이 일반적인데, 선반의 아랫 부분에는 최소한의 인지 발달이 요구되는 놀잇감을, 위쪽에는 더 높은 수준의 인지가 필요한 놀잇감을 배치한다. Landreth(2003)는 놀잇감을 선택할 때 고려해야 할 점에 대해 다음과 같이 설명했다. "놀잇감은 놀이치료의 목표 달성에 기여할 수 있어야 하고, 놀이치료이론과 부합되는 것이어야 한다"(pp. 133-134). Jung학파 놀이치료사에게 치료의 목표는 자기의 주도를 통해 원형적 자료를 외적으로 형상화하고(놀이), 의식적 자아와 무의식적 자기 간에 '대극의 합일'을 촉진하는 것이다.

테메노스를 만들고 유지하는 것은 아동과 치료사의 관계 속에서도 이루어져야 한다. Peery(2003)는 이 이슈에 대해 '치료사의 역할'이라는 문헌을 통해 설명했다. 처음부터 치료사는 아동을 위한 수용, 안전, 위안의 분위기를 만들기 위해 노력해야 한다. Jung학파 놀이치료사의 초기 과제는 아동과의 관계 형성을 통해 이러한 분위기를 만들어 내는 것이다. Axline(1947)의 여덟 가지 기본 원리는 Jung학파 놀이치료사가 아동에게 어떻게 반응해야 하는지를 설명할 때도 적용될 수 있다. 초점은 아동에게 맞춰진다. 명료화를 위한 것이 아니라면 가급적 질문을 해서는 안 되며, 아동 자신이 관계 세계의 중심이라고 느낄 수 있도록 해야 한다. 이는 아동에게 중요한 변화로 인식되며, 아동은 이에 대해 놀람으로 반응하기도 한다. 이러한 환경을 만들어 냄으로써 Jung학파 놀이치료에는 또 다른 결정적 요소, 즉 자아팽창이 출현하게 된다.

자아팽창의 역할

Edinger(1972/1992)는 자신의 저서 『Ego and Archetype』에서 자아팽창에 대해 설명했다. 그는 이 책의 첫 장에서 건강한 아동과 자아가 과도하게 팽창하여 아동을 위험으로 몰고 가는 것에 대해 다뤘다. Peery(2003)는 테세우스(Theseus)의 신화에 대해 설명하며 아동-치료사 관계를 아리아드네(Ariadne)의 실에 비유했다. 테세우스는 미노타우로스(Minotaur)를 죽인 후 실의 도움으로 미궁을 탈출할 수 있었다. 그러나 많은 시련을 극복하고 성공을 반복하게 되면서 결국 자아팽창에 굴복하게 된다. 테세우스는 친구인 페이리토스(Pirithous)와 함께 하데스(Hades)를 찾아가 페르세포네(Persephone)를 요구한다. 페이리토스는 페르세포네와 결혼하고자 했다. 결국 테세우스와 페이리토스는 독사에 의해 '영원히' 의자에 갇혀 버린다. 프로메테우스(Prometheus) 역시 신의 불을 훔친 죄로 같은 운명에 처해진다. 바위에 묶인 채 매일 새로운 간을 독수리에게 먹혀야 했다. 이 신화들은 잘못된 자아팽창을 보여 주는 좋은 예이다. '유한한 인간'이 '신'의 세계를 넘보며 가질 수 없는 것을 원할 때 팽창이 일어난다. 여기에서 자기는 '신의 속성을 갖는 것'이고, 자아는 '유한한 인간'을 의미하는 것으로 볼 수 있다.

치료 장면에서 만나는 아동이 자아팽창으로 고통받고 있다면, 이는 아동이 적극적으로 억압하려는 자료에 의해 압도됨으로써 부적응을 경험하고 있다는 것을 의미한다. 자아팽창은 아동이 의식적으로 '참여할 수 없는 것'에 참여하는 데 필수적인 요소이다. 아동은 영웅, 경찰, 선한 사람, 힘을 가진 나쁜 사람, 괴롭히는 사람 등 무엇이든지 될 수 있다. 이러한 모습은 아동이 직면해야 하는 것에 직면할 수 있도록 아동의 자아를 팽창시킨다. Jung학파 놀이치료사는 관계와 풍부한 원형적 잠재성(놀잇감)을 이용하여 아동이 참여할 수 있게 하는 데 필수적인 팽창을 촉진한다. 이렇게 결정적인 요소를 제공하면 자기와 아동의 내적 치유자가 활성화될 것이며, 이는 치유의 여정에 안내자가 될 것이다. 이때 치료사는 놀이치료에서 표현된 것들에 대한 해석자(필요한 경우), 목격자, 담아 주는 사람의 역할을 수행한다.

Jung학파 놀이치료의 특징

Jung학파 놀이치료의 독특한 요소 중 하나는 놀이치료실에서 테메노스를 만들어 내고 유지하기 위해 다양한 이론적 배경에서 도출된 여러 기법들을 활용한다는 것이다. 혼란스러운 놀이는 놀이치료실에서 자아를 자기로부터 소외시키고 분리시킨다. 이는 화해와 치유에 아무런 도움이 되지 않는다. 혼란스러운 환경에서는 새롭고 건강한 스크립트와 도식이 발달할 수 없다. 따라서 놀이실에서의 규칙을 만들어 내기 위해 행동적 접근을 적용하는 것이 필요하다. Jung학파 놀이치료사는 압도적 불안으로 인해 고통받는 아동을 위해 이완법이나 유도된 상상 기법을 적용하고 아동이 새롭거나 친숙하지 않은 것에 맞닥뜨렸을 때 발생할 수 있는 인지적 부조화를 완화시키기 위해 인지적 설명을 해 줄 수도 있다. 아동의 독자적인 경로를 계속 지켜보고 있거나 혹은 멈춰야 할 때를 아는 것은 어려운 과제이지만, 이는 놀이치료실과 관계에서의 테메노스를 유지하기 위해 절대적으로 필요한 것이다.

Jung학파 놀이치료의 또 다른 독특한 특징은 놀이치료 과정에 자기(Self)를 활용하는 것이다. 아동은 치료사를 놀이친구나 해석자, 치료 과정에 대한 목격자, 그리고 프로토콤플렉스나 콤플렉스에서 촉발된 강렬한 감정을 담아 주는 사람으로 이용할 수 있다. 아동은 치유에 필요한 과제를 완수하기 위해 치료사의 지원을 필요로 하며, 치료사를 놀이의 중요한 한 부분으로 이용한다. 예를 들어, 영향력을 상실한 채 위축되어 있던 아동이 팽창됨에 따라 관계를 지배하고자 하는 욕구를 갖게 된다. 아동은 팽창된 상태와 약한 내면을 보상하기 위한 수단으로서 치료사를 '감옥'에 넣거나 치료사를 '비하하는 말'을 한다. 혹은 압도되거나 상처 입은 것처럼 보이는 치료사로부터 지배되거나 소통하고자 하는 욕구로 이 역동을 표현할 수도 있다. 이는 모두 아동이 무의식적 에너지에 의해 안내되는 역동적 과정을 온전히 경험하기 위해 또 다른 안전한 인간의 적극적 참여를 원하고 있다는 것을 보여 주는 것이다.

많은 경우 Jung학파 놀이치료사는 무의식적 자료에 참여하는 과정에 대한 적극적이지만 인내력 있는 관찰자가 된다. 이러한 역할을 위해 치료사가 아동의 '속도'에 맞추는 것이 중요한데, 이는 치료사가 아동과 행동적, 인지적, 정서적으로 함께 머문다는 것을 의미한다. 치료사는 아동의 행동 에너지 수준에 자신을 맞춰야 한다. 아동의 행동을 통해 어떻게 반응해야 할지를 결정한다. 아동과 치료사 간의 행동 수준의 불일치는 아동이 치료사의 주도를 따르게 하는 위험을 초래한다. 또한 아동의 인지 수준에 맞춰 작업하는 것도 중요하다. 발달적으로 적절한 언어로 의사소통하고 아동이 사용하는 단어를 써야 한다. 마지막으로 치료사는 아동의 정서와 함께 하지만 아동이 표현하는 정서 범위를 넘어서는 안 된다. 치료사가 아동의 현재 정서를 벗어난다는 것은 아동을 특정 방향으로 이끈다는 것을 의미한다. 이 세 가지 수준에서 아동에게 맞춰 나감으로써 테메노스를 만들고 유지하며 참여의 과정을 촉진할 수 있다.

아동이 놀이치료실에 들어서는 순간 Jung학파 놀이치료사는 이미 아동 이슈의 많은 부분에 대해 이해하고 있어야 한다. 아동의 여러 세대에 걸친 가족 시스템과 현재의 적응 기능 수준에 대한 철저한 평가, 아동의 부적응 행동에 영향을 미친 사건이나 이슈에 대한 포괄적 이해를 통해 아동을 파악한다. 또한 아동이 처음 놀이치료실에 들어와서 어떤 상징적 놀이에 참여하는지, 그리고 놀잇감을 가지고 어떤 주제를 만들어 나가는지 주목해야 한다. 놀이를 하는 아동은 자신이 무엇을 하고 있는지 인식하지 못할 때가 많다. 따라서 치료사는 지금 일어나고 있는 것들에 대한 아동의 이해를 강화시켜야 한다. 놀이치료 경험을 심화하는 것은 Jung학파 놀이치료사의 핵심 역동으로, 아동이 보여 주는 은유에 머무르고 '잠정적 가설'의 형식으로 제시되는 역동과 직접적으로 관련되는 것에 대해 언급함으로써 이루어질 수 있다. 가설을 잠정적이라고 한 것은 치료사의 이해가 틀릴 수 있기 때문이며, 치료사는 자신의 가설이 틀릴 경우에 미리 대비하고 있어야 한다.

예를 들어, 신체적 학대를 받아 치료에 의뢰된 아동을 가정해 볼 수 있다. 이제 학대는 멈췄고 아동은 학대의 영향을 극복하기 위해 노력하고 있다. 아동이 어떤 방식으로 학대의 경험을 처리하고 있는가는 증상을 통해 이해할 수 있다. 공격적으로 행동하는 경우 아동이 부적절감과 무력감을 보상하고 있다고 가정할 수 있다. 아동이 위축되거나 사회적 고립을 보인다면, 아동이 공포를 느끼고 있고 학대에서 유발된 정서가 현재 살고 있는 세계로 전이됐다고 가정할 수 있다. 아동이 증상을 전혀 보이지 않는다면, 아동이 학대에 참여하면서 치유의 과정에 있다고 가정한다. 자연스럽게 치유의 과정에서 아동의 적응적 행동을 볼 수 있게 된다. 아동은 건강하지 않은 환경에서 왔지만, 건강한 삶을 살고 있다고 가정할 수 있다.

놀이치료회기에서 아동이 두 개의 동물 인형(집에서 키우는 개와 포식동물인 티라노사우루스)을 가지고 놀고 있다. 아동은 동물 싸움 놀이를 시작하고, 티라노사우루스가 개를 잡아먹는다. 아동은 개를 표상하고, 티라노사우루스는 학대한 사람을 의미한다는 잠정적 가설을 검증하기 위해 다음과 같이 조심스럽게 언급할 수 있다. “개가 어떤 방법을 쓰더라도 티라노사우루스를 멈추게 할 수는 없는 것 같구나.” 이러한 언급은 아동이 학대를 당했을 때의 무력감을 표현하고 강조하며 인지적·정서적 수준에서 행동을 심화한다. 치료사의 가정이 잘못된 것이라면, 관계의 테메노스가 잘 확립되어 있는 한 아동은 치료사의 가정을 바로잡으려 할 것이다.

반대로 개가 티라노사우루스를 잡아먹는 놀이를 하는 경우, 이는 보상적 역동을 나타낸다. “와, 개가 엄청 강하구나. 자기보다 훨씬 큰 동물을 물리칠 수 있네.”라고 언급할 수 있다. 이 역시 더 작고 약한 것이 크고 강한 것을 물리치는 보상적 역동을 강조하는 것이다. 아동의 보상적 놀이 또한 강조하는 반응이라고 할 수 있다. 이것이 바로 분석적 관점에서 놀이를 ‘목격하는’ 것이다.

해석은 목격을 한 단계 넘어서는 것이다. 해석 기법을 적용하기 위해서는 정서적 언어와 아동의 콤플렉스에 대한 이해가 요구된다. 다시 공룡의 예를 들어 보면, Jung학파 놀이치료사는 다음과 같이 말할 수 있다. “작은 개가 너무 강해서 공룡이 정말 깜짝 놀랐을 거야.” 혹은 “이렇게 크고 강한 공룡을 물리칠 수 있어서 개는 스스로 자랑스럽겠구나.” 해석은 아동이 쉽게 이해할 수 있는 단어로 놀이의 주제를 확고히 하고, 요약하며, 무의식적 행위와 의식적 이해 간의 연결을 촉진하고, Green(2009)이 언급한 ‘의미 있는 통합’을 가져온다. 해석을 하기 위해서는 놀이주제를 콤플렉스 이슈와 관련해서 이해해야 한다. 이러한 이해를 통해 Jung학파 놀이치료사는 여러 다른 방식으로 놀이주제를 바라보고 해석할 수 있다. 아동의 놀이주제에 대해 최소한 2, 3가지 이상의 가정을 갖는 것이 좋은 분석적 태도라고 할 수 있다. 이러한 심도 깊은 작업은 치료사와 아동의 의식적, 그리고 무의식적 수준에 치료적 공명을 만들고, 경이로운 창조성이 생겨날 수 있는 풍요로운 토대를 조성한다. 아동의 내적, 무의식적 에너지와 놀이가 만나는 곳이 바로 **치유**라고 지칭되는 신성한 공간이 된다.

콤플렉스에 대한 의식적 접촉에는 언제나 강렬한 정서가 동반된다. 콤플렉스에 참여할 때 일어나는 자연스런 반응으로, 콤플렉스와의 접촉이 이루어졌다는 것은 일반적으로 정서의 강도를 통해 파악될 수 있다. Green(2009)은 이러한 강렬한 에너지를 '분노'라고 지칭했고, Jung학파 놀이치료사의 과제는 바로 이 에너지를 담아주고 존중하는 것이다. 특히 치료사가 이 에너지로 인해 방해받지 않는 것이 중요하다. 이러한 안정성을 유지하기 위해 치료사는 자신의 해결된 이슈와 해결되지 않은 이슈 모두에 대한 날카로운 인식을 갖고 있어야 한다. 강렬한 콤플렉스는 치료사로 하여금 강한 정서적 반응을 하도록 촉발할 수 있다. 치료사는 이를 멈추거나 혹은 이로부터 멀어지지 않으면서 정서의 강도와 깊이를 다룰 수 있어야 한다.

Jung학파 놀이치료에서 치료사는 놀이치료실 환경의 일부가 된다. 치료사가 목격자(인내심 있는 관찰자)이자 해석자 역할을 한다는 것은 이미 앞에서 설명하였다. Jung학파 놀이치료사의 또 다른 독특한 과제는 바로 '담아 주는' 역할을 하는 것이다. 이는 Jung학파 놀이치료사의 특별한 역할로 **역전이**의 효과적인 활용과 관련될 수 있다. 일반적으로 부정적인 의미로 여겨지는 역전이에 대해 Jung학파 놀이치료에서는 아동의 치료에 긍정적인 영향을 미칠 수 있다고 본다. 놀이치료 경험에서 치료사는 아동의 콤플렉스 에너지를 담아 주는 데 적극적이어야 한다. 또한 아동이 자신의 정서적 짐을 치료사에게 넘겨주려 할 때 치료사는 기꺼이 그 짐을 넘겨받아야 한다. 아동이 자신의 강렬한 정서를 치료사도 느낄 수 있게 하고 싶은 만큼 아동은 치료사와의 관계를 신뢰하고 있는 것이다. 이러한 경험은 치료사에게는 불쾌할 수도 있지만, 아동에게는 자유를 가져다준다. 아동이 치료사에게 정서를 '넘겨주는' 경험을 할 수 있도록 하기 위해서 치료사는 아동의 정서적 수준에 자신을 맞추고 통합적인 치료적 용기(담아 주는 사람)의 역할을 유지할 수 있어야 한다. 당연히 치료사는 자신의 이슈는 무엇이고 아동의 이슈는 어떤 것인지 알아야 한다. 해결되지 않은 치료사의 개인적 이슈가 놀이치료 중인 아동을 침해하지 않도록 치료사 자신이 분석을 받는 것이 중요하다.

임상사례 슈퍼비전

몇 년 전 슈퍼비전을 했던 한 재능 있는 놀이치료사의 사례는 치료사의 담아 주는 과정을 잘 보여 준다. 치료사는 아버지로부터 학대받은 8세 남자 아동을 담당하고 있었다. 아동은 집에서 분리되었고 현재 건강한 환경에서 지내고 있다. 그러나 행동은 왜곡되어 있었는데, 다른 가족을 향해 폭력적이고 무례한 행동을 보였다. 치료사는 몇 차례에 걸쳐 아동을 만난 후 아동을 위한 테메노스를 만들어 낼 수 있었고 아동은 자유롭게 치유를 향한 여정을 시작할 수 있게 되었다. 놀이치료 과정에서 특정 주제가 반복적으로 출현했다. 아동은 치료사를 의자에 '묶은 후' 점점 치료사에게 가까이 다가가 치료사의 얼굴 바로 앞에서 칼을 흔들었는데, 이는 치료사가 불편감을 느낄 정도였다. 치료사는 놀이를 중단시키고 싶었지만, 아동이 치료사를 무섭게 하는 것보다 더 큰 의미를 갖는 무언가가 일어나고 있다는 것을 알고 있었기 때문에 이 강렬한 감정을 물리치고 놀이를 지속할 수 있게 하였다. 이 치료사는 오래전 학대받은 경험을 갖고 있었다. 나는 치료사에게 아동이 점점 다가올 때 어떤 기분이 들었는지 물었다. 치료사는 극심한 공포를 느꼈다는 것을 인정했다. 치료사는 아동의 힘과 강함을 확충함으로써 해석과 피드백을 전달했다. 치료사는 자신 앞에서 칼을 휘두르고 있는 아동에게 다음과 같이 말했다. "와, 너는 정말 세고 강하구나. 나는 아무것도 할 수 없네." 치료사는 아동과 교착 상태에 다다른 것 같은 느낌을 받았다. 아동의 행동에 사로잡힌 것 같았기 때문이다.

나는 치료사가 느끼는 강렬한 공포의 감정을 아동과 공유하도록 제안했다. 아동은 자신의 깊은 공포의 감정을 치료사에게 넘겨주었지만 치료사는 이에 대해 아동에게 언어화해 주지 않았기 때문에 아동은 치료사가 이러한 경험을 완전히 공감했는지에 대해 확신할 수 없었다. 다음 회기가 시작되고 얼마 지나지 않아 치료사는 의자에 묶였고 아동은 칼을 흔들며 치료사에게 다가왔다. 아동이 치료사에게 점차 다가오자 치료사는 다음과 같이 말했다. "나는 지금 너무 무서워. 나는 힘이 하나도 없어서 네가 하고 있는 것을 멈추게 할 수가 없어. 나는 두렵구나." 아동은 즉각 행동을 멈추고 치료사의 눈을 한동안 깊이 바라보았다. 그러고는 마치 천재적인 치료사가 된 듯 말했다. "이해해요." 이것이 바로 아동과 공유할 수 있는 가장 심오한 수준의 공감이다. 이는 이해를 초월하여 아동이 절박한 심정으로 소통하고자 애쓰고 있는 그 감정을 실제로 느끼는 것이다. 이러한 방식으로 아동의 정서적 짐을 넘겨받음으로써 아동이 경험한 것을 온전히 목격하고 또한 놀이 그 자체의 신성함 안에서 그 경험을 공유할 수 있는 능력을 갖게 된다.

해석하기, 목격하기, 담아내기

이 기법은 테메노스에 대한 또 다른 이슈를 가져오는 것이며, 아동에게 어떤 방식으로 피드백을 할지와 관련된다. Jung학파 놀이치료의 관점에서 피드백은 다양한 방식으로 제시될 수 있다. 치료 초반에는 놀이치료실에서 아동의 행동을 '따라가는' 것이 일반적이다. 이는 아동중심놀이치료에서 하는 것과 동일하다. 치료사는 아동의 놀이에 대해 기술해 주며 대화를 지속한다. Landreth(2002)는 "아동을 따라가는 것은 아동에게 치료사가 함께하고 있다는 것을 알려 주며, 아동이 치료사가 함께 참여하고 있다는 것을 느끼게 하는 데 유용하다"(p. 212). 아동과 아동이 하고 있는 것에 초점을 두는 것이 중요하다. 초기 단계에서는 "찾던 것을 발견했구나." "그것을 가지고 무엇을 할지 생각해 냈구나."와 같은 언급이 일반적이다. 아동 따라가기는 조심스러운 접근으로, 놀이치료실에서 테메노스의 발달을 촉진할 수 있다. 아동의 정서 수준에 '맞추는 것' 역시 따라가기에 포함된다. 이에 대해서는 앞에서도 설명한 바 있다. 아동의 이름 부르기와 같은 아동에 대한 개인화 반응, 명료화를 위한 것이 아니라면 질문하지 않기, 아동에 대한 피드백에 초점 두기 등이 아동 따라가기에 포함될 수 있다.

다음 수준의 피드백은 아동의 인지에 대한 것으로 아동에게 있어 다소 깊은 층의 것이며, 아동 따라가기에 비해 보다 침범적일 수 있다. 이 수준에 해당하는 전형적인 피드백은 다음과 같다. "그것이 무엇인지 잘 모르겠나 보구나." "그것이 네가 하고 싶었던 대로 되지 않는가 보구나." "네가 생각했던 것과는 다른 것이 됐나 보구나." 이러한 피드백의 목적은 놀이의 특정 시점에서 발생한 인지 과정을 확인하는 것이다. 아동 자신이 참여하고 있는 과정에 대해 알려 줌으로써 아동과 더 깊은 공명을 만들어 내고 아동과 치료사 간의 신뢰를 향상시킬 수 있다. 아동 따라가기에서 이 수준의 피드백으로 옮겨 가는 것은 다소 위험할 수도 있는데, 이는 아동이 기대하는 것 이상을 드러내는 것이기 때문이다. Jung학파 놀이치료사는 잠정적 가설에 기반을 두고 작업하기 때문에 이러한 피드백을 수정하거나 혹은 피드백이 무시되는 것에 준비되어 있어야 한다.

가장 침범적이고 개인적 수준의 피드백은 정서를 확인하는 것이다. Peery(2003)가 설명한 대로 "분석적 치료사는 정서를 환자의 정신에서 오는 심층적 수준의 의사소통으로 받아들인다. 정서는 심오하고 중요한 의사소통이다"(p. 37). 이 수준의 피드백은 아동에게서 가장 많이 드러나는 부분을 다루는 것으로, 가장 신성하고 여린 심리적 현상을 고려하는 것이다. 아동이 제시하는 은유나 놀이주제의 형식으로 피드백을 하는 것이 가장 효과적이다. 이러한 피드백은 다음과 같이 제시될 수 있다. "이것은 저것에 대해 매우 화가 난 것 같구나." "이것은 매우 슬픈 것처럼 보이는구나." 아동과 치료사 간에 놀이가 진행될 때는 아동의 정서에 대해 다음과 같이 직접 반응할 수 있다. "너는 지금 나한테 굉장히 화가 났구나." "너는 지금 매우 슬프구나."

잠정적 가설의 언어는 대립되는 것이 없다. 말 그대로 잠정적인 것이다. Jung학파 놀이치료사는 아동이 치료적 반응을 부인하고 달아나고 회피할 수 있는 여지를 남겨 둔다. 이 언어는 "나는 그것에 대해 확신하고 있지 않아." 혹은 "그것은 상처받은 것 같아. 혹은 슬픈 것 같구나." 또는 "나는 그것이 궁금하구나."라는 메시지를 전달한다. 치료사의 피드백에 대해 어떤 반응을 할지는 아동이 결정하며, 반응에는 그 당시 아동의 자아강도가 영향을 미친다. 아동은 피드백에 직면할 수도 있고 피드백을 무시하거나 회피할 수도 있다. 그럼에도 치료적 반응은 반드시 있어야 하는 것이지만, 자신의 관점에서 그것을 선택할지는 아동이 결정한다.

역전이

치료적 반응의 효과성은 아동과 치료사 간의 의식적, 무의식적 관계에 의해 결정된다. [그림 4-3]은 치료사와 아동 간의 건강한 치료적 관계를 묘사하고 있다. 그림에서의 선은 의식적, 무의식적 수준에서의 아동과 치료사 사이에서 발생하는 역동을 나타낸다.

치료사와 아동의 의식적 자아는 다른 크기를 갖는다. 그 이유는 연령으로 인해 치료사는 아동에 비해 자아를 발달시킬 수 있는 경험을 더 많이 갖기 때문이다. 아동의 자아는 상대적으로 작은데, 자아를 발달시킬 만한 충분한 시간을 갖지 못했기 때문이다. 치료사와 아동의 무의식의 크기는 동일하다. 이는 무의식에 포함되어 있는 모든 것을 나타내기 때문이다. 이러한 이론적 접근은 치료사와 아동에게서 무의식의 역량에는 차이가 없다는 것을 보여 준다. 아동의 무의식의 영역에 자기와 치

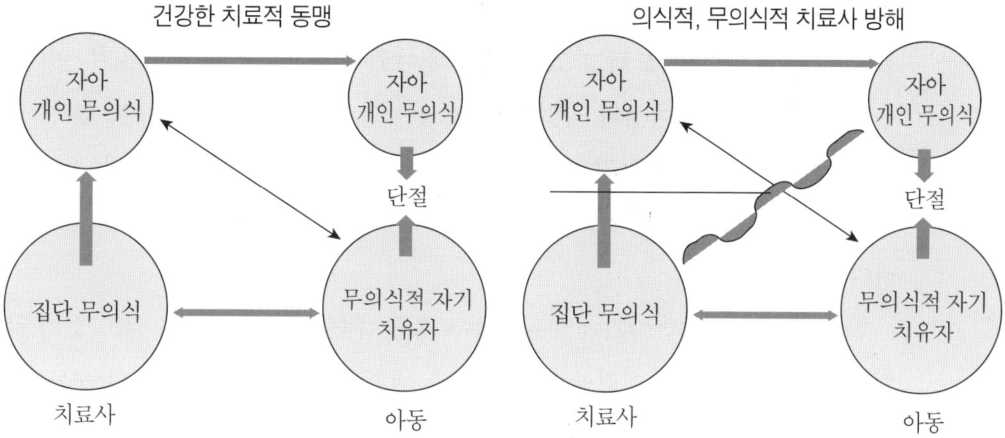

[그림 4-3] 건강한 모델(왼쪽)과 건강하지 않은 모델(오른쪽)

유의 원형이 포함되어 있다. 아동과의 놀이치료 장면에서 치료사가 적용할 수 있는 자원을 포함하기 위해 치료사의 무의식에는 '집단'을 포함시켰다.

아동이 경험했던 의식적으로 압도적인 사건으로 인해 아동의 자아와 무의식 사이에 발생한 것을 **단절**이라는 단어로 표현했다. 자아방어가 발달하면서 자기와 치유자 원형은 더 이상 자아에 직접적인 의미를 갖지 않게 된다. 자기가 무의식에 속해 있고, 의미 있는 치유의 통합을 만들어 내는 데 영향력을 미치지 못하는 한 자아-자기 축은 제대로 작용하지 못한다. 자아-자기 축은 서로 침투 가능하여 건강하거나 파괴적인 수많은 원형들이 아동의 자아에 영향을 미치는 것 역시 가능하다. 그러나 자아에는 조직화하는 힘이 부족하기 때문에 무의식적 자료를 사용하여 과거에 발생한 사건에 특정적인 통합의 상태를 만들어 내는 것은 불가능하다. 자기가 자아에 효과적으로 영향을 미칠 수 없다면 혹은 자아가 원형적 자료를 효과적으로 여과하거나 조직화할 수 없다면, 자기는 치유의 기능을 발휘할 수 없게 된다.

다른 한편으로 치료사는 무의식의 풍부한 원형적 자료에 접근할 수 있고 아동 안에 있는 원형을 인식할 수 있다. 치료사의 무의식과 아동의 무의식 간의 양방향적 화살표는 치료사와 아동의 무의식 간의 연결을 나타낸다. 여기에는 정신 에너지의 강렬한 교환이 있고 아동과 치료사는 모두 이를 느낄 수 있다. 이러한 교환은 무의식적이기 때문에 치료사는 자신 안에서 그에 대한 어떤 분명한 징후를 찾게 된다. 이 무의식의 연결을 분명히 드러내는 것이 바로 정서이며, Jung학파 놀이치료사는 아동과의 치료 과정에서 자신이 무엇을 느끼고 있는지에 대해 민감해야 한다. 예를 들어, 아무런 행동을 하고 있지 않을 때 아동이 싫다는 느낌을 받을 수 있다. 또한 성학대를 경험한 아동과 작업을 할 때 성적인 에너지를 경험할 수도 있다. 놀이치료실에 성적인 것은 어떤 것도 일어나지 않지만, 느낌은 있는 것이다. Jung학파 놀이치료사는 이러한 정서를 아동과의 무의식적 연결의 일부로 인식할 수 있어야 한다.

만약 치료사가 신참이거나 아동에게 도움을 주는 것에 자신감을 갖고 있지 않다면 아동은 치료사와의 이러한 연결을 불안, 공포, 혹은 긴장으로 경험할 수도 있다. 아동은 또한 치료사로부터 해결되지 않은 심리적 이슈를 경험할 수도 있다. 드물지만, 아동이 실제로 치료사를 보살피는 경우도 있다. 슈퍼비전 과정에서 이런 경우를 목격한 적이 있다. 성적 학대와 관련된 심각한 증상을 보이는 아동이었고, 치료사 역시 과거 성학대를 당했지만 이 문제를 전혀 다뤄 본 적이 없었다. 아동은 치료사와 함께 자신의 이슈를 다뤄 가기 시작했는데, 놀이 행동이 치료사를 촉발했다. 아동은 치료사의 행동을 중단시키고, "이제 다른 것을 해요."라고 말했다.

아동의 무의식과 치료사의 의식적 자아 사이를 연결하는 선은 아동이 치료 장면으로 가져오는 무의식적 자료를 나타낸다. Jung학파 놀이치료사는 심지어 아동이 무의식적 자료의 유의미한 통합을 이루어 내지 못하는 경우에도 놀이에서 치유자를 인식한다. 이제 치료사는 원형적 자료에 대한 상징적 표상의 '초월적 기능'의 매개를 도울 수 있는 기회를 갖게 된다. 이는 놀이의 무의식적인 상징적 표상을 인식함으로써 가능해진다. Jung학파 놀이치료사는 콤플렉스와 연결되어 있는 놀이의 '의미'를 이해하게 되고, 자료의 의미를 심화하고 확충할 수 있는 구조로써 은유를 사용하여 아동과 의사소통할 수 있게 된다.

임상사례

이제 몇 년 전 작업했던 어린 남자 아동의 사례를 중심으로 Jung학파 놀이치료 과정에 대해 설명하고자 한다. 과거에 강간, 신체적 폭력, 담뱃불로 인한 화상 등 심각한 학대를 경험한 5세 남자 아동이었다. 이 아동은 복합적 학대 피해자들이 보이는 것과 유사한 증상을 보였고, 이에 더해 형제에 대한 성적인 행동까지도 드러냈다. 이는 희생자-성적 콤플렉스의 연합을 나타내는 것이다. 처음 몇 회기는 안전감을 확인하는 것 중심으로 진행됐다. 한 회기가 끝날 무렵 아동은 선반에서 포식 동물을 꺼내 휴지통에 넣었다. 아동은 나에게 먼저 치료실에서 나가라고 했기 때문에 내가 보고 있지 않은 상황에서 이 행동은 이루어졌다. 당시에는 이 상황을 언뜻 보았을 뿐이었고 치료실을 정리하던 중 휴지통에서 티라노사우루스를 발견했다. 아동의 자아가 강화되고 있으며, 아동이 '포식자'와 직면할 준비를 하고 있다는 것을 알 수 있었다.

다음 회기에 직면이 일어났다. 아동은 포식 동물을 죽이며, 강렬하고 복잡한 에너지를 분출했다. 아동은 다양한 방법으로 또 의도적으로 포식자를 죽이고 휴지통에 던져 버렸다. 나는 이러한 영웅놀이를 하는 아동에게서 불안을 느낄 수 있었고, 아동에게 이 여정과 관련된 불안에 대해 언어화했다. 아동은 단지 얼굴 표정을 통해 나의 말을 들었다는 것을 표현했지만, 내가 자신의 감정을 이해했다는 것을 알고 있는 듯했다. 아동이 과제를 끝마치고 모든 포식자를 죽였을 때, 나는 휴지통이 아동 삶에서의 죽은 포식자의 저장소일 뿐 아니라 그것들을 담아내는 곳이기도 하다는 것을 알아챌 수 있었다. 나는 "그들은 다시 돌아올 수 없고, 더 이상 우리를 해치지 못할 거야."라고 말했다(나는 **우리**라는 단어를 사용했는데, 이는 아동이 나에게도 포식자를 죽이는 의무를 부여했기 때문이다). 아동은 기뻐했으며, 전형적인 5세 아동처럼 "옙."하고 익살스럽게 대답했다.

이 어린 아동의 여정은 은유적으로 그 자신을 학대자 앞에 직면시키는 것이었다. 아동은 헤라클레스(Hercules)나 이아손(Jason) 같은 영웅의 여행을 한 것이며, 용기와 팽창된 자아의 마술적 힘으로 이에 직면했다. '우리'는 함께 여행했고, 아동 삶에서의 악마를 함께 정복했다. 무의식을 의식화하는 데서 나의 역할은 '담아내는 것'과 담아내는 것의 속성을 쓰레기를 담아 두고 다시 되돌아올 수 없도록 가둬 두는 것으로 해석하는 것이었다. '우리'는 그러한 악한 포식자들로부터 안전했다. 이것이 바로 내가 목격하고, 해석하며, 나의 어린 용감한 친구에게 표현한 것이었으며, 바로 무의식적 자료가 그 모습을 드러낼 때 Jung학파 놀이치료사가 해야 하는 것이었다. 즉, 치료사는 아동이 의식적으로 그 자료를 이해할 수 있도록 도와야 하며, 사례에서의 아동은 이를 온전히 이해할 수 있었다.

만약 아동의 무의식적 자료가 치료사의 무의식에서 해결되지 않거나 혼란스러운 자료를 촉발하게 되면 치료적 관계는 위험에 빠질 수 있다. 의식적으로 이해하지 못한 상태에서 치료사는 아동의 주도를 벗어나 치료사 자신이 치료 과정을 이끌 수 있다. 드물지만, 이런 일이 일어나면 치료사는 자신의 이슈를 해결하기 위해 아동을 이용하기도 한다. Jung학파 놀이치료사는 치료 과정에서 이러한 방식의 치료적 방해가 일어나지 않게 하기 위해 자신의 심리적 상태를 평가하는 것을 게을리해서는 안 된다. 치료사 자신과 다른 사람의 무의적 자료를 다루는 경우, 치료사 자신의 무의식적 자료 안에서 길을 잃을 수 있다는 것을 인식해야 한다. 책임감 있는 치료사는 분석을 통해 자신의 무의식적 이슈에 익숙해야 하고, 무의식적 자료들이 정서적 반응을 통해 드러났을 때 그것을 이해할 수 있어야 한다. 치료사가 끝나는 곳에서 내담자가 시작한다는 것을 아는 것은 Jung학파 치료사의 중요 과제가 된다.

William James는 심리학에서 상징을 사용하는 것은 '가장 위험한 방법'이라고 말한 바 있다(Kerr, 1994). 그러나 Jung학파 놀이치료사가 무의식(상징, 상, 은유)의 언어를 이해할 때, 치료사는 안전하고 초대하는 환경인 테메노스를 만들어 낼 수 있다. 그렇게 되면 아동은 무의식적 자료에 안전하게 참여할 수 있고, 그때 변형의 과정은 시작된다. 아동의 무의식적 자료가 출현하면, Jung학파 놀이치료사는 아동의 치료 과정을 오염시키지 않기 위해 자신의 심리적 이슈를 인식하고 담아내야 한다. 아동 치료가 진행되는 동안 치료사 자신의 과정을 효과적으로 따라감으로써 역전이를 이용하여 콤플렉스에서 해결로의 건강한 변형 안에 있는 아동의 치유적 원형을 확충하고 보조해 가며 아동의 치료 과정을 따를 수 있다. 각 아동의 무의식으로의 여행에 함께하고, 모든 아동은 각기 다른 치유의 과정을 걷는다는 것을 존중함으로써 Jung학파 놀이치료사는 아동 삶의 행동적 · 인지적 · 정서적 영역에서의 치유의 힘뿐 아니라 무의식적인 치유자 원형을 촉진할 수 있다.

제5장
정신역동놀이치료

John B. Mordock

주요 가정
이론과 접근
현황
임상사례
결론

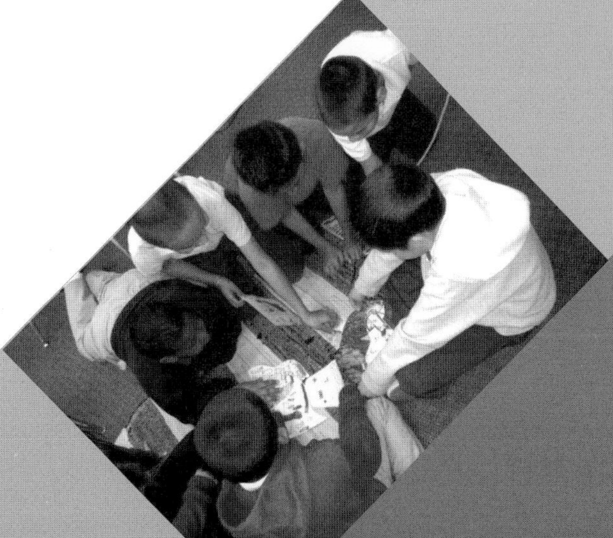

정신역동(psychodynamic)이라는 용어는 한 개인의 정신 안에서 발생하는 세력 사이의 상호작용을 의미한다. 행동치료사가 관찰 가능한 행동과 그 결과를 연관 지으려는 것과 달리, 정신역동치료사는 행동에서 관찰되는 것보다 훨씬 더 복잡한 역동이 행동 이면에 숨겨져 있다고 생각한다. 아이들은 의미로 가득한 정신세계를 살아간다. 아이의 마음은 감정을 지니고 있기에 불안정하기도 하고, 갈등을 경험하기도 하며, 부정적 사고를 하기도 한다. 정신역동놀이치료사는 아이들의 감정이 어떻게 문제 행동을 일으키는지를 분석하며, 이때 그 증상은 아동 심층의 근본적인 문제가 드러난 행동이라고 여긴다.

주요 가정

정신역동놀이치료는 다음의 네 가지 기본적인 가정에 기초한다.

- 증상은 의미가 있다.
- 아동의 문제는 내면화된 무의식적인 갈등에 의해 발생하기도 하고, 압도적인 경험을 성공적으로 동화하지 못하여 발생하기도 하며, 발달상의 결핍을 적절히 대처하지 못함으로 인해 발생하기도 한다. 이러한 문제 발생의 원인은 아동의 놀이에서 드러난다.
- 아동의 놀이는 상징적으로 이루어지며, 아동은 현재와 과거의 경험을 통제하기 위한 노력의 일환으로 자신의 내면 감정을 놀잇감에 투사한다(아동은 상징놀이를 하면서 자신의 내면 감정과 적절한 거리를 두면서 위장을 할 수 있기에 정서적인 통제감과 심리적 안전을 느낄 수 있다).
- 전이기반 사고는 치료회기뿐 아니라 다른 관계에서도 나타난다.

정신역동놀이치료의 목표

정신역동놀이치료는 다른 접근법보다 더 야심찬 목표를 가지고 있다. 단순히 증상이 사라지거나 고통이 감소되는 것, 불안과 관련된 신체 증상이 사라지는 것을 목표로 하지 않는다. 정신역동놀이치료는 아동 기능의 보다 근본적인 측면을 향상시키는 것을 목표로 하며, 특히 아동이 발달 과제를 더 나은 방식으로 대처하는 것을 목표로 한다. 즉, 건강한 심리사회적 발달을 방해하는 장애물들을 제거하고 외상 혹은 내적 갈등에 의해 고착되거나 퇴행된 발달을 더욱 높은 단계에 이르도록 도와주고자 한다. 정신역동놀이치료는 아동이 불안에 대해 보다 성숙한 방어기제를 발달시킬 수 있도록 도와주어 전체적으로 성격을 재구성할 수 있도록 한다. 이를 위해 정신역동놀이치료사는 아동의 잘못된 지각 및 인지왜곡을 명료화하고, 차폐물(screener)과 억압된 기억을 재구성하며, 충족되지 못한 기대와 좌절된 의도 혹은 단절된 의사소통으로 인한 영향을 밝히고, 아동의 환상이나 비현실적인 소망을 탐색한다.

구체적인 목표는 아동이 양육자와 관계를 돈독하게 하고, 합리적인 판단을 내릴 수 있는 능력을 증가시키고(현실검증 능력의 향상), 과도하게 자신에 몰두되어 있는 것을 감소시키고, 감정 세계에 대한 이해를 높이며, 선택과 결과에 대한 이해를 높이고, 약한 방어를 강화하고, 엄격한 기준을 낮추어 압도적인 불안을 경험하지 않도록 하고, 적응기술을 강화시키고, 자기(self)에 대한 이해를 증진시키는 것이다.

정신역동놀이치료는 원초적인 초자아(primitive super-ego)를 가진 아이들, 예를 들어, 사고를 자주 내거나 자신보다 더 센 아이들을 상대로 싸움을 걸거나 자해하는 것과 같은 자기-처벌적인 행동을 하는 아이들이 지닌 과도하게 엄격한 양심을 유연하게 하도록 도움을 준다. 게슈탈트 치료사들이 더욱 잘 기능하는 전체를 만들기 위해 노력하는 것처럼, 정신역동놀이치료사는 성격의 여러 구성 요소가 더욱 잘 통합될 수 있도록 도움을 준다. 정신역동놀이치료는 관계에서 문제가 있는 아이들의 탄력성과 적응능력을 증진시킴으로써 아이들이 자신 및 다른 사람들과 더욱 잘 소통할 수 있도록 도와주며, 억제된 아이들이 더욱 자발적이고, 생기 있고, 평온해질 수 있도록 도움을 준다. 또한 정신역동놀이치료는 충동적인 아이들이 보다 통제되고, 반영적이고, 책임을 가질 수 있도록 도움을 주며, 나르시스적인 아이들의 상처받은 자존감 및 그에 수반되는 반응적인 분노에 덜 취약해질 수 있도록 도움을 준다. 정신역동놀이치료는 심지어 정신적으로 취약하거나 경계선 수준의 기능을 하는 아동들의 취약성을 낮출 수 있으며, 특히 이들이 스트레스를 받을 때 도움을 줄 수 있다(Ekstein, 1966 참조).

정신역동놀이치료의 보다 구체적인 목표로는 우울증 경감시키기, 애도하기, 트라우마의 영향에서 극복하기, 죽음이나 이혼과 같은 인생 사건들에 더 잘 적응할 수 있도록 촉진하기, 질병에 더욱 잘 대처하고 의학적 치료에 순응하기, 공포증 극복하기, 학교에서 더욱 잘 학습할 수 있도록 주의력 향상시키기, 그리고 개인적인 분노와 공격성을 더욱 잘 관리하기 등이 있다. 또한 학습 장애나 신체 장애와 같이 실질적인 장애를 지닌 아이들이 자신의 기능에 보다 잘 적응하고, 보상적이며, 자기 수용적인 방법을 개발할 수 있도록 도움을 준다.

정신역동놀이치료사는 아이를 '치료적으로 안아 주기' 위해 노력한다(Winnicott, 1971). 아기를 안아 주는 엄마처럼, 치료사는 아이 혼자서 견뎌낼 수 없었던 압도적인 불안과 괴로움을 흡수함으로써, 심리적으로 아이를 안아 준다. 치료사는 아이에게 자신의 지각과 느낌에 대해 신뢰를 갖도록 함으로써 아이의 경험을 더 분명히 해주어, 그 결과 심리적 건강의 핵심인 진정한 자기에 대한 감각을 발달시킬 수 있도록 도와준다.

정신분석적 놀이치료와의 차이점

정신분석(psychoanalytic) 개념에 익숙한 독자는 왜 이 장의 제목을 '정신분석적 놀이치료'라고 붙이지 않았는지 궁금할 것이다. 물론 정신역동놀이치료와 정신분석적 놀이치료의 목표는 크게 다르지 않다(Bromfield, 1992, 2007; Lee, 1997 참조). 하지만 정신역동놀이치료사들은 정신분석이론의 모든 원리를 수용하지는 않는다. 특히, 정신역동놀이치료사들은 리비도의 영향으로 인해 성격이 발달한다는 정신분석의 원리를 받아들이지 않는다(만약 리비도라는 용어를 사랑과 성을 포함하는 광범위한 의미로 사용한다면, 무조건적인 사랑의 결핍은 아이들의 삶에서 분명히 심각한 어려움을 초래하는 근본 원인이 될 수 있을 것이다).

정신분석이론은 Sigmund Freud와 그의 초기 추종자들에 의해 처음 개념화된 이론으로, 유아 성욕 개념에 기초하여 본능 충동과 그와 관련된 에너지에 의해 성격 발달이 이루어진다고 믿는다. 즉, 성격발달이란 리비도의 에너지 집중 단계에 따라 순차적으로 이루어지는 역동적이고 다차원적인 과정이라고 가정한다. 리비도의 에너지 집중 혹은 심리성적인 단계는 구강기, 항문기, 남근기, 잠복기, 그리고 생식기의 순서로 발달한다.[1)] 이러한 본능적 충동과 에너지 집중(object cathexis: 사람, 대

---

1) Freud(1962)에 따르면, 아동기의 심리 발달은 그가 심리성적 단계라고 칭했던 일련의 단계가 특징적이다[그는 모든 쾌락적인 행동과 사고를 포괄하기 위해 **성적(sexual)**이라는 단어를 광범위하게 사용했다]. 각 단계에서 리비도(libido, 일반적으로 성적인 추동이나 본능으로 번역됨)는 쾌락과 좌절의 원천으로 여러 성감대에 부착된다. 각각의 심리성적 단계에서, 아동은 다음 단계로 성공적으로 가기 전에 반드시 해결되어야만 하는 갈등이 있다. 각 갈등을 해결하기 위해서 성적 에너지가 방출되어야하며, 특정 단계에서 더 많은 에너지가 방출될수록, 그 단계의 중요한 특징은 그가 심리학적으로 성숙하게 됨에 따라 더욱 중요하게 유지될 것이다.

좌절과 과도한 몰두, 혹은 이 둘의 특정 조합은 특정 심리성적단계에서 Freud가 **고착(fixation)**이라고 명명한 것을 초래할 수 있다. 고착은 일정 분량의 리비도가 지속적으로 특정 발달단계에서 쓰이는 것에 대한 이론적인 개념을 의미한다. 또한 특정 분량의 리비도는 늘 각 심리성적단계에서 쓰일 수 있을 것으로 추측되므로, 성인의 성격은 어떤 면에서는 영아기 혹은 초기 아동기의 행동 특성을 반영할 것이다.

구강기(0~2세)에 모든 욕구는 자신을 달래기 위해 양육자가 이용하는 젖꼭지와 음식, 우유, 그 밖에 손이 닿는 것들을 받아들일 입술과 입을 통해서 충족된다. 이때 작은 것들을 주변에 두었다가 삼켜서 질식하지 않도록 한다. 이 단계의 첫 번째 대상에의 에너지 집중(cathexis)은 엄마의 가슴으로, 이 에너지는 종종 엄지손가락 빨기와 같이 자체성애적(autoerotic)인 대상으로 옮겨 간다. 좋은 엄마는 초기의 소망하던 것인 엄마의 가슴으로부터 대체된 첫 번째 '대상 사랑(object love)'이 된다. 이 단계의 주요한 갈등은 이유 과정(weaning process)이며, 아이들은 양육자에게 덜 의존하게 되어야 한다. Freud는 만약 이 단계에서 고착이 일어나면 의존성이나 공격성의 문제를 갖게 될 것으로 믿었다. 구강기적 고착은 음주하거나, 먹거나, 흡연하거나, 손톱 물어뜯기와 같은 문제를 초래할 수 있다.

항문기(2~4세)에 관심은 새로운 자체성애적(autoerotic) 대상인 항문(the rectal orifice)으로 관심이 이동한다. 이 단계의 주요한 갈등은 배변훈련이다; 즉, 아이들은 신체적인 욕구를 통제하는 법을 배워야 한다. 이러한 통제력을 발달시키는 것은 성취감과 독립심을 키워 준다. 이 단계는 능동적 및 수동적 충동으로 나뉜다. 하나는 숙달에 대한 충동(가학증: sadism)으로 인해 쉽게 잔혹해 질 수 있는가 하면, 또 다른 하나는 절시증(scopophilia)에 대한 충동(바라보는 것에 대한 애정: love of gazing)이 있다. Freud에 따르면, 아이들이 배변에서 얻는 기쁨은 이후에 소녀들이 출산에서 경험하는 기쁨처럼 그들 자신에게서 무언가를 만들어 내는 것에 대한 기쁨과 관련된다.

남근기에는 음경 또는 음핵이 에너지 집중(cathexis)의 주요 대상이 된다. 아이들은 배뇨에 매혹되며, 이를 즐거운 일로 경험한다. 배뇨는 배출과 보유할 때, 그리고 두 성별 모두 자위행위 하는 것이 새로운 쾌락의 원천이 된다. 이 시기의 아이들은 해부학적인 성차에 대해서 알게 되면서 성적 매력, 분노, 경쟁, 그리고 질투에 대한 갈등을 시작한다. 부모들은 옷을 입거나 샤워할 때, 이 시기의 아이들이 자신들을 엿보는 것을 알게 되면서 더욱 조심하게 된다. 이 단계와 관련된 외상은 거세에 대한 것으로, 이러한 외상 때문에 이 단계가 특히 Freud의 **오이디푸스 콤플렉스**를 해결하는 데 있어 중요하다. 오이디푸스 콤플렉스는 소년들이 자신의 아버지를 엄마의 애정에 대한 경쟁자로 보면서, 이 때문에 아버지에 의해 처벌받게 될 것을 두려워하는 것이다(Freud는 **거세불안**이라고 명명함). **엘렉트라 콤플렉스**는 어린 소녀들이 경험하는 유사한 감정이다. 그러나 Freud는 소녀들이 소년들과는 달리 남근선망을 경험한다고 믿었는데, 이는 다른 많은 정신분석학자들에 의해 논쟁이 되었다. 특히 Karen Horney는 남근선망이 부정확하고 여성을 비하하는 것이라고 하였다. Horney는 남근선망 대신에 남성들은 아이를 출산할 수 없기 때문에 열등감을 느낀다고 제안하였다.

이 단계 중에, 아이들은 필요할 때 신체적 만족을 지연하는 법을 배우게 된다. 비록 아이들이 성공적으로 잠복기를 통과할 때까지는 이 능력이 충분히 발달하지 않을 수 있다. 자아(ego)가 현실 원칙을 따

상, 또는 아이디어에 대한 정신적 그리고/또는 정서적 에너지의 투자)에 의해 행동이 동기화된다고 믿는다. 물론 정신분석학자들도 성격은 계속 변화하고 적응하는 것이라고 생각하지만, 초기 6년 동안의 삶, 특히 오이디푸스 콤플렉스를 잘 극복하지 못하면 외상성 신경증이 발생하며, 이로 인해 퇴행, 고착, 특정 방어기제만을 주로 사용하는 행동이 나타나고 증상처럼 보일 수 있다. 나는 방임 및 학대를 경험한 수많은 아이들, 특히 주간 및 거주 치료센터에 있는 아이들을 대상으로 치료를 해 왔다. 비록 이 아이들의 생활 연령은 잠복기에 해당하지만 이들의 발달 수준은 훨씬 낮은 수준에 머물러 있었다. 잠복기의 아이들은 일반적으로 학업 성취나 자료를 수집하고 분류하고 조직화하는 것과 같은 조용한 취미 생활에 상당한 에너지를 쏟는다. 그러나 치료센터에 있는 아이들은 어린 시절에 충족되지 못한 욕구들을 충족시키는 데에 대부분의 에너지를 쏟기에, 학업활동이나 연령에 적절한 우정을 쌓기 위해 활용되어야 할 에너지가 거의 남아있지 않다.

내가 치료했던 잠복기 연령의 일부 아이들은 작은 좌절도 감내하지 못하며 성인의 보살핌과 확신을 지속적으로 요구하는 충동적인 영아와 같이 행동했다. 이 아

르고 쾌락원칙을 통제하도록 훈련된다. 아이들은 또한 분리불안(그리고 모든 자아중심성)을 다루기 시작하면서 엄마를 표상하는 상징적인 방법을 획득하고 엄마로부터의 분리(엄마에 대한 바람은 말할 것도 없음)를 통제할 수 있게 된다. 『**땅콩(Peanuts)**』이라는 만화에 나온 Linus의 담요와 같은 중간대상(transitional objects)은 한 예이다. 오이디푸스 및 엘렉트라 콤플렉스를 해결할 때, 아이들은 엄마나 아빠에게 동일시하기 시작하면서 미래 성적지향을 결정하게 된다. 동일시는 '초자아(superego)'를 형성하는 데 도움이 되는 '자아 이상(ego ideal)'의 형태를 취한다. 즉, 최종적으로는 양심 및 죄책감으로 나타날 부모의 기능을 내면화하는 것이다(Freud는 보통 아버지와 관련지었지만, 다른 학자들은 부모 모두와 관련지었다).

다음 단계는 **잠복기**(7~12세)로 상당히 긴 시간동안 지속되는데 이 시기에는 성적인 발달이 당분간 유예되고, 아이들은 초기의 욕구를 억누르거나 바람직하게 승화시키고 현실 원칙을 따르는 법을 배운다. 이 단계에 있는 동안, 아이들은 점차 부모에게 의존하던 것에서 벗어나거나(어머니를 떠나 아버지와 좋은 관계를 맺음), 능동적으로 독립을 주장한다(만약 남자아이가 아버지의 말을 과도하게 따르거나 여자아이가 과도하게 아버지에게 가까워지고 엄마를 질투함으로써 근친상간적인 욕구에 반응한 경우). 아이들은 또한 아동기 자기중심성을 벗어나, 다른 사람들을 위해 자신의 자아들 중 일정 부분을 단념하고(자기애: narcissism, 즉 자기중심성을 포기함), 그 결과 다른 사람들을 사랑하는 방법을 배운다.

약 13세 이후로(사춘기 이후) 차분한 잠복기를 지나 최종적인 **성기기**로 접어든다. 이때 이성 친구뿐만 아니라 출산의 본능을 이행해서 인간 종의 생존을 보장하려는 욕구를 갖게 된다.

Freud는 여러 단계의 연령범위에 대해 종종 견해를 달리하였고, 발달에 개인차가 있음을 인정했기 때문에, 제시된 연령은 매우 대략적인 근사치이다. 단계들은 심지어 겹치거나 동시에 경험할 수도 있을 것이다. 요약하면, 정신분석적이론은 성격이 초자아의 맹비난 없이 현실적인 요구와 협상하면서 쾌락원칙을 이행하려는 욕구로부터 발달한다고 본다. 출생에서 오이디푸스 시기 사이가 인격형성에서 가장 중요한 발달 과정이라고 볼 수 있다.

이들은 일반적으로 끝없는 식욕을 보이는데, 특히 달콤한 것에 대한 식욕을 강하게 보였다. 또한 음식을 훔쳐서 보관해 놓고, 심지어 버려진 음식까지도 그렇게 하기도 하며, 어떤 것을 성취하라는 요구가 있으면 구체적인 보상이 있을 때에만 반응하기도 하였다. 또한 놀이치료실에서 발견한 아기 젖병을 계속해서 빨거나 담요로 자신을 감싸며 태아인 척 하기도 하였다. 이 아이들은 Freud의 심리성적발달단계 중 구강기에 고착되어 있음을 암시하는 행동과 태도를 나타내었다.

이보다 약간 더 나은 아이들은 약간 자기통제를 할 수는 있지만 상황에 따라 상당히 가변적인 조절 능력을 보였으며, 양육자에게 반항하면서도 집착하는 특성을 보이고 감정 기복이 심한 특성을 보였다. 이 아이들은 자신의 엉덩이를 과시하며 다른 사람들에게 '엉덩이 내보이기(mooning)'를 하고, 다른 아이들의 바지를 잡아 내리거나 엉덩이를 찰싹 치거나, 방귀를 뀌기 위해 숨을 잔뜩 들이마시거나, 다양한 방법으로 방귀 소리를 만들어 내기도 하였다. 또한 이 아이들은 냄새를 맡고 코를 후비고(종종 그들의 가래를 먹기도 함), 변기에 무엇인가를 꽉 채워 넣거나 친구에게 가학적인 장난을 치며 항문자위를 하였다. 이 아이들은 극도로 불안해 지면, 자신의 배설물을 여기저기 문지르거나 동물들을 괴롭히기도 하였다. 그러나 이전 단계의 아이들과 달리, 이 단계의 아이들은 성인 양육자에게 이러한 행동들을 숨기려고 하였다. 놀이치료실의 핑거페인트, 점토, 모래를 접하게 되면, 이 단계의 아이들은 물감을 마구 섞어 칠하여 갈색이 되도록 만들고, 점토를 대변 모양으로 만들고(때때로 치료사에게 이걸 먹어 보라고 요청한다), 치료사가 제한을 주어야 할 때까지 모래를 적시며 놀기도 하였다.

이보다 좀 더 나은 아이들은 좋아하는 성인을 위해 자신의 행동을 통제할 수 있지만, 성적으로 지각 되는 것들에 의해 쉽게 흥분하였다. 이 단계의 아이들은 성적인 것에 몰두되어 있기에, 정서적인 행동과 성적인 행동을 혼동하고(이는 양육자와 아이 간의 관계 형성을 어렵게 함), 성기를 과도하게 자극하며, 또래와 성적인 놀이를 하며(때때로 또래를 성추행하기도 함), 차분한 활동을 하는 동안에도 격정적이면서 흥분된 행동을 하며 집중을 어렵게 하였다. 이 아이들은 매우 불안해지면, 화재를 일으키기도 하였다. 이 아이들은 치료 중에 놀이 활동을 선택할 자유가 주어지면 크게 불안해하였으며 치료사의 성별과 관계없이 치료사를 유혹하는 행동을 보이기도 하였다.

나는 엘렉트라 콤플렉스로 인해 어려움을 겪고 있는 어린 소녀들과 작업을 한 적이 있다. 이 소녀들은 아버지와 내게 유혹적인 행동을 보이곤 하였다. 조숙한 11세의 한 소녀는 종종 돌아가신 엄마의 옷과 하이힐을 착용하고 집 주위를 매혹적으로 활보하곤 하였다. 이 소녀는 거주치료(residential treatment)를 받는 중에 놀이치료에 의뢰되었는데, 놀이치료에서도 이러한 행동이 나타냈다. 이러한 소녀의 행동은 아버지에 의해 격려되었거나 지지되었다라기보다는 남동생의 죽음 이후에 심각해졌다.

아버지가 차고에서 차를 후진하는 동안 소녀는 남동생을 지켜보았어야 했는데 이 임무를 소홀히 하여 남동생이 아버지의 차에 치여 죽는 사건이 발생하였다. 이 소녀는 상당히 질투 섞인 분노를 보였기 때문에(치료사를 욕하며 놀이방에서 뛰쳐나갔을 때 또 다른 아이의 그림을 잡아채서 찢어 버린 일이 있음), 나는 그녀가 아버지를 독차지하려는 마음에 의도적으로 동생을 지켜보아야 하는 자신의 임무를 소홀히 한 것은 아닌지 의문이 들었다. 그러나 이러한 의문을 탐색해 보기도 전에 그녀의 매혹적인 행동이 감소하면서 퇴소를 하게 되어 이 이슈에 대해 더 이상 확인할 수 없었다.

고착 및 퇴행 행동(두 조건의 치료 계획이 다르기 때문에, 아이들의 행동이 고착되었는지 혹은 퇴행했는지를 명확히 해야 함)을 보이는 아이들과 작업하면서, 나는 정신분석이론의 많은 원리들에 대해 경의를 표하게 되었지만, 초기 Freud파인 Edith Weigert처럼, Freud의 원리들을 무조건적으로 모두 수용하지는 않는다. Weigert는 아래와 같이 말했다(Holmes와의 인터뷰 중, 2010, p. 20).

> 나는 오이디푸스 콤플렉스의 근친상간 애착이 보편적으로 나타난다는 것에 전적으로 동의하지는 않는다. 그러나 우호적인 환경에서 안정감을 경험하며 자라지 못한 아이의 삶에서 부모나 형제들에 대한 성적 욕망이나 경쟁자의 죽음에 대한 바람 등이 표면화될 수 있을 것이라고는 생각한다.

정신역동놀이치료사들은 쾌락의 원칙이 인생에서 가장 중요한 원동력이 되거나 리비도의 욕구가 다른 욕구보다 더 중요하다고 믿지는 않는다. 언젠가 비행 전 단계의 한 소년이 내게 다음과 같이 말했다. "나는 착한 사람이 될 수 없기에, 나는 '가장 나쁜' 소년이 되려고 한다." 다음 절에서 논의될 욕구들은 고전적인 Freud이론에서 강조하는 욕구보다 반항적인 아이들의 발달을 더욱 잘 설명한다고 생각하기 때문에, 나는 정신분석적 놀이치료보다 정신역동놀이치료라는 용어를 선호한다.

이론과 접근

여러 정신역동치료사와 마찬가지로 나의 치료도 고전적인 정신분석이론보다는 자아 심리학 원리에 더 중점을 둔다. Alfred Adler(1964)의 사회적 관심의 발달, Anna Freud(1937)의 방어기제의 발달, Heinz Kohut(1971)의 자기 심리학, John Bowlby(1988)의 애착과 상실, Margaret Mahler(1969)의 분리와 개별화, Donald Winnicott(1965, 1971)의 '안아 주는 환경' '중간 대상' '충분히 좋은 어머니' 그리고 '자기감', Karen Horney(1945)의 10가지 기본 욕구들, Erik Erikson(1950)의 8단계 심리사회적 발달단계, Abraham Maslow(1954)의 욕구위계이론, 그리고 교정적 정서경험의 긍정적 영향을 밝힌 연구자들(Alexander & French, 1946; Alpert, 1957; Rank & MacNaughton, 1956; Werner & Kaplan, 1973)의 기여를 매우 중요하게 생각한다.

Horney(1945)에 따르면, 아이들의 욕구는 **애정과 승인**(다른 사람들을 기쁘게 하고 그들의 기대에 맞추려 함), **힘**(다른 사람들을 통제할 수 있는 능력), **사회적 인정**(명성과 각광을 얻음), **개인적 숭배**(내적 및 외적 특성이 모두 존중받아야 함), **개인적 성취**, **자급자족**, **독립**, 그리고 **완전 추구** 등이 있다. 사랑받지 못하거나, 무력하거나, 무가치하고, 성공하지 못하거나, 과도하게 의존적이고, 흠이 있다고 느끼거나, 이러한 기분을 복합적으로 경험할 때, 아이들은 이러한 기분을 바꾸려는 시도에서 과장되고 부적절한 행동을 한다.

또한 Horney(1945)는 또 하나의 기본 욕구로 **타인을 착취하려는 욕구**, 즉 사람들을 단순히 이용 수단으로 생각하여 자신이 더 좋은 것을 얻기 위해 그들을 조정하려는 욕구도 있다고 언급하였다. 이 욕구는 많은 문제 아동들에게서 나타나는데 Alfred Adler(1964)는 이 욕구를 기본적인 욕구라기보다는, 사회적 관심을 발달시키는데 실패한 결과로 나타나는 욕구라고 보았다. 즉, 우월감을 추구하기 위하여 다른 사람을 희생시키는 것이다.

Erikson(1950)은 처음에는 심리적으로 문제가 있는 아이들을 위한 학교의 교사였지만 이후에 정신역동놀이치료사가 되었다. 그는 자신의 임상경험을 토대로 각 개념을 공식화하였다. 첫 번째 단계인 **희망**(hope) 단계는 Freud의 구강기에 해당하는 시기로서 아이들은 **신뢰 대 불신**의 문제에 두드러진 관심을 보인다. 두 번째 단계인 **의지**(will) 단계는 항문기에 해당하는 시기로서 아이들의 **자율성 대 수치심 및 의심**의 문제에 관심을 보인다. 세 번째 **목적**(purpose) 단계에서, 아이들은 **진취성 대 죄의식**에 사로잡혀 있다. 네 번째 단계인 **유능성**(competence) 단계는 잠복기에 해당하는 시기로서 아이들은 **근면성 대 열등감**과 관련된 문제들에 관심을 보인다(정신분석학자인 Alfred Adler는 그의 성격발달이론을 후자의 문제를 기초로 하였다).

문제 아이들의 놀이는, ① 양육에 대한 욕구, ② 통제, 지배, 힘, ③ 유기 그리고/또는 거절의 경험, ④ 분리 및 상실, ⑤ 수치심과 죄책감, ⑥ 위협, ⑦ 상처 입은 것들을 치유하고 돌보는 일 등의 주제를 많이 드러내었다(Crenshaw & Mordock, 2005a). 정신역동놀이치료사들은 Erikson, Horney, Maslow의 이론이 Freud와 그의 초기 추종자들의 이론보다 이러한 주제들을 더욱 잘 설명한다고 생각한다.

인지 발달의 역할

아이들은 어느 발달 단계에 있느냐에 따라서 사건을 다르게 지각한다. 정신역동놀이치료사는 아이의 발달단계에 따라서 치료 계획을 다르게 세운다. 4~5세 미만의 어린 아이들은 종종 생각과 행동을 구별하지 못한다. 만약 한 소년이 어떤 일이 일어나기를 바라고 있었는데 실제로 그 일이 일어났다면, 그는 아마도 자신의 소원 때문에 그런 일이 일어났다고 믿을 것이다. 또한 한 소녀는 어떤 여자아이에게 화가 나서 그 아이가 죽기를 바랬는데 실제로 그 아이가 죽었다면, 그 소녀는 그 여자아이의 죽음에 대한 책임감을 느낄 것이다. 어떤 아이는 자신의 행동으로 인해 관련 사건이 발생했다고 생각할 수도 있다. 예를 들어, 한 소년이 자신의 성기를 만지작거리며 놀았는데, 이후에 성인에 의한 성적 학대를 받았다면, 그 소년은 자신의 행위로 인해 그 사건이 초래되었다고 생각할 것이다. 가해 성인이 '성적인' 놀이를 먼저 시작한건 아동이었다고 비난 한다면 그 소년은 더욱 그렇게 생각할 것이다.

강간 피해자들은 성인이 되어서도 이러한 사고방식을 되풀이하기에 자신의 행동이 강간을 초래했다고 믿곤 한다. 따라서 성인 강간 피해자들을 치료할 때는 이러한 태도를 포함하여 오해 및 인지 왜곡을 함께 다루어야 한다. 만약 치료사가 판단하지 않고 공감적인 태도를 보인다면, 성인 강간 피해자들은 자신의 비합리적인 신념을 일부 다른 사람에게 표현할 수 있을 것이다. 그러나 어린아이들은 그렇지 못하다. 그렇기 때문에 놀이치료는 아이들의 비합리적인 신념을 밝히는 데 도움이 되도록 계획되어야한다. 또한 성에 대한 생각은 발달단계에 따라 다르기에 성 학대에 대한 아이의 반응뿐만 아니라, 다른 외상 사건에 대한 아동의 반응에도 영향을 미칠 수 있다.

어린아이들은 시간 개념이 잘 발달되어 있지 않다. 재난 피해를 입은 아이들은 놀이치료 시간에 종종 시간, 시간 순서, 지속 시간에 대해 잘못된 지각을 나타낸다. 이러한 잘못된 지각들은 치료에서 다루어져야 한다. 만약 한 아이가 텐트 밧줄을 잡아당기는 행동을 하였고 1시간 후에 텐트가 무너져 내려 그 안에 갇히게 되는 사건이 발생하였다면, 그 아이는 이전의 자신의 행동으로 인해 텐트가 무너졌다고 생각할 것이다. 결과적으로, 텐트 아래 어둠 속에 갇혔던 아이들은 단지 겁을 먹는 정도의 상처를 입겠지만, 그 아이는 텐트가 무너진 일로 인해 큰 외상을 입을 수 있다. 이러한 경우에 구조화된 텐트놀이에 노출시키거나 이완훈련 및 실제 상황 둔감화(in vivo desensitization: 인지-행동 기법)를 실시하기도 하지만 이러한 기법이 아동의 외상 후 증상에 미치는 영향은 상당히 미비하다.

어린아이들은 부모님을 전지전능하고 완벽한 사람으로 본다. 만약 어떤 사건으로 인해 외상을 입은 아동이 있다면, 그 아이는 자신을 보호해 주지 못한 부모에게도 화가 나지만 보호받을 자격이 없는 자신에게도 화가 날 수 있다(아마도 자신이 무언가 잘못된 일을 해서 부모가 그들을 보호할 수 없었다고 생각할 것이다). 아마도 이 아이는 평상시에 질병이나 부상으로 인해 돌봄 받을 때보다 더 많은 보호를 부모에게 기대했을 수 있다. 이와 같이 정신역동놀이치료는 아이들이 사고에 대해 부여하는 특별한 의미를 다룬다.

놀이치료에서 바라보는 아이들의 놀이는 단순히 놀이 그 이상을 의미한다. 아이들은 놀이를 통해 상황을 극복해 나간다. 놀이는 갈등에서 자유로운 영역이기에 놀이를 하면서 불안이 유발되었던 상황을 극복해 나간다.

조부모님의 죽음 이후에 인형을 반복적으로 상자에 넣고 기도하는 소녀는 죽음과 장례식으로 인해 유발된 불안을 극복하려고 노력하고 있는 것이다. 만약 이 소녀가 다른 사람들로부터 지속적으로 지지를 받는다면, 이 '장례식 놀이'는 시간이 지남에 따라 점차 줄어들 것이다. 그런데 이 소녀가 그 놀이를 계속 반복하지만 반복 놀이로 인해 오히려 중요한 발달 과업의 완수를 방해한다면, 이 놀이는 할아버지의 죽음과 관련된 아동의 불안을 극복해 내는 데 도움이 되지 못한다. 이때 소녀가 다른 증상까지 보인다면 치료를 받게 될 수 있다. 아마 이 소녀는 자신이 조부모의 죽음에 어떤 방식으로든 기여했다고 느낄 것이다. 물론 부모들도 아이의 무덤놀이를 조부모님의 죽음과 관련 지으면서, 조부모의 죽음이 아이 놀이의 **촉발**(precipitating) **요인**이라는 것을 쉽게 연관 지을 수 있을 것이다. 그러나 조부모님의 죽음이 동일한 경험을 한 다른 형제들과 달리 유독 이 아이에게 더욱 외상적인 사건이 되도록 만든 **소인적**(predisposing) **요인**이 무엇인지를 알아내기란 쉽지 않을 것이다. 또 다른 예는 '학교' 놀이에서 '선생님' 역할만을 고집하며 친구들에게 명령하는 역할만을 하던 소녀의 사례이다. 이 때문에 친구들은 그 소녀와 놀지 않으려 했다. 결국 이 소녀는 본격적으로 학교 공포증 증상을 보이며, 학교 버스에도 올라타지 않으려 했다. 촉발적 요인도 소인적 요인도 확인되지 않았으나, 학교를 피하는 행동이 그녀의 압도적인 불안을 낮추고 있는 것만은 확실하였다.

또 다른 사례의 경우도, 외상 사건과 반복 놀이 간의 관계는 잘 알려져 있지 않다. 학교 버스 타기를 거부하는 아이에게 버스에 타도록 강요했더니 버스 창문 밖으로 뛰어내리려던 사건이 있었다. 겉보기에 이상하게 보이는 행동을 외상 촉발 사건과 관련 짓는 데는 시간이 걸린다. 아마 그 아이는 버스나 다른 큰 교통수단에서 학대 당한 경험이 있을 것이다. 치료적 개입이 없었다면, 촉발 사건은 결코 알 수 없었을 것이다. 심지어 촉발 사건이 확인되더라도, 같은 사건에 노출된 다른 어린이들은 그런 행동을 보이지 않았을 수도 있다. 이는 그 아이가 또래들과 다르게 반응하도록 만든 소인적 요인이 있음을 암시한다. **촉발적 원인**과 **소인적 원인** 모두를 규명하는 것이 이 책에 제시된 다른 치료법과 정신역동놀이치료를 구분 짓는 중요한 차이점 중의 하나이다.

해석의 역할

정신역동놀이치료사들에 관한 한가지 대표적인 오해는 내담자의 변화를 이루어 내기 위해 전적으로 통찰에만 의존한다는 것이다. 즉, 정신역동놀이치료사들은 항상 아이들을 위하여 상징놀이의 의미를 해석한다는 것이다. 물론 해석이라는 개념이 역사적으로 정신분석학에서 나왔고, 정신분석 관점에서 심리치료를 할 때 내담자의 무의식적 동기를 밝히면서 이러한 동기가 어떻게 그들의 증상을 일으켰는지 통찰하는 것에 초점을 둔다. 초기의 영국 놀이치료사인 Melanie Klein(1932, 1984)은 아이들의 놀이가 성인의 자유연상과 같다고 보고 놀이에서 나타난 아이들의 무의식적인 소망을 직접적으로 해석하였다. 그러나 미국의 심리치료사들은 그녀의 해석 방식을 따르지 않는다. 오히려 Klein의 주요한 공헌은 **야성적 분석**(wild analysis)이라고 불리는 그녀의 해석 방법보다는 아이들의 경험, 특히 버려짐, 질투, 그리고 분노 경험에 주의를 기울였다는 점이며, 이러한 개념은 오늘날에도 역시 관련된다.

대부분의 정신역동놀이치료사들은 Anna Freud 작업에서 영향을 받아 시기적절하게 해석을 한다. Anna Freud(1928)는 해석에 있어서 Klein보다 좀 더 신중한 입장을 취하였는데, 왜냐하면 무의식적 소망 해석에 초점을 둔 Klein의 방식이 내담자의 불안을 더욱 가중시키고 압도할 수 있다고 생각했기 때문이다. 따라서 Anna Freud는 우선적으로 방어행동에 대한 해석을 강조하였다.

많은 놀이치료사들은 아동이 놀이로 표현한 의미를 소통하는 것이 그들의 내적 갈등을 자각하는 데 도움을 줄 수 있다고 믿는다. 왜 특정 방식으로 행동하는지를 이해함으로써, 아동은 자신의 불안을 통제할 수 있는 더욱 적응적인 방법을 자유롭게 선택하거나 배우게 된다. 그럼에도 불구하고, 이러한 믿음은 지나치게 단순화된 것이다. 또 다른 간행물에서, David Crenshaw와 나는 치료에서 해석의 역할을 논의하는 데에 두 챕터, 총 27쪽이나 할애했다(Crenshaw & Mordock, 2005a). 해석은 크게 두 가지 범주로 나뉜다. 우선, 치료사가 아이들이 감정을 이해하도록 돕기 위해 사용하는 것을 **공감적**(empathic) **해석**이라고 하며, 두 번째로는 방어와 숨은 동기를 다루는 것을 **역동적**(dynamic) **해석**이라고 한다.

공감적 해석은 **주의**(attention) 진술, **환원**(reductive) 진술, 그리고 **상황**(situational)

진술로 다시 세분화된다(이 모든 진술들은 아이들에게 보편적인 감정, 개인적 감정, 개인적 갈등, 그리고 타인의 행동과 동기를 이해하도록 도와주려는 노력들이다). 가장 기본적인 주의 진술은 "남자와 여자가 싸우고 있네. 여자가 도망가네. 소년이 침대 밑에 숨었네."처럼 조용하게 이루어지는 아동의 놀이를 실황으로 언급해 주는 진술들이다. Melbin Lewis(1974)는 어떻게 주의 진술(아동의 공격적인 놀이에는 여자 피규어가 전혀 나타나지 않았다는 것)을 통해 소년이 자신의 인식을 자각하게 되었는지, 즉 그의 어머니에 대한 비합리적인 분노가 안전한 대상인 아버지로 대체되었음을 인식하게 되었는지에 관한 한 가지 예를 제시한다.

환원 진술은 "너는 가정방문을 한 다음부터 내게 화가 난 것 같아."와 같이 아이들이 알아차리지 못했던 이질적인 행동패턴들을 확인하기 위한 진술들이다. 아이가 자신의 기분을 알고 있을 때 이용되는 상황 진술에 대한 예는 "너에게 줄 수 없는 것을 내게 요청하면서 그때마다 너를 거절했다며 내게 화를 내는구나."이다. 이러한 공감적 해석을 할 때조차도 많은 아이들은 중간 단계를 필요로 한다. 예를 들어, "많은 토끼들은 그 점에 대해 슬퍼할 것 같다." "악어 인형이 화가 난 것 같이 보이네." 혹은 "닭은 토끼랑 공유하고 싶지 않아 해!"와 같이 가상의 아이를 통해 혹은 놀이 맥락 안에서 간접적으로 진술하는 것이 필요하다.

역동적인 해석은 방어(방어적인 환상 내용 포함), 전이, 전치, 욕구 및 소망(꿈, 환상, 신체 감각 등을 포함함)에 대한 설명을 제공한다. 몇 가지 간단한 예는 다음과 같다. "아기 인형은 불안할 때, 화를 내는 것으로 불안을 감추려고 하는구나." "나는 실제로 그렇지 않은데 너는 나를 나쁜 사람으로 만드는구나." 그리고 "갈색 토끼는 회색토끼가 자기를 알아봐 주길 바랄 것 같아." 역동적인 해석은 상당한 자아 강도가 있는 아이에게만 사용되며, 이런 이유로 인해 일부 문제 아동에게는 사용될 수 없다. 놀이에서 드러난 의미를 해석해도 될 만큼 적당한 발달 수준에 도달 했다면, 치료사는 실제 소망과 불안에 대해 해석하기에 앞서서 숨겨진 소망과 불안의 표현을 막고 있는 방어에 대한 해석을 항상 먼저 해야 한다.

해석은 단계별로 진행되는데, 이때 정서 교육과 치료 간의 경계가 종종 모호해진다. 첫째, 아이는 일련의 사건들에 공통적인 요인이 존재함을 알게 된다(주의 진술). 둘째, 아이는 자신이 특정 상황에서 특정 행동을 한다는 것을 알게 된다(환원 진술). 셋째, 경쟁 상황에서는 경쟁자가 있을 것으로 예상되는 것처럼 아이는 특정 행동이 특정 상황에서 나타난다는 것을 알게 된다(상황 진술). 넷째, 앞선 예에서 소년은 자신의 경쟁적인 기분은 의식할 수 있는 기분이 아니라 방어적 행동, 예를 들어 경쟁을 회피하는 행동으로 대체되었음을 알게 된다(회피 방어에 대한 해석). 다섯째, 소년은 그러한 방어(경쟁을 피하는 것)가 그의 수치심과 자존감의 상실을 피하도록 어떻게 도움을 주었는지를 알게 되고, 여섯째 이러한 행동이 생의 초기에 어떤 사건(이전의 유사한 상황들)에 대한 반응에서 기원하였으며, 이는 "지지적이지 않고 요구적인 아버지와의 경쟁"이라는 제목으로 분류될 수 있는 반응들과 행동 경향들을 포함하고 있다는 것을 알게 되었다.

불행하게도, 많은 치료사들은 아이들의 혼란스러운 놀이에 압도당하면서 종종 엉뚱한 것을 잘못된 시점에 잘못된 단어로 해석한다. 문제 아동의 방어를 해석할 때 은유적인 말로 표현할 때조차도 상당한 재치를 필요로 한다. 아이들은 그들의 방어를 분석하려는 시도를 자신을 향한 공격으로 느끼곤 한다. 뿐만 아니라, 정서장애가 있는 아이들은 양가감정을 견뎌야 하거나 자신의 적대적인 소망이나 환상을 수용하는 것을 상당히 어려워한다. 해석은 항상 잠정적인 언어로 의심의 여지를 남기는 질문의 형태로 행해져야 하며, 해석되는 느낌이 괜찮다는 것을 알려 주어야 한다. 이러한 내용을 암묵적으로 전달하기 위해서는 신중하게 단어를 선택해야 한다. Cremshaw와 Mordock(2005a)의 2장에는 해석과 관련해서 잘못 해석된 예와 자아 지지적인 해석의 예가 많이 실려 있다.

명료화와 해석은 유용한 기법이지만, 이는 단순히 자신의 문제에 대한 아동의 지적인 이해를 돕기 위한 것은 아니다. 지적인 이해는 대부분의 성공적인 치료에서 비교적 작은 부분을 차지한다. 비엔나 정신분석협회의 두 번째 여성회원인 Hermine von Hug-Hellmuth는 대화(talk)와 놀이 모두를 사용하여 아이들을 공식적으로 치료한 최초의 정신분석학자였다. 1920년에 그녀는 다음과 같이 기술했다. "아동과 성인 모두 분석의 목표는 동일하다. 즉, 정신(psyche)이 회복되어 건강해지고 균형을 이루는 것이다"(p. 287). 그러나 그녀는 아이가 놀이를 통해 위안과 도움을 얻기 위해서 의식적인 통찰력이 필수적인 것은 아니라고 생각했다.

정신역동 아동 치료의 목표는 갈등의 근원을 통찰하는 것을 목표로 하는 경우는 드물다. 오히려 '통찰'은 아동 태도의 변화로 나타나야 한다. 즉, 감정과 불안을 투사할 필요가 감소되면서 궁극적으로 자기이해능력이 향상된다. 이는 통찰력이 풍부한 치료사를 내면화한 결과라고 볼 수 있다. 본질적으로 아동이 경험하는 것은 철학자인 Bertrand Russell(1917)이 '경험에 의한 지식'이라고 명명한 것으로 '논리적 추론에 의한 지식'과 상반되는 경험이다.

정신역동놀이치료에 대한 또 다른 대중적인 오해는 성인 정신분석과 마찬가지로 아동놀이치료사도 전이 소망이나 공상에 대해 적극적으로 의사소통하도록 촉진하고 그 의미를 아동에게 해석해 줌으로써, 아동이 이러한 감정을 이해하고 견딜 수 있는 역치를 발달시킬 수 있도록 도와준다는 것이다. 물론 정신역동놀이치료사들은 아이들이 부모 피규어나 또 다른 중요한 성인에게 하듯 치료사에게도 반응하고, 자신의 초기경험, 감정, 생각을 치료사에게 투사한다는 것을 알지만, 이러한 전이에서 드러난 아이들의 소망을 거의 해석하지 않는다. 예를 들어, 신체적으로 학대를 받은 아동이 부모를 때리는 일은 거의 없으며, 오히려 형제, 동료, 또는 동물에게 그 분노를 대체하는 경우가 많다. 일부 아이들은 치료사를 때리려고 하는데, 이때 치료사는 부적절한 보복 행동을 강화하지 않기 위하여 그러한 행동을 제한해야 한다. 치료사는 이러한 행동을 해석하며 "너에게 상처를 입힌 부모를 때리고 싶은 마음에 나를 때린 거지."라고 말하기보다는 아이가 분노를 더욱 적절한 방식으로 표현할 수 있도록 돕는 자아-지지적인 기법(ego-supportive technique)을 사용한다. 치료사는 "너는 나를 때릴 수는 없지만, 이 마네킹 사람인형을 때릴 수는 있어."라는 방식으로 시작하여(행위 놀이, action play), 얼굴을 그려서 마네킹에 붙여 놓고 때린다(지연된-행위 놀이). 그러고 나서 아동에게 이 행동을 반복하도록 장려한다. 다음은 인형놀이를 하면서 분노를 표현하도록 하고(놀이 행위, play action), 그 다음에는 언어로 이야기하면서 그림을 그리거나 작은 사람모형으로 줄거리가 있는 놀이(심리극)를 하도록 한다(상징 놀이). 그리고 마지막으로는 언어로 표현해 보도록 한다(Ekstein, 1966 참조).

아동의 놀이가 행위놀이에서 상징놀이로 옮겨 가도록 돕는 것이 자아-지지적 기법이다. 이 기법은 아동 스스로 불안에 대한 더 나은 방어(거리두기 및 더욱 적응적인 전치)를 발달시키도록 돕고 재연놀이(reenactment play)를 통해 감정을 통제 할 수 있도록 돕기 때문에 치유적이다. Mordock과 Crenshaw(2005a, 2005b)는 이 주제에 관한 더 많은 내용을 소개하였다.

정신역동놀이치료사들은 관계 형성에 대한 그들의 접근법이 인본주의자인 Clark

Moustakas(1953, 1997)의 업적 덕분이라는 것을 인정한다. Moustakas는 치료가 성장경험이 되기 위해서는 특별한 유형의 치료사-아동 관계, 즉 아동의 감정 변화에 세세한 관심을 가지고 조율해가는 관계를 필요로 한다고 기술하였다. 그는 부정적인 감정들을 표현하는 아이들을 대상으로 치료를 시작했는데, 아이들은 부정적인 감정들을 표현하면서 정서의 강도가 줄어들고, 결과적으로 더욱 긍정적인 감정을 나타내게 되었다. 다시 말해, 전이 감정 및 관련된 투사 이미지들을 해석하지 않더라도 시간이 지나면서 감소하였고, 결과적으로 아이들은 주변의 성인들을 '이전 경험의 유사체(earlier similars: Van Ornum & Mordock, 1983)'로 반응하는 것이 감소하고, 그들 나름의 의지를 지닌 사람으로 보며 반응하는 경향이 증가하였다.

또한 정신역동놀이치료사들은 정서 문제가 있는 아이들의 치료는 점진적으로 이루어지며 선형적인 방식으로 이루어지는 경우가 드물다는 것을 알고 있다. 앞으로 한 단계 나아가면 종종 한 단계 뒤로 후퇴하고 눈에 띌 만한 성장이 없다고 느껴지는 기간이 상당히 길어지기도 한다. 도교의 창시자인 고대 중국 철학자인 Lao-tzu의 깨달음과 마찬가지로 정신역동놀이치료사들도 '가장 긴 여행도 당신이 서 있는 곳에서 시작해야 한다.'라는 점을 알고 있다(Chan, 1963).

치료사는 먼저 신경증적인 아동의 방어 체계에 대한 해석을 하고 나서 아동이 이 해석을 수용하면 아동을 괴롭히던 발달단계상의 근본적인 소망들을 해석해 주는 방식으로 접근했을 때 그 유용성을 보여주는 여러 사례들이 임상 문헌에서 보고되었다. 그럼에도 불구하고 이러한 해석은 아동의 발달을 촉진하기 위해 고안한 초기 치료 계획의 핵심적인 부분으로 포함되지 않는다.

구조 소개하기

정신역동놀이치료에 대한 또 다른 오해는 내담자 중심치료처럼 아동의 주도성이 늘 지켜져야 한다는 것이다. 불행히도, 놀이실에 온 많은 아이들은 주도적인 행동을 보이지 않으며, 오히려 적극적으로 의미 있는 놀이를 피하거나 치료사와 의미 있는 상호작용을 하지 않으려 한다. 아이들은 그저 혼자 놀거나 동일한 놀이를 반복하며 치료사와의 감정 교류를 차단하거나 공격적으로 행동하며 지속적인 제한설정을 해야하는 상황을 초래한다(Crenshaw & Mordock, 2005a 참조). 이런 경우에 치료사는 능동적인 역할을 해야 한다. 치료사는 아동의 놀이를 확장하며 정서적으로 더욱 의미 있게 만들어가야 한다. 치료사는 놀이 초반에 아동의 갈등을 반영하는 등장인물을 소개하며 아동을 놀이에 참여시킬 수 있다.

결과적으로 정신역동치료사도 인지-행동 놀이치료사들과 마찬가지로 놀이치료회기를 구조화하는 데 능동적인 역할을 해야 한다. 즉, 정신역동놀이치료사는 종종 아동의 갈등과 관련된 상황을 놀이를 자극하는 것과 같이 특정한 목표에 도달하도록 놀잇감을 소개하기도 한다(Crenshaw, 2006, 2008; Crenshaw & Mordock, 2005 참조).

저명한 놀이치료사인 Haim Ginott(1961)의 접근, 즉 아동의 놀이를 단순히 관찰하고 그에 대해 코멘트하는 접근과는 달리, 정신역동놀이치료사들은 완전한 참여자(full participant)가 되어 아이들과 놀이하면서 놀이를 창조해가는 것이 핵심적인 부분이 된다. 아이들과 적극적으로 놀이한 첫 번째 정신역동놀이치료사 중에 한 명이 David Levy(1938)이다. 그는 아이들의 걱정을 잘 드러내 줄 수 있는 놀이감들을 소개하곤 하였다. 이러한 그의 접근방식을 '이완치료(Release Therapy)'라고 불렀다. Gove Hambidge(1955)는 Levy의 작업을 확장하여 놀이치료에 여러 가상놀이 상황들을 소개하며 '구조화된 놀이치료(structured play therapy)'라는 용어를 사용하였다. 이 접근법은 라포를 형성 후 스트레스를 호소하는 상황을 재연하는 놀이로 하고 나서, 재연으로 인한 아이의 불안을 감소시키고 진정시키기 위한 자유놀이를 실시하였다.

적응능력을 기르고 방어기제 발달시키기

정신역동치료사들은 해석에 의존하여 변화를 유도하기보다는 억압된 감정을 밝히고 불안에 대해 보다 성숙한 방어기제를 발달시킬수 있도록 도우면서 아이의 적응능력을 발달시키고자 한다. 이러한 과정을 흔히 자아-지지적인 접근이라고 하는데, Crenschaw와 Mordock(2005a, 2005b)과 Mordock(1997, 2001)의 자료에 자세하게 기술되어 있다.

아이들이 전치나 투사와 같은 초보적인 방어기제를 융통성 없이 사용하는 것을 감소시키고 취소나 승화와 같이 보다 성숙한 방어기제를 사용하도록 돕는 데는 상당한 시간이 소요된다. 때때로 치료사들은 아이가 놀이에서 드러낸 방어기제보다 더 성숙한 방어기제를 소개시켜 주기도 한다. 예를 들어, 모든 사람들이 부상당하는 혼란스러운 장면을 아이가 놀이에 연출할 때, 치료사는 부상당한 사람들을 병원으로 데리고 가기 위해 장난감 구급차를 소개하기도 한다(취소, undoing). 또한 보다 성숙한 방어 사용을 촉진하기 위하여 구조화된 활동을 도입하기도 한다.

질문하기

내담자중심 치료사들과는 달리 정신역동치료사들은 종종 치료가 진행됨에 따라 아이들에게 개방형 질문을 한다. 개방형 질문은 주로 아동의 놀이 중에 은유적인 방식으로 행해지며, 때로는 멍청해 보이는 손가락 꼭두각시 인형을 통해 질문하기도 한다. 이 접근법은 아동이 은유적으로 대답할 수 있다는 측면에서 중요하다. 왜냐하면 심리적으로 문제가 있는 아이들은 은유를 통한 심리적 거리를 필요로 할 뿐만 아니라, 혼란스러운 생각을 말로 표현할 수 없기 때문이다. 언어적으로 접근하면 자신의 곤란함과 문제를 제한된 어휘를 사용하여 표현해야 하기에 어려움을 느낄 수 있다. 구조화된 놀이활동에서 은유를 통한 질문하기의 예는 정신역동치료사들의 출판물에 많이 제시되어 있다. 구체적인 놀이 활동 이후에 질문할 수 있는 특수한 질문세트를 개발한 치료사도 있다(예: Crenshaw, 2006 참조).

정신역동놀이치료의 치유적 효과는 여러 수준에서 나타날 수 있다. 예를 들어, 한 소년이 인형들 간의 적대적인 상호작용을 놀이할 때 치료사가 그에게 기분과 관련된 질문을 할 수 있다. 이 때 그 소년이 이 질문에 직접적으로 대답하지 않았지만 치료사는 추후 아동 놀이에서 나타난 인형들 간의 상호관계를 통해 아동의 변화를 확인할 수 있다. 이런 방식의 작업을 계속하다 보면, 이 소년은 자신의 실제 감정을 확인하고 명명할 수 있게 되며, 감정을 말로 표현하고, 추후 문제 해결에 참여할 수 있데 되며, 또 다른 조망을 가질 수 있게 되어 갈등을 더 잘 관리하며, 소심하거나 공격적이기보다는 자기주장적이 될 수 있다.

양육자와 작업하기

정신역동놀이치료사들은 아동의 놀이를 이해하면서 얻은 정보를 부모와 교사에게 알려준다. 즉, 정신역동치료사들은 부모나 교사들에게 아동의 정서적인 문제를 인식할 수 있도록 도움을 주고 문제 행동을 다루는 긍정적인 방법에 대해 알려 준다. 사실, 아동의 문제 행동을 변화시키는 것은 놀이실에서의 치료사 행동보다는 아동을 대하는 양육자의 행동 변화에 있는 경우가 종종 있다. 예를 들어, 3세 소녀가 무서운 악몽을 계속 꾸는 문제로 외래 진료에 의뢰된 적이 있다. 첫 번째 놀이치료회기에서, 이 소녀는 '여러 가지 색깔의 머리카락이 있는 괴물'이 나오는 놀이장면을 만들었다. 매춘부인 그녀의 엄마는 아이를 사랑했다. 치료사는 엄마에게 딸이 고객들과 마주치지 않도록 고객들의 방문 시간대를 바꿀 수 있는지 비판단적인 태도로 물었다. 그녀가 치료사의 조언대로 하자 소녀의 악몽이 사라졌다. 치료사가 소녀를 위해 건강한 생활환경을 바라더라도, 개별적인 치료 개입만으로는 건강하지 않은 여러 주변 영향들을 변화시킬 수 없다.

또 다른 사례는 첫 번째 놀이치료회기 이후에 뜻밖의 재미있는 결과가 있었던 사례이다. 남성 치료사는 첫 번째 놀이치료회기에서 7세 소년에게 "이 방에 있는 장남감들을 가지고 놀아도 좋아."라고 말을 하였다. 이 소년은 작은 장난감과 사람 인형들을 가지고 놀기만 할 뿐 자신의 내면을 드러내지는 않았다. 소년이 놀이를 하는 동안, 치료사는 단지 주의 진술만을 하였다.

그다음 날, 소년의 어머니는 전화를 해서 치료사에게 화를 냈다. 그녀는 왜 자신의 아들에게 아버지의 부재에 대한 질문을 했는지를 치료사에게 물었다. 치료사는 소년에게 그러한 질문을 한 적이 없다고 말하였다. 그리고나서 치료사는 자신이 성인 남성이기에 소년과의 놀이 상황이 아마도 소년에게 아버지의 부재에 대한 질문을 자극한 것 같다고 설명하였다. 그녀는 자신의 전 남편이 '나쁜 남자'이기에, 아들이 그에 대해서 어떤 것도 알지 않기를 바라며 아들의 질문에 대답하고 싶지 않았다고 말하였다. 치료사는 그녀에게 제안하기를, 아버지가 떠난 것이 아들 때문이 아님을 분명히 밝힐 수 있는지, 그리고 그의 멋진 외모, 업무 능력, 직업 안정성, 또는 운동 실력과 같은 긍정적인 특징을 아들에게 강조해 줄 것을 제안했다. 그녀는 치료사의 조언대로 할 수 있을지 확신할 수 없다고 말하였고 아이를 다시 치료에 데려오지 않겠다고 하였다. 그럼에도 불구하고, 몇 주 지나 학교 교사로부터 피드백을 받았는데, 그 소년이 더 이상 증상을 보이지 않음을 확인했다.

현황

지난 40년 동안 정신역동치료법의 인기가 상당히 하락되었는데, 이는 아동치료뿐 아니라 성인 치료에서도 마찬가지이다. 정신의학 및 정신간호 분야에서 치료 효과가 빠르게 나타나는 접근을 선호하면서, 성인 및 아동 치료에서 항정신성 약물 사용이 상당히 강조되었다. 심리학자들은 여전히 심리치료 훈련을 받지만 대학 심리학과의 많은 전공들이 학습이론을 기반으로 한 접근을 선호하고 있다. 정신역동 개념은 초기에 주로 의사들에 의해 개발된 반면, 학습이론접근은 주로 심리학자들에 의해 개발되었기 때문이다.

또한 학계의 심리학자들은 정신역동이론가들이 만들어 낸 가설적 구인 체계를 거부한다. 정신역동이론가들은 관찰한 행동을 해석하기 위해서 만들어낸 가설적 구인으로, 심리학자들은 이러한 구인을 과학이라기보다는 은유적인 것으로 간주하거나 사변 철학에 가까운 것으로 여기기 때문이다. 심리학자들은 이러한 가설적인 구인이 상상의 산물은 아니지만 아직은 실험실에서 검증될 수 없고 설득력이 없다고 생각한다. 그럼에도 불구하고, Freud의 이론과 같은 정신역동적 이론들은 여전히 다른 심리이론들에 비해서 더 많은 과학적인 찬사를 받아 왔다. 예를 들어, Fisher와 Greenberg(1977)는 35년 전인 1977년에 대략 2000개의 연구를 살펴보며 그 연구 결과들이 대부분 Freud의 이론을 지지하는 것으로 나타난 것을 보고 감탄하였다. 그들은에 따르면, "우리는 실제로 Freud의 개념만큼 자주 과학적으로 평가되는 단일한 심리이론 체계를 본 적이 없다."(p. 396)라고 결론지었다. 오늘날에도 이러한 견해를 보이는 학자들이 있다(Shedler, 2010 참조).

임상사례

나는 또 다른 저서에서 정신역동치료를 하며 만났던 수많은 사례들, 특히 반항적이고 공격적인 행동으로 인해 최소 1년 정도 매주 치료를 받아야 했던 사례들을 소개했으며, 정신역동놀이치료의 면담 목표에 대해서도 다루었다(Mordock, 2001). 여기서는 특수 학급에 배치되지 않기 위해 외래진료에 의뢰된 정서 문제가 심각하지 않은 아동 사례를 소개하고자 한다. 이 사례를 말하면서 정신역동놀이치료의 단계 및 면담 목표 및 일반적인 목표에 대해서도 다루고자 한다.

Hector는 5학년 남자아이로 운동장에서 어린아이들에게 싸움을 거는 문제로 초등학교 직원에 의해 의뢰되었다. Hector의 교사와 어머니의 보고에 따르면, 그는 친구도 없고, 행복해 보이지 않고 슬퍼 보이며, 학교숙제도 하지 않았다. 일부 놀이치료사들은 10세를 '놀이하기에는 연령이 너무 높고, 말로 하기엔 너무 어린' 나이로 보기 때문에, 아이를 체커 같은 테이블 게임에 참여시키면서 이야기를 나눈다. 이전 저서(Mordock, 2001)에서 나는 Hector와 동일한 문제를 보이는 아이의 치료과정에 대해서 기술하였다. 이 아이에게 체커게임은 특별한 의미를 지니고 있었기 때문에 나는 체커를 생산적으로 이용할 수 있었다. 그러나 테이블게임은 종종 아이들의 감정이나 환상을 드러내기보다는 오히려 저항(문제의 근원을 밝히는 발판)하게 만들기 때문에, 일반적으로는 나는 구조화된 테이블게임을 사용하지 않는다.

첫 번째 단계: 작업관계 형성하기

정신역동놀이치료의 첫 번째 단계에서의 주요 과제는 작업관계를 형성하고, 불안을 경감시키며, 치료의 본질을 정의하는 것이다.

치료사: 오늘 어머니께서 너를 데려오신 이유는 너의 화내는 성질 때문에 걱정이 되서란다. 어머니와 선생님께서 말씀하시길, 네가 자꾸 어린아이들과 다투고, 그때마다 네가 아이들을 괴롭힐까 봐 걱정이 되신다는구나. 또한 네가 친구가 없고, 슬퍼하는 것 같고 행복해 보이지 않는다고 하셨단다. [본 면담의 목

적은 Hector의 문제들과 관련되어 있으며, 그가 스스로 자신의 욕구를 충족시킬 수 있도록 돕기 위해 하는 것임을 명료하게 밝히는 것이다.]

Hector: 난 친구가 있어요!

치료사: 그럼 너는 친구가 없고 행복하지 않다고 하신 어머니와 선생님의 말씀에 동의하지 않는다는 거지?

Hector: (말이 없이 꼼지락거린다)

치료사: 네가 원하면 돌아다녀도 돼. 꼭 앉아 있지 않아도 이야기할 수 있으니까.

Hector: 전 말하고 싶지 않아요.

치료사: 걱정이나 고민거리에 대해 이야기하는 것은 대부분의 아이들에게 어려운 일이란다. 그럼에도 불구하고 그것을 꺼내 말하게 되면 우리 안의 고민거리들이 행동으로 폭발하여 다른 사람들에게 향하는 것을 막아줄 수 있어. 이런 행동들은 특별히 다른 어른이나 친구들과의 관계를 어렵게 하거든.

Hector: (의자에서 일어나서 놀잇감이 들어있는 벽장을 연다.) 체커 있어요? 난 엄마랑 체커하고 놀아요.

만약 그 때 Hector에게 친구와도 체커를 하고 노는지 물었다면 그에게 놀 친구가 없다는 점을 확인받을 수 있었을 것이다. 그러나 정신역동놀이치료는 아이의 단점을 확인하는 것을 목표로 하지 않는다. 정신역동치료는 최종 목표에 도달하기 위한 첫 번째 과정을 시작하는 것, 즉 치료사를 포함한 **양육자와의 관계를 증진시키는 것**을 하나의 목표로 한다. 이를 위해 나는 다음과 같이 진행하였다.

치료사: 체커는 없지만 여기 도화지, 크레용, 매직 마커가 많이 있어. 네가 그리고 싶은 것을 무엇이든 그려 볼 수 있단다.

Hector: 그림 안 그릴 거예요!

치료사: 그래! 그럼 내가 먼저 그림의 일부를 그리고 네가 나머지 그림을 완성할 수도 있어 [치료사는 막대모양(stick-figure)으로 된 여자인물이 체커가 놓인 테이블 옆 의자에 앉아 있는 것을 그렸다. 막대모양으로 그려진 인물그림은 그림 실력이 그리 좋지 않다는 것을 나타낸다.]

Hector: (테이블에 앉아 있는 자신의 모습을 막대모양 인물 그림으로 그린다.)

치료사: 엄마가 너에게 체커 게임하는 법을 가르쳐 주셨니?

Hector: 네!

치료사: 넌 엄마랑 노는 걸 좋아하는구나. 엄마랑 더 자주 놀고 싶어 하는 것 같다. 나와 만나고 나면, 엄마가 너와 더 자주 놀아 주실 수도 있어. 장담할 수는 없지만! [Hector 어머니와의 면담을 통해서, Hector가 게임에서 질 때마다 속임수를 쓰고 소리를 지르기 때문에 어머니가 아이와 놀이를 중단했다는 것을 알고 있었다.] 엄마가 체커놀이를 더 이상 하지 않겠다고 말씀하시던데. 너는 엄마가 왜 그렇게 말씀하시는지 아니?

Hector: (침묵)

치료사: 우리 같이 뭔가 그려 보지 않을래? 내가 먼저 가족들이 뭔가 같이 하고 있는 그림을 그려볼게. (주방에 있는 엄마를 막대모양 인물그림으로 그린다.)

Hector: (새 종이를 한 장 가져와서 일반적인 트럭을 그린다.)

아이들의 그림에서 치료초기에는 특별한 점을 발견하지 못했지만, 나중에 회고적으로 보면 알게 되는 부분이 종종 있다. Hector의 그림에는 트럭 운전사인 아버지가 그려져 있지 않았다. 당시에는 그 사실을 몰랐기에(나는 좀 더 상세하게 사례에 대한 정보를 얻었어야 했다.), 아버지에 대한 Hector의 감정을 살펴볼 기회를 놓치고 말았다. 다음 회기에서, 나는 다시 가족이 무엇인가를 하고 있는 모습을 그려 보라고 Hector에게 말을 했다. 그는 내가 그린 것처럼 막대모양의 인물을 그리기 보다는 종이를 한 장 더 집어서 실제 사람 모습대로 그리려고 상당히 애쓰며 어려워했다. 그림이 잘 그려지지 않으니 Hector는 그 종이를 갈기갈기 찢어 버리고는 놀이실을 나가려 했다.

치료사: 뭔가 잘할 수 없을 때 기분이 얼마나 안 좋은지 안단다. 우리가 처음 만났을 때 너는 그림을 그리지 않겠다고 했었어. 그런데 너가 잘하지 못한다고 생각하는 것을 나는 계속 해 보도록 요구했어. 그 점에 대해서 미안하게 생각해. 이제 네가 좀 더 잘하는 걸 함께하는 것이 좋을 것 같아. 찰흙으로 뭔가를 만들어 보겠니?

심리적으로 문제가 있는 다른 아이들처럼, Hector도 '그리고 만드는 활동'을 즐겨하는 아이가 아니었다. 오히려 Hector는 대근육운동 놀이를 하면서 불안을 통제하던 아이였다(하지만 작은 놀이실에서 대근육운동 놀이를 하는 것은 제한이 따르기에, 대근육운동 활동을 할 수는 없었다). 결과적으로, Hector는 찰흙으로 만든 자신의 어설픈 작품을 부수고 치료사를 욕하며 놀이실을 떠나고 싶어 했다.

치료사: 너가 나를 바보라고 부를 때마다 너 자신이 바보라는 놀림을 받은 적이 있는 것 같은 느낌이 든단다. 너는 잘하는 것이 하나도 없는 아이이기에 사람들이 너를 바보라고 놀린다고 생각하는 것 같아.

Hector: (사람 피규어들을 꺼내서, 소년들이 어떤 소년을 놀리고 조롱하는 장면을 놀이로 연출하고, 이어서 그 소년이 다른 소년들을 공격하고 바닥에 던지는 장면을 연출하였다.)

치료사: 저 아이들이 이 소년을 기분 나쁘게 했기 때문에, 이 소년이 그들을 때려 준 것이지. 그렇지만 이제 그 아이들은 이 소년과 다시 놀려고 하지 않을 거야. 그런데 이 소년보다 훨씬 더 큰 누군가가 나타나서 이 소년을 괴롭히며 바보라고 놀릴지도 몰라. 네가 체커놀이에서 지는 걸 싫어하기 때문에 엄마가 너와 더 이상 놀지 않으려는 것 같다는 느낌이 든다. 물론 너는 엄마를 때리지 않았지만 놀이에서 진 일로 엄마를 비난하며 심하게 성질을 냈었지.

Hector: (엄마 피규어를 가져와서 아이 피규어에게 '패배를 인정하지 않는 사람'이라고 부른다.)

초기 회기 동안 치료사와 Hector는 아동의 문제에 대해 대략적으로 이해할 수 있었다. 치료사는 기술적이면서도 지지적인 방식으로 접근하였다. 아동의 화내는 행동이 다른 사람에게뿐 아니라 자신에게도 문제가 될 수 있음에 동의하였다. 그로 인해 친구들과의 우정뿐만 아니라 엄마의 애정적인 관심까지도 잃게 되었다. 또한 그는 자신이 어리석으며 또래 아이들이 성취하는 것을 자신은 할 수 없다고 생각하였다. 치료사는 Hector에게 치료를 통해 이러한 문제들을 다룰 것이며 그가 이 문제들을 다룰 수 있도록 도울 것이라는 메시지를 전하였다.

두 번째 단계: 문제와 원인 분석하기

초기 회기 동안 확인된 Hector 문제의 '원인'은 Hector가 어리석다고 느끼는 것과 자신의 약점을 지적한다고 느껴지는 사람들에게 분개하는 것이었다. 다음 단계의 목표는 문제를 일으킨 좀 더 깊은 층의 원인을 밝혀낼 수 있도록 돕는 것이었다. 이후 회기에서 드러난 것은 Hector가 자신에 대해 비현실적으로 높은 기대를 가지고 있다는 것이었다. 이는 그의 과대성(grandiosity) 환상에 의해 유지되어 왔으나, 실패를 지각할 때마다 이러한 환상이 일시적으로 깨지곤 하였다[우울한 사람들은 우울하지 않은 통제집단에 비해서 자신의 수행을 좋지 않게 판단하는 경향이 있다는 것은 여러 연구에서 언급되었으며, 이러한 현상은 종종 '우울증적 회의주의(depressive pessimism)'라고 불린다(예: Norem, 2001 참조)].

또한 Hector의 높은 기준은 성인의 인정, 특히 부재한 아버지의 인정을 얻기 위한 과정에서 잘못 이끌려진 것임이 명백하였다. Hector의 아버지는 가족들과 함께 살 때 아동을 비난했을 뿐 아니라 어머니의 관심을 놓고 경쟁하는 경쟁자로 보았다. 따라서 Hector는 아버지의 인정을 받을 수는 없지만 다른 방식으로 행동함으로써 다른 성인들의 인정을 더 쉽게 받을 수 있음을 알 수 있도록 도움을 필요로 했다. 또한 그가 다른 사람의 의도를 오해한다는 점과 아이들 간의 놀림이 아이들 간의 상호작용에서 흔히 나타나는 특징임을 인지하도록 도와야 한다.

치료가 진행되면서, Hector는 상당한 수준의 자아 강도를 지니고 있음이 명백해졌다. 직접적인 해석을 하더라도 그의 놀이는 방해되지 않았으며(높아진 불안의 징조), 이후의 놀이는 더욱 생산적이 되었다. 이는 아동이 해석에 저항하기보다는 해석에 동화되었음 의미한다. 따라서 그는 은유로 해석할 필요가 없었다. 또한 대부분의 아동 치료 상황에서 흔치 않은 일이지만, Hector는 자신의 근심을 솔직하게 말했다.

세 번째 단계: 변화를 위한 공식을 확립하고 실행하기

치료사: 네가 완벽하지 않아 아빠가 너를 떠났다고 생각했기에 너는 친구들 사이에서 놀림이 종종 있는 일이라는 점을 이해할 수 없었어. 그래서 너는 비판에 과도하게 민감했고 다른 사람의 놀림에 과도하게 반응했다는 점을 알게 되었어. 만약 아빠가 떠난 것에 대한 너의 기분을 좀 더 '이야기한다면', 문제가 되었던 너의 분노 중 일부는 없어질 수 있을 거라고 생각해. [Hector가 자신의 기분과 관련된 놀이장면을 만들면서 회기를 시작한다는 점을 알고 있기에, '이야기한다' 라는 단어를 폭넓은 의미로 사용하였다.]

네 번째 단계: 종결

정신역동놀이치료는 아이가 연령에 적절한 과업들을 숙달하고 있음이 행동을 통해 드러날 때 종결하게 된다. 아이가 여전히 증상을 보일지라도, 그 증상이 덜 확연히 드러난다면, 이는 아이가 회복의 과정 중에 있음을 암시하는 것이다. 성공적인 종결은 성장 경험이 될 수 있다. 또 다른 책에서 종결 과정을 촉진하는 데 도움이 되는 기법들을 제시하였다(Mordock, 2001). 불행하게도, 대부분의 외래 환자들은 Hector처럼 문제가 약간 개선되면 부모들이 더 이상 아이를 치료에 데려오지 않으면서 종결된다.

결론

정신역동놀이치료의 단계는 성장의 단계와 유사하다. 잘 알려진 발달심리학자인 Jean Piaget(1952; Flavell, 1970 참조)는 성장을 한 단계에서 다음 단계로의 이행이라고 묘사하면서 내부에서 나오는 '모습'이나 태도에서 나온다고 보았다. 특정 시점에서의 학습은 이전에 일어났던 일, 즉 아이가 경험한 것뿐만 아니라 아이가 관심을 가졌던 요소들에 의해서 결정된다. "외부로부터의 모든 교육은 내부로부터의 구성을 전제로 한다"(Flavell, 1970, p. 406).

제 6 장
인지행동놀이치료

Angela M. Cavett

인지치료와 행동치료의 역사

놀이

인지행동놀이치료의 역사

인지행동놀이치료와 다른 놀이치료들 간의 차이점

전략과 기법

임상사례

결론

놀이치료는 처음 정신분석가인 Hermine HugHellmuth가 활용하였고(Maclean & Ulrich, 1991), 그 이후로 놀이는 대부분의 아동 치료에 활용되어 왔다. 그러나 아동 심리치료의 창시자들조차도 저마다 놀이를 다르게 개념화하였다. 예를 들어, Anna Freud(1964)는 놀이를 관계를 발전시키는 수단으로 간주한 반면, Melanie Klein(1955)은 성인 환자의 말을 분석한 것과 같은 방식으로 놀이를 분석하였다. 놀이치료는 치료에 대한 성인 모델의 움직임을 반영해 왔다. 특히 놀이치료는 성인에게 활용된 치료들과 비슷한 이론적 방향성의 범위에 걸쳐 활용되고 적용되었지만, 발달적으로 민감한 접근법을 가지고 있다. 대부분의 현대 놀이치료사는 아동중심놀이치료를 사용하는데, 이는 미국의 주요 교육 기관에서 아동중심이론을 강조한다는 뜻이다. 그러나 아동 심리학 분야에서 인지행동적 이론이 점차 더 중시되고 있다. 인지행동놀이치료(Cognitive-Behavioral Play Therapy: CBPT)는 어린 아동을 위한 인지치료의 확장으로 Susan Knell이 발전시켰고, 치료에서 놀이를 통해 의사소통을 할 수 있게 하여 인지행동치료(CBT) 모델을 어린 아동에게 확장시켰다. 인지행동놀이치료는 정서, 인지 및 언어적 발달에 민감하여 발달적으로 적절한 치료방법이다. 이 장에서는 인지행동놀이치료의 이론에 대해 다룬다.

인지치료와 행동치료의 역사

인지치료는 Aaron Beck(1963, 1964, 1972, 1976)이 개발하였으며, 감정, 사고, 행동, 환경 간의 상호작용에 근거한다(Beck & Emery, 1985). Beck(1967, 1972)은 인지가 정서에 영향을 준다고 주장하였다. 인지가 변화하면 기분/정서의 변화가 발생한다고 여겨진다. 인지행동치료에서는 기분, 사고/인지, 행동 간의 관계를 묘사하기 위해 인지 삼각형을 사용한다. 인지 3요소와 관련된 요인으로 환경과 생리학이 있다. 인지치료는 병리 감소를 목적으로 인지적 요소에 변화를 만들기 위해 활용된다. Beck(1976)은 비합리적이거나 부적응적인 사고가 고통과 연관된 신념을 구성한다고 간주하였다. 비합리적이거나 부적응적인 사고는 우울과 불안, 그리고 이에 대한 행동적 반응을 포함하여 심리적인 역기능의 원인으로 간주된다. 어린 아동에게는 병리와 관련된 '비합리적' 사고 대신 '도움이 되지 않는 것'인지 파악하는 것이 더 적합하다.

행동치료는 행동과 병리에 대한 환경적 영향을 설명한다. 행동치료는 조작적, 고전적 조건형성과 사회학습이론을 활용한다. 조작적 조건형성은 강화물과 처벌의 기능을 인식하고 행동을 개선하거나 바꾸기 위해 이를 조작한다(Skinner, 1938). 부모, 교사 및 임상가는 보상과 처벌을 통해 행동을 증가시키고 감소시키기 위해 조작적 조건형성을 사용한다. 아동 치료에서 활용되는 일반적인 행동적 전략들은 조작적 조건형성에 기반하며, 수반성(contingency) 관리(예: 긍정적 강화와 타임아웃), 자기관리, 행동조성, 다른 행동의 차별적 강화, 자극 쇠퇴 및 소거를 포함한다.

인지행동치료는 감정과 행동에 어떻게 변화를 줄 수 있는지를 기술하는 모델에 토대를 두고 있다. 인지행동치료는 인지치료와 행동치료 둘 다의 개념과 개입을 통합한다. 인지적 전략과 행동적 전략의 통합은 성인, 청소년, 그리고 보다 최근에는 발달적 고려를 중시하여 아동을 위한 치료 방법으로 급격히 증가하였다.

놀이

주로 언어적인 인지행동치료는 발달 수준에 따라 사용에 제한이 있다. 그러나 놀이를 함께 사용하면 이러한 제한이 어느 정도 해결될 수 있다. 놀이는 환상/가상, 상징, 조직화, 및 확산적 사고를 포함하여 Russ(2004)가 논의한 여러 인지적 과정들을 허용한다. 또한 놀이는 '정서의 표현' '감정적 주제의 표현' '놀이의 즐거움' 그리고 '인지적 통합, 정서 조절, 감정 표현의 조정'과 같은 여러 감정적 과정들을 관여시킬 수 있다(Russ, 2004). Russ는 놀이치료에 활용될 수 있는 몇 가지 속성들이 놀이에 있다는 것을 발견하였다. 놀이에 대한 Russ의 연구에 따르면, 놀이는 다음의 과정들과 관련된다.

- 통찰력을 필요로 하는 문제 해결
- 문제 해결에서 융통성
- 다양하게 사고하는 능력

- 일상적인 문제들에 대처하는 대안적인 전략을 생각하는 능력
- 긍정적인 정서 경험
- 감정적 주제(긍정적 혹은 부정적)에 대해 생각하는 능력
- 타인의 정서를 이해하고 상대방의 관점에서 바라보는 능력
- 일반적인 적응의 측면

인지행동놀이치료는 아동이 정서적, 행동적 문제를 다루도록 돕기 위해 이러한 과정들을 활용한다.

인지행동놀이치료의 역사

인지행동치료는 원래 성인을 대상으로 발전되었다. 한편, 놀이치료는 어린 아동을 위한 치료로 간주되었다. 전조작기(Piaget, 1972)의 아동은 전통적인 인지행동치료 기법을 활용하는 데 인지적 기능에 한계가 있다고 여겼다. 이에 인지행동치료를 발달적으로 민감하게 변형시켜서 청소년과 아동을 치료할 수 있도록 적용하였다. Roger Phillips(1985)는 인지행동치료와 놀이치료의 통합을 제안하였고, Susan Knell(2009)은 학령전기와 어린 학령기 아동을 위해 인지행동치료를 수정하여 인지행동놀이치료 모델을 발표하였다. 전통적인 인지치료에서는 행동이 언어 표현이나 말을 통해 매개된다고 보았다. 그러나 만약 인지치료가 오직 언어 표현만이 아니라 인지에도 근거한 것이라면, 사고가 소통되는 방법은 언어적일 수도 있고 비언어적일 수도 있다. 놀이는 아동이 자신의 사고, 환상, 경험의 대부분을 표현하는 방법이다. 따라서 인지행동놀이치료에서 아동이 이러한 개념을 이해하고 자신의 생각을 표현하는 것을 돕기 위해 개념에 대한 구체적인 예가 자주 사용된다. 인지행동놀이치료에서는 아동의 정서적 삶에 대한 대화를 하기 위해 성인에게 흔히 사용되는 전형적인 개방형 질문만을 사용하지 않는다. 인지행동놀이치료사는 심리적 관심사의 전체 범위에 걸쳐서 나타나는 문제들을 다루는 구조화되고 직접적인 놀이치료 기법들을 발전시켜 왔다.

성인의 인지행동치료에서는 언어 표현을 통한 정보의 처리에 초점을 둔다. 실제

로, 언어 표현이 행동을 매개한다고 간주된다(Beck & Emery, 1985). 언어적 처리는 인지에 대한 통찰을 가능하게 한다. 인지행동놀이치료에서 아동과 치료사 간의 의사소통은 언어적이거나 비언어적이거나 혹은 놀이를 통한 것일 수 있다. 아동의 가장 깊은 내면을 알아보는 데 있어서 의사소통 방식이 반드시 언어에만 국한될 필요는 없다. 놀이는 아동이 자신의 경험을 더욱 깊이 인식하고 이러한 경험이 아동에게 심리적으로 어떻게 영향을 주었는지 이해할 수 있게 한다. 놀이 중이나 놀이 이후의 언어 표현은 아동이 놀이로 나타낸 경험을 통합하고 나중에 이 경험으로 돌아가서 참조하도록 돕는다. 놀이로 의사소통이 확장되는 것과 마찬가지로, 인지를 경험하여 알게 되면 아동은 단지 경험된 것으로뿐만 아니라 언어적 기억으로 경험을 부호화할 수 있다.

인지행동놀이치료에서 놀이는 발달적으로 민감하고 편안한 방법으로 아동이 치료사와 의사소통하도록 돕는다. Garry Landreth는 "아동에게 자연스러운 의사소통 수단은 놀이와 활동이다."(1991, p. 7)라고 말한다. 아동중심놀이치료와 마찬가지로, 인지행동놀이치료사는 아동이 놀이를 통해 의사소통할 수 있다는 것을 인식하고 존중한다. 실제로 모든 이론에서 놀이는 아동의 언어로 간주된다. 아동의 언어로서 놀이의 중요성에 대한 인식을 유지하지만, 이론에 따라 치료회기에서 언어가 활용되는 방법은 다양하다.

성인 치료에서 인지행동치료는 잘못되거나 비합리적인 생각을 합리적인 생각으로 바꾸는 데 초점을 둔다. 비합리적 사고를 합리적인 것으로 이동시키는 것이 정신병리를 감소시키는 원인으로 간주된다(Beck, 1970). 더 높은 인지적 능력을 사용할 수 있는 성인에게 소크라테스식 대화법을 사용하면 비합리적인 사고가 합리적인 사고로 이동하는 것을 촉진하여 증상을 감소시킬 수 있을 것이다. 인지 발달 수준을 고려할 때, 어린 아동이 사고가 '합리적'인지 혹은 '비합리적'인지 결정하는 것은 필요하지도 않고 심지어 항상 가능하지도 않다. 그러나 아동은 자신의 사고를 언어로 표현하는 것을 배울 수 있으며, 인지가 어떻게 기분이나 행동과 상호작용하는지 고려해서 이를 수정하는 것은 치료의 한 요소로 가능할 뿐 아니라 적응적이다. 효과적인 전략은 예를 들어 어떤 두 아동이 문제를 어떻게 다루는지 내담 아동과 이야기하고, 이 아동들 각각의 사고 과정에 대해 추측해 보는 것이다. 상상의 아동들과 그들의 결과를 비교하면서, 인지행동놀이치료에서 내담 아동은 자신이 상황에 대해 어떻게 생각할 것인지를 재고할 수 있다. 아동은 부모에게 의존하고 있기 때문에, 치료사는 아동의 삶에 영향을 주는 사람인 부모/양육자 그리고 다른 사람(예: 교사)과도 이러한 정보를 다루어야 한다.

두 권의 영향력 있는 책, Eliana Gil(2006)과 Athena Drewes(2009)의 저서는 놀이치료이론과 인지행동이론의 통합에 대해 논의하고 있다. Gil은 개별 아동의 요구에 적용되는 인지행동적 전략의 강점을 사용하면서, 아동의 말을 경청하는 것이 중요하다고 주장한다. Gil은 지시적인 접근과 비지시적인 접근을 통합하여, 놀이 개입을 선택하는 데 아동의 목소리가 우선적인 원동력이 되도록 한다. Drewes가 편집한 책은 놀이치료와 인지행동이론의 통합을 지지한다.

접근법의 특성

Susan Knell(2009)은 인지행동놀이치료의 속성 및 특징을 다음과 같이 설명하였다.

- 인지행동놀이치료는 아동을 참여시키는 데 놀이를 활용한다. 놀이를 통해 아동은 치료에 적극적인 참여자가 된다. 아동이 흥미를 느끼는 놀이는 저항을 줄이고 치료 순응을 높인다. 놀이는 사고/언어의 표현으로 간주된다. 아동과 의사소통하는 데 놀이를 사용하여, 인지행동놀이치료는 아동의 목소리를 존중한다는 것을 보여 준다. 아동이 놀이를 통해 자신을 '표현할 수 있게' 되면서 아동은 자신의 치료에 적극적으로 참여하도록 격려를 받는다.
- 인지행동놀이치료는 환경에 대해 설명할 뿐만 아니라 기분, 사고, 행동에 초점을 둔다. Knell(2009)은 또한 인지행동놀이치료를 통해 환상을 다룰 수 있다고 제안한다.
- 인지행동놀이치료는 대처 전략을 소개하고 가르치는 데 활용될 수 있다. 언어 표현은 성인에게 부적응적이고 비합리적인 사고를 바꿀 수 있는 기회를 제공하는 반면, 놀이는 아동의 인지를 처리하도록 하여 결과적으로 긍정적이고 보다 적응적인 인지를 갖도록 할 수 있다.
- 인지행동놀이치료는 문제/목표 지향적이고, 시간제한이 있으며, 지시적이고,

구조화되어 있다. 인지행동놀이치료의 치료 목표는 현재 드러나고 있는 문제와 연결된다.

- 인지행동놀이치료가 효과적이라는 경험적 연구는 매우 많다. 당연히 인지행동놀이치료는 연구에 기반하는 전략과 개입 방법들(예: 이완 기법, 외상 내러티브 처리)을 통합하여 활용한다. 그러나 독립적인 치료 방법으로서 인지행동놀이치료에 대한 연구기반은 아직 부족하다. 인지행동놀이치료에 대해 앞으로 더 많은 연구가 이루어질 것이며, 인지행동놀이치료의 구조를 고려하면 장애를 다루는 특수한 치료에 관한 연구가 쉽게 진행될 수 있을 것이다.

놀이, 장난감, 그리고 놀이 재료의 사용

Knell과 Dasari(2011)는 인지행동놀이치료에 다양한 장난감을 활용할 것을 제안하였다. 현재 나타나는 문제를 다루기 위한 다양한 제안이 추가되었다. 예를 들면, 아동이 지금 보이고 있는 감정의 범위와 일치하는 정서 표현을 할 수 있도록 다양한 정서 범위를 표현할 수 있는 손인형의 사용을 제안하였다. 손인형은 사람 이나 동물 피규어 모두 가능하다. 미술 용품(예: 종이, 크레용, 사인펜, 물감)으로는 생각과 기분을 표현할 수 있다. 인지행동놀이치료 같은 많은 놀이치료 기법에서는 특정한 미술 재료들을 필요로 한다. 전형적으로 인지행동놀이치료와 같은 책에서 이에 대한 자세한 설명을 찾을 수 있다. 아동이 자신의 경험과 일치하는 반응을 표현할 수 있게 하는 장난감이 유익하다. 주방과 옷입기 영역은 아동의 가정생활과 관련된 표현을 가능하게 한다.

인지행동놀이치료에서 사용하는 장난감에는 전형적으로 인형의 집, 가구, 인물 피규어 같은 상상놀이 장난감도 포함된다. 치료를 받고 있는 아동의 삶에 존재하는 사람들을 표상하는 인형이나 인물 피규어를 사용하는 것이 이상적이다. 즉, 다양한 문화적 배경을 나타내기 위해 인형/사람 인형은 넓은 범위의 나이, 성별, 피부색, 얼굴 특징을 포괄해야 한다. 다른 가족 구성원(예: 부모, 조부모, 아동 아기)을 나타내는 인형들도 유익할 수 있다. 인형은 또한 아동이 경험할 수 있는 능력의 차이와 직업(교사, 의사, 수의사)을 나타낼 수 있다.

인형의 집은 인지행동놀이치료에서 아동에게 강력히 추천되는 장난감이다. 가능하다면, 아동이 보이는 문제들과 관련된 다양한 범위의 반응과 경험을 표현할 수 있도록 몇 개의 다른 장난감 건물들도 사용할 수 있다. 두 번째 혹은 심지어 세 번째 인형의 집을 통해 아동은 상이한 경험을 나타낼 수 있고, 특히 인형의 집들이 크기가 다를 때 효과적이다. 예를 들면, 아동은 어머니의 집과 아버지의 집, 혹은 자신의 집과 위탁 가정(foster home)을 나타내는 데 두 개의 인형의 집을 사용할 수 있다. 또한 병원, 소방서, 경찰서, 법원, 학교와 같은 장난감 건물을 활용하도록 제안한다. 치료사가 이러한 장난감들을 가질 수 없거나 공간이 부족하면, 아동은 이 건물을 나타내기 위해 다른 재료들(예: 신발 상자)을 사용할 수 있다. 다른 인물 피규어와 환상에 근거한 인물 피규어(예: 슈퍼히어로)는 놀이치료에서 아동이 넓은 범위의 생각과 기분을 표현하도록 돕는다.

문제 지향과 목표 지향

인지행동놀이치료는 문제 지향적이다. 즉, 이 접근은 아동의 삶에서 치료가 필요한 특정한 문제에 초점을 둔다. 이러한 문제들은 아동과 아동 주변 사람들의 삶의 질에 영향을 주는 관계, 정서, 행동 혹은 다른 영역들과 관련될 수 있다. 인지행동놀이치료는 문제 영역의 개선에 변화를 만드는 데 아동과 가족을 조력하기 위해 지지적이고 공감적인 방법으로 각 아동의 독특성에 초점을 둔다. 발달적으로 적절한 수준의 인지행동놀이치료 모델에 근거하여 변화가 촉진될 수 있도록 인지행동놀이치료는 아동과 연결하고 긍정적인 관계를 수립한다. 때로 인지행동놀이치료사가 아닌 치료사들은 문제 지향 초점에 대해 문제가 치료회기에 초점이며 치료적 관계는 이차적이라고 오해할 수 있다. 이는 잘못된 개념인데, 효과적인 인지적, 감정적, 행동적 변화의 근본은 관계이기 때문이다. 문제 지향 접근은 치료사가 아동의 고통과 불편에 주의를 기울이고, 아동과 가족의 목표를 수립하기 위해 변화의 모델을 사용할 수 있게 해 준다. 인지행동놀이치료는 아동의 기능에 관심을 둔다는 점에서 목표 지향적이다. 평가를 통해 문제를 보이는 기능 영역에 대한 정보를 알게 된다. 목표는 증상을 감소시키고 기능을 향상시키는 것이다.

치료사의 역할

모든 치료 모델과 마찬가지로 치료의 효과 측면에서 관계가 중요한 요인이다. 그러나 개념적으로는 인지행동놀이치료에서 치료적 관계가 변화의 중심적인 원동력으로 간주되지 않는다. 긍정적인 치료적 관계는 필수적이지만 치료와 관련된 심리적 변화가 일어나기에는 충분하지 않다. 지지적이고 공감적인 치료사는 작업을 위한 인지적, 행동적 변화 요인에 대해 안내해 준다. 긍정적인 치료적 관계는 인지행동놀이치료에서 아동이 자신의 경험, 그리고 이와 관련된 기분과 생각을 탐구하는 데 필요하다. 지지적이고 공감적인 사람과의 라포는 안전감을 제공하며, 이는 모든 이론들에서 중시된다. 인지행동놀이치료를 사용하는 치료사는 이 과정에서 지시적이다. 지시적이라는 것은 부모나 교사를 포함하여 아동과 성인 사이의 많은 관계와 유사하다. 인지행동놀이치료사의 지시적인 본성을 통해 치료의 목표에 초점을 둘 수 있는데, 여기에는 아동의 삶에 어려움을 초래한 영역을 알려 주는 것과 기능을 개선시킬 수 있는 가능한 전략과 개입을 알려 주는 것이 포함된다.

치료적 관계 내에서의 공감

아동과 아동의 경험에 대한 인지행동놀이치료사의 공감은 변화의 토대를 마련한다. 아동에게 상처가 되는 사고/지각/인지를 변화시키기 위해 치료사가 아동과 함께 작업하면서, 아동이 어떻게 그러한 사고/지각/인지를 갖게 되었는지에 대해 치료사는 아동과 의사소통한다. 예를 들어, 아동이 부모의 이혼이나 질병에 대해 화를 느낀다면, 치료사는 아동에게 공감하며 현재의 느낌에 대한 깊은 이해를 보여 주도록 한다. 아동의 경험을 공유하고 경험에 대해 공감한 후에야, 치료사는 언어나 놀이를 통해 다른 대안이 가능하다는 것을 제안할 수 있다. 이러한 접근을 통해 아동의 목소리를 듣고 아동을 존중할 수 있다. 아동이 자신의 경험에 대해 치료사가 이해했다고 느낄 때, 아동은 더 적응적인 반응과 행동을 고려해 보려고 마음을 열 것이다. 치료사는 또한 부적응적인 것일지라도 문제 행동에 대한 존중을 보여 줄 수 있는데, 아동은 정서를 전달하는 수단으로 이러한 문제 행동을 보였던 것이다. 예를 들면, 다음의 시나리오에서는 아동의 공격성과 이와 관련된 기분을 아동과 의사소통하기 위해 치료사가 아동의 이름을 딴 손인형을 사용한 과정을 보여 준다.

치료사는 Jamal의 어머니가 말한 지난주 사건을 손인형을 사용하여 보여 주도록 Jamal에게 요청하였다. 이는 Jamal과 그의 형제 Jerome이 싸운 사건으로, Jerome이 Jamal을 놀렸고 Jamal이 신체적 공격을 하였다.

(손인형이 다른 손인형을 향해 공격을 가한다.)

치료사: Jamal[손인형]은 Jerome[손인형]에게 정말 화가 많이 난 것 같아.

Jamal: 네, Jamal이 멍청하다고 Jerome이 말해서 그가 Jerome을 미워해요.

치료사: Jerome이 그런 말을 해서 Jamal이 정말 속상했겠다. Jamal이 멍청이 같은 소리를 들어서 정말 화났을 거야.

Jamal: 네, 나는 걔가 심술을 부리는 게 너무 싫어서 때리는 거예요(그의 손인형이 다른 손인형을 치고 때리는 것을 보여 준다).

치료사: 너는 정말 화가 났고 그래서 정말 속상해. 너는 네가 어떤 기분인지 그 애에게 보여 줘야 한다고 느껴. 너는 정말 화가 났어. (잠시 멈춤) 그리고 속상해. 너는 정말 화가 나고 속상한데, 그 애도 그걸 알아야 해! 너는 그 애가 그걸 알기를 원해!

Jamal: 네, 나는 화가 나요! 그가 그런 말을 해서 내 기분을 상하게 했어요!

치료사: 그리고 네가 기분이 상했을 때, 네 기분을 다른 사람에게 말하는 것이 너한테 정말 중요해. 너는 다른 사람들이 네 기분을 알았으면 해. Jerome은 자기가 네 기분을 상하게 한 줄 모르고 네가 얼마나 속상한지도 몰라.

Jamal: 그 애는 그걸 알아야 해요.

치료사: 그래, Jerome은 네가 속상하고 화나는 것을 알아야 해. 너를 속상하게 하면 너는 그걸 싫어한다는 것을 Jerome이 알아야 해. (잠시 멈춤) 누군가 너에 대해서 심술궂은 말을 하면 정말 속상하고, 너는 얼마나 속상한지 말할 수 있어. 네가 어떤 기분인지가 중요해.

Jamal: 네.

치료사: 네가 얼마나 화났는지를 다른 사람에게 보여 주기 위해서 말로 하는 방법을 생각해 보자. 아마도 네가 얼마나 화나고 속상한지 말로 할 수 있을 거야. 그러면 너는 누굴 때릴 필요가 없고 너에게도 문제가 덜 생길 거야.

인지행동놀이치료와 다른 놀이치료들 간의 차이점

Knell은 인지행동놀이치료와 다른 놀이치료들, 특히 아동중심놀이치료 및 정신분석적 놀이치료와의 차이점에 대해 설명하였다(Knell, 2009).

- 아동중심놀이치료는 비지시적이고 아동의 리드를 따라가는 반면, 인지행동놀이치료는 지시적이다. 인지행동놀이치료의 지시적인 특징과 문제에 대한 초점은 밀접한 관계가 있다.
- 인지행동놀이치료에서 치료사는 필요에 따라 그리고 아동이 보이는 문제에 따라 장난감을 선택한다. 상이한 치료적 문제를 다루기 위해 서로 다른 장난감이 사용되므로, 아동들마다 다른 장난감을 사용한다. 아동도 치료적 요구에 따라 치료회기에서 장난감을 선택할 수 있다. 라포를 형성하고 아동이 자신의 경험을 전달하기 위한 공간을 만드는 것은 인지행동놀이치료의 요소이며 이는 아동이 장난감을 선택하면서 이루어진다.
- 인지행동놀이치료에는 아동의 필요와 관심에 따라 심리교육적 요소가 포함된다. 치료사는 치료적 문제를 다루기 위해 아동, 가족에 대한 지식과 참고 서적을 동원한다. 인지행동놀이치료에서 임상가는 기분과 생각을 연결시키는 것과 같은 개념을 가르치기 위해 놀이를 사용한다. 인지행동놀이치료에서는 마음챙김, 기분 명명하기, 일기쓰기, 생각 바꾸기와 같은 대처 기술들을 직접적으로 탐색하고 가르친다.
- 인지행동놀이치료사는 현재 나타나는 문제와 관련된 비언어적(특히, 놀이에서), 언어적 의사소통을 허용하며 이를 관찰하는데, 여기에는 정서적 문제(예: 무가치감이나 우울감)와 행동적 문제(예: 형제에 대한 신체적 공격성)가 포함된다. 정신분석치료사와 인지행동놀이치료사는 모두 의사소통에 근거하여 아동에게 가능한 의미를 알려 주고자 한다. 인지행동놀이치료사는 아동의 놀이와 일치하는 언어 표현을 아동에게 알려 주며 치료사와 아동은 문제와 연관된 사고의 패턴이 있는지 협력하여 탐색한다. 정신분석치료사는 자주 무의식에 근거하여 놀이를 해석한다. 인지행동놀이치료의 관점에서 이는 기분과 행동에 영향을

주는 자동적 사고라고 개념화될 것이다. 아동중심놀이치료사는 탐색을 제안하거나 지시하지 않지만, 아동이 변화하기 위해 필요한 것을 놀이가 준다는 신념을 가지고 아동이 놀이를 통해 이를 다루도록 한다.

- 비지시적 놀이치료에서는 칭찬이 허용되지 않으며 치료 과정에서 칭찬은 이롭지 않다고 본다. 인지행동놀이치료는 아동의 적응적 행동에 대한 긍정적인 강화로 칭찬을 허용하고 격려한다.

개입

평가

아동의 놀이를 관찰하는 것은 아마도 감정적/정서적, 인지적, 행동적, 언어적 영역을 포함하여 대부분의 영역에 대해 아동의 기능을 평가하는 가장 효과적인 방법이다. 역사적으로 놀이치료사는 아동의 사고와 경험을 알아보는 창으로 놀이를 사용해 왔다. 비지시적인 놀이치료사는 표준화된 도구 없이 관찰을 하는 것을 수용할 수 있고, 이는 이론적 모델과도 일치한다. 그러나 보다 행동 지향적인 치료사는 양적인 평가 도구를 필요로 한다. 아동 행동 평정 척도(Child Behavior Checklist: CBCL; Achenbach, 1991)는 심리검사를 훈련받고 실시할 자격을 갖춘 인지행동놀이치료사가 사용할 수 있다. 교사와 청소년판을 포함하여 이 평가도구는 내재화 문제(예: 위축/우울)와 외현화 문제(예: 규칙 위반 행동) 같은 문제 영역뿐만 아니라 아동의 전반적인 기능에 대해 전체적인 양상을 보여 준다. CBCL은 치료의 결과를 평가하는 데에도 적합하며, 인지행동놀이치료로 아동을 치료할 때 정기적으로 사용할 수 있다.

손인형 인터뷰(Irwin, 2000)와 손인형 문장완성검사(Cavett, 2010; Knell, 1992; Knell & Beck, 2000)는 아동의 지각을 평가하는 도구를 제공하기 위해 개발되었다. 손인형 문장완성검사는 문장의 일부만을 제시하는 것인데, 이것으로 임상가가 아동을 평가할 수 있다. 임상가는 아동의 독특한 문제나 상황에 근거하여 문장의 일부를 만들어서 아동을 평가할 수 있다. 손인형 인터뷰에서 문장 앞부분에 대한 아동의 반응을 통해 임상가는 아동의 경험과 생각에 대한 통찰을 얻을 수 있다. 반응의 주제를 평가하여, 치료사는 생각을 바꾸어 기분과 행동이 변화되도록 촉진하기 위해 놀이에서 쟁점을 다룰 수 있다.

치료의 초기 회기에서, 치료사는 인지(믿음, 사고, 자신과 타인 지각)를 평가하기 위해 아동의 놀이를 관찰한다. 일반적으로 아동은 처음 치료회기를 시작할 때 쉽게 긍정적이거나 부정적인 인지를 분명히 나타낼 수 있는 상태가 아니다. 인지행동놀이치료에서 아동의 언어 듣기를 배우는 것은 비지시적 놀이치료의 작업 과정을 배우는 것과 비슷하다. 인지행동놀이치료사가 그 치료회기에서 만나고 있는 개별 아동의 세계를 이해하기 위해서는 반영적 경청과 추적하기(tracking)와 같은 기본적인 치료/상담 기술을 사용할 필요가 있다. 아동의 놀이를 평가하기 위해 Helen Benedict(2004)가 명시한 주제들을 사용할 수 있다. 아동이 놀이를 통해 자신을 표현하고 치료사가 이 놀이를 '들을' 때, 치료사와 아동 간에 공동의 이해가 커진다. 아동의 자발적인 경험을 관찰하기 위해, 인지행동놀이치료 전체 과정에서 상당한 분량을 아동이 비지시적인 놀이를 하는 데에 할애한다. 놀이를 통해 표현된 '생각'이 회기에서 작업할 내용에 통합된다.

치료 계획

아동은 대개 부모에 의해 치료실로 오게 되며, 아동의 행동에 영향을 받는 다른 성인(예: 교사)이 아동의 치료를 의뢰할 수도 있다. 자신이 직접 치료를 받으러 오는 성인과 달리, 일반적으로 아동은 치료 과정을 스스로 시작하지 않는다. 치료를 이끌어 가는 데 있어서 부모와 교사의 보고가 중요한 정보가 된다. 아동은 보통 자신이 치료를 받게 된 기분, 사고, 행동 문제를 알고 있다. 그러므로 의뢰 사유와 더불어 아동의 관점도 매우 중요하게 여겨야 한다. 인지행동놀이치료사는 아동이 치료 과정에 관여하여 적극적인 파트너가 되도록 한다. 치료 과정 동안 성인을 통해 아동에 대한 정보를 얻을 뿐만 아니라 아동에게 직접 정보를 얻는다.

인지행동놀이치료에서 치료 계획 전략을 통해 치료사는 아동이 치료에서 작업하고 싶은 행동이 무엇인지 공유하면서 아동을 치료에 참여시킨다. 치료 계획 과정은 라포 형성과 같이 진행되며, 둘 다 아동과 치료사 간의 관계를 발달시키는 데 우선적으로 중점을 둔다. 치료의 초기 회기에서 인지행동놀이치료사는 아동 자신, 타인, 세상에 대한 아동의 관점을 알아 가면서 관계를 발달시킨다. 소원의 우물(wishing well; Goodyear-Brown, 2005)과 같은 개입으로 아동을 위해 어떤 변화가 가능한지 탐색할 수 있다. 이 소원의 우물 개입을 통해서, 아동은 모래상자를 반으로 나누어 한쪽은 현재 경험을 나타내고 다른 쪽은 아동이 원하는 삶이 어떤 것인지 만들어 본다. 소원의 우물 피규어(wishing well figure)를 모래상자 중앙에 사용할 수 있다.

또 다른 개입 방법인 성공으로 가는 계단(Stepping Up to Success; Cavett 2010)은 간단한 활동인데, 치료사와 아동이 색 도화지와 미술 용품으로 계단 형태를 만들고 발자국 모양을 오려서 각 계단에 붙인다. 각 계단에는 아동과 치료사가 변화시키고 싶은 문제를 쓰거나 그린다. 발자국 모양에는 아동과 치료사가 각 계단에 써 있는 문제를 다룰 수 있는 개입 방법을 적는다. 이러한 개입 방법은 초기에 치료에서 무엇을 어떻게 다루어야 하는지 알려 주는 지도나 시각적 표상으로 사용된다. 치료 과정 전체에서 치료의 과정과 진전이 논의될 때 계단과 발자국을 꺼내 볼 수 있다.

전략과 기법

감정적 이해와 조절

인지행동놀이치료의 초점은 아동이 자신의 감정을 더 잘 이해하도록 탐색하는 것이다. 치료적 관계는 정서적/감정적 내용의 가장 중요한 처리를 위한 매개체이다. 치료사는 아동의 놀이에서, 그리고 아동의 지각을 논의하는 동안, 개방적이고 진실된 마음으로 아동의 정서를 반영한다. 치료사는 아동의 경험을 더 깊이 이해하기 위해 아동을 있는 그대로 수용하고 아동의 경험을 반영한다. 처음에 치료사와 아동은 아동의 감정적 경험을 이해하기 위해 함께 작업한다. 그러고 나서 치료사와 아동은 부정적인 감정 경험이 어떻게 긍정적인 감정 경험으로 변화될 수 있는지 이해를 구축한다. 종종 아동은 힘들거나 심지어 외상을 입은 상황을 보여 주는 증상을 가지고 치료를 시작한다. 아동의 경험을 존중하는 자리에서 아동을 '변화시키려고 노력하는' 곳으로 너무 빨리 이동하는 것은 유익하지 않으며 해로울 수도 있다. 아동의 경험과 감정 반응을 이해하고 제대로 아는 과정을 거쳐야 진정한 변화가 일어날 수 있다. 아동의 슬픔, 불안, 분노의 깊이를 온전히 깨닫고 난 후에야 치료사는 아동의 이전 경험을 존중하고 치유의 과정이 되는 대안 모색을 시작할 수 있다. 아동과 부모-자녀 쌍에 대해 공감하고 감정적인 이해를 쌓는 데에는 부모나 양육자도 또한 포함된다.

인지행동놀이치료에서 아동이 혜택을 얻는 데에 치료적 관계가 주된 도구이긴 하지만, 개입이 이 과정을 촉진시키는 데 활용된다. 인지행동놀이치료 기법을 통해 아동은 자신과 타인의 감정에 대해 배울 수 있다. 감정적 이해는 정서를 식별하는 데에서 시작한다. 치료사가 놀이를 포함하여 아동의 언어적, 비언어적 의사소통을 통해 아동의 경험을 듣고 있을 때, 치료사는 정서 명명하기와 같은 간단한 감정적 기술을 아동에게 가르칠 수 있다. 기분의 식별은 얼굴 표정과 신체 감각과 관련된다. '감정을 몸짓으로 나타내기(Feeling charades)' 게임은 아동이 기분의 표현을 이해하도록 돕는다. 이 게임을 부모와 같이 할 때, 아동은 자신의 삶에 존재하는 사람들이 특정한 감정을 느끼면 겉으로 감정이 어떻게 나타나는지 볼 수 있다. 기분 어휘를 발달시키기 위해 흔히 사용되는 또 다른 개입은 '너의 인생을 색칠하기(Color Your Life; O'Conner, 1983)' 개입이다.

놀이치료 개입을 통해 감정의 생리학을 이해할 수 있다. 치료 중에 반영적 진술을 사용하여 생리적 반응과 아동의 정서가 연결되어 있다는 것을 드러낼 수 있다. 예를 들면, 치료사는 아동이 보여 주고 있는 표현을 아동에게 반영할 수 있고, 그 후에 심장 박동, 근육 긴장/수축, 메스꺼움과 같은 아동의 내적 상태에 대해 묻고 말하는 것으로 대화를 연장할 수 있다.

감정 강도를 양적으로 나타내는 개념을 논의하기 시작하는 데에도 또한 치료적 관계를 활용한다. 많은 놀이치료 개입에서 정서의 강도에 대해 더 깊은 탐색을 한다. 예를 들어, 기분 낙하산(the parachute feelings bounce-o'meter; Cavett, 2010) 기법에서는 더 강렬한 감정에 대해 낙하산과 공을 더 세고 격렬하게 흔들어서 아동이 정서의 강도를 표현하도록 한다. 감정을 측정하는 활동은 아동이 자신이 느끼는 정서의 강도를 이해하고 또한 감정의 강도와 행동 간의 빈번한 상관관계를 이해할 수 있게 돕는다. 적은 양의 분노감을 가진 아동은 많은 양의 분노감을 가진 아동과 다르게 행동한다. 놀이에 근거한 많은 개입들은 감정 강도 측정에 대한 개념을 이해하도록 개발되었다. 기분의 강도를 이해하기 위한 놀이기반 개입으로 기분 주판놀이(feeling abacus; Cavett, 2010)가 있는데, 이것으로 아동은 치료회기 중이나 치료회기 사이에 느낀 정서적 반응의 다양한 양을 표시한다. 주판의 수직면에는 자석 띠가 붙어 있다. 작은 삼각형 모양의 카드 더미에는 다양한 감정들이 적혀 있고, 이 카드의 뒷면에는 동그란 자석이 붙어 있어서 기분 인식표(feeling tag)를 주판에 붙일 수 있다. 주판에 있는 구슬들을 사용하여 정서의 강도를 표시한다. 가령, '걱정되는' 단어 옆에 있는 한 개의 구슬은 불안의 양이 '적은' 것을 나타내는 반면, 다섯 개는 중간, 10개는 '가장 심한' 것을 나타낸다. 인지행동놀이치료 중에 아동은 놀이 맥락 안에서 감정 조절과 관련되는 개념을 처리할 수 있다.

기분, 사고 및 행동을 정리 또는 기록하기

부모는 치료에서 아동과 파트너가 된다. 인지행동놀이치료에서 아동의 기분, 사고, 행동에 대한 부모의 지각을 기록하면 유익하다. 정리를 하거나 기록하기 위해서는 부모가 매일 아동에 대해 간략하게 진술하고, 다음 회기에 정보를 줄 수 있도록 아동의 행동에 대해 점수를 준다. 아동도 몇 가지 이유에서 이 작업에 동참할 수 있다. 첫째, 아동은 자신의 경험과 상태에 대해 독특한 관점을 가지며, 이를 기록하는 것은 아동이 자신과 타인의 기분을 식별하고 입장 바꾸기를 연습하는 능력을 강화시킨다. 예를 들어, 교사들이 종종 사용하는 'Teddy가 이번 주에 무엇을 듣고 보았나(What Teddy Heard and Saw This Week)' 기법을 치료에서 학령전기나 어린 학령기 아동들에게 사용할 수 있다(Cavett, in press). 이 개입에서는 동물 인형이 치료 회기들 사이에 아동을 '방문'하여 가정에서의 경험에 대해 아동에게 말한다(기록하기). 기록하기는 아동이 이야기를 불러 주고 부모가 받아 써서 이루어진다. 아동은 가정에서 매일 Teddy가 '듣고 본 것'을 보고 하도록 격려받는다. 각 가족 구성원이 보고, 듣고, 느끼고, 생각했던 것에 대해, 그리고 각자가 어떻게 행동했는지에 대해서 아동과 부모가 탐색하는 활동은 사고의 확장을 가능하게 한다.

이완

인지행동치료 접근은 아동과 청소년에게 도움이 되는 이완 및 안내된 심상 기법(guided imagery interventions)을 자주 강조한다. 깊이 호흡하기(deep breathing)나

사각형 호흡법(four-square breathing)[1]은 감정 조절과 이완을 가르치는 데 도움이 되는 기법이다. 깊이 호흡하기에서 아동은 다양한 깊이와 속도로 호흡하는 것을 배운다. 호흡 통제를 배우면, 아동은 전통적인 인지행동치료에서 효과적으로 밝혀진 기술을 배울 수 있다. 그러나 대부분의 전통적인 인지행동치료 이완 기법은 언어적 기술이나 지시를 따른다. 아동의 연령에 적합한 개입은 치료적 관계와(혹은) 활동에 근거해야 한다. 공동 치료회기에 부모와 함께 이완에 대해서 배우거나 부모에게 이 전략을 보여 주면 아동에게 이롭다. 좀 더 나이 든 아동이나 청소년은 자신을 진정시키는 단어를 생각하도록 배울 수 있다. 가령, 자신의 정신적인 신념과 관련된 단어 혹은 평화로운 기억들을 표상하는 단어(예: 해변)에 집중하면 도움이 된다. 나이 든 아동에게는 "네가 촛불을 끌 때 네가 얼마나 숨을 내쉬는지 생각해 보자."와 같은 인지적 방법도 진정시키는 데 적절한 단서를 제공할 수 있다. 그러나 더 어린 아동은 이완 기술을 배우도록 돕기 위해 종종 소도구가 필요한데, 깊이 호흡하는 것을 배울 때 비눗방울을 불어 볼 수 있다. 호흡 중에 일어나는 확장과 수축에 대해 시각적으로 보여 주기 위해 아동의 횡격막에 동물 인형을 올려놓을 수 있다. 아동과 부모/양육자가 일관적으로 연습해야 이완과 관련된 기술을 적절하게 사용할 수 있을 것이다. 저항하는 아동에게 이완을 가르치려고 노력하는 것은 역효과를 가져오기 때문에, 연습은 즐겁고 아동을 끌어들여야 한다. 아동에게 감정 조절과 이완 기술을 가르치는 데에는 놀이가 핵심적인 요소이다.

전형적으로 아동은 부모-자녀 관계를 통해 이완의 개념을 경험하기 시작한다. 부모가 진정될 때 아동도 그렇게 된다. 불안한 아동은 침대 밑의 괴물을 두려워하지 않는 어머니가 있으면 진정된다. 진정하면서 아동과 함께 있는 부모는 화가 불끈 난 아동에게 그들의 화는 견딜 만하고 그로 인해 관계가 손상되지 않는다는 것을 가르쳐 준다. 아동이 부모와 긍정적인 관계를 가지고 있으며 안정된 애착을 맺어 왔을 때, 치료에서 이완 기술을 가르치기가 훨씬 쉽다. 그러나 진정하면서 아동과 함께 있는 부모를 경험해 보지 못한 아동들에게는 치료사가 이 기술을 가르치기 시작하는 첫 번째 중요한 성인이 될 것이다. 치료사는 그것이 무엇이든 아동의 경험을 들을 수 있고 견딜 수 있다. 인지행동놀이치료사는 아동에게 반응을 알려 주

1) 역자 주: 사각형 호흡법(four-square breathing)은 4단계로 호흡하는 방법으로 **4초간 숨 들이쉬기** → **4초간 멈추기** → **4초간 숨 내쉬기** → **4초간 멈추기**의 순서로 이루어진다.

기 위해 애착에 대한 문헌과 연구를 활용하며, 아동이 수용적이고 안정된 관계에 바탕을 둔 감정 및 이완/진정 기술을 습득하도록 돕는다. 치료사는 회기 중에 안정감과 안전감을 주기 위해 진정하기 기법을 사용한다. 부모에게 이완과 진정 기술을 먼저 가르치면 유익한데, 이를 통해 아동이 치료사와 부모 모두에게 이 기술을 배울 수 있다. 그러나 치료사는 이 기술을 배우고 사용할 수 있는 부모의 능력을 반드시 평가해야 한다. 이 기술의 가치에 대한 부모의 이해를 증진시키기 위해 우선 심리교육이 필요할 것이다.

부모의 접촉과 같이 부모-자녀 관계에 근거한 이완은 잠재적으로 평생 존재하는 진행 중인 관계에서 아동을 진정시키고 편안하게 만든다. 부모가 진정 효과를 일으킬 수 있는 긍정적인 접촉을 제공할 수 있을 때, 이러한 자원이 치료를 보충해 준다. 아동이(부모가 아니라) 압박을 느낄 때 팔 앞쪽을 살짝 치거나 살살 문질러 주면 편안해지고 이완된다. 다양한 발달 단계에 있는 사람들을 대상으로 한 수많은 연구에서 접촉이 스트레스를 줄이고 옥시토신을 증가시키며 코르티솔을 감소시킨다는 것이 증명되었고, 이는 자해 행동을 보이는 청소년(Field, 2005)과 자연재해 발생 후에 외상후 스트레스 증상을 보이는 아동(Field, Seligman, Scafidi, & Schanberg, 1996)에게도 마찬가지였다.

나만의 바람개비(personalized pinwheel; Goodyear-Brown, 2005), 머리부터 발끝까지 점진적인 근육 이완, 게임 놀이(Cavett, 2010) 및 배트맨/봉제인형 댄스(Cavett, 2010)와 같은 몇 개의 놀이기반 개입 기법이 이완 기술을 가르치기 위해 개발되었다. 이완과 관련된 독서치료 서적도 또한 인지행동놀이치료에서 도움이 된다. 아이들이 좋아하는 『아동을 위한 스트레스 이완: 드래곤 길들이기(Stress Relief for Kids: Taming Your Dragons)』(Belknap, 2006)라는 재미있는 책에는 심상, 점진적인 근육 이완, 상호 운동을 활용한 몇 가지 이완 기법이 포함되어 있다. 『소년과 곰: 아동을 위한 이완 서적(A Boy and a Bear: Children's Relaxation Book)』(Lite, 1996)도 소년과 곰이 점진적인 근육 이완을 하는 것을 묘사하는 책으로 아동에게 매력적이다. 부모와 아동이 같이 책을 읽을 수 있고, 곰인형을 이용하여 책 읽기 전과 후에 이완을 연습할 수 있다. 『Moody Cow Meditates』(MacLean, 2009)는 화난 송아지와 함께 명상 단지(jar)를 만들고 화난 송아지와 이완의 개념에 대해 이야기하는 등 재미있는 방법으로 명상을 가르친다. 책을 읽은 후에 아동(과 부모)은 치료회기나 집에서 자신이 사용할 이완 단지를 만들 수 있다.

모델링과 역할극

인지행동놀이치료 전체에서 모델링과 역할 놀이가 활용된다. 모델링과 역할 놀이로 다룰 수 있는 일반적인 관심사는 정서의 인식과 표현에 관련된 문제를 포함하며, 긍정적인 대처 기술, 사회적 기술(예: 공격성 대 주장성), 적응적 인지 반응(예: 부모의 이혼에 대한) 및 문제 해결에 이를 사용한다. 인지적 반응의 모델링에서는 가령 부모의 이혼이나 아동기 암 투병 등 아동과 비슷한 경험을 가진 손인형이나 캐릭터 인형을 포함시킬 수도 있다. 손인형은 대본을 연기하고 생각을 말로 표현한다. 손인형이 하는 말을 통해 아동은 자신의 생각을 검토하고, 더 나은 기능(불안이나 적대적 행동을 감소시킴)을 가능하게 하는 대안적인 생각에 접근할 수 있다. 손인형은 우울한 아동에게 아동의 삶과 유사한 대본을 연기하고, 아동이 느낀다고 성인이 알거나 추측하는 것과 비슷한 말을 한다. 또한 손인형은 긍정적인 자기 대화를 모델로 보여 주어, 아동이 비슷한 지각을 탐색하기 위한 기회를 준다.

모델링은 손인형, 인형, 가면, 다른 장난감으로 할 수 있다. 아동과 치료사 둘 다 손인형으로 언어 표현을 할 수 있다. 역할 놀이는 현재 보이는 특정한 문제에 대해 구성할 수 있다. 치료사가 개별 아동의 개입에 적용할 수 있는 장난감의 범위는 넓다. 예를 들면, 장난감 자동차나 공룡 인형을 좋아하는 아동은 자신이 선호하는 관심사와 관련된 장난감으로 역할 놀이와 모델링을 하면 더 집중하며 배울 것이다.

인지 삼각형의 이해

인지행동놀이치료에서는 흔히 인지 삼각형을 사용하여 개념화되는 기분, 사고, 행동 간의 관계를 가르친다. 성인과 나이 든 청소년이 대안적인 사고방식을 탐색하는 작업을 할 때에는 소크라테스식 대화법이 흔히 사용된다. 이 방법은 선택에 대한 상호 탐색으로 볼 수 있다. 실제로, 인지행동놀이치료에서 기분, 사고, 행동의 탐색은 아동과의 관계를 기반으로 이루어진다. 아동의 현재 경험이 인정받고 이해된 후에야 이러한 탐색을 진행할 수 있다. 아동이 치료를 받으러 와서 단순히 인지적 왜곡을 고친다는 것은 충분하지 않다. 교사-학생, 부모-자녀 관계를 포함하여 아동은 많은 관계에서 자주 교정되고 무엇을 생각할지 사실상 지시를 받는다. 아동이 자신의 경험을 완전히 표현하도록 치료사가 허용하고 이를 이해한 후에, 치료사와 아동이 변화를 위한 가능성에 대해 함께 탐색하는 것이 가장 유익하다. Padesky(1993)는 소크라테스식 대화법을 단순히 내담자의 마음을 바꾸는 것이 아니라 '안내된 발견(guided discovery)'으로 개념화하였다. 이는 특히 아동 내담자에게 들어맞는다. 치료 중 아동의 의사소통(놀이와 언어)을 통해 분명해진 지각을 변화시키기 위해, 아동은 자신의 경험을 들어 주고 관계의 경험을 작업하는 사려 깊은 성인과의 관계가 필요하고 마땅히 이를 가질 만하다. 치료는 아동이 경험을 표현하도록 하고 나서 지각의 변화 과정에 동참하는 공동 작업으로 볼 수 있다. 이러한 변화는 치료회기 중에 나타나는 언어 표현과 놀이를 통해 이루어진다. 개입 방법에 관련된 전략들을 이후에 논의하겠지만, 치료사와의 관계야말로 아동이 자신, 타인, 세상에 대한 지각을 변화시키는 데 있어 가장 큰 영향력을 발휘하는 원동력이다.

인지행동놀이치료는 발달적으로 민감한 방법으로 아동이 기분, 사고, 행동에 대한 정보를 다루게 하는 전략을 활용한다. 예를 들어, 자석 인지 삼각형(Cavett, 2010)을 사용해서 아동은 역동적인 놀이 활동에 생각을 추가한다. 자석판에 변화를 주면, 아동은 자신의 기분, 사고, 행동 간의 상호관련성에 대해 '놀이'할 수 있다.

체계적 둔감화와 실제노출법

불안한 아동에게 체계적 둔감화와 실제노출법을 가르치는 데 인지행동놀이치료를 활용할 수 있다. 이 전략들은 보통 일반화된 불안, 특정 공포증, 혹은 외상 관련 불안을 다루는 데 일반적으로 사용된다. 학대를 당한 아동은 무해하지만 외상을 유발시키는 자극과 관련된 노출 치료가 필요할 수도 있다. 외상을 경험한 아동들에게 점차적인 노출은 불안을 감소시킨다(Deblinger & Heflin, 1996). 〈Pop Goes the Weasel: The Jack-in-the-Box〉[2]와 같은 놀이 개입 방법은 침입적 사고를 은유적

2) 역자 주: 〈Pop Goes the Weasel: The Jack-in-the-Box: Pop Goes the weasel〉은 동요의 제목이며 The Jack-in-the-Box 장난감에 멜로디로 나오기도 한다. The Jack-in-the-Box는 상자를 열면 (광대)인형이 튀어나오는 장난감이다.

으로 보여 주고 노출이 불안을 감소시킨다는 것을 증명하여(Cavett, 2010), 노출이 어떻게 각성을 감소시키는지에 대해 심리교육을 하는 데 도움을 준다. 아동이 두렵지만 무해한 자극을 반복적으로 만나면 두려움이 감소된다는 것을 알려 주기 위해, 치료사와 아동은 〈Pop Goes the Weasel〉 동요를 부르며 jack-in-the-Box 장난감을 사용한다. 인형이 상자에서 튀어나올 때 아동이 처음에 깜짝 놀라 깡충 뛰고 불안했던 것처럼, 아동도 위험하지 않은 어떤 것(예: 욕조에서 학대를 당한 아동이 목욕하기)을 두려워한다고 치료사가 설명한다. 상자에서 튀어나오는 인형이 더 이상 무섭지 않은 것처럼, 치료사는 아동이 일단 그 자극에 노출되는 것을 배우고 나면 더 이상 무서워하지 않을 것이라고 설명한다. 그러고 나서 치료사는 아동이 유발 자극에 대해 덜 불안해지도록 돕기 위해 어떻게 점진적인 노출을 할 것인지 아동 및 부모와 함께 작업한다. 노출 전반에서 아동이 자신의 괴로움의 주관적 수치를 평정하도록 돕기 위해 기분 주판놀이(Cavett, 2010)와 같은 놀이 개입 방법을 활용할 수 있다. 대부분의 실제노출법에서 놀이만으로는 충분하지 않지만, 회기 중에 실제노출법을 다루기 시작하고, 이를 논의하며, 노출 위계의 각 단계에서 불안을 소화시키는 데 놀이를 사용할 수 있다.

내러티브

외상 내러티브(Narratives)는 인지행동놀이치료에서 아동이 외상을 다루도록 돕는 데 핵심적인 요소이다. 외상 내러티브를 다룰 때, 아동, 특히 어린 아동은 그들의 내러티브를 놀이로 표현할 것이다. Cohen과 Mannarino, Deblinger(2006)는 내러티브를 표현하는 데 인형, 손인형, 또는 그림을 사용하는 것을 포함하여 외상 내러티브를 만드는 몇 가지 도구를 기술하였다.

일단 내러티브가 완결되었다면 놀이치료 기법은 외상 내러티브와 연관된 기분과 사고를 다루는 데 유익하다. 예를 들어, 학대자가 어떻게 그들을 '속여서' 성적 학대를 했는지 이해하기 어려워하는 아동에게는 '학대자의 속임수 가방(abuser's bag of tricks; Crisi, Lay, & Lowenstein, 1998)'이나 '속임수 모자'(Grotsky, Camerer, & Damiano, 2000)가 유익할 것이다. 자신이 어떻게 성적 학대에 대한 생리적인 반응을 갖게 되는지 이해하기 어려워하는 아동에게는 '이건은 단지 몸이 하는 것: 성적 학대를 당한 아동의 정상적인 성적 반응'(Cavett, 2010) 기법을 사용하여 생리적 반응을 보이는 것이 아동이 학대를 원했거나 학대에 책임이 있다는 것을 의미하지 않는다는 사실을 이해하도록 도울 수 있다. 학대와 관련된 일반적인 인지적 왜곡을 다루기 위해 개발된 기법의 범위는 방대하다(Cavett & Drewes, 2012; Crisci, Lay, & Lowenstein, 1998 참조).

대인적 안전 기술 가르치기

놀이치료 기법은 건강한 경계(boundaries)를 가르치고 강화하는 것을 포함하여 미래에 안전을 증진시키고자 한다. 예를 들어, 아동에게 몸의 윤곽선을 그리게 하고 대인적 경계, 즉 어떤 사람에게는 신체의 어떤 부분이 경계를 넘는 것인지에 대해 이야기한다. 예를 들어, 손은 일반적으로 접촉 가능하다. 이 문화에서는 심지어 낯선 사람들도 만나면 악수를 할 것이다. 특수 교사나 친구가 아동을 안심시키기 위해 아동의 등을 토닥이거나 문지르는 것처럼, 아동에게 가까운 사람이라면 등에 접촉할 수 있다. 아동은 경계에 대해 배우기 위해 작업 도표(worksheet) 유형의 자료를 사용할 수 있으나 이를 즐거워하는 아동은 별로 없고, 같은 개념에 대해 놀이를 하는 것이 보통 더 재미있다. 아동에게 친숙한 작업 도표는 '도움을 요청할 사람들(My Helpers; Crisci, Lay & Lowenstein, 1998)' 기법에 포함된 것인데, 이 기법은 도움을 요청할 사람들과 도움이 필요한 상황 대본으로 하는 작업으로 아동은 각 상황에서 도움을 요청할 수 있는 적절한 사람을 짝짓는다. '나의 안전한 이웃'(Cavett, 2010)은 놀이와 장난감을 통해서 어린 아동과 안전 문제를 어떻게 처리할지 묘사한다. 특히 더 어린 아동에게는 안전과 관련된 장난감 종류(예: 소방서, 경찰서, 병원)를 구비하는 것이 필수적이다. Goodyear-Brown(2005)의 '옷걸이와 확성기 기법(door hangers and megaphones technique)'은 안전과 관련된 문제를 다룬다. 핵심적인 치료적 요소는 개입 중에 이루어지는 과정이다.

종결

인지행동놀이치료에서 아동과의 치료종결은 치료적 관계의 건강한 마무리를 촉진하고, 치료 중에 배운 기술을 강화하며, 아동과 부모(다른 양육자 자원 포함) 간의 관계를 지속적으로 강하게 하는 데에 초점을 둔다. 치료를 마무리하는 과정은 종종 상실과 슬픔에 대한 문제를 불러일으켜서, 치료와 관계를 끝내는 경험을 통해 결말과 작별에 대해 더 깊이 다루어 볼 수 있다. 관계는 치료의 과정에서 변화의 기초가 되며, 종결을 다루는 과정은 치료사와 아동 간에 발달된 결속 그리고 관계를 지속하고 싶은 욕구 둘 다와 관련된다. 종결 중에 상실과 분노감을 표현하도록 허용하는 것이 중요하다. 예를 들어, '시작부터 끝까지'(Kenney-Noziska, 2008)는 아동이 치료를 시작한 시점부터 마지막 치료회기까지 일어나는 변화를 아동과 치료사가 다루어 보게 한다. 종이 인형 그림들을 오려서 각 인형들의 손과 발을 서로 연결시킨다. 첫 번째 인형 그림은 처음 치료를 시작했을 때의 아동을 나타내며 아동이 처음에 어떻게 보였는지 치료사와 아동이 묘사한다. 그 당시 아동의 기분과 경험은 어떠하였나? 아동의 염려와 두려움은 무엇이었나? 마지막 인형 그림은 종결 단계에 있는 아동을 표상한다. 첫 번째 인형 그림에 대해 논의한 후에, 마지막 인형에 대해 논의한다. 아동은 어떻게 변하고 성장하였나? 이러한 성장과 변화를 촉진시킨 경험은 무엇이었나? 아동과 치료사는 아동에게 지속적으로 필요한 것이 무엇인지, 어떻게 이를 충족시킬 것인지 탐색한다. 아동의 장점과 탄력성을 강조한다. 아동도 또한 치료적 관계가 자신과 타인에 대한 지각을 어떻게 변화시켰는지 알아본다. 첫 번째와 마지막 인형 그림 사이의 인형들에 대해서도 논의하고, 치료 과정 중의 영향력 있는 경험에 대해 중간 인형 그림들에 적는다.

임상사례

Spencer의 부모인 Joseph과 Kari는 군인인 아버지의 부대 배치로 인해 생길 변화를 Spencer가 어떻게 견딜지 논의하기 위해 처음 치료사와 만났다. 아버지가 아프가니스탄에 가는 것과 관련된 예상되는 경험을 4세인 Spencer와 나중에 다룰 때 정보를 사용하기 위해, 치료사는 부모와의 만남 중에 부대 배치에 대한 자세한 정보를 가능한 한 많이 수집하였다. 부모는 부대 배치와 관련된 활동에 가족이 어디에서 언제 참여할지에 대해 중요한 정보를 제공할 수 있었다. Joseph은 육군 전투복을 입을 것이라고 말하였다. 그들은 동시에 부대 배치에 참여하는 다른 가족들, 그리고 내년에 다양한 시기에 부모님이 돌아오는 가족들과 교류할 것이다. 가족은 아버지의 부대를 태운 버스에 아버지가 타기 전에 마지막으로 인사를 하게 될 것이다. Spencer의 부모는 부대 배치가 점차 이어지는 일주일 동안 아동이 여러 번 힘들어할 것 같다고 느꼈고, 그 기간 동안 아동을 돌보고 안심시키기 위한 활동이 계획되었다.

치료사는 장난감 건물(가족이 일반적으로 사용하는 육군기지 건물과 관련된 간판이 있는 신발상자)을 포함하여 부대 배치를 표시하는 장난감을 만들었다. 군인 인형과 손인형으로 Spencer는 아버지의 부대 배치와 관련된 놀이를 할 수 있다. 아동과 가족은 아버지가 길게 떠나기 위해 짐을 쌀 때 Spencer가 흔히 보았던 물건들(군인화, 군인용 헬멧, 군인용 배낭 등)을 가지고 왔다. 놀이 중에 Spencer와 치료사는 부대 배치 전 마지막 날을 예상하여 그의 부모가 말해 준 내용을 대본으로 만들어 연기하였다. 확대 가족과 아버지 부대의 다른 가족들이 모이는 것을 포함하여, 특정한 사건의 세부적인 부분들을 연기하였다. 아버지와 어머니도 치료회기에 들어왔고, 아동이 그들에게 대본의 일부를 보여 주었다. 부모는 놀이 대본에서 아동의 기분과 생각에 대해, 그리고 이것이 아버지의 이전 부대 배치 중에 아동이 느꼈던 것과 얼마나 유사한지 알게 되었다. Spencer는 버림받음과 상실의 감정을 탐색할 수 있었고, 치료사뿐만 아니라 부모도 아동의 지각을 '들을' 수 있었다. 놀이를 통해 아동의 분노와 슬픔을 이해할 수 있었는데, 이는 '변화되어야' 한다는 것이 아니라 수용될 수 있고 그러므로 아동 자신도 수용될 수 있다는 표현이었다.

치료사와 부모에게 아동의 표현이 수용되었을 때, Spencer는 자신의 기분과 관련된 믿음을 탐색할 수 있었다. 자신은 아버지에게 사랑을 받고 지속적으로 관계를 맺을 가치가 없는 것일까? 아버지는 자신에게 돌아올까? 아버지가 떠나는 것은 자신이나 자신의 행동과 상관이 있을까? 자신에게 변화의 의미가 무엇일까? 이러한 주제는 아동의 '언어'를 넘어서는 것이다. 그러나 아동의 놀이에서는 이를 피하지 않고 드러낼 수 있다. 아동은 자신이 탐색할 필요가 있는 생각을 놀이를 통해 표현할 수 있었다. 치료사가 놀이에 언어를 넣을 수 있기 때문에(혹은, 때로 필요해 보이면 놀이에 머물러 있음), 아동은 자신의 두려움과 상실을 다룰 수 있었다. 이러한 방식으로 Spencer는 자신의 기분에 지지를 얻었고, 아동이 느낀 상실을 표현할 필요가 있다는 것을 부모도 이해할 수 있었다.

스트레스 예방을 위해 초기 치료를 받은 것에 더하여, Spencer는 부대에 배치된 부모의 자녀가 겪는 매일의 경험을 지속해서 다루기 위해 아버지의 부대 배치 동안 치료에 참여할 수 있었다. Spencer와 아버지는 스카이프(Skype)를 포함하여 아버지의 부대 배치 동안 대화할 수 있는 방법을 논의하였다. 각 가족 구성원을 손인형을 사용하여 나타내면서, 아동의 가족 구성원이 치료회기에 참여하였다. 각 구성원이 상대방을 어떻게 보는지, 그리고 그들이 어떻게 느끼는지를 서로 지지하였고, 각 가족 구성원의 장점에 대해 표현하였다. Spencer의 부모는 놀이에서 대본을 연기할 수 있었던 것에 대해 감사를 표했고, 이를 통해 경험에 대한 더 깊은 이해와 인식이 가능하였다고 지적하였다.

결론

인지행동치료는 흥미뿐만 아니라 인지와 언어적 제한으로 인해 아동에게 사용하기 위해서는 반드시 수정하여 적용해야 한다. 아동은 언어보다는 놀이를 통해서 유의미한 정보를 더 많이 전달한다. 아동의 자기표현을 촉진시키고, 말로만 의사소통하면 이해할 수 없는 기술을 가르치는 데 발달적으로 적절한 수단을 제공하기 위해서 놀이가 사용된다. 인지행동놀이치료에서 아동은 놀이를 통해 자신의 기분, 생각, 지각을 표현할 수 있다.

제 7 장

놀이치료 통합접근

Eliana Gil · Elizabeth Konrath · Jennifer Shaw
Myriam Goldin · Heather McTaggart Bryan

심리치료 통합
임상사례
결론

어느 날 아침 나는 10세 된 Myra를 키우는 엄마 Shannon의 이야기를 전화로 듣고 있었다. Shannon은 정신이 나간 듯 당장 치료 약속을 잡아 달라고 요구했다. Shannon이 초기 면접을 위해 도착했을 때에는 무척 피곤하고, 무언가에 압도되어 있는 모습이었으며 금방이라도 짜증을 낼 것 같은 상태였다. Shannon은 초기 면접에 혼자 오기를 청했지만 Myra를 맡길 곳을 찾지 못했다면서 나의 잠재적 내담자를 데리고 왔다. 이야기가 시작되자 Shannon은 Myra가 현재 도움이 매우 필요한 상태이며 남편 John과 함께 5년 전 베트남으로부터 Myra를 입양했다는 것을 공유했다. Shannon은 입양기관이 Myra의 출생증명서에서 생일을 바꿨다고 믿기 때문에 Myra의 정확한 나이를 알 수 없다고 했다.

여러 위탁 가정과 고아원에서 키워졌다는 것 외에 Myra의 생애 첫해 동안 무슨 일이 있었는지 아는 게 거의 없는 상태였다. Shannon은 Myra를 처음 집으로 데리고 왔을 때 저체중에 발달이 약간 지연되어 있는 상태였다고 적었다. John과 Shannon이 Myra를 입양한 이유에 대해 탐색할 때, Shannon은 Myra를 입양하기 일 년 전에 6세 된 Susan을 입양했고, Susan에게 친구가 필요할 것 같아 한 명 더 입양하기로 결정했었다고 무심하게 이야기했다. 그런 다음 Shannon은 남편과 자신에게 어떤 종류의 도움이 필요한지 이야기하기 시작했다. 그녀의 가족은 몇 달 전에 텍사스에서 버지니아로 이사했다. 텍사스에 사는 동안 이웃들과 매우 친하게 지냈으며, 종종 이웃집에 사는 15세 된 Michael에게 두 아이를 맡기고 외출하곤 했다. Michael은 2년 이상 두 아이의 베이비시터를 했으며 그 즈음에 Myra와 Susan이 예전과 다르게 행동하기 시작했다고 한다. Michael에게 두 아이를 맡기고 외출하려고 할 때마다 두 아이는 극도로 화를 내고 소리를 지르며 가지 말라고 애원했다고 한다. 회고하는 동안 Shannon은 그 당시 남편과 자신이 아이들의 이런 모습을 그저 외출하지 못하게 하려는 시도로만 생각했던 것에 대해 죄책감을 느꼈다. 또한 이 즈음에 두 아이는 학교에서도 문제 행동이 보고되었다. Susan은 위축되고, 조용하고, 무기력해 보였고, Myra는 공격적이고, 도망가기 일쑤였으며, 순식간에 분노를 폭발시켰다. Shannon의 가족이 버지니아로 이사 왔을 때, Susan은 학교 상담사에게 Michael이 두 소녀를 신체적으로 그리고 성적으로 학대했다는 것을 털어놓았다.

초기 면접에서 Shannon이 Myra의 현 상태에 대해 이야기하는 동안, Myra는 사무실에서 다섯, 여섯 차례 분노를 폭발시켰고, 불안하고 조절되지 않으며, 과행동 상태인 것으로 보였다. Shannon은 Myra가 이전 학교에서 일학년 일주일 만에 퇴학당했다고 설명했다. 사실 Myra의 행동은 너무나 통제 불가능이어서 초기 면접날 아침에 John은 Shannon에게, "한 달 정도는 시도해 볼 수 있어. 그렇지만 Myra가 전혀 나아지지 않는다면 시설로 돌아가야만 해. 우리는 더 이상 그 아이를 다룰 수가 없어. …… Myra는 우리 생활을 엉망으로 만들었어. 이번이 Myra에게 주는 마지막 기회야."라고 이야기했다. "Myra는 누구의 말도 듣지 않아요. 나나 아빠로부터 도망만 다니고, 언니나 나나 할 것 없이 주변 사람들을 때리고, 아무것도 아닌 일에 분노하기 시작해요. 도움을 요청하지도 않고 마치 3세짜리 아이처럼 굴어요."라고 Shannon은 말했다. 또한 Shannon은 Myra가 수면에 어려움을 겪고 있으며, 자주 악몽을 꾸고, 야뇨를 보이며, 갑작스러운 소리에 깜짝깜짝 놀라곤 한다고 보고했다. 또 Myra는 의복이나 옷감에도 고집을 심하게 부리고, 식습관도 문제가 있어서 피자나 과자 같은 인스턴트 음식들만 먹으려고 한다는 것이다.

Shannon은 Myra와의 관계를 다음과 같이 묘사했다. "글쎄요. 내 생각에는 Myra가 자신만의 방법으로 나를 사랑하는 것 같아요. 그렇지만 때때로 내가 더 이상 엄마가 아니라고 해도 전혀 개의치 않을 것 같다는 생각이 들어요." 또한 Myra는 또래나 성인들과 관계를 형성하는 데에도 문제가 있었다. John이 딸과의 관계를 어떻게 묘사할 거라고 생각하는지 묻자, Shannon은 시선을 돌리며 이렇게 대답했다. "나와의 관계보다 아주 훨씬 안 좋아요. 가끔 John은 이 아이를 전혀 좋아하지 않는 것처럼 보여요." 나는 Myra의 문제 행동들이 부모를 완전히 지치게 만들고 있는 지금 상황이 전혀 이상할 게 없다고 적었다. Myra의 언니에 대해 묻자 Shannon은, "그 아인 천사예요. 인내심도 많고 사랑스럽죠. 두 아이 모두 베트남에서 왔는데도 그렇게 다를 수가 없네요."라고 답했다. 확실히 이 가족 안에서 Myra는 문제아였고 Susan은 부모를 힘들게 하지 않는 좋은 아이였다.

Shannon이 사무실을 떠난 후, 나는 Shannon이 느꼈을 것이라고 확신되는 모든 감정, 즉 압도당하고, 혼란스럽고, 어디에 초점을 맞춰야 할지 우왕좌왕하는 감정을 스스로 느꼈다. Shannon이 어린 딸의 문제를 묘사하는 방식은 압도적이고 도전적으로 들렸다. 나는 Myra와 그 가족들을 돕기 위해서 내가 배운 모든 치료 기법들을 통합해야 할 필요성을 느꼈다. 가장 먼저 해야 할 일은 아이를 만나고 그 아이와 관계를 형성하기 시작하는 것이다. Shannon과의 만남을 되새겨 보면서, 다뤄야 할 여러 가지 이슈들을 정리해 보았다. 첫째, Myra와의 관계 형성은 치료의 성공 여부에 매우 중요한 부분이며, 둘째, 가족 맥락, 특히 부모-자녀 관계는 신속한 개입이 필요하다. 셋째, 성적 학대와 관련된 트라우마-초점 치료도 고려해야 하며, 넷째, 두 자매에게는 자기조절 및 자매 간 갈등과 관련된 도움도 제공되어야 한다. 또한 Myra와 관련해서는 야뇨, 식이 문제를 포함한 신체적 상태도 점검해야 하며, 특정 옷감이나 옷에 대해서 완강한 거부 반응을 보이는 것과 관련해서는 가능한 한 감각 문제도 검토되어야 한다. Myra에게 제공될 통합 치료적 접근에서는 소아과 의사, 작업 치료사 등의 타 영역 전문가들과의 협업이 중요할 것이다. 치료 목표와 치료 중 고려 사항들이 어느 정도 결정되었지만, 세부적인 접근방법은 아직 정해지지 않았다. 통합적 틀을 사용할 때에는 아동과 가족을 더 잘 알고 이해할 수 있는 접근법을 찾아내어 선택해야 하므로 나는 텍사스에서 발생했다고 보고되었던 학대를 확인하는 것부터 시작하였다.

심리치료 통합

이전에는 절충주의라고 불렀지만, 이제는 이론과 기법, 공통 요인들을 융합시킨다는 의미에서 '통합'이라는 말이 선호되고 있다. 치료 모델로서 심리치료를 통합하여 사용한다는 것은 수십 년 동안 성인 심리치료 영역에서 공개적으로 다루어진 주제였다. 과거 5년간 성인 모델과 아동 모델 모두에 대한 임상적 주목이 점점 증가하면서, 절충주의는 더욱 신뢰성 있는 치료 접근으로 지지받아 왔다. Norcross와 Goldfried(2005)가 언급했듯이 1990년대 이후로 심리치료 안에서 이론, 기법, 공통 요인들을 통합하는 것은 매우 현저한 현상이다.

아동 치료에 있어 통합적 접근을 사용하는 것에 대한 논의는 문헌상으로는 보고되고 있지만, 경험적 연구 보고는 현재까지 매우 부족한 상태이다(Drewes, 2011). 그렇지만 지난 20여 년간 이론과 기법의 통합은 분명히 임상가들의 관심을 받아왔다(Norcross & Goldfried, 2005). 423명의 정신 건강 전문가들을 대상으로 한 조사에서 대다수가 통합적 형태의 치료를 사용하고 있다고 보고하였다(Jenson, Bergin & Greaves, 1990). 2002년 조사에서 Norcross와 Hedges, Castle 등은 심리학자의 36%가 절충적/통합적 접근을 선택했다고 보고하고 있다. 문헌 조사에서는 한 가지 접근법의 사용이 점점 밀려나고 있는 추세인데, 왜냐하면 어떤 연구도 서로 다른 형태의 내담자 모두에게 효과적인 단 하나의 접근법에 대해서 결론을 내리지 못하기 때문이다(Drewes, 2011). Phillips와 Landreth(1995)는 놀이치료사들이 가장 공통적으로 적용하는 접근법은 절충주의와 다이론적(multitheoretical) 지향이라고 보고하였다(Drewes, 2011). 흥미로운 점은, 외상-초점형 인지 행동치료(trauma-focused cognitive-behavioral therapy: TF-CBT)처럼 특정 증상에 가장 효과가 좋다고 인정받고 있는 치료법의 지지자들조차도 어린 아동 그리고 청소년들과 작업할 때는 조금 더 통합적으로 접근할 것을 격려한다는 것이다(Cohen, Mannarino & Deblinger, 2012).

Norcross와 Goldfried(2005)는 통합적 심리치료에 관심이 높아지고 있는 이유를 다음과 같이 설명한다. ① 치료의 증가, ② 어떤 증상에도 적합한 단 하나의 이론이나 치료법의 부재, ③ 단기간, 문제-초점 치료법의 성장, ④ 특정 목표 문제에 효과가 좋은 특정 치료법들이 증거기반 치료법으로 성장, ⑤ 좋은 결과를 끌어내는 치료 기법들 간의 공통점 인식(Drewes, 2011, p. 23)이 그것이다.

마음에 대한 인식론과 철학에 있어서의 실질적 차이점이 여전히 존재하지만, 임상 과학의 연합이라는 조금 더 큰 움직임의 일부로 심리치료의 통합이 새로운 국면을 맞이하고 있다고 저자는 제안하고 싶다.

놀이치료와 심리 치료 통합에 대해 최근 연구

과거 수십 년 동안 이루어진 놀이치료 연구들을 검토해 보면, 치료 기법의 통합적 접근에 대한 흥미가 증가하고 있을 뿐 아니라 치료 기법의 통합적 접근에 대한 개방성도 증가하고 있음을 알 수 있다. 현장에 있는 놀이치료사들은 다양한 문제와 요구를 가진 자신들의 내담자를 다루는 데 있어 증거기반의 지시적 그리고 비지시적 모델들을 통합하길 선호한다고 보고하고 있다. 통합 놀이치료를 다루고 있는 최신 기사나 서적들도 임상가들이 다중 증상을 가진 내담자들을 다뤄야 할 때,

증거가 수집된 치료법들을 통합하여 사용하기를 좋아한다고 설명하고 있다(Cavett, 2009; Drewes, 2011; Gil, 2006, 2012; Gil & Shaw, 2013; Weir, 2008; Wynne, 2008). 그와 동시에 놀이치료계 리더들도 각 아동 및 청소년들의 요구에 따라 놀이치료 모델들을 어떻게 연합시킬 것인지에 대해 조금 더 강력한 지침이 제공되어야 한다는 것을 인식하고 있다(Kenney-Noziska, Schaeher, & Homeyer, 2012).

연구들도 비교 그룹 혹은 비치료 그룹과 비교했을 때 분명히 통합 치료 효과가 더 높았다는 증거를 제시하고 있다. 놀이치료와 관련된 연구의 견고함은 실생활에 얼마나 응용될 수 있는가에 달려 있고, 실생활에의 성공적인 응용이야말로 놀이치료를 유용하게 만들 수 있는 견고한 장치라고 할 수 있다(Ray, 2006). 놀이치료가 잘 정립된 치료법으로 인정받기 위해서 놀이치료연구가들은 구체적인 방법으로 연구 디자인을 보고하고 개선하려는 노력을 지속적으로 해야 한다(Ray, 2006). Schaefer(2003)가 제안했듯이, 아동 · 청소년의 심리 장애들은 다층적이고 다중 결정적이기 때문에 다면적 치료 접근이 필수적이다. 두 개 혹은 그 이상의 모델을 혼합하는 통합 놀이치료의 확대로 놀이치료 연구가들은 어려운 임무를 가지게 되었다. 왜냐하면 현장에서 임상가들은 통합적 접근의 효과를 보고하고 있고, 통합적 접근을 활발하게 사용하고 있지만, 보험사와 같은 관계자들은 보험 처리가 확정된 증거기반 접근을 사용하도록 압박하기 때문이다. Stricker와 Gold(2008)는 심리치료사가 특정 모델을 가지고 작업하면서 그 모델에 새로운 아이디어와 기술의 병합을 시도하는 학습 과정을 반복하는 것처럼 심리치료적 통합도 모든 임상 과정과 연구 과정의 일부라고 지적하고 있다.

각각의 치료이론들은 각각의 가치 있는 치료 방법과 개념들을 제공한다(Lazarus, 2006). Kenny-Noziska 등(2012)이 언급한 대로, 어떤 특정 문제를 가지고 있는 개인에게 언제, 누가, 어떤 환경에서, 어떤 치료법을 사용하는 것이 가장 효과적인 것인가에 대한 질문은 임상에서 매우 핵심적인 질문이다. Bratton과 Ray, Rhine, Jones(2005)에 따르면 지시적, 비지시적 접근 모두 중간 이상 높은 수준의 효과 크기를 보여 주었다. 놀이치료 연구가들은 특정 아동기 장애마다 효과가 좋은 서로 다른 치료 접근에 대해 증거 자료들을 축적해 왔으며(Drewes, Bratton, & Schaefer, 2011; Wethington et al., 2008), 그에 따르면 비지시적 개입이 가장 효과적인 특정 장애들이 있고, 지시적인 개입이 가장 효과적인 특정 장애들이 있고, 또 다른 특정 장애들에서는 두 개입의 통합이 가장 효과적이었다고 한다(Kenny-Noziska et al., 2012, p. 247).

연구는 '이 치료법이 저 치료법보다 낫다.'는 식의 접근은 제안하지 않는다. 그보다는 오히려, '경우에 따라 다르다.'라고 제안하는 편이다. 비지시적인 접근과 지시적인 접근은 어떤 장애냐에 따라 그리고 개입의 이슈가 무엇이냐에 따라 그 효과가 매우 다양하다. 최근 연구에 의하면, 보다 다양한 아동기 장애를 다루기 원하는 놀이치료사라면 지시적인 치료 기법과 비지시적인 치료 기법 모두를 익히도록 격려하고 있다(Kenney-Noziska et al., 2012).

놀이치료는 모든 장애에 적용 가능한 한 가지 접근을 찾으려는 관점을 넘어서 좀 더 통합적 이론 접근으로 다가가고 있는 것이 명백하다. 그 예로, Phillip과 Landreth(1995)는 연구에서 놀이치료사들이 보고하는 가장 공통적인 접근은 절충주의라고 밝히고 있다. 또한 놀이치료는 내담자들의 요구를 충족시키기 위해서 지시적인 접근과 비지시적인 접근의 통합이라는 쪽으로 점점 더 움직이고 있다. 통합적 놀이치료를 다루는 다수의 문헌들은 통합적 놀이치료 접근이 놀이치료 분야에서 하나의 모델로 빠르게 자리 잡아 가고 있다고 증언하고 있다(Kenney-Noziska et al., 2012, p. 247).

통합적 접근에서의 방해 요소들

서로 다른 모델을 통합하는 작업의 흥미로움은 잘 설명되어 왔으나, 이러한 작업이 잘 진행되기 위해서 연구가들과 임상가들은 방해가 될 만한 요소들을 잘 살펴봐야 한다(Kenney-Noziska et al., 2012). 가장 중요한 방해 요소는, 하나의 이론적 접근, 즉 다소 배타적으로 단 하나의 렌즈를 통해서만 보려고 하는 '순수함'으로부터 발생한다. 하나의 이론은 대학원 학생들의 교육 및 실습을 인도하는 가장 좋은 방법이 된다. 대학원 학생은 일반적으로 아동기 장애에 대응하는 방법에 대해 하나 또는 두 가지의 이론적 접근법만을 배우게 되며, 그러다 보니 다양한 보완적 사고를 통합하기 위한 지식이 부족한 경우가 많다(Drewes, 2011; Norcross, Beutler, & Levant, 2005). 교수와 슈퍼바이저들의 철학적 입장은 학생들과 이제 막 일을 시작하는 전문가들이 어떤 치료 모델에 친숙해질지 여부에 영향을 미칠 수 있으며, 개입 시 융통성 있는 접근을 제한할 수도 있다(Drewes, 2011). 또한, 서로 다른 접근법들을 통합할 수 있는 임상가가 되기 위해서는 광범위한 이론과 접근법에서 유능해지기 위한 재정적 또는 시간적 제한을 겪게 될 수 있다.

마지막으로, 통합의 주요 장애물은 효과를 입증하는 증거를 보여 주는 방법만이 신뢰할 만하다는 믿음이다. 여전히 확실한 지침이 필요한 상태지만 놀이치료 분야는 증거기반을 통한 신뢰성 확장을 지지하는 것 같다(Drewes, 2011; Kenney-Noziska et al., 2012). 증거기반 모델이 유용한 것은 분명하지만 가능하다면 통합된 접근을 사용해야 현장 위주 정보와 연구 위주 정보 모두를 치료에 적용할 수 있으며, 분명히 가치가 있지만 아직 연구로 증명되지 못한 다른 접근법을 소홀히 하지 않을 수 있다. 예를 들면, 표현 치료법처럼 현재 많이 사용되어지고 있지만 증거기반을 제시할 만큼 연구가 쌓이지 않은 접근들이 있기 때문이다.

통합에 대한 이런 장벽들은 치료사들이 내담자의 요구에 가장 잘 맞는 치료법이 무엇인지에 대해 전문가답게 반성적인 질문을 자주 던지고 고찰하는 것으로 가장 잘 극복되어질 수 있다. 치료 과정에서 순수하게 지시적 개입 혹은 비지시적 개입을 유지한다는 것은 어려운 일이며, 지시적 기술 혹은 비지시적 기술은 치료 과정의 서로 다른 순간에 사용되어지기도 한다. 그러므로 다양한 놀이치료이론들 혹은 증거기반 모델들에 능숙해져야 할 필요가 있다. 치료사는 다양한 치료 양식을 서로 혼용할 수 있는 수준의 전문가가 되기 위해 시간과 비용을 투자해야 하며, 효과가 있는 것으로 알려진 치료를 받도록 의뢰하는 데 주저함이 없어야 한다. 그리고 연구자들은 각 이론 양식이 제시하는 치료적 변화를 가져올 놀이의 힘을 규정하기 위해 꾸준히 노력해야 한다(Schaefer & Drewes, 2014).

임상사례

Myra에 대한 Shannon의 보고와, 짧은 시간이지만 내가 관찰한 Shannon과 Myra의 상호작용을 토대로 나는 부모-자녀 평가를 가장 우선적으로 해야 한다고 결정했고, 부모-자녀 평가를 위해 마샥 상호작용 평가(Marschak Interaction Method: MIM; Landaman, Booth, & Chambers, 2000)를 선택했다. 마샥 상호작용 평가는

Shannon과 Myra 간 관계와 애착이 어떤 상태인지에 대한 정보를 얻을 수 있는 가장 효과적이고 유용한 방법이라고 믿었다. 마샥 상호작용 평가는 구조화된 관찰 기법으로 부모-자녀 관계를 개입(engagement), 양육(nurture), 도전(challenge), 구조(structure)의 차원에서 관찰하게 된다(Booth & Jernberg, 2010). 마샥 상호작용 평가에서 제공되는 각각의 놀이 활동은 임상가가 위의 네 가지 차원에서 부모-자녀 관계를 평가할 수 있도록 구성되어 있다(Booth & Jernberg, 2010; Hitchcock, Ammen, O'Connor, & Backman, 2008).

개입 영역은, 부모와 자녀가 서로에게 정서적으로 잘 조율되는 상태에서, 즐거움이 공유되고 아동에게 주의를 길게 주는 즐거운 경험이 제공되는지를 측정한다. 양육 영역은, 아동의 애착 요구에 대한 반응, 아동이 사랑받고 보호받을 가치가 있는 존재로 느끼도록 할 수 있는 부드럽고 차분한 접근, 달래기를 사용한 조절의 경험 등을 부모가 제공하고 있는지를 측정한다. 구조 영역을 통해서는 부모가 아동에게 어떤 방식으로 안전감, 조직감, 정서 조절, 분명한 기대와 한계 등을 제공하는지 측정할 수 있다. 마지막으로, 도전 영역에서는 아동이 자기가치감을 만들어 가는 데 부모가 어떻게 도움을 주는지 그리고 아동이 위험을 만났을 때 그냥 포기하지 않고 자신감을 가지고 위험을 해결해 결국 숙달감을 획득할 수 있도록 어떻게 격려하는지에 대해 관찰할 수 있다(Hitchcock et al., 2008).

마샥 상호작용 평가를 통해 Shannon과 Myra는 네 영역 모두에서 중재가 필요하다는 평가를 받았다. 마샥 상호작용 평가를 진행하는 동안, Myra는 불안하고, 역기능적인 조절을 보였으며, 엄마에게 공격적이었다. Shannon은 Myra에게 양육을 제공할 수 있는 기회를 자주 놓쳤다. Shannon은 구조를 제공하지도 못했지만, 정서적·신체적 담아 주기도 제공하지 못했다. 예를 들어서, Shannon은 여러 번 Myra에게 개입하려고 시도했지만, Myra는 방의 반대 방향으로 도망가서 빙빙 돌곤 했다. 게다가 마샥 상호작용 평가 동안 Shannon과 Myra는 서로에게 잘못된 싸인을 주고, 서로의 싸인을 잘못 해석하는 모습을 보였다. Myra는 화가 났는데 Shannon은 웃었고, Myra가 Shannon의 얼굴에 무언가를 던졌을 때 Shannon은 Myra를 무시하거나 미소 지었다.

또한, 마샥 상호작용 평가를 하는 동안 Myra는 자신이 할 수 있는 것 혹은 하고자 하는 것들에 대해서도 경직된 태도를 보였고, 지속적인 통제가 필요한 것처럼 보였다. Myra의 행동은 "나는 항상 통제가 필요해요. 그래야 무슨 일이 일어날지 예견할 수 있어요." "어른들은 나를 도울 수도 없고 나를 이해하지도 못해요." "내가 상처 입었을 때 어른들은 나를 위로해 주지 않았어요."라고 이야기하는 것으로 해석되었다. 평가가 진행되면서 부모-자녀 간 상호작용을 보고 있자니, Myra의 역기능적 조절과 통제 욕구는 Myra가 안전감과 보호감을 느끼고 있지 못하며, 신체적 그리고 내적으로 지속적인 비조직감을 경험하기 때문이라는 것이 분명해 보였다. Myra가 억제하지 못하고 행동화할 때, Shannon은 억제하고, 위축되고, 수동-공격적인 모습을 보였다. Shannon이 구조와 제한을 제시하려고 시도할 때면, Myra는 아주 단호히 협조를 거절하고 엄마가 요구한 것과 반대로 행동하곤 했다. Shannon이 블록으로 구조물을 만들면서 Myra에게 같은 것을 만들어 보도록 청하는 활동을 하는 중, Myra는 블록을 엄마 얼굴을 향해 세게 던져 버렸다. Shannon은 경고를 주는 것과 같은 행동으로 간간히 구조를 만들어 보려고 시도하기도 했지만, 어떤 강화물이나 재설정으로도 따르게 할 수가 없었다. Myra는 엄마의 양육 행동이 어떻게 발생하는지를 통제할 수 있을 때만, 엄마의 양육 행동을 수용했다. 마지막으로, Shannon의 강점인 인내심과 차분함이 마샤 상호작용 평가 과정에서 드러났다.

마샤 상호작용 평가를 모두 마쳤을 때, 나는 Myra의 치료와 관련해 목표를 좀 더 구체적으로 설정할 수 있었다. 치료 목표는 다음과 같다.

1. 건강한 치료관계를 형성하고 Myra를 위한 안전 기저를 세운다.
   a. Myra의 사고, 감정에 공감적으로 반응한다.
   b. 일관성, 제한 설정, 구조를 통해서 안전감을 강조한다.
   c. 무조건적이고 긍정적인 관심을 제공한다.

2. Myra에게는 조절 기술을, 부모-자녀 관계에서는 상호조절 기술을 만든다.
   a. 외적 조절을 제공하고 최적의 각성 수준에 대한 모델을 제공한다.
   b. 정서 조율의 모델을 제공한다.
   c. 안정감, 일관성, 구조를 강조하여 불안감을 감소시킨다.

3. Myra와 Shannon 간에 건강한 애착을 형성한다.
   a. Shannon이 Myra의 요구를 이해하고 이에 대해 공감적이고 건강한 방식으로 반응하도록 한다.
   b. Myra와 Shannon 간 양육과 사랑의 기회를 활성화시킨다.
   c. Shannon이 제한설정을 일관되게 제시할 수 있도록 모델을 제공한다.

4. Myra와 Shannon이 경험한 외상의 영향력을 탐색한다.
   a. 표현 치료의 기회를 제시하여 Myra가 자신의 경험과 의사소통하고 외상 내러티브를 디자인해 보도록 돕는다.
   b. Myra가 자신의 외상경험과 관련해 지배감과 유능감을 획득할 수 있는 기회를 제공한다.
   c. 애착 훼손과 외상 경험이 미칠 수 있는 영향을 이해할 수 있도록 Shannon에게 심리교육적 기회를 제공한다.

5. 신체적 건강을 향상시킨다.
   a. Myra를 소아과에 의뢰해서 야뇨증의 원인을 살핀다.
   b. Myra를 작업치료사에게 의뢰해서 감각 통합 평가를 실시한다.
   c. Myra의 식단과 운동을 향상시킬 수 있도록 Shannon과 계획을 세워 본다.

마샥 상호작용 평가를 통해서 나는 가족을 위해 조율, 조절, 긍정적 상호작용이 포함되는 애착기반 작업이 필요하다고 결정했으며, 이 작업은 다른 어떤 치료 목표보다도 시급한 것이었다. 또한 나는 Myra가 가정에서든 치료실에서든 스스로 안전하다고 느낀다면 자신이 경험한 외상을 다룰 수 있을 것이라고 평가했다. Myra는 엄마로부터 완전한 수용(containment), 구조, 조절, 공감 등을 제공받을 필요가 있었다. 이 가족에게는 문제 해결을 위한 도구가 시급히 필요했으므로 나는 규명된 문제들을 다루기에 가장 적합하다고 생각되는 치료 접근들을 선택했다. 나는 지시적이고 구조적인 치료 기법을 선택하였고, 이 기법을 통해 가족은 치료의 각 회기마다 경험적 방식으로 관계 개선에 대한 잠재력을 키울 것이라고 예상했다. Shannon에게는 공감과 제한 설정에 대한 지금-여기 모델을 제공하는 기술이 필요했다. 또한 Myra와 즐겁고 긍정적인 상호작용을 할 수 있는 기회를 만들 수 있는 치료도 필요했다. 치료놀이(theraplay)는 아동과 양육자를 위해 증거와 실제가 충분한 애착기반 치료기법이기 때문에 Shannon의 가족에게 아주 적합하다고 생각되어 선택하게 되었다(www.theraplay.org 참조). 치료놀이는 놀이기반 및 애착-초점 치료로 양육, 구조, 개입, 도전이 필요한 아동의 요구를 직접적으로 충족시켜 줄 수 있다(Munns, 2011). 또한 치료놀이는 이전에 아동이 경험해 보지 못했던 건강하고 조율된 보살핌을 제공할 수 있기 때문에 특히 외상으로 고통받는 아동에게 도움이 된다(Booth & Jernberg, 2010). Myra의 치료를 치료놀이 접근으로 시작함으로써, 우리는 세 가지의 매우 중요한 치료 목표를 달성할 수 있게 된다. 그것은 치료관계 만들기, 가족의 문제 다루기(특히, 부모-자녀 관계), Myra에게 자기조절 기술을 가르치고 자매관계를 강화시키기이다.

치료놀이 첫 회기부터 Myra는 마샥 상호작용 평가에서 관찰되었던 행동과 일관된 모습을 보였다. Myra는 때때로 조절되지 않고, 충동적이며, 비조직적이고, 공격적이었다. 또한 치료사와의 작업에 연루시키기가 힘들었으며 모든 활동에서 통제권을 가지려고 했다. 예를 들어서, Myra는 당일 치료에 사용될 아이템들을 넣어 둔 치료 가방을 가져가서, 가방 안에 들어 있던 것들을 쏟아 던지거나 숨겨 두곤 했다. 나는 최소한의 재료들만을 사용하거나 몇 개의 아이템만을 주머니에 넣어 두었다가 사용하는 방법으로 이러한 상황이 일어날 수 있는 자극을 감소시켰다. 또한 Myra의 외상 경험을 기반으로 몇 가지를 수정하였는데, 각 회기의 시작에 Myra와 함께 할 모든 활동을 Myra에게 검토하도록 함으로써 앞으로 무슨 일이 일어날지 Myra가 예상할 수 있도록 해 주었다. Myra는 신호(손가락으로 귀막기)를 통해 특정 활동과 관련해서 자신이 불편하고 안전하지 않게 느낀다는 것을 나에게 알렸다.

치료 초반에 나와 Myra와의 치료놀이 활동을 Shannon이 몇 미터 떨어진 곳에서 관찰하였다. Shannon의 할 일은 나와 Myra의 상호작용을 관찰한 후 회기가 끝나면 소감을 나누고 토론하는 것이었다. Shannon은 내 요청을 따르긴 했지만, 팔짱을 낀 채로 마치 분리되어 있는 것처럼 근엄하고 비판적인 모습으로 앉아 있었다. Shannon은 딸을 무시했다가 노려보기를 반복하고 있었다.

치료놀이가 진행되면서, Myra는 상당한 향상을 보였다. 특히 구조 차원에서 많은 향상이 있었으며, 모는 활동을 통제하려던 모습은 거의 사라지고, 치료사의 제한 설정을 부정적인 것으로 받아들이거나 치료사를 미워하는 표현 없이 수용하기 시작했다. 더 나아가 Myra는 처음보다 긴 시간 참여할 수 있게 되었으며, 조금 더 조절되고 이완된 모습을 보이기 시작했다. 또한 Myra는 점점 더 엄마와 치료사가 활성화하는 양육 활동들을 견디고 수용하는 것같아 보였다. 그러나 Myra의 나의 관계가 점점 더 신뢰롭고 일관된 모습이 되어 감에도 불구하고, Myra와 엄마의 관계는 여전히 갈등적이고 긴장되어 있었다. Myra는 비조직 애착 유형이었고, Shannon은 일관된 구조와 양육을 제공하기 어려워했는데, 이는 치료에 큰 방해물이 되었다. 결국 나는 왜 Myra가 이런 식으로 행동하는지 그리고 Shannon이 어떻게 구조적이면서 공감적으로 반응할 수 있는지를 Shannon에게 이해시키기 위해 개인적인 지원이 필요하다는 결론을 내렸다. 엄마에 대한 공격을 목표로 Myra는 조절에 어려움을 겪고 있었고, Shannon은 성공적이고 교정적인 개입을 제공할 수 없었다. 이러한 상황은 Myra와 Shannon의 관계를 긴장시켰고, 공감이나 상호 간 정서적 타당화는 찾아볼 수 없는 관계로 만들었다. Myra의 행동 때문에 Shannon은 Myra가 자신과의 상호작용을 계산해서 조정하고 있으며 모든 상황을 혼돈 상태로 만들려 하는 의도를 가지고 있다고 생각하였다. Shannon이 긴장되고 좌절스러운 방식으로 Myra에게 반응하는 것 때문에 Myra는 기본적인 안전감이 부족한 상태였다.

Myra의 개인 치료에 들어가면서 나는 Shannon에게 Circle of Security Parenting Course(COS-PC)라고 하는 부모 교육 프로그램을 제안했다(Powell, Cooper, Hoffman, & Marvin, 2014). 이 프로그램을 선택한 이유는 부모와 아동이 지속적이고 안정된 애착을 발달시킬 수 있도록 돕는 프로그램이기 때문이었다. 이 모델은 그룹 형태로도, 개별 형태로도 제공할 수 있는 프로그램이다. Shannon은 개별 형태 프로그램에 참석하였으며 내가 아닌 다른 치료사(나의 동료)가 프로그램을 진행하였다.

Shannon의 COS-PC 참석

COS-PC는 DVD를 사용하는 교육 프로그램으로 양육자와의 관계라는 맥락 안에서 아동의 발달적 요구를 이해할 수 있도록 돕는 지침과 실례가 제공된다. COS-

PC는 총 8회의 개별 혹은 그룹 회기를 공인된 COS-PC 진행자가 제공하도록 되어 있다. Shannon과 나의 동료는 8회기를 만나 DVD 클립을 함께 시청하고 부모 교육 커리큘럼을 학습했다(Cooper, Hoffman, & Powell, 2009).

Shannon은 새로운 양육 모델을 열정적으로 학습했으며, Myra의 행동적, 정서적 요구를 만족시킬 수 있는 좀 더 효과적인 방법을 찾아야 한다는 의견에 외현적으로는 인식해 가는 것 같았다. 그러나 Shannon은 학습한 기술에 지나치게 매달렸고, 그 결과 Myra를 향한 자신의 긴장을 직면하는 데 있어서는 그냥 타협해 버리는 것으로 마무리해 버렸다. Myra가 겪은 애착 훼손과 성적학대 경험 그리고 Shannon이 부차적 학대 경험으로부터 Myra를 보호하지 못함으로써 초래된 비조직적 신경생리학적 성향에 주목해야 한다는 것을 Shannon은 아직 깨닫지 못하고 있었다. Shannon은 Myra가 나쁜 의도를 가지고 행동한다고 지각하고 있었기 때문에 큰 스트레스를 경험하고 있었으므로, Myra의 반응이 트라우마 경험이라는 맥락 안에서 설명되어져야 하고, 이러한 경험이 뇌에 영향을 미쳤으며 그 영향력을 경감시켜야 한다고 Shannon과 John에게 알려야 했다(Perry & Szalavitz, 2006; Siegel & Payne Bryson, 2011 참조).

Shannon은 COS-PC의 기본 가정들을 소개하는 동영상을 시청했으며, 그때마다 각 동영상과 관련된 치료적 대화를 나누고 반영했다. COS-PC의 목표 중 하나는 아동을 지각하는 부모의 방식을 변화시키도록 도와서 좀 더 공감적이면서 비판단적인 태도를 발달시키도록 돕는 것이다. COS-PC는 아동의 행동이 충족을 필요로 하는 아동의 욕구일 뿐이라는 것을 부모가 깨닫도록 격려한다. Shannon은 자신이 Myra에게 보내는 언어적, 비언어적 메시지를 반영해 보는 시간을 가졌다. 그리고 딸과의 현재 상호작용이 질적으로 변화 가능하며, 그러한 변화는 결국 향후 Myra가 타인과 맺을 전반적 관계 형성에 중요한 역할을 할 것이라는 희망적 메시지를 전달받고 격려받았다.

Shannon과 Myra의 상호작용은 미해결된 애착 혹은 비조직화 애착 형식을 반영하고 있는 것이 너무나 분명했다. Shannon은 일반적으로 수동적인 정서를 보이지만, 때때로 급작스런 정서의 변화를 보여서 Myra의 입장에서는 예상이 어렵고 공포스럽게 느껴질 수 있었다. 치료놀이회기에서 Shannon은 Myra가 하고 있는 것을 흥미 있게 잠깐 쳐다보다가도 Myra가 잘못 행동한다 싶으면 갑자기 혐오스러워하는 얼굴로 차갑게 전환되었다. Myra의 행동을 다룰 수 있는 기법적인 것을 배우기 보다는 특수한 관계를 만들 수 있는 능력을 발달시키는 것이야말로 오래 지속될 변화를 가져올 수 있다는 사실을 Shannon이 깨닫도록 도와주는 일은 매우 큰 도전이었다. Shannon이 안정된 관계를 발달시키도록 도울 수 있는 기술에는 다음과 같은 것들을 포함되어 있다. ① 아동의 발달적 요구에 대한 관찰 능력, ② Shannon의 과거력이 현재 엄마 역할에 대한 Shannon의 기대에 어떠한 영향을 미쳤는지 알아차리도록 도울 수 있는 반영 능력, ③ Myra의 정서 조절을 도울 수 있는 능력이 그것이다. Cooper와 Hoffman, Marvin, Powell(2014)은 부모가 아동과의 현재 경험을 한 걸음 뒤로 물러서서 고찰할 수 없다면, 관계에서의 고통을 해결하는 데 필요한 통찰력을 획득할 수 없다고 주장한다. Cooper 등은 부모가 자신의 행동과 자녀에 대한 반응을 성찰하고 아동의 요구에 대한 행동을 적절히 수정하는 이상적 과정으로서 '반영 기능(reflective functioning)'을 제시하였다.

Shannon과 Myra는 Shannon이 엄마라는 역할을 반영하고 Myra의 정서적 요구에 우선적으로 초점을 맞출 수 있을 때에만 변화될 수 있을 부정적 관계 경험을 지속적으로 공유하기를 반복했다. COS-PC 개발자들이 그들의 부모 교육 프로그램의 중심적 개념으로 제공한 '공감적 전환'은 부모-자녀 사이의 애착을 향상시키기 위해서 고안되었다(Cooper et al., 2000).

COS-PC의 결과는 좀 복합적이었다. Shannon은 치료적 대화를 나누는 중이거나 진정되고 긍정적인 마음 상태에 있을 때는 자신의 지각 상태를 이해하고 전환할 수 있었지만, 좌절과 분노가 올라왔을 때에는 긍정적으로 행동하기 어려웠다. Shannon은 화가 나 있는 동안 긍정적 상호작용을 하지 못했다는 죄책감으로 Myra에게 사과하고 싶어지고 가능한 한 빨리 행동을 수정하고 싶어지는 것 같았다. 그리고 이것은 Shannon이 Myra와의 관계에서 지속적인 변화를 만들어 가고 있다는 표시로 보였다. 습관을 고치기란 어려운 것처럼, Shannon과 Myra도 초기부터 갈등상태에 있었기 때문에 과연 이 관계가 변화할 것인지 치료사는 낙관하기가 상당히 어려웠다. 몇 가지 남아 있는 이슈들은 다음과 같다.

• John은 부인의 입양 의사에 순순히 동의했지만 일이 바쁘다는 이유로 부모로서의 역할을 등한시한 채, 어린 아이들을 키우는 것은 자신의 일이라 생각하고

집에 머물러 주부 역할에 열중하는 부인에게만 부모 역할을 맡겨 두었다.

- Shannon과 John은 다문화적 이슈에 양가적 감정을 가지고 있어서, 때때로 입양한 아이들이 자신이 원래 속해 있던 곳의 문화적 유산을 배우도록 주장하면서도 대부분의 경우에는 문화적 차이를 미묘한 방식으로 외면했다. 부부는 아이들을 편안하게 해 주려는 노력의 일환이라는 생각에 문화적 차이에 대한 이야기를 거의 나누지 않았으며, 딸들의 출생 문화에 대해 자신들이 느끼는 불편감에 대해서도 의사소통하지 않았다.
- Shannon은 자신이 경험한 아동기 학대에 대해 언급하기를 꺼리고 막연하게만 언급했지만 그 경험은 분명히 현재 Shannon의 양육에 영향을 미치고 있는 것 같았다. 그러나 이러한 사실은 Shannon의 의식적 이해에서 벗어나 있었다.

자신의 성장사와 그 성장사가 현재 양육 태도에 미치는 영향을 다룰 수 있도록 Shannon에게 개별치료를 권유했으며, Shannon과 John에게는 부부치료를 권유했다. Shannon은 이 이야기가 나오자마자 회의적으로 미소지었다. 그리고 John에게는 Myra와 함께 하는 치료회기를 여러 차례 제안했으나 거절당했다. 불행히도 이러한 John의 비협조적 태도는 다른 가족 구성원들에게는 유기되는 듯한 느낌을 불러일으켰다.

Myra의 개별치료

놀이는 아동이 하는 가장 자연스럽고 본능적인 형태의 의사소통이다(Schaefer & Drewes, 2014). 사실, 놀이는 의사소통의 촉진, 표현, 문제 해결, 유능감, 역할 놀이, 정서적 이완 등 다양한 치료적 효과를 가지고 있다(Schaefer, 1995). 놀이는 아동이 무시하거나 거부했던 것들을 표현 및 탐색하고 경험하는 방법이 된다. 그러므로 놀이는 변화의 동인이 될 뿐 아니라, 의사소통의 중요한 도구가 된다. "놀이 안에서 아동은 자신이 경험한 스트레스를 재구성하고, 재현하고, 재발견하여 그것을 이해하고, 현실을 조절하며, 유능감을 획득한다"(Schaefer, 1995, p. 295).

또한 놀이는 정신적 외상을 경험한 아동에게 효과적이라고 밝혀져 있다(O'Connor & Schaefer, 1994). 스스로는 자연스럽게 처리하기 어려운 외상 사건을 경험한 아동에게 놀이치료는 매우 유용한 것으로 알려져 있다. 또한, Schaefer(1995)에 의하면 놀이에서 가장 중요한 치료적 기본 요소 중 하나는, 놀이 안에서 외상 사건을 축소 모형화하여 그 사건에 대한 통제력을 갖는 것이다.

부모-자녀 평가가 진행되는 동안, Myra는 통제에 대한 강한 욕구를 드러냈다. 이것은 Myra가 무기력하게 압도당할 만큼 높은 수준의 위험과 불안을 느끼게 했을 학대로 인해 생긴 요구임이 명백했다. 아이들은 매우 다른 방식으로 외상을 내면화할 뿐 아니라, 그 외상 경험을 표현해 내는 능력도 매우 상이하다. 외상을 처리하기 전에 안전하고 신뢰로운 관계의 형성이 반드시 선행되어야 한다는 점에는 대부분의 임상가들이 동의하고 있다. 아동이 신뢰로운 임상 관계를 형성하고 나면, 외상 후 놀이가 출현하게 되고 아동은 이를 통해 지배감과 함께 외상 전 기능을 복원하게 될 것이다. 외상 후 놀이는 외상을 경험한 아동이 '충분히 안전한 거리'를 확보하고 외상을 노출시키도록 돕는 임상적으로 매우 효과적인 방법 중 하나이다. 이 방법을 통해 아동은 공포, 불안, 무기력, 불편감을 불러일으키는 외상 경험을 자연스럽게 표현하고 이해할 수 있다. "아동-주도 활동으로서 외상 후 놀이는 놀이의 힘을 보여 주는 아주 훌륭한 예이다"(Gil, 2010, p. 48).

지시적인 애착교육 작업을 통해 안전감과 안정감을 획득할 수도 있지만, Myra가 외상의 영향력을 좀 더 자유롭게 탐색할 수 있도록 하기 위해서는 비지시적 접근방법으로 이동해야 할 시간이라고 느꼈으며, 외상 경험과 소통할 뿐 아니라 지배감과 성취감을 얻을 수 있도록 하기 위해서 표현 치료가 선택적으로 제공되었다. 아동중심 놀이치료는 조건 없는 수용을 제공했으며 문제 행동을 바꾸려고 하거나 교정하려고 하지 않았다. 아동중심놀이치료사는 ① 아동을 있는 그대로 가치 있게 여긴다, ② 허용적이고 안전한 환경을 제공함으로써 아동이 놀이를 통해 편안하게 자신의 감정을 표현할 수 있도록 한다, ③ 아동을 특정한 방식으로 안내하려는 노력은 하지 않는다. 이렇게 함으로써 아동-주도 놀이는 내적 통제감과 지배감의 복원을 활성화하며, 아동이 스스로 결정을 내릴 수 있도록 격려하고, 자신이 경험한 것을 어떻게 지각했는지 외현화하도록 한다. 아동중심놀이치료사는 진심으로 아동에게 관심을 가지고 아동을 수용하며, 안전감을 만들고, 아동의 정서에 민감하며 아동 스스로 가는 길을 신뢰한다. 이에 대해 Landreth(1991)는 다음과 같이 적었다.

> 아동이 치료사와 함께 안전감을 느낄 수 있어야 비로소 정서적으로 의미 있는 경험이나 공포스러웠던 경험을 표현하고 탐색하기 시작한다. 치료사는 이러한 발전을 기다려야만 한다. 서두르거나 만들어서는 안 된다. 이것은 아동의 시간이므로 놀이를 하든, 말을 하든, 탐색할 준비가 되었든, 아직 되지 않았든 존중되어야만 한다(p. 181).

사실, 치료관계의 형성은 모든 아동 중심 치료에서 핵심적인 부분이라고 여겨진다. 그러나 이러한 형태의 관계는 치유 과정에서 새롭고도 필수적이기 때문에 외상을 경험한 아동에게 치료관계는 특히 필수불가결한 회복 경험이라고 할 수 있다(Drewes et al., 2011).

아동중심놀이치료사는 장난감을 아동의 언어라고 생각한다. 그렇기 때문에, 아동의 상징적, 발달적 잠재력을 위해서 장난감을 신중하게 선택한다. 아동에게 제공되는 장난감은 실생활 경험을 탐색할 수 있는 것이어야 하며, 탐색을 활성화시킬 수 있어야 하며, 상징적 언어를 사용하면서 아동의 생각, 감정, 경험을 표현할 수 있는 것이어야 한다. 아동중심놀이치료에서 제안되는 장난감들은 세 개의 그룹으로 분류될 수 있다. 즉, ① 양육과 관련된 실생활 장난감(인형의 집, 아기 인형, 손 인형, 의료 도구, 음식물 모형, 계산대 모형), ② 공격성 및 행동화 주제를 반영할 수 있는 장난감(공격적으로 보이는 손인형, 스펀지 칼, 수갑, 장난감 군인들), ③ 창조적인 표현 및 정서적 방출과 관련된 재료들(모래상자, 미술 도구들, 마술 지팡이, 옷을 갈아입힐 수 있는 인형들이다)이 그것이다(Landreth, 1991).

Myra에게는 자신의 마음대로 할 수 있는 놀이치료실이 있었지만, 지시적이고, 구조적이고, 처방적인 치료놀이 양식에서 아동중심적이고, 비지시적인 양식으로 전환되는 것은 상당히 도전적이고 시행착오적인 학습 경험이 되었다. 치료놀이를 마무리하면서 Shannon과 내가 이제 함께 작업하지 않고 각각 작업하는 것이 도움이 될 것이라고 Myra에게 설명했다. Myra는 "어쨌든 아직도 엄마는 나를 미치게 만들 때가 있기 때문에" 따로 하는 것에 찬성한다고 대답하였다. Myra와 내가 함께 한 비지시적 놀이치료의 첫 회기는 불행하게도 서둘러 끝내야만 했다. 치료놀이를 통해 제공되었던 구조가 Myra에게 여전히 필요했는데 내가 너무 빨리 종결해 버렸다는 것이 분명해졌다. 그 구조가 없이 Myra는 여전히 비조직적이고 비조절된 상태에 있었고, 결국에는 내 얼굴을 여러 번 가격해서 회기를 일찍 마칠 수밖에 없었다. 다음 회기에서 나는 치료놀이와 비지시적 표현 치료 기법을 통합해서 조금 다른 형식을 Myra에게 제공했다. 나는 Myra에게, "처음 15분 동안에는 내 주도하에 세 가지 치료놀이 활동(양육과 구조 차원에 초점을 우선적으로 맞춘)을 할 거야."라고 말해 주고, 그 후 30분 동안에는 Myra가 원하는 활동을 선택하도록 했다. 이러한 통합을 통해 구조적인 양식에서 비구조적인 양식으로 보다 부드럽게 전환이 이루어지도록 했다. 또한 이러한 작업은 양식의 전환뿐 아니라 Myra와 내가 가지고 있는 기대를 명확하게 해 주기도 했다(Gil, 2006).

7회기의 통합 회기 동안 Myra는 비지시적 시간에 모래상자를 선택했다. 이 시간 동안 Myra는 정서적, 신체적 조절 상태를 유지할 수 있는 무한한 능력을 보여 주었다. 놀이가 진행됨에 따라, Myra는 조용히 속삭이다가 조금씩, 조금씩 크게 목소리를 내기 시작하더니 흥분에 가득 찬 어조로 표현하고, 그러고는 다시 조용하고 부드러운 어조로 돌아갔다. Myra는 나와 자주 눈을 맞추었으며, 모래상자 안에서 작업하는 동안에도 나와 상호작용을 유지하였다. Myra는 모래상자 밖으로 모래를 쏟는 일이 거의 없었다. Myra는 마치 무엇인가를 감추었다가 다시 발견하는 것처럼 어떤 아이템을 감췄다가 찾는 행동을 반복했다. Myra는 공격자와 희생자가 있는 시나리오를 자주 연출했는데 그 안에서 공격자는 언제나 희생자를 죽이는 내용이 전개되었다. 나는 Myra를 침입하지도 않지만 혼자 내버려 두지도 않으면서 Myra가 연출하는 그녀의 현실에 대한 목격자 역할을 하고 있었다.

어느 날 Myra는 나에게 함께 게임을 하자고 먼저 제안하더니 그 게임 안에서 '괴물'이 되어 당신 방에 '몰래 숨어들어가 잠들어 있는 당신을 죽이는' 작업을 했다. Myra 스스로 방향을 설정하면서, Myra와 나는 회기 내내 이 괴물 시나리오를 반복하고 또 반복했다. Myra는 4회기 내내 이 외상 후 놀이에 열중했다. 그런 후에야 비로소 Myra는 나에게 괴물 역할을 맡기고 자신이 잠자는 희생자 역할을 맡도록 재설정하였다. 나는 우리의 관계에 영향을 미치고 혼란을 가져올 수 있다는 판단하에 우리를 괴물-희생자 역할에서 분리시키고자 했다. 그래서 Myra의 관심을 재설정하여 희생자나 가해자 역할을 할 손인형을 고르자고 제안했다. 어떤 손인형을 선택할지, 그 손인형에게 어떤 역할을 맡길지는 Myra가 결정할 수 있다고 이야기해 주었으며, 그런 다음 내가 어떤 역할로 참가하길 원하는지도 Myra가 결정할 수 있다고 말해 주었다.

Myra는 공룡 손인형을 골라 괴물 역할을 맡겼으며, 빛나는 갑옷을 입은 기사에게는 잠든 희생자 역할을 맡겼다. Myra는 기사 역할을 수행하면서 괴물과 싸우고 결국에는 성공적으로 물리쳤다. 이러한 과정을 통해 Myra는 힘이 있고, 통제권을 가지고 있으며, 지배감을 획득하는 경험을 했다. Myra는 4~5회기 정도 이 내용을 반복했다. 이러한 내용이 반복되는 동안 Myra는 내적 조절 능력과 내적 확신감이 향상되어지는 모습을 보여 주었다. 흥미롭게도, 회기가 진행되는 동안 Myra는 타임아웃을 요청하고 팔에 난 상처를 돌봐 달라는 요구(활동 중 양육에 해당하는 치료놀이)를 하기도 했다. 어느 날, 회기가 끝나 갈 무렵, 몬스터를 물리치는 도중에 Myra는 자발적으로 몬스터도 어떤 상처를 가지고 있고 그래서 돌봄을 받을 필요가 있다고 설정하였다. Myra는 공룡 인형을 더 이상 몬스터라고 부르지 않고 '공룡씨'라고 부르기 시작했다. Shannon에게 치료 중에 Myra가 했던 트라우마 관련 작업들에 대한 전반적 이야기를 건네자, Shannon은 Myra가 최근에 집에서 좀 더 양육적이고 애정적인 모습을 보인다고 응답하였다. Myra가 일학년을 마칠 즈음, 담임 선생님도 Myra의 행동과 주의력이 향상되었고 또래들을 때리던 행동도 멈추었다고 보고하였다.

Myra와 Shannon은 통합적 접근을 통해 치료 목표를 달성할 수 있었다. Shannon은 때론 비일관적이기는 해도, COS-PC를 통해 Myra의 요구를 이해하고 반응할 수 있는 기회와 기초를 제공받았다. 또한 Shannon은 Myra가 스스로 조절하지 못하는 순간에 Myra를 좀 더 잘 도울 수 있게 되었고, Myra와 함께 정서적으로 좀 더 잘 조율하고 공감할 수 있게 되었다. 초기에 진행된 치료놀이회기를 통해 치료사와 Myra 간에 건강한 연결이 활성화되었으며, 그 안에서 Myra는 안전한 제한과 구조를 수용하고 조절하기 시작했으며, 돌봄관계(내적작동 모델)에 대해 스스로 가지고 있는 부정적 기대를 수정해 나갔다. 아동중심놀이치료 접근을 통해 Myra는 개인적 힘과 통제감을 회복하고, 무력감과 혼돈감을 표현하며, 상징적이고 외상후적인 놀이를 통해 얻은 지배감과 자율감을 가지고 그 무력감과 혼돈감을 변화시킬 기회를 경험했다. 또한, 치료놀이—특히 양육 활동—를 통합시킴으로써 Myra는 돌봄을 받고 있으며 스스로를 가치 있는 존재로 느낄 수 있었고, 놀이 중에 '몬스터'를 양육할 수 있는 능력까지 획득하였다. Shannon과 Myra를 위해 이렇게 서로 다른 치료 접근들을 통합함에 따라 치료사인 나는 강조점과 의도를 명확히 할 수 있었고, 수많은 치료적 요구와 도전이 있었음에도 불구하고 이 가족을 도울 수 있었다.

John을 여러 차례 치료에 초대했지만 계속 거절했다는 사실을 언급해야 할 것 같다. Myra의 언니인 Susan의 경우 치료를 필요로 할 만한 증상을 보이진 않았지만 Susan의 요구에 대해서도 Shannon과 이야기 나누었다. 그러나 Shannon은 Susan에게 트라우마와 관련된 개입만을 허락하였으며, 이에 본 기관에서 동료치료사와 진행하였다. 결국, 자매가 함께 공동 트라우마 내러티브를 만드는 것이 허락되면서 자매회기가 성사되었다(Myra는 손인형을 사용하고 Susan은 그림을 그려서 자신이 기억하는 것을 보여 주었다). Myra와 Susan은 상징물, 예술 활동, 이야기, 놀이주제 등을 통해서 자신들의 트라우마를 성공적으로 드러내고 표현하였다. 나는 그러한 과정의 목격자가 되거나 과정의 일부가 되려고 노력하였을 뿐, 과정을 이끌거나 안내하거나 지시하는 것은 하지 않았다(Goodyear-Brown, 2009). 더해서, 자매회기를 진행하는 동안 이 나라로 이주해 온 경험과 관련된 이슈들 혹은 주류 집단에 속해 있지 않다는 느낌들이 놀이를 통해 드러났다. Shannon은 자신의 가족이 다문화 가족이며 이러한 문제들을 좀 더 직접적으로 마주할 가능성이 있다는 것을 수용해 왔다고 생각했음에도 이러한 이슈들이 떠오르자 매우 놀랐다.

Shannon에 대한 나의 역할은 애착기반 작업을 제공하고, Myra에게 반응하는 능력을 향상시키는 데 도움이 되는 애착기반 원칙의 증진을 도모할 수 있는 동료에게 Shannon을 의뢰하는 것이었다. Shannon은 마무리에서 여전히 다소 과묵했지만 그럼에도 불구하고 나의 피드백에 매우 수용적이었다. 결국 Shannon은 남편인 John이 대부분의 경우 없는 아버지로서 아이들의 유기 역사와 어떻게 연관이 되는지를 이해하게 되었다. 그러나 결혼에 대한 이해와 서로 간에 얻는 대가가 있다는 측면에서 현재 상태를 깨뜨려 가정의 평화를 깨고 싶어 하지는 않았다.

결론

통합적 심리치료는 지난 수십 년간 가장 두드러진 논의 대상이었으며 성인 및 아동들과 작업하는 정신 건강 전문가들 사이에서 인기를 얻어 왔다. 이 주제는 긍정적 치료 결과를 초래하는 심리치료 모델 내 변화 매체나 역량의 탐구뿐 아니라 효과적인 특정 치료 영역을 식별할 포괄적 평가 수행에 있어 상당한 임상적 유연성이 필요하다는 것을 알렸다. 결론적으로 임상가들은 자신의 내담자에게 좀 더 유용한 치료를 제공하고자 하는 노력의 일환으로서 더욱 다양한 개입 방법에 친숙해져야 했다. 또한, 임상가들은 내담자를 도울 수 있는 치료적 잠재력을 강화시키기 위해 증거기반 그리고 실재기반 치료기법들을 잘 알게 되었고, 더 잘 선택하게 되었다.

이 장에 소개된 사례는 특별한 요구에 따라 특별한 반응을 만들어 내듯, 한 치료 모델에서 다른 치료 모델로 이동하는 임상적 유연성을 보여 주었다. 임상가는 구조화된 부모-자녀 평가인 마샥 상호작용 평가를 실시한 후 Shannon과 Myra의 가장 취약한 부분인 건강한 관계 증진을 위해 치료놀이기법을 선택했다. 또한, Shannon을 애착기반 부모교육 코스(COS-PC)에 의뢰했고, Shannon과 남편은 커플 치료에 의뢰했다. 외상기반 초점으로 가족 내 확인된 문제아였던 Myra는 개별 아동중심 놀이치료를 받았고, 어머니에게는 자매의 차별 대우, 의미 있는 아버지의 부재, 문화 차이에 대한 무심한 대처 등 문제를 일으킬 소지가 있는 이슈들에 대해 경각심을 일깨웠다. 그에 더해서 어머니의 현재 기능과 연관되는 어머니 자신의 과거 학대 경험을 규명했고, 자신의 학대 경험을 다루기 위해 추가적 개입을 강하게 권유했다. 마지막으로, Myra와 Susan, 두 자녀를 위해서 비교문화적 이슈에 대한 상징놀이를 이끌어 낼 수 있는 합동회기가 제공되었으며 이주와 문화적응 및 고아원에서 경험한 학대와 텍사스에서 베이비시터에게 당한 학대에 대한 합동 내러티브를 만들 수 있는 기회도 역시 제공되었다. 이렇게 통합 모델은 가족 구성원 모두의 임상적 치유잠재력을 극대화하는 데 도움이 된다는 것을 보여 주었다.

제8장

놀이치료에서의 애착 안정성 체계

William Whelan
Anne L. Stewart

애착이론에서 John Bowlby의 선구자적 작업은 인간에게 존재하는 유대감 형성을 설명하는 진화론적 모델을 진보시켰다는 것이다. 정신분석적 욕구이론과 달리, Bowlby는 인간이 관계를 형성하도록 프로그램화되어 태어나며 그래서 관계 안에서 순간순간 발생하는 상호작용이 향후 학습과 적응을 지원하고 결국 생존을 확장시키기 때문에, 영아는 양육자에게 애착을 형성하게 된다고 제안했다(Bowlby, 1969/1982). Bowlby는 환상이 아닌 아동의 실재관계 경험이 아동의 감정, 사고, 행동을 조성하며, 그런 것이 조금씩 조금씩 쌓여 감정, 사고, 관계 형성의 자동적 행동 패턴을 형성하게 된다고 확신했다.

Bowlby가 제안한 애착이론에서 가장 영향력 있고 유용한 아이디어는 다정하고, 현명하며, 유능한 존재가 미성숙한 존재의 발달에 조직적인 영향력을 미칠 수 있다고 보는 부분이다. Bowlby는 동물 행동학, 일반체계이론, 의사소통이론, 진화론 등의 이론으로부터 영향을 받아 애착이론을 탄생시켰으며, 아동-부모 간 행동적 상호작용이 아동 발달에 강력한 영향을 끼친다고 설명하였다(Bowlby, 1988). 영아기 때부터 시작되는 아동-부모 간 상호작용은 매우 복잡하며, 아동이 발달해 감에 따라 정교화된다. 매일매일의 상호작용은 아동기로부터 성인기에 걸쳐 신체적, 정서적, 사회적, 인지적 성장에 조직적으로 영향을 끼친다. 치료 장면에서 이러한 관계적 과정이 갖는 치료적 영향력을 관찰하고, 평가하고, 개입하는 일은 놀이치료사에게 가장 즐겁고, 생산적이고, 도전적인 시도 중 하나일 것이다(Stewart, Whelan, & Pendleton, 2013).

Bowlby의 연구 동료인 Mary Ainsworth는 인간 영아의 유대감에 대한 최초의 관찰 연구를 수행했으며, 이 연구는 우간다에서 시작되어 볼티모어까지 지속되었다. 연구 결과, 양육 환경과 일관되게 유의한 몇 개의 영아 행동 유형을 발견하게 되었다(Ainsworth, Blehar, Waters, & Wall, 1978). 지난 40년간 수행된 수백 개의 후속 연구들은 안정 애착이 긍정적 아동 발달 결과에 미치는 영향력에 대해 보고해 왔다(Sroufe, Egeland, Carlson, & Collins, 2015; Sroufe & Siegel, 2011; van IJzendoorn & Bakermans-Kranenburg, 2009).

이 장에서는 아동과의 작은 상호작용 안에서 치료사와 부모가 사고하고, 느끼고, 행동하는 방식을 통해 아동의 정서, 행동 패턴을 관찰 및 조형할 수 있는 애착기반의 틀을 제공하고자 한다. 그렇게 함으로써 놀이치료에서 애착이론을 어떻게 사용하고 적용할 것인지 제안할 수 있다. 특히, 애착 안정성 개념은 치료사-아동 상호작용, 관계 발달, 놀이실에서의 치유를 바라보는 전체적인 틀로 사용되어질 수 있다. 모든 놀이치료 접근은 강력한 관계의 형성을 중요하게 인식하기 때문에, 애착 안정성 개념은 다양한 이론에 걸쳐 호환되어 사용될 수 있으며 개념의 사용과 효과가 더 확장될 가능성이 풍부하다고 할 수 있다. 애착 안정성에 대한 전반적 개념을 포함해서 많은 필수적 아이디어들이 이 장에서 조명될 것이다.

애착 안정성 개념

Ainsworth는 양육자의 조율(attunement) 혹은 민감성이 아동기 안정 애착 발달에 주요 변인이라고 규정하였다(Ainsworth et al., 1978). 후속 연구에서, 타 연구자들은 또 다른 변인으로 반영 기능(reflective functioning)을 제안했는데 이 변인 또한 안정 애착 및 건강한 발달과 강력하게 연관되어 있었다(Bick & Dozier, 2008; Fonagy, Steele, Steele, & Target, 1997; Steele & Steele, 2008). 세 번째 변인은 사고, 정서, 행동을 포함한 아동의 경험에 대한 공동조절(coregulation)인데 이 변인 역시 매우 중요한 역할을 하는 것으로 밝혀졌다. 공동조절(coregulation 혹은 mutual regulation)이란 양자 간 상호작용과 그에 따른 순차적 행동들로 이루어져 있는데, 이를 통해 양육자는 아동이 진정하고 안정되도록 도울 수 있다(Steele & Steele, 2008; Tronick, 2007). 세 가지 아이디어 모두 애착 안정 치료 접근에 통합되어 있다.

애착 안정 개입의 틀은 조직화와 자동적 역동을 포함한 치료사-아동 관계에 초점을 맞춘다. 위에 언급한 연구들이 보고했던 것처럼, 특히 놀이치료사의 민감성, 반영 기능 및 놀이실에서 발생하는 순간순간 아동과의 상호작용에서의 상호 조율이 강조된다. 놀이치료사의 목표 중 하나는 아동의 정서적 행동과 관계 패턴을 정확히 관찰할 수 있는 능력을 함양시켜, 정서와 행동 및 사고의 공동조절과 관련된 일차적 요구를 잘 규정하는 것이다. 이러한 작업의 전제는 지시적인 교육을 통해서가 아닌 다양한 상황에서 아동의 순차적 행동이 자동적으로 반복되는 관계 경험을 통해 최적의 방식으로 조형 및 변화되어진다는 것이다. 이러한 관점에서 놀이치료의 목표와 과정은 아동이 놀이치료사나 양육자와 민감하고 일관된 상호작용을 경험하고, 이러한 경험을 통해 자동적인 정서 및 관계 행동을 건강하게 조형해 가도록 하는 것이다.

평균의 건강한 발달

애착이란 아동이 특정 양육자와의 상호작용을 통해 신체적, 정서적 그리고 인지적으로 중추 신경계를 조직화하는 과정이다. Bowlby의 정의처럼(1969/1982), 애착은 아동과 양육자 간의 정서적 유대 관계이며 이는 개인의 내적 조직체 안에서 표상된다(Ainsworth, 1989, p. 711). 대부분의 아동과 부모는 '평균적인'인 스트레스 환경 안에서 살아가고 성장한다. 물론 매일 매일의 평균적 스트레스 경험이 작은 일은 아니다. 보통의 건강한 아동이 나타내는 양육적 요구만으로도 하루가 순식간에 가득 차며, 양육자를 완전히 지치게 만들 수 있다. 그렇지만 매일 발생하는 순간순간의 상호작용 안에서 대부분의 부모와 아동들은 뿌리 깊고 건강한 애착관계를 획득하게 되고 이러한 관계를 통해 매일 발생하는 문제와 혼란을 잘 해결해 갈 수 있으며 또 이러한 해결 과정을 통해 아동-부모 관계는 다시 더 강해지고 보다 기능적으로 되어 간다. 아무리 사이가 좋은 아동과 부모라도 좋은 순간뿐 아니라 우울한 순간을 경험하며 때로는 심각한 갈등도 겪지만, 그래도 여전히 발달의 정상적 궤도에서 함께 적응적이고 자동적으로 사고하고, 느끼고, 상호작용하여 적절한 해결책에 도달하게 된다.

이렇게 친밀한 관계 안에서 아동은 인간 행위에 친숙해지고 가족의 신체적, 사회적, 정서적 일상에 가까워진다. 특히 아동은 매일 양육자와 함께 정서 및 감각을 경험하고 또한 양육자의 얼굴 표정, 목소리의 톤, 정서 표현, 친숙한 신체 행동 등을 지각하고 경험한다. 아동은 어떻게 자신만의 관계적 세상이 형성되고 통합될지 아직 모르는 상태에서 매일매일 시각, 청각, 움직임, 접촉, 사회적 생활들을 경험한다. 보통의 아동은 관계에 잘 기능하도록 프로그램화되어 있는 뇌를 가지고 태어난다. 영아는 수년동안 1분당 수천 번의 신경 연결을 일으키며 엄청난 속도로 배우고 발달해 간다(Siegel, 2012). 이러한 경험적 학습은 우리들 대부분이 전혀 알아채지 못하다가 성인기가 되서야 비로소 일부분을 알아채게 되는, 말하자면 끊임없이 지속적인 과정이다. 신체적, 정서적, 인지적 습관이 특정한 방식으로 발달하고 세대를 걸쳐 전달되는 걸 보면, 인간은 각자 자신만의 유일무이한 인생을 갖는다는 말이 여러 면에서 맞는 말인 것 같다.

넓게 봤을 때, 애착관계의 발달은 유전과 환경(특히 정서적 양육 환경)이 서로 영향을 주고받아 발생하는 신체적, 신경학적, 사회적, 정서적 성장을 언급한다. 이러한 유전과 환경의 상호 작용으로 나타나는 결과는 성인기에 가서 사고하고, 느끼고, 행동하는 습관의 세트로 드러나게 되며 우리는 이것을 '성격'이라고 부른다. 아동기에는 이런 것들이 타인과의 순간순간 상호작용, 특히 애착대상과의 상호 작용을 통해 발달 중에 있는 상태이다. 생물학적 능력과 초기 경험이 상호작용하여 나타나는 발달 결과 중에 회복력, 적응, 취약성(희망, 사랑, 신뢰, 결정, 정직, 공감, 자기-인식, 자기-반영, 용서, 문제 해결 능력 등의 혼합)이 있다. 이것들이 바로 보통은 평균적인 스트레스 환경하에서 스스로 발달해 가는, 그리고 그렇지 못한 경우라면 놀이치료사들이 놀이실에서 아동과 상호작용을 통해 조형하길 원하는 바로 그 결과물들인 것이다.

발달 초기부터 전 생애에 걸친 대부분의 학습은 아동이 알아채지 못한 채, 매일매일의 신체적, 사회적 환경 안에서의 경험을 통해 일어난다. 이 무의식적 과정은 생애 초기 복잡한 신체적, 감각-운동적 행위(먹기, 기기, 말하기, 걷기) 안에 있을뿐 아니라 후기 아동기, 청소년기, 성인기(수영, 테니스, 골프, 자동차 운전, 비행기 운전)에 발생하는 학습 안에도 있다. 관계 상호작용은 맥락, 가용성, 양육환경에서의 조절 기능 등에 대한 반응으로 신경계가 만들어 내는 적응과 유사한 방식으로 우리를 형성해 간다. 그래서 부모들이 "아이들과 끝없는 힘겨루기를 하지 않도록 아이의 행동 패턴에 대해 더 배우고 싶어요."라고 말할 때, 우리는 관계 상호작용 안에서 변화를 일으키기 위해서는 실험적 학습과 함께 실제 연습을 필요로 한다고 이야기해 줄 수밖에 없다.

이 장에서의 논의를 위해 우리는 '정상적인' 발달 환경이라면 주로 작은 수준의 스트레스부터 중간 수준의 스트레스까지를 포함하고, 간혹 높은 스트레스(심한 사고, 공포 사건, 상해, 상실, 이혼, 사랑하는 사람의 죽음 등)를 포함하기도 한다고 정의하고자 한다. 대부분의 아동과 성인에게 가족 경험의 대부분은 작은 수준에서 중간 수준 정도의 스트레스를 포함하고 있고, 간혹 아주 높은 스트레스를 포함하기도 한다는 점(Abidin, 2012; Derogatis, 2004)을 명시하는 것이 우리의 논의에 도움이 될 것이다. 이런 평균 수준의 스트레스 환경하에서 대부분의 아동들은 순간순간 정서, 행동 및 사고의 공동조절자가 되어 주는 양육자와 매우 친밀한 파트너십을 자동적으로 발달시키게 되고, 양육자가 공동조절자가 되어 주는 이 과정을 통해 아동은 인생과 사랑 그리고 세상과 상호의존하는 방식에 입문하게 된다.

애착 안정성

평균 스트레스 환경 안에서 아동-양육자 관계는 보통 안정적인 유형이다. 사실, 전 세계적으로 이루어진 후속 연구들에 의하면 60~70%의 아동들은 안정 애착인 것으로 보고되어졌다(van IJzendoorn, Schuengel, & Bakermans-Kranenburg, 1999). 안정 유형이란 어떤 것일까? 안정 유형의 아동은 부모와 함께 불안을 조절할 수 있다. 부모로부터 부드럽고 순조롭게 떨어져 나와 물리적·사회적 환경을 탐색할 수 있으며, 그러다가 스트레스를 느끼거나 피곤해져서 내적 상태를 진정시키고 조절해야 하는 때가 되면 부모에게 되돌아간다. 안정 유형의 아동들은 신뢰에 가득찬 모습으로 부모에게 접근(신체적으로 또는 정서적으로)하고 도움을 요청할 수 있으며, 부모가 제공하는 도움을 사용해서 기분이 나아진 후 다시 세상을 탐색하고 학습하는 과정으로 되돌아갈 수 있다(Sroufe & Siegel, 2011). 이런 과정을 반복함으로써 아동은 부모가 가용하다는 것을 확신하게 되고, 자신이 어떻게 느끼고 어떻게 생각하고 어떤 것을 필요로 하는지 부모가 알고 있다는 것을 배우게 된다. 안정 유형의 아동들은 부모를 신뢰하며 부모의 양육 안에서 습관을 발달시켜 나간다. [그림 8-1]을 보면, 아동 인생의 중심에 부모가 있고, 부모는 아동이 필요로 하는 것을 돕고 함께 조절하고 있다.

원 안의 흰 부분은 안전감, 소속감, 재충전, 즐거움 등 아동이 부모에게 정서적으로 요구하는 부분이고, 원 밖은 타인과 환경에 대해 탐색하고 세상에 대한 유능감을 획득해 가는 부분이다.

안정 유형 아동은 자동적으로 정서 신호를 읽고, 오해석이나 오지향 없이 정서 신호를 보낸다.

안정적인 발달은 생애 초기 몇 달의 영향을 많아 받는 것으로 알려져 있다. 아이

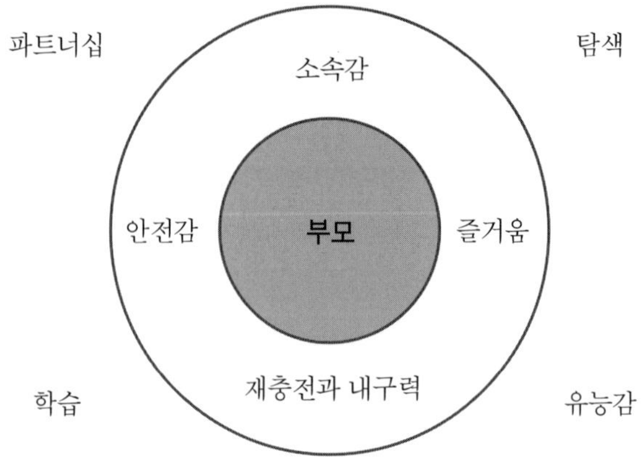

[그림 8-1] 애착 안정성

가 태어나면, 간호사와 의사들은 아기의 상태를 확인하고 숨쉬기, 체온조절, 영양 섭취, 모유소화, 배설 등과 관련된 기본 능력과 자기조절 능력들을 모니터링한다. 이러한 능력들을 가지고 있다면 보통 생후 6개월(신체적으로 의학적 문제가 없고 환경에 만성적인 스트레스가 없는 경우) 내에 수면 주기가 형성된다. 기본 리듬이 형성되면 아기는 자유롭게 양육자를 경험하기 시작하며, 스트레스가 낮은 순간에는 세상을 탐색한다. 아기가 배고픔, 추위, 더위, 갈증 등과 같은 불편감으로 스트레스 상황에 있을 때 아기의 경험은 다음의 묘사와 같다고 상상해 볼 수 있다.

아기는 스트레스를 받고 울기 시작한다. 그리고 곧 더 크게 운다. 아기는 이 상황을 어떤 단어로 표현해야 할지 생각할 수는 없지만 어쨌든 이 상황은 강렬하고, 불편하고, 불행하고, 짜증나고, 고통스럽기 때문에 계속 울 수밖에 없다. 진화론적 관점에서 아기의 울기는 일종의 애착 행동으로 부모의 주의를 끌고 도움을 유도한다. 우리가 아기라면 아마 이런 상상을 할지 모른다. "나는 갑자기 변화를 경험했어. 내 몸의 위치가 공중으로 바뀌었어(누군가 나를 들어 올렸어). 나는 아직도 너무 괴로워. 그런데 뭔지는 모르겠지만 누군가 나를 부드럽고 따뜻하게 안아 주니까 좀 나아지는 것 같아. 그러고 나서 내가 앞뒤로 흔들리기 시작했는데, 여전히 나는 이게 뭔지 모르지만, 이런 상태가 마음에 들어. 그리고 뭔가 달콤하고 편안한 소리가 들리기 시작했는데(누군가 나에게 노래를 불러 주기 시작했는데), 나는 이 소리에 반해 버렸어. 그런 후, 따뜻하고 달콤한 액체가 내 입 안으로 들어오기 시작했어. 나는 조금씩 행복하게 이 친절한 도움의 손길에 빠져들었고, 결국 기분이 나아졌어."

요약하자면, 이 5분간의 에피소드는 초기 아동기에서 가장 중요한 관계 발달 과정 중 하나라고 할 수 있다. 성났지만 스스로를 조절할 수 없는 이 영아는 앞으로 획득해야 할 것들의 많은 부분을 조형할 전환 경험을 한 것이다. 다시 말해, 이 영아는 첫 조절 사이클을 경험한 것이다. 이제 영아는 이런 경험을 하루에도 수백 번씩 하면서 자기 조절과 관련된 중추 신경 체계를 만들어 갈 것이다. 영아는 이런 방식을 통해, 스트레스를 받아 각성되었다가 그 정서적 각성을 조절하는 진정 양식(신경학적 서브루틴)을 발달시키기 시작한다. 협력 행동의 리듬성, 동시성, 상호성과 같은 다른 유형들도 역시 이런 경험들을 통해 발달한다. 이런 것들이 다 함께 모여서, 나중에 나타날 자기조절 능력의 기초가 되는 것이다. 작지만 신뢰로운 공동조절 경험이 아동의 내적 조절 구조 형성에 반복적으로 영향을 끼치고 현실기반적이고 균형 잡힌 정서 행동의 표현을 가능하게 할 것이다.

학령전기와 학령기에 대부분의 아동은 더 이상 영아기 때처럼 자주 기분이 나빠지지 않으며, 또 기분이 나빠지더라도 덜 긴장하고 빨리 해결할 수 있다(대부분의 경우에). 위안 및 협력에 관한 신경학적 패턴을 내적으로 가지고 있는 아동은 나이가 들어 감에 따라 지시적이고 외현적인 공동조절의 필요성이 감소하고 자기조절과 자기통제력이 증가한다. 그럼에도 불구하고, 여전히 부모의 도움이 필요하고, 탐색과 유능감에 대한 지원이 필요하다. Bowlby는 애착-양육 유대감이 요람에서 무덤까지 중요하며 지속적으로 작동한다고 강조했다(Bowlby, 1988). 아동이 성인기에 도달하여 인생 여정의 남은 시간을 함께 보낼 또 다른 애착대상인 배우자를 선택하게 될 때 부모는 또 다시 중요한 역할을 하게 될 것이다.

양육 안정성

안정 유형의 양육자는, ① 대체로 아동을 정확히 관찰하고, ② 아동의 내적 상태에 대해 일관 되게 추론할 수 있으며, ③ 아동이 무엇을 필요로 하는지에 대해 정확한 결론을 이끌어 내고, ④ 아동의 요구에 맞는 도움을 제공할 수 있다. 이런 양육자는 민감하고, 융통성 있으며 아동의 특정 요구에 적절한 양육 환경을 제공할 수 있다. 안정 애착이론의 치료사는 이러한 성향을 공유한다. 이런 부모나 치료사는 아동의 내부에서 어떤 일이 일어나고 있는지 진심으로 궁금해 하는 경향이 있으며 아동의 내적 정서 경험이나 정신세계에 대해 반영적이다. 또한 아동과 관련된 자기 자신의 사고와 정서에 대해서도 반영할 수 있고, 자신의 사고, 정서, 행동이 아동에게 영향을 끼치는 방식에 대해서도 반영할 수 있다. 이들은 아동의 변화하는 요구에 따라 순간순간 양육행동 또는 치료를 변경할 수 있는 능력을 보여 준다. 이들이 공유하는 또 다른 성향은 때때로 아동이 자신의 스트레스로 인해 나타내는 반항적이며 거부적인 행동을 이해할 수 있다는 것이다. 안정적인 양육자와 치료사는 아동이 보이는 어려운 행동을 도울 수 있는 발달적 관점을 가지고 있으며 아동의 이런 행동으로 인해 무시 혹은 거절당한다고 느끼거나 상처입지 않는다.

불안정 유형들

너무 스트레스가 많은 환경에서 성장한 아동들은 위에 표현한 민감하고 가용한 양육을 경험하지 못하고 당연히 양육자와의 공동조절도 경험하지 못한다. 양육자가 환경에서의 위험이나 재정적 위기, 질병, 우울, 중독, 학대 등의 상황에 압도당해 있다면 순간순간 아동과 적절히 상호작용 하기가 어려울 것이다.

아동들은 화가 나거나, 상실감을 느끼거나, 공포에 휩싸여 있거나, 고통을 느끼는 등 부정적 정서 상태에 놓이면 양육자와 친밀감을 추구한다. 아동과 양육자 사이에 발생하는 관계 경험 중 일부분은 분노, 거절과 같은 감정적 혼돈 상태에서 내적으로 조직화되고 코딩되는데, 이것은 그리 놀라운 일이 아니다. 과각성, 불안, 정서 억제, 정서 증폭 그리고 비조율된 행동 패턴은 예언 가능한 기초 위에서 형성되고 발생한다. 때때로 힘든 행동을 불러일으키는 특정관계 상호작용은 현재 상황과 관련되어 있지 않거나 예고 없이 발생하는 것 같지만, 사실 정서적 상호작용 패턴은 재발생하는 것이며 예언가능한 것이다. 이러한 관점에서 보면, 양육자의 의도가 전혀 다른 상황에서조차 양육자의 단순한 모습이나 목소리 톤만으로도 과각성이나 힘든 행동 패턴을 불러일으킬 수 있다.

이러한 관계적 스트레스 상황에서, 가장 흔하게 발생하는 불안정 패턴이 바로 불안정 회피인데 이 유형의 아동들은 양육자와의 관계 안에서 정서와 욕구를 억제한다. 이 유형은 일반 아동 인구의 20~25% 정도인 것으로 보고되고 있으며 위험군이나 임상군에서 좀 더 높게 발생한다(van IJzendoorn et al., 1999; Whelan & Marvin, 2011). 안정 유형의 아동들과는 대조적으로 불안정 회피 아동들은 낮은 수준에서 중간 수준 정도의 스트레스 상황에서 부모에게 도움을 요청하는 데 어려움을 겪는다. 경험이나 정서를 조절해야 하고 그와 관련된 도움(예를 들어, 보호, 진정, 탐색 등에서)이 필요할 때 부모를 찾는 대신 마치 전혀 도움이 필요하지 않은 것처럼 혼자 있으려고 하거나 부모의 도움을 적극적으로 거절하고 스스로의 주의전환을 위해 산만하게 굴기도 한다. 이 경우 정서적 애착 신호가 너무 오염되어(noisy) 있기 때문에 부모가 아동의 애착 신호를 정확히 읽기 힘들어지며, 부모에 대한 아동의 요구가 순간적으로 모호해진다([그림 8-2] 참조).

이 아동들은 부모가 필요할 때, 억제하고, 오히려 멀리 가 버리거나 말썽쟁이처럼 행동한다. 예를 들어, 운동장이나 학교에서 화가 나거나, 겁을 먹거나, 당황할 만한 일을 겪으며 쉽지 않은 하루를 보낸 아동이 있다고 가정해 보자. 이 아동은 집에 돌아왔을 때, 편안함을 느끼고 재충전하기 위해 어떤 방식으로든 부모와 연결되기보다는 곧장 자기 방으로 가 혼자 있으려고 한다. 놀이실에서도 마찬가지로 불안정 회피 아동은 뭔가 걱정이 있고, 공포를 느끼거나 무엇인가에 화가 났을 때, 직접적으로든 간접적으로든 치료사에게 신호를 보내기보다는 자신을 닫고 소파에 파묻혀 앉아 있거나, 바닥에 앉아 산만하게 장난감을 만지작거리면서 정작 치료사를 사

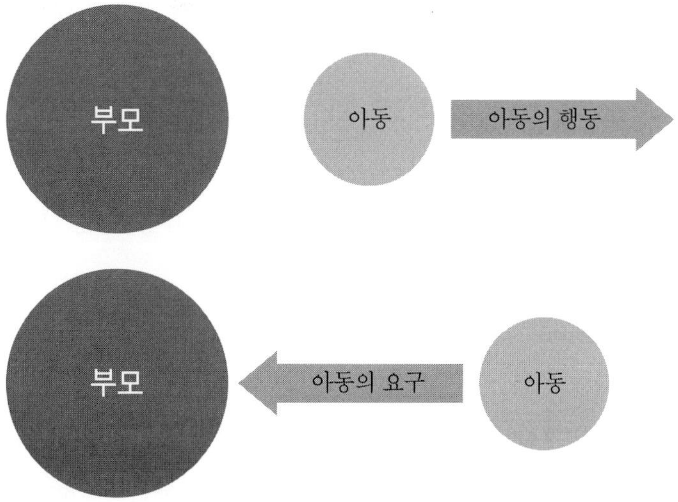

[그림 8-2] 오염된 애착 신호

용하지는 못할 것이다.

이 유형과는 반대로, 어떤 아동들은 가족 스트레스나, 상실, 외상의 경험으로 분노에 가득 차 조절되지 않는 형태로 놀이실에 들어서서는 모든 것에 거칠게 굴고, 장난감을 던지거나 물건을 발로 차고, 치료사의 도움에 저항하면서, "나를 내버려 둬요! 나 혼자 놀 거라고요."라고 말할 수 있다. 이런 경우에도 아동의 정서적 신호는 오염되고(noisy), 요구가 불명확해 부모나 치료사를 이상한 방향으로 몰아넣는 비의도적 효과가 발생한다. 이런 자동적 행동은 생각을 많이 하고 의도적으로 발생하는 것이 아닌데, 이런 행동은 부모나 치료사가 정서적 신호의 오염을 찾아내고, 아동 경험을 새롭게 조형하지 못하면 결국 관계를 훼손하는 부정적 영향을 끼친다. 정서적 신호의 오염을 찾아내는 민감한 개입이 없다면, 아동의 과각성과 불안 패턴이 지속되어 진정 및 동업 행동과 관련된 건강한 리듬의 발달이 어려워진다.

애착 안정성 개입

치료 과정은 사적이며 정서적이다. 그리고 아동-치료사 간 관계 안에서 발생한다. 이 치료적 열정은 인간 상호작용이 가지는 치유의 측면을 이용하여 아동에게 유익함을 제공하고 건강에 도움이 되고자 한다. 이러한 관점에서 놀이치료의 일차 목표는 순간순간의 상호작용을 통해 사고, 정서, 행동의 일관된 내적 구조를 형성하도록 도울 수 있는 관계를 발달시키는 것이다. 아동이 현재 경험하는 만성적 스트레스나 외상 때문에 아직 미발달되었거나 발견되지 못했지만, 아동의 건강한 내적 패턴을 조형하고 발달시키도록 돕는 것이 목표가 되는 것이다. 놀이치료사의 입장에서 주요한 치료적 메커니즘은 아동 경험에 대한 민감성, 반영 그리고 공동조절 등의 요소이다.

개입은 아동-부모 상호작용 관찰 평가(종종 분리-재결합 과정을 포함하는)에서부터 시작되는데, 아동-부모 관계에서 아동이 보이는 어떤 정서 · 행동적 반응이 아동 내적 경험을 정확히 대표하는 신호인지를 규정함과 동시에, 어떤 정서 · 행동적 반응이 오염된 신호(noisy signal)인지를 밝혀 제거해야 한다. 아동-부모 상호작용 관찰 평가의 결과를 토대로, 양육자와 치료사는 발달적 틀 안에서 아동의 경험을 조형하고 건강한 정서·행동적 발달을 도울 수 있는 발판을 제공할 기회를 찾을 수 있다. 놀이치료에서 아동-치료사 상호작용 평가 역시 같은 이유로 중요하며, 부모의 허가 하에 놀이치료실에서 놀이치료사와의 상호작용을 녹화하여 분석해 볼 수 있다.

민감성

Mary Ainsworth(1967, 1978)의 민감성(sensitivity) 개념은 세 가지 요소를 포함하고 있다. 아동을 관찰하여, 아동의 신호를 정확히 해석하고, 적절한 양육 반응을 제공하는 것이 그것이다. 개입 관점에서라면, 치료사에게는 내적 경험과 관계적 요구에 대해 정확한 정보를 모으기 위해 아동의 상호작용을 잘 관찰하는 것이 첫 번째 임무가 될 것이다. 정확한 관찰자가 되기 위해서 치료사는 관찰의 틀을 가져야 하고, 실재 아동의 애착 행동을 관찰하는 연습을 해야 한다. 여기에는 애착이론 틀 안에서 아동의 행동을 추적하는 것이 포함된다. 치료사는 놀이실(부모와 치료사와 각각)에서 근접 및 접근 추구, 상호작용 유지, 신체의 방향, 목소리의 톤, 말의 내용, 정서, 응시, 신체 언어 등의 관점에서 아동의 행동을 관찰한다. 관찰한 내용과 발달적 틀을 적용하여 치료사는 정확한 신호와 오염된 신호를 구별해 내고 순차적 상호작용에서 아동 정서와 사고에 대해 추론한다. 이 과정이 완료되면 치료사는 정해진 장면(놀이실 장면 혹은 부모에게 자문할 때 사용될 가정 장면)에서 아동의 내적 요구와 외적 탐색 요구에 대한 결론을 도출한다.

반영 기능

이 장의 맥락에서, 반영(reflection)이란 가족관계 안에서 또는 치료관계 안에서 발달적인 관점으로 아동의 행동을 바라보고 아동의 내적 상태와 요구를 추론한 후 아동이 그다음에 무엇을 할 것인지 예상해 보는 것을 말한다. 더해서 반영이란 아동에게 유익할 수 있도록 나 자신을 조절하기 위해 아동과의 관계 안에서 아동의 사고와 감정을 좇아가 보는 것을 포함한다. 애착 혹은 치료적 관계의 주요 기능 중 하나는 환경의 해롭고 위험한 요소들과 치료사를 포함한 타인들의 정서적 반응으로부터 아동을 보호하는 것이다. 예를 들어서, 치료사도 자기 자신의 정서적 각성, 불안, 공포와 같은 감정이 경험될 때면, 관계의 작은 순간 안에서 아동의 경험을 공유하면서 아동과 함께하기(being with)보다는 문제-해결 모드가 되어서 무언가를 고치려고 한다거나 아동에게 특정 전략을 가르치려 하는 등 미성숙하게 행동할 수 있다. 이 문제는 놀이치료사를 훈련시키거나 슈퍼비전을 할 때 놀이실에서 가장 흔히 만나게 되는 딜레마 중 하나이다.

경험의 공동조절(무엇을 할 것인가)

아동의 경험을 함께 조절하고자 할 때에는 민감성과 반영이 함께 필요하다. 민감성과 반영이 혼합되어 아동의 경험을 공동조절하게 되면 관계 안에서 아동의 요구를 발견할 수 있는 좋은 기회가 될 뿐 아니라 아동의 정서와 행동을 새로운 패턴으로 조형할 수 있는 좋은 기회가 된다. 우리가 정한 반응은 발달적 관점을 필요로 한다. 환경을 안전하게 설정하고, 아동의 정서적 어조를 수용하고, 필요할 때는 아동과의 상호작용을 이끌기도 하고, 아동을 진정시키고 보호하기도 하고, 경험을 진술하고, 아동이 장난감, 정서, 아이디어, 관계 경험 등을 탐색할 때는 발판화를 제공한다. 이렇게 공동조절을 통해 애착 안정성을 활성화하는 역동적이고 복잡한 과정이 [그림 8-3]에 묘사되어 있다.

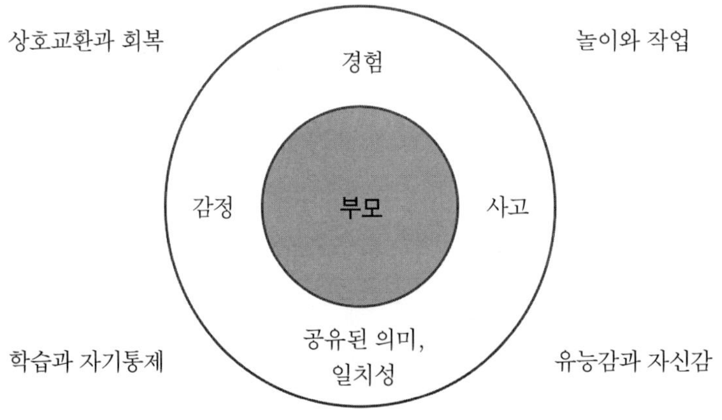

[그림 8-3] 애착 안정성: 공동조절

임상사례

놀이치료사는 애착 안정성 틀을 통해 아동의 정서적 요구를 이해하고 그에 따라 놀이실에서 사고하고, 느끼고, 행동할 수 있다. 다음의 임상사례는 애착 안정성 틀을 응용해서 아동의 행동을 관찰하고 아동이 내적으로 무엇을 경험하고 어떤 요구를 가지고 있는지 추론한 후 그에 맞게 반응하는 과정을 보여 준다. 본 사례는 저자의 임상 경험 축적체에 근거한 복합적 사례이다. 본 사례 보고는 놀이실 안(아동과 치료사 간 관계)과 밖(양육자와 치료사 간 관계)에서의 의사 결정과 행위를 형성하는 데 영향을 미치는 민감성, 반영 기능, 공동조절 등 애착 안정성 개념들을 어떻게 사용할지에 대한 논의를 포함하고 있다.

양육적 환경 만들기

이제 막 만 4세가 된 Jayden은 Maria의 무릎 위에 앉아 있었다. Maria는 Jayden의 위탁 어머니이다. Jayden은 Maria의 스웨터를 꼭 붙잡은 채로 가끔씩 의심에 찬 시선으로 흘낏 나를 쳐다보곤 했다. 5주 전에 아동 보호 서비스 부서의 사회복지사 Cretzner씨가 Jayden을 위한 놀이치료를 요청하기 위해 연락했었다. 내가 처음 전화를 받았을 때, Jayden의 상황을 설명하는 Cretzner씨의 목소리에서 고통을 느낄 수 있었다. Cretzner씨는 Jayden이 6일 전 고모할머니에 의해 응급실로 실려 올 때부터 이 케이스에 관여하고 있었다. Jayden은 심한 탈수상태였고, 다리가 부러졌으며, 갈비뼈에 금이 갔고, 얼굴과 몸에 다수의 타박상을 입은 상태였다. 신체검사 결과, 이미 이전에 생긴 상처들도 있다는 것을 알 수 있었다. Jayden의 아빠와 아빠의 여자친구가 기소되고 수감되었다. 사회복지과 아동 보호 서비스 부서는 Jayden을 위한 서비스를 세팅하느라 바빠졌다. 조부모와 외조부, 친엄마가 즉각적인 양육권을 요구하고 면접권을 위해 경쟁하는 동안, 매우 좋은 위탁 가족이 Jayden을 맡게 되어 병원에서 Jayden을 데리고 나가게 되었다. 주치의는 면밀한 의학적 추후검사를 진행하게 되었으며, Jayden에게 최대한 도움이 되도록 법정에 독립적인 추천사항을 제시할 책임을 갖는 소송 후견인 변호사가 정해졌다. 그리고 이제 아동 보호

서비스 부서의 사회복지사는 내가 얼마나 빨리 Jayden과 놀이치료를 시작할 수 있는지 궁금해 하고 있다.

우리는 필수 허가서를 완성하고 팩스로 보냈다. 우리의 대화가 다시 시작되었을 때, 나는 깊은 숨을 쉬고 Jayden의 몸에 생긴 심각한 상처들, Jayden이 겪었을 고통, 공포, 슬픔, 분노 그리고 심리적 상실과 혼란, 가족 구성원의 변동, 아동 보호 서비스 직원이 주장하는 서비스 시작의 긴박함 등에 관한 시나리오를 들었다. 나는 애착 안정성 틀을 이용해서 Jayden의 경험을 반영하기 시작했다. Jayden은 곧 병원을 떠나야 하지만 여전히 많은 의학적 치료를 필요로 하며, 지금까지와 다른 가정에서 살기 시작할 것이고 지금까지와 다른 가족과 함께일 것이다. 그리고 Jayden은 이제 고작 만 4세이다.

나는 Jayden을 위해 활성화시켜야 한다고 생각한 요구의 원 중 안쪽 부분, 즉 보호를 위한 요구, 편안함을 위한 요구, 기본적인 신체적, 심리적 안전감을 위한 요구를 생각했다. 나는 이 어린아이의 슬픔과 걱정을 공감하였고, 이 아이가 안전하게 느끼고 괜찮아지도록 돕고 싶었다. 나는 안정 애착의 긍정적인 영향력을 언급했던 연구들과 아동기에 겪은 혐오스러운 사건이나 해로운 환경이 부정적인 발달 결과를 가져올 수 있다고 언급했던 연구들에 대해서 생각했다(Biglan, Flay, Embry, & Sandler, 2012; Chapman et al., 2004; Yoshikawa, Aber, & Beardslee, 2012). 나는 갑작스러운 가족 구성원의 변화로 혼란을 겪었을 Jayden의 관점이라면 어떨지 생각해 봤다. 내가 Jayden이라면 이런 시점에 놀이치료사라는 새로운 관계가 하나 더 생겨나는 것이 가치 있는 일이 될까. 내 결정은 '그렇다'이기도 하고 '아니다'이기도 했다. 내가 가지고 있는 애착 안정성에 대한 지식을 이용한 치료 계획(나중에 다른 놀이치료사에게 소개하게 될 가능성까지 포함하여)을 제시할 수 있다는 점에서는 '그렇다'이지만, 지금 이 시점에 새로운 장소에서 또 다른 새로운 관계를 시작해야 한다는 점에서는 '아니다'였다.

전화가 계속되면서, 나는 Cretzner씨가 진심으로 걱정하고 있다는 것을 느낄 수 있었다. 나는 Cretzner씨의 다양한 스트레스와 걱정에 대해 민감하게 반응하려고 노력했다. 끔찍한 학대로 큰 고통을 받은 아이를 바라봐야 한다는 것이 얼마나 괴로운 일인지, 아동의 다른 가족들이 서로 책임을 떠넘기고 비난하는 모습을 지켜봐야 한다는 것이 얼마나 힘든 일인지 느끼게 되었고, Cretzner씨가 Jayden에게 도움이 되고, Jayden을 보호할 수 있는 방식으로 조치를 취해 나가고 있다는 것을 확신할 수 있었다. 나는 Cretzner씨에게 현재 Jayden의 세상은 낯선 사람과 낯선 장소들로 가득 차 있고, 그래서 내가 또 다른 낯선 사람으로 관계 안에 등장하는 것보다는 Cretzner씨와 위탁어머니에게 조언자 역할을 하고, 두 사람이 Jayden에게 안전하고 안정한 피난처가 되어 주는 것이 좋겠다는 의견을 밝혔다. Cretzner씨는 단순히 놀이치료회기를 예약하려는 태도에서 벗어나 Jayden의 개입 계획에 관심을 갖고 대화에 참여하기 시작했다.

일주일 후 Cretzner씨와 위탁모인 Maria를 만났을 때, 두 사람은 Jayden의 행동에 대해 매우 깊은 우려를 표현했다. Maria는, Jayden이 하루의 대부분을 가만히 앉아서 아무 말도 하지 않는다고 보고했다. Maria는, Jayden이 현재 자기가 있는 곳이 어디인지도 묻지 않았으며 다른 가족들에 대해서도 아무 질문을 하지 않는다고 걱정했다. 그리고 Jayden이 종종 아무 이유 없이 운다고 말했다.

Maria: 그 애는 거실 창문 옆에 그냥 그림처럼 조용히 앉아 있어요. 꼭 눈을 뜨고 자는 것 같아요. 앉아 있다가 아무 일도 없는데 울기 시작해요. 눈물은 점점 더 커지고 거세지는데 아무 소리도 나질 않아요. 그냥 엄청난 눈물을 흘릴 뿐이에요. 우린 아무것도 하지 않았는데 말이죠.

치료사: 그렇게 움직임 없이 조용히 앉아서 당신이 이해할 수 없는 눈물을 많이 흘리는군요. 분명한 건 Jayden이 그렇게 속상해 하는 걸 당신이 걱정한다는 점이네요.

Maria: 맞아요. 이상하기도 하고 걱정이 되기도 해요. 난 아이들이 우리와 새로운 장소에 익숙해져야 한다고 기대해요. 그 아이들이 제대로 대우받지 못했다는 것을 알아요. 그렇지만 우리 집엔 강아지도 있고, 장난감도 많이 있는데……. 우리가 소리를 지르거나 때리는 것도 아닌데. 일주일 동안 Jayden하고만 있었는데 그 애는 여전히 그런 상태니…….

치료사: (조용하게) 그래서……?

Maria: 그래서 슬퍼요……. 그래서 슬퍼요. Jayden이 우리 집에서 행복해 보이지 않아요.

치료사: Jayden에 대해 진심으로 걱정하고 계시군요……. 그 아이가 좀 더 편안하고 행복하게 느끼길 바라고 계시구요. Jayden이 빨리 좋아지지 않으면 어쩌나

걱정하고 계신 것처럼 들립니다. 아마도 Jayden을 어떻게 도와야 하는지에 대해서 걱정하고 있는 거겠지요?

Maria: 네, 네 그럼요. 혹시 Jayden이 다른 가정에 갔어야 한다고 생각하시나요?

내가 제안한 애착 안정성의 틀을 사용하여 나는 Maria가 Jayden에 대해 가슴으로 느끼고 있을 걱정에 대해 민감하게 반응할 수 있었다. 또한, 억제된 슬픔을 목격하고 함께하는 것이 Maria에게 얼마나 도전적인 일인지, 그래서 Maria가 Jayden이 좀 더 나아진 모습으로 살아 나갈 수 있도록 도울 수 있을지에 대해 자신감이 없다는 것도 이해할 수 있었다.

나는 아동의, 특히 고통스럽고 상처뿐인 양육을 경험한 아동의 요구를 이해하기 위한 시작이 될 수 있는 것들을 Maria가 이미 많이 해 오고 있었다고 Maria와 Cretzner씨에게 이야기했다. 나는 Maria가 Jayden의 행동에 충분히 주목하고 Jayden의 정서 세계에 관심을 가지고 있는 점을 칭찬했다. Jayden이 보이는 기이한 행동과 표현들을 이해하는 것이 얼마나 중요한지에 대해서도 동의한다고 언급했다. 나는 이 작은 남자아이의 마음에 무엇이 일어나고 있는지 이해할 수 있는 몇 가지 아이디어를 가지고 있다고 이야기했다. 그리고 애착 안정성 그림([그림 8-1] 참조)을 소개하고, 이 그림을 이용해서 Jayden이 무엇을 느끼고 생각했을지 설명하였다.

Jayden이 의자에 앉아 울 때 Maria가 주목했던 것들에 대해 반영하기 시작하자, 우리는 비디오를 보는 것처럼 어떤 장면을 떠올릴 수 있었고, 특정 상황을 깊이 탐색하거나 'Jayden 스토리'를 만들기 위해 '정지 버튼' 또는 '확대 화면'을 사용할 수 있었다. 우리는 함께 많은 내용을 탐색했다. "Jayden은 무엇을 하는가?" "Jayden의 얼굴은 어때 보이는가?" "Jayden이 어디를 쳐다보는가?" "Jayden이 뭐라고 말하는가?" "Jayden은 어떻게 움직이는가?" "다른 누가 거기에 있었는가?" 그리고 마지막으로 최고의 추측을 동원해서 "그 순간 Jayden의 요구는 무엇일까?"라는 질문에 답하려고 했다.[1] 토의가 진행됨에 따라 Maria는 자신이 Jayden을 혼자 두는 시간이 너무 많은 건 아닌지 궁금해했다. Jayden이 혼자 눈물을 흘린 이야기를 하면서, Maria는 자신이 Jayden에게 끼어들면 방해가 되지 않을까 걱정된다고 이야기했다.

1) 나는 대화 중 Jayden의 상처 관련 활동과 해리 반응을 가장 주요한 이슈로 간주했다.

이제 Maria는 애착 안정성의 틀 중 Jayden의 원 안쪽을 활용하여 그 순간 Jayden의 고요함과 눈물이 Maria가 멀리 있어 주었으면 하는 메시지가 아니었음을 깨달았다. 사실은 Jayden이 성인과 사랑이 넘치고, 도움을 받을 수 있고, 신뢰롭고, 반응적인 관계를 시작하기 위해 곁에 있어 달라고 요구하는 것이었다는 걸 깨달았다.

자문회기를 통해 얻은 정보를 바탕으로 나는 Maria가 어떻게 정서적으로 가용한 상태를 유지하고 Jayden의 강렬한 정서적 요구 표현을 조율하도록 함께 함으로써 Jayden의 치유를 도울지 설명했다. Maria는 가능한 한 빨리 주의를 분산시켜 줄 수 있는 밝은 활동들로 이동하거나, Jayden을 압도하고 혼란스럽게 할 고통은 그냥 두지 않겠다는 식의 안심되는 언급을 미리미리 제공하였다. Jayden의 강력한 정서들은 위탁어머니와 함께, 억제될 필요 없이 환영받고 조직화되고 이해받았다.

Maria와의 자문회기는 4주간에 걸쳐 수행되었다. 어떻게 Jayden의 치유를 지원할 것인가를 탐색하기 위해 수많은 'Jayden 스토리'를 구성해 가면서 애착 안정성의 틀에 대한 정보들을 좀 더 자세히 공유하였다. Jayden 스토리들을 통해 Maria는 Jayden의 요구를 보고, 읽고, 반응하도록 연습할 수 있었다. 관찰 능력이 증가함에 따라 Maria는 Jayden의 '잘못된 신호(miscue)', 즉 Jayden이 자신의 요구를 직접적으로 드러내지 않는 순간을 인식하기 시작했다. Jayden의 '잘못된 신호'는 대부분 편안함과 보호에 대한 자신의 요구를 억제하거나 의사소통하지 않는 경우들이었다. 특히 몸을 다치거나 정서적으로 속상한 상태에 있을 때 더욱 그랬다. 이렇게 가슴 아픈 상황의 한 예가 두 번째 자문회기를 위한 위탁 가정 방문 시 발생했다. Jayden이 장난감을 한 아름 안고 빠르게 걷다가 넘어졌고 마루에 부딪히면서 팔꿈치를 다쳤다. 나는 "아이쿠, 팔을 마루에 세게 부딪혔네."라고 외쳤다. Maria가 가까이에 있었지만 Jayden을 향해 움직이지 않은 채 나를 보며, "오, Jayden은 괜찮아요."라고 말했다. 실제로 Jayden은 이미 장난감을 모으고 있었고 우리를 알아채지 못하는 것처럼 보였다. 계속해서 Maria는 "나는 가끔 Jayden이 아픔을 느낄 수는 있는 걸까 의문스러울 때가 있어요. Jayden은 자주 넘어지지만 절대 울지 않고 도움을 요청하지도 않아요."라고 말했다.

그 지점에서 우리는 Jayden의 요구가 무엇이었을까 상상해 보는 'Jayden 스토리'를 만들었다. 넘어지는 것이 분명 아팠지만 Jayden의 자동적 반응(정확히 말하면 반응의 부족)은 방임과 손상이라는 관계력 안에서 만들어졌다. Jayden의 반응은 위탁

모인 Maria가 Jayden의 진정한 요구를 알아챌 수 없도록 만드는 '잘못된 신호'의 불행한 예였다. Jayden의 비정상적인 행동을 이해하기 위한 시도의 일환으로 Maria는 Jayden의 그 행동이 자신을 필요로 하지 않는 또 다른 예라고 결론 내렸었다. 그러나 이제 Maria는 애착 안정성의 틀을 사용하여 이것이 부정확하고 오류가 있는 신호의 강렬한 예라는 것을 깨달았으며 또한 Jayden이 다칠 때마다 주목하고 돌보는 것이 너무나 중요하다는 것을 깨달았다. 'Jayden 스토리'를 이용해서 Maria는 Jayden의 요구를 이해해가는 과정에서 발생하는 오류들을 읽어 내는 능력을 향상시켰고 Jayden은 Maria가 제공하는 관심과 안전감을 느끼며 관계를 형성해 갔다. 4회기의 자문 후에 Maria와 Cretzner씨 그리고 나는 위탁 가족에 대한 Jayden의 적응이 충분해서 이제 놀이치료를 시작하기에 적합한 시기가 되었다고 합의하였다.

나는 7개월간 '여행 가방 놀이방'을 이용하여 Jayden의 위탁 가정에서 놀이치료를 실시하였다. 나는 내가 가진 애착 안정성의 틀에 대한 지식을 사용하여 Maria 및 나와 놀이 상호작용을 하는 동안 Jayden이 어떤 애착 패턴을 보이는지 평가하였다. Jayden은 아주 현저하게 안정 애착과 불안정-회피 애착 유형을 함께 보였으며, 건강한 탐색과 놀이를 통해 Maria 및 나와의 관계를 사용할 수 있는 능력을 키워 나갔다. Jayden은 우리와 상호작용하는 것을 즐겼으며, 탐색을 할 때 우리를 파트너로 둘 수 있었다. 복잡한 법정 결정 내려진 후, Jayden은 입양을 목표로 하는 위탁 장소인 고모할머니 댁으로 이동하게 되었다. Jayden이 고모할머니 Rose와 지내기 시작할 때쯤 Cretzner씨가 법정과 가정 평가 및 계획수립 팀을 통해 애착 안정성 모델을 사용한 애착 평가 및 가정 서비스 지원을 성사시켰다. 그래서 고모할머니 Rose가 가정 임상가(가정으로 파견된 임상전문가, in-home clinician)에게 애착 안정성 관점과 이를 기반으로 한 양육하기를 배울 수 있었다(Jayden과의 상호작용을 촬영하여 시청하는 것을 포함). 자녀 양육의 가치는 당연히 세대를 걸쳐 공유되는 것이기 때문에, 이러한 치료적 지원은 매우 중요하다고 할 수 있다. 애착 안정성 접근을 고모할머니 Rose에게 제공할 책임을 이 팀에서 맡아 주었기 때문에, 나는 내 역할을 수정하여 Jayden의 놀이치료 과정에 초점을 맞추었다. 물론 고모할머니 Rose 및 가정 임상가와는 정기적으로 만나 공동 자문시간을 가졌다.

놀이치료에서 Jayden의 여행

첫 위탁 가정의 거실에서 Jayden을 맞이했을 때, 나는 Jayden의 침묵이 개입 가능한 정도라는 점에 고무됐다. 더 중요한 점은, Jayden이 가정-방문 놀이치료 동안 나와 강력한 치료적 관계를 형성하기 위해 Maria를 안전 기저로 사용할 수 있다는 점이었다. Jayden이 고모할머니 Rose의 집으로 옮겨 갔을 때, 놀이치료 장소도 이동하여 전통적인 형태의 클리닉 놀이실에서 만나기 시작하였다. 나는 아동의 변화하는 요구에 조율되고 유익한 방식으로 반응하기 위해 지속적으로 애착 안정성의 틀을 사용하였다.

나와의 놀이: 놀이실 소개

Jayden이 놀이실로 몇 걸음 걸어가다가 멈추었다. 아동중심놀이치료사인 Garry Landreth가 아동에게 놀이실을 소개할 때 사용하도록 제시한 내용을 조금 바꾸어서, "Jayden, 이 방은 무엇이든 네가 원하는 방식으로 이야기하고 놀이할 수 있는 곳이야."라고 말했다. Jayden이 방을 둘러보고 나서 고개를 돌려 놀라움에 가득 찬 모습으로 나를 쳐다봤다. 기대와 확신을 가지고, Jayden은 "나와 함께 놀아요."라고 말하였다.

나는 놀이실을 섬세하게 탐색하면서도 무심히 이동하는 Jayden을 따라 다녔다. Jayden은 약간은 압도당한 듯 서랍과 서류장을 열어젖힐 뿐 특정 활동이나 장난감에 긴 시간 머무르지 못했다. 나는 Jayden의 행동을 트랙킹하면서 Jayden이 경험하고 있을 것으로 보이는 감정들을 반영했다. 그러다 보니 나는 이 새로운 방 안에 있는 많은 새로운 것들에 대해 언급해야 했다. Jayden은 무엇을 해야 할지 정하는 것이 어려워 보였고, 흥분한 것처럼 보이기도 했지만 약간은 걱정을 하는 것 같기도 하고 혼란스러워 보이기도 했다. Jayden은 언어적 반응을 하지 않았지만 점차로 행동이 느려지면서 좀 더 신중해졌다. 축하할 일은, Jayden이 내가 보이는 관심을 자주 사용하고, 좀 더 조직화되고 만족스러운 방식으로 새로운 환경을 탐색할 수 있을 만큼 안정적으로 느끼는 것 같은 행동들을 보였다는 것이다. 마침내 인형의 집 앞에 멈춘 Jayden은 나를 골똘히 바라보더니, "나랑 놀 거지요? 나랑 놀 거지요?"라고 반복해서 질문했다. Jayden은 가족 피규어를 모두 모으더니 한명씩 지붕 위에서 미끄럼을 태웠다. 가족 피규어가 하나하나씩 바닥으로 곤두박질쳤다.

Jayden: (무엇을 기대하듯 나를 흘낏 보면서) 이 남자 죽었어요.
치료사: 지붕에서 떨어져 죽었구나.

Jayden은 계속 나를 응시하면서 체계적이고 조직화된 방식으로 피규어들을 계속 지붕에서 바닥을 향해 내려 보냈다. 그리고 하나씩 내려 보낼 때마다 감정 없이 사실적으로 그들의 죽음을 진술했다. 나는 계속해서 Jayden의 감정을 매칭하여 각 캐릭터들의 죽음을 반영했다.

나는 갑자기 충격적인 의심을 느꼈다. 위탁 가정에서 Jayden은 장난감을 감옥에 넣어 버리는 놀이에서 벗어나 좀 더 다양한 놀이를 했으며, 상호교환적 상호작용과 순서 주고받기가 나타나면서 좀 더 차별화되고 발달적인 놀이로 옮겨 왔었다. 그런데 지금 Jayden의 놀이 안에서는 모든 사람이 안전하지 않고 도움도 받지 못한 채 미끄러져 죽는다. 나는 애착 안정성 모델에 따라 Jayden이 퇴행한 것인지 불안해졌다. 그래서 주의를 전환하여 Jayden을 관찰하였다. 나는 Jayden의 몸이 긴장되어 있지 않고 이완되어 있다는 점에 주목했다. Jayden은 눈맞춤을 할 수 있었으며, 고통스러워 보이지도 않았다. 그리고 반복적으로 나와의 놀이 활동에 적극적으로 개입하고 있었다. 나는 Jayden이 내가 Jayden에게 관심을 많이 가지고 있으며, 수용적이고, 안전하다는 것을 알고 있기 때문에 자신의 경험 중 즐거운 부분뿐 아니라 충격적인 부분 모두를 탐색할 수 있는 상태라고 나 스스로에게 반영하였다.

내가 놀이실을 떠나기 5분 전이라고 말했을 때 Jayden은 갑자기 미끄러지게 하는 활동을 멈췄다. Jayden은 가족 피규어를 지붕 가장자리에 놓기 시작했다. 그리고는 두 개의 유모차를 지붕에 가져다 놓더니 경찰 피규어와 함께 큰 원통모양의 블록을 지붕 위에 놓고 싶다며 도움을 청했다. 그러고 나서는 나에게 큰 레커차를 가져오도록 했다. 가족 피규어를 레커차에 태우더니 낮은 지붕 앞쪽 모서리를 가리키며 가족 피규어를 태운 레커차를 올려놔 달라고 요청했다([그림 8-4] 참조).

지붕 위에 불안정하게 위치한 피규어와 레커차의 모습이나, Jayden을 맡아 주었던 위탁 가족의 차량 역시 크고 푸른색의 트럭이었다는 점이 매우 흥미로웠다. 상징적 의미가 무엇이든 간에, Jayden은 자신이 만든 것에 매우 만족하고 있다는 것

[그림 8-4] Jayden의 '인형의 집'

이 분명했다. Jayden은 뒤로 물러서서, 나를 향해 미소를 짓고는 고모할머니 Rose를 보러 갈 준비가 되었다고 말했다. 나는 Jayden을 통해서 아이들이 관계 안에서 안전감을 느끼게 되면 상호조절이라는 좋은 경험을 하게 되고 그로 인해 새롭고, 도전적이고, 희망적이고, 즐겁게 어렵고 고통스러운 대상들을 탐색할 심리적 에너지를 갖게 된다는 것을 목격했다.

놀이치료에서 Jayden은 나의 반응적 수용을 지속적으로 경험했으며 자신의 탐색을 즐겁게 받아들였다. 파트너로서 Jayden과 나는 상처, 위협, 보호, 위로, 돌봄과 같은 주제들을 탐색했다. 관계 안에서 Jayden(또는 피규어, 트럭, 손인형)은 문제가 생겼을 때 제공되는 도움을 수용하기도 했지만, 때로는 여전히 상처, 걱정, 공포 등이 사실이 아니어서 도움이 필요하지 않은 것처럼 행동하면서 돌봄이 필요 없다고 거절하거나 놀이를 통제하는 등 잘못된 사인을 보내기도 했다. 개입이 15개월 이상 진행되면서 나는 애착 안정성의 틀을 놀이치료에 사용했고 또한 아동 보호 서비스 관련자, 유치원 선생님, Jayden의 위탁모, 친척 입양모와 진행되는 자문 회의에서도 소개했다.

종결 한 달 전쯤, Jayden은 놀이실에 들어서더니 손가락을 다쳤다며 도와 달라고 요청했다.

Jayden: 다쳤어요!

치료사: 오 저런! 상처가 났네. 어디 보자.

Jayden: (가까이 다가오면서) 네. 봐요(손가락을 내밀었지만 아무런 흔적이 없음).

치료사: 손가락을 다쳐서 너무 속상하다. 그리고 나에게 이야기해 줘서 고마워. 앞으로도 다치면 도움을 요청해야 해.

Jayden: 나 반창고가 필요해요. 있어요?

치료사: 그럼 당연하지. 자 찾으러 가 볼까?

꼭 하늘을 나는 것 같은 기분이 들었다. 고통을 알아차리지 못하던 아이가 나에게 상처를 보여 주고 반창고를 달라고 하다니! Jayden이 안전한 양육의 결과를 경험했던 거다. Jayden은 자신의 욕구를 좀 더 정확히 의사소통할 수 있게 되었고, Jayden의 양육자는 안전하고 보호받고 사랑받는 방식으로 Jayden을 보고, 읽고, 반응하게 되었다.

결론

진화론 및 동물행동학을 기반으로 애착이론을 만들었던 John Bowlby의 동기 중 하나는 아동의 문제 행동을 이해하고 그들의 고통을 완화시킬 수 있도록 도울 방법을 찾는 것이었다(Bretherton, 1992). 1960년대 이래로 Ainsworth와 많은 연구자들의 활발한 연구와 함께 John Bowlby의 작업은 아동 발달에 대한 지식을 풍부하게 하고 그들이 보이는 신비한 행동 문제를 이해하는 데 큰 도움을 주었다. 특히 상호작용 시 관계의 맥락 안에서 발생하는 것들을 이해하는 데 더 큰 도움이 되었다. 애착 안정성의 틀은 놀이실에서, 부모 자문 시에, 아동의 애착 경험과 건강한 발달을 조형하기 위한 공동체 모임에서 핵심 요소로 사용된다. 애착 안정성의 틀을 통해 놀이치료사는 증거(관계에서 나타나는 행동 패턴)에 초점을 맞출 수 있으며, 쏟아지는 부정확한 신호에 현혹당하거나 압도당하지 않을 수 있고, 아동의 애착 요구를 해독할 수 있다. 이러한 요구에 민감해지고 반영적으로 될 때, 놀이치료사는 위로와 파트너 공조 행동 및 치유의 새로운 패턴을 만들면서 아동의 경험, 사고, 정서 등을 함께 조율할 수 있게 된다.

제9장
부모-자녀 관계치료

Sue C. Bratton · Kristie Opiola
Eric Dafoe

역사와 발전
부모-자녀 관계치료 실재
임상사례
부모-자녀 관계치료와 필리얼치료의 증거기반
결론

안정적인 부모-자녀 관계가 아동의 정서-사회적 발달에 미치는 영향력은 지속적으로 증명되어 왔다(Perry & Szalavitz, 2006; Ryan & Bratton, 2008; Siegel & Hartzell, 2003). 고통스러운 인생 사건을 경험해 온 아동의 경우 양육자-아동 애착은 특히 더욱 중요하다. 아동에게 부모는 정서를 조절하고 부정적인 경험에 대처하도록 돕는 존재이다(Schore, 2001). 그러나 부모는 아동에게 어려운 일이 일어났을 때 제때에 대처하도록 도울 수 있는 경험이나 기술이 부족할 수 있다. 부모-자녀 관계에서 발생하는 각종 스트레스를 포함하는 양육 스트레스는 부모가 아동의 정서적, 사회적, 행동적 요구에 적절히 반응하는 능력을 저하시킬 수 있다. 양육자에게 정서적 지원을 제공하고 양육효능감을 증가시켜 부모-자녀 유대관계를 강화시키고자 하는 치료 기법은 광범위한 아동 문제를 다루는 데 효과적인 것으로 인정받아 왔다(Eyberg, Nelson, & Boggs, 2008; Guerney & Ryan, 2013; Landreth & Bratton, 2006; Powell, Cooper, Hoffman, & Marvin, 2013; Webster-Stratton, Rinaldi, & Reid, 2011).

부모-자녀 관계치료(Child-parent relationship therapy: CPRT; Landreth & Bratton, 2006)는 다양한 범위의 아동 정신 건강 문제를 다루는 데 효과적임을 지지하는 연구가 40개 이상 되는 부모 훈련 모델이다. Bernard와 Louise Guerney의 필리얼치료 모델을 기반으로 한 부모-자녀 관계치료의 핵심 전제는 안정적 부모-자녀 관계가 아동의 복지를 위해 필수적이며 치료적인 요인이라는 것이다. 부모는 지지적인 그룹 환경 안에서 아동중심 놀이치료 기술을 배우고 이를 통해 아동의 정서적, 행동적 요구에 좀 더 효과적으로 반응할 수 있다. 다시 말해서, 사랑, 수용, 안전감, 안정감에 대한 아동의 요구에 대해 부모가 신뢰롭고 일관되게 반응함으로써 아동은 부모가 믿을 수 있는 존재임을 배우게 된다. 이 장은 부모-자녀 관계치료의 역사, 근거, 부모-자녀 관계치료 모델의 이론적 교리, 광범위한 인구와 환경에서 나타나는 다양한 이슈에의 적용을 지지하는 연구들의 요약, 부모-자녀 관계치료를 구현하는 구조와 형식에 대한 개관 등을 제공하며, 부모-자녀 관계치료 과정을 보여 줄 수 있는 짧은 사례 제시로 구성되어 있다.

역사와 발전

부모-자녀 관계치료(Landreth & Bratton, 2006)는 Bernard와 Louise Guerney가 1960년대 중반에 개발한 혁신적 부모 훈련 모델에 기반하고 있다. Guerney는 부모-자녀 관계의 중요성에 대한 인식과 함께 아동 인생에서 치료 대리인이 될 수 있는 필수 기술의 습득 능력이 부모에게 있다는 확신을 기초로 그들의 접근법을 개발하였다(Van Fleet, 2005). 가족 결속의 중요성을 반영하기 위해, 필리얼치료(filial thetapy)라는 용어를 사용하였는데 이는 아동의 정서적, 행동적 어려움을 다루는 선구자적 접근이기도 했다(L. Guerney, 2000).

Guerney의 초기 필리얼치료 모델에서는 부모가 소집단으로 매주 만나도록 했는데 기간은 정해져 있지 않았고, 때로는 1년 이상 연장되기도 했다(B. Guerney, 1964). 1980년대 Gary Landreth는 Guerney의 작업을 토대로 좀 더 구조화되고 요약된 10회기의 필리얼치료 훈련 형식을 발전시켰다. Landreth가 10회기로 구조화한 데에는 재정적, 시간적 부담을 감소시켜 부모의 참여율을 증가시키고자 하는 데 목적이 있었다(Landreth & Bratton, 2006). Guerney의 모델(B. Guerney, 1964)처럼, 부모-자녀 관계치료에서 부모는 수련감독 놀이회기 시간에 자녀에게 아동중심놀이치료의 원리와 태도 및 기술을 사용할 수 있도록 학습한다. 이러한 과정을 통해 아동의 치유를 활성화시키고 전체적인 가족 기능을 향상시키고자 한다. Landreth와 Bratton(2006)은 『Child Parent Relationship Therapy(CPRT): A 10-Session Filial Therapy Model』이라는 교재에서 10회기의 훈련 모델을 제시하고 있으며, 이 모델은 다른 필리얼치료 접근과 구별되는 부분이 있다. Bratton, Landreth와 Kellam, Blackard(2006)가 매뉴얼화한 부모-자녀 관계치료 프로토콜은 임상가와 연구자들이 치료의 완성을 더 확실히 할 수 있는 도구를 제공하고자 한다.

이론적 가정

부모-자녀 관계치료는 애착이론, 인간중심/아동중심이론, 아동 발달과 관련해 놀이의 중요성을 강조하는 이론 등 다양한 이론적 근거를 가지고 있다. 우선, 안정적인 부모-자녀 간 애착은 아동의 안녕과 통합적 발달을 위해 꼭 필요한 요소이다. 부모가 공감하고, 이해하고 수용하며 아동과 상호작용할 수 있다면 잘 조율된 부모-자녀 관계를 발달시킬 수 있으며 이는 향후 안정 애착 및 건강한 관계 형성에 필수 불가결한 부분이 된다. 조율을 잘하는 양육자는 정서적으로 반응적이고 일관적이다. 안정적으로 애착된 부모-자녀 관계 안에서 아동은 자신을 둘러싼 세상을 탐색하고 유연하게 반응하며 자신의 생각을 조직화하고 정서와 행동을 조절할 수 있다.

다음으로, 부모-자녀 관계치료는 Carl Rogers(1951)의 인간중심 관점과 Virginia Axline(1947)의 비지시적 놀이치료 원칙을 기본으로 하는 강점기반 접근이다. Rogers와 Axline 모두 아동에게 인간으로서 내재되어 있는 능력이 있다고 믿었으며, 인간은 모든 연령에 걸쳐 성장하고 발전하기 위해 노력하는 존재라고 보았다. 인간중심이론에 의하면, 관계(여기서는 부모-자녀 관계)는 변화의 일차적 메커니즘이다. 아동은 부모의 조율, 수용, 공감, 일치, 반응성을 특징으로 하는 안정적 관계 안에서 자라난다. 부모에게 기본적인 아동중심놀이치료의 원리, 태도, 기술(Landreth, 2012) 등을 가르치게 되면, 부모는 판단으로부터 자유로운 환경을 만들고, 자신의 자녀를 공감적으로 이해하고 수용하며, 성장과 안녕을 향해 가는 아동의 내적 경향성을 촉진할 수 있다. 최근 인기를 얻고 있는 부모 교육 모델인 문제해결 중심접근은 부모에게 아동 행동을 바꿀 수 있는 전략을 가르치는 반면, 부모-자녀 관계치료는 부모가 아동의 요구를 이해하고 양육효능감을 향상시킬 수 있도록 돕는 데 초점을 맞춘다. 아동의 자기조절, 자기동기, 자기지향의 향상을 장기간 목표로 하여 부모가 아직 미숙한 아동 조절력의 내적 소재지가 되어 줄 수 있도록 교육하고자 한다.

마지막으로, 부모-자녀 관계치료는 아동에 대한 발달적 이해에 기반하며 매주 부모-자녀 간 특별한 놀이 시간을 강조한다. 아동중심놀이치료에서 그랬던 것처럼, 놀이는 아동이 의사소통하고, 자신의 걱정거리를 표현하고, 세상을 타당화하는 중요한 수단이다(Landreth, 2012). 아동은 놀이 안에서 퇴행하고, 학습하고, 성숙하고, 심사숙고하고, 그리고 궁극적으로 자기 자신과 세상에 대해 더 잘 이해하고 수용하게 된다. 부모-자녀 관계치료는 부모-자녀 관계를 향상시키고, 양육자가 자녀의 요구에 민감하게 잘 조율된 반응을 보내고, 아동 관점의 세상을 보다 잘 이해할 수 있는 렌즈를 제공한다.

목표

부모-자녀 관계치료는 아동, 양육자, 아동-양육자 관계 모두에서의 발전을 목표로 하는 특별한 접근이다. 관계는 변화의 중요한 매체이기 때문에 일차 목표는 아동-양육자 관계를 향상시켜서 아동-양육자 간, 궁극적으로는 가족 구성원들 간의 신뢰감, 안전감, 친밀감을 증진시키고자 하는 것이다(Landreth & Bratton, 2006). 신뢰감, 따뜻함, 애정 등이 증가하면 가족 구성원들은 의사소통, 문제-해결 전략, 애정 표현, 가족 단위의 즐거움 등을 향상시킬 수 있다.

부모-자녀 관계치료는 부모가 양육적 수용감과 공감 능력을 향상시키고, 자녀의 정서적 요구를 이해하고 민감하게 반응하며, 아동 행동에 대해 좀 더 현실적인 발달적 기대를 하고, 적절하게 제한을 설정해서 궁극적으로는 부모로서 좀 더 자신감을 가지도록 돕고자 한다. 부모는 아동중심놀이치료 원리와 기술을 배워서 매주 특별한 놀이 시간에 활용하여 자녀와 함께하는 즐거움을 발견하고 양육의 기쁨을 재발견한다는 중요한 목표를 달성한다(Landreth & Bratton, 2006). 또한, 지지 그룹은 부모가 자기 스스로에 대해 수용하고 자기 자신의 경험과 요구에 대해 통찰하고 아동과의 관계에 있어 상호교환적인 효과를 인식하도록 격려한다.

부모-자녀 관계치료에서 아동을 위한 목표는 아동이 개인 놀이치료를 받을 때와 유사하다(Landreth & Bratton, 2006). 놀이를 통해서 그리고 안전하고 안정된 관계 안에서 아동은 자신의 요구와 억압된 감정 및 긴장감을 포함한 자신의 느낌을 표현할 수 있으며 결국에는 자신의 요구를 표현 및 조절하고 만족시킬 수 있는 좀 더 적절한 방법을 배우게 된다. 부모-자녀 관계치료는 좀 더 긍정적이고 신뢰로우며 안정된 관계 안에서 부모에 대한 부정적 지각을 직접적으로 다룰 수 있다는 부가적 이익을 아동에게 제공한다.

치료사의 역할

부모-자녀 관계치료는 부모-자녀 관계치료 프로토콜 훈련을 받고 면허증을 소지한 정신건강 전문가가 제공하기를 요구한다(Landreth & Bratton, 2006). 부모-자녀 관계치료는 치료사가 치료회기 안에서 변화를 책임지는 에이전트가 되는 가족치료 모델이 아니다. 치료사의 역할은 부모가 아이들을 위한 치료적 변화 에이전트가 되도록 부모를 훈련시키고 면밀하게 감독하는 것이다. 이러한 목표를 위해 치료사는 반드시 매우 숙련된 그룹 촉진자이자 놀이치료 훈련가이며 감독자이자 신뢰로운 멘토여야 한다. 우선, 치료사의 일차 역할은 부모가 자신의 노력에 대해 편안하게 공유하고 토론할 수 있는 안전하고 지지적인 환경을 만드는 것이다(Bratton, 1998). 반복해서 강조하자면, 치료사는 아동중심놀이치료의 원리와 기술을 부모에게 훈련시키고, 아동과 특별한 놀이회기를 어떻게 수행해야 할지 설명하고, 수행된 부모-자녀 놀이회기에 대해 슈퍼비전을 제공해야 한다. 두 시간씩 진행된 열 번의 회기 안에 부모에 대한 정서적 지지 및 설명과 정보제공이 균형 있게 제공되도록 하는 것은 매우 경험이 많은 부모-자녀 관계치료 훈련가에게도 여전히 도전적인 일이다. Landreth와 Bratton(2006)은 다양한 역할의 균형을 위해 공동리더의 활용을 추천했다.

부모-자녀 관계치료 실재

부모-자녀 관계치료의 성공에서 가장 핵심은 제공자가 우선 아동중심놀이치료의 원리와 기술에 대한 훈련과 감독을 받고(Landreth, 2012; Ray, 2011), 그런 후에 프로그램의 정확도를 확실히 하기 위해 다시 10회기로 구성된 치료 프로토콜(Bratton et al., 2006)에 대해 훈련과 감독을 받아야 한다는 점이다. 치료 매뉴얼에는 10회기 훈련 프로토콜을 포함해서 치료사 가이드, 부모용 공책, 부록, 각각의 부모-자녀 관계치료 그룹을 위해 출력하여 사용할 모든 훈련 자료들이 함께 저장되어 있는 CD-ROM이 들어 있다. 우리는 프로토콜을 너무 고집하지 말라고 주의를 준다. 오히려, 프로토콜은 부모와 아동의 치료적 요구에 따른 임상적 판단을 적용해 보도록 의도하여 만들어졌다고 강조한다. 부가적인 훈련 자료에는 6명의 부모와 진행하는 10회기의 부모-자녀 관계치료 그룹에서 사용할 수 있는 부모-자녀 관계치료 문장(Landreth & Bratton, 2006)과 4쌍의 부모-자녀 관계치료 그룹 진행과정을 보여 주는 비디오(Bratton & Landreth, 2013)가 들어 있다. 다시 말해, 10회기 프로토콜 전체 기술, 부모-자녀 관계치료 훈련 형식, 과정, 성공적인 수행을 위한 전략들이 들어 있는데, 훈련과 슈퍼비전을 충분히 받은 후 사용하기를 다시 한 번 강조하고 싶다.

구조 및 형식 개요

부모-자녀 관계치료는 작고 지지적인 그룹이 함께 교육과 슈퍼비전을 받는 그룹 형식을 사용한다. 이 역동적이며 상호교환적 과정이라는 특징 때문에 부모-자녀 관계치료와 필리얼치료 모델(Guerney & Ryan, 2013)이 교육에 중점을 두는 다른 부모 교육 프로그램과 차별화된다. 부모-자녀 관계치료에서는 6명에서 8명의 부모 그룹이 두 시간씩 일주일에 한 번 만나게 된다. 부모-자녀 관계치료는 좀 더 집중적인 형식을 가지고 성공적으로 사용되어 왔지만, 몇몇 케이스에서는 가족들의 요구에 따라 치료 시간이 연장되기도 했다(Landreth & Bratton, 2006). 부모-자녀 관계치료 그룹 형식은 부모가 부모-자녀 관계치료 기술을 성공적으로 습득하고 적용할 수 있도록 하기 위해 교육적 요소와 지지적 요소의 섬세한 균형을 필요로 한다. 초기 치료 목표는 안전감과 수용감 및 격려가 있는 환경을 만들고 그 환경 안에서 부모들이 자신의 경험을 다른 구성원들과 공유하는 과정에서 일반화하는 것이다. 부모들에게는 아동발달, 아동중심놀이치료 철학, 아동중심놀이치료 기법, 아동중심놀이치료 기술에 대한 정보가 제공될 것이고, 이는 부모-자녀 관계에 긍정적인 영향을 줄 것이다. 발달적으로 반응적인 방식을 사용해 의사소통함으로써 부모는 아동과의 관계를 강화시킬 수 있다.

주장하건데, 부모-자녀 관계치료의 가장 중요한 요소는 30분 놀이회기 동영상을 보며 전문가와 그룹 구성원들에게 피드백을 받는 슈퍼비전 요소일 것이다. 놀이회기 동안 부모는 가정의 정해진 장소에서 특정 장난감을 이용해 일주일에 한 번 아동이 주도하는 놀이회기를 실시한다(B. Guerney, 1964; Landreth & Bratton, 2006). 이 놀이회기 동안 부모는 좀 더 조율되고 공감적인 부모-자녀 관계를 만들기 위해서 아동중심놀이치료의 태도와 기술을 적용한다. 부모-자녀 관계 안에서 부모가 공감을 통해 의사소통을 하면 아동은 자기조절력과 연령에 적절한 사회적 행동을 발달시킬 수 있다(Carnes-Holt & Bratton, 출판 준비 중). 매주의 놀이회기를 통한 부모-자녀 간 안정 애착 증진은 부모-자녀 관계치료 성공의 핵심이다. Ryan과 Bratton(2008)은, 효과적인 필리얼치료는 양육자와 아동 모두의 정서적 요구에 주목한다고 주장하면서 애착관계의 양쪽 주체 모두 중요하다고 강조하였다. 그러므로 부모의 정서적 요구에 대한 민감한 지지는 슈퍼비전 과정에서 필수적이다.

부모-자녀 관계치료 그룹 과정 동안 치료사는 부모들 간의 연결을 활성화해야 하며 안전하고 수용적인 분위기를 만들어야 한다. 부모들은 정서적 지지를 받고 자신의 자녀에게 적용할 수 있는 대인 간 관계 기술(공감, 격려, 반영 등)을 직접적으로 경험하게 되기 때문에, 더욱 기꺼이 자신의 힘든 감정과 경험을 탐색하게 된다. 다음에 제시되는 사례는 부모-자녀 관계치료 훈련 내용과 과정을 간단히 소개하고 있다.

임상사례

이 사례는 부모-자녀 관계치료 모델의 유연성을 보여 주며, 부모-자녀 관계치료의 기본 원리와 가정이 그룹 과정 안에서 어떻게 부모에게 적용되는지를 제시한다. 부모의 변화는 아동의 성장과 치유에 매우 중요한 요소이다. 그러므로 이 사례에서 우리는 일차적으로 그룹 과정, 부모-자녀 놀이회기, 그리고 슈퍼비전회기를 통해 어떻게 부모 변화가 활성화되고 결국 부모-자녀 사이의 결합을 강화시키는지에 초점을 맞출 것이다. 사례에서 부모는 내(Bratton)가 실시하는 부모-자녀 관계치료 그룹 10회기 프로그램에 참석하였다. 신분 확인 정보는 비밀 유지를 위해 변경하였다.

C부인은 30세의 유럽계 미국인으로 혼자 아이를 키우고 있는 대학원생인데 학교와 가정에서의 행동 문제로 6세가 된 아들 Nate를 클리닉에 의뢰하였다. C부인은 Nate가 매우 재능이 많은 아이지만 한편으로는 화를 잘 내고, 남을 이용하고, 반항적으로 행동하고, 때로 조절이 불가능하다고 보고하였다. C부인은 자신이 재정적

및 개인적으로 최선을 다하고 있음에도 불구하고, Nate는 그저 자신의 압도적 고통이 될 뿐이라고 비난했다. C부인은 Nate가 3세 때 아프리카계 미국인인 Nate의 아버지와 이혼했다. 현재 미국 밖에서 살고 있으며 Nate를 거의 보지 않고 있는 Nate의 아버지와는 적대적인 관계라고 하였다. C부인은 Nate가 혼혈이라는 점 때문에 고생을 했으며 현재 행동은 아버지에 대한 분노의 결과라고 보고하였다.

이 가족의 임상적 요구에 따라 부모 조사가 면밀히 이루어졌으며, Nate의 학교로부터 정보가 입수되었고, 부모-자녀 역동을 측정하기 위해 구조적 가족놀이 활동이 시행되었다. 평가 결과 엄마-아들 관계에 심각한 문제가 있음이 드러났다. Nate의 행동 문제는 수용과 따뜻함이라고는 찾아보기 힘든 엄마에 대한 Nate의 정서적 반응으로부터 오는 것으로 보였다. 이에 나는 부모-자녀 관계치료가 가장 적절할 것이라고 판단하였다.

1~3회기: 부모-자녀 관계치료 원리와 기술 배우기

초기 3회기 동안 가장 중요한 일은 안전하고 수용적이고 격려하는 분위기를 만드는 것이다. 특히, 자신의 경험을 공유하고 일반화하는 기회가 필요한 부모들에게는 더욱 중요하다. 부모-자녀 관계치료 모델의 경우, 치료사는 부모가 가지는 지지에 대한 요구와 3주 후 자녀와의 놀이회기에서 사용할 기본적 아동중심놀이치료의 태도와 기술을 학습하는 것 사이에 균형을 잡도록 유념해야 한다. 성공적인 기술 습득을 확신하기 위해 부모-자녀 관계치료는 실연과 역할 놀이를 매우 많이 사용한다. 초기 기술은 아동의 리드, 감정의 반영, 아동 놀의 내용에 대한 언어적, 비언어적 반영 등을 포함한다. 더 중요한 것은, 매주 자녀와 하는 30분의 놀이 동안 모든 주의를 쏟고, 진심으로 관심을 가지고, 네 가지의 '함께하기' 태도, ① "나 여기 있어." ② "내가 듣고 있어." ③ "응, 이해하고 있어." ④ "응, 좋아."(Landreth & Bratton, 2006)로 아동과 의사소통함으로써 아동을 수용하는 것이다. 이러한 태도와 수용의 경험은 좀 더 긴밀하고 좀 더 안전한 부모-자녀 결합을 만들고 결국 아동 안에서 치유를 일으키게 된다.

C부인은 7명의 다른 싱글 어머니들과 함께 결성된 필리얼 그룹에서 단연 두드러졌다. C부인은 첫 회기에 20분을 늦었으며, 클리닉 현관문을 들어서면서부터 Nate

에게 소리를 지르기 시작하더니, Nate가 아동 돌봄 지역으로 사라질 때까지 계속 소리를 질렀다. C부인은 좌절스럽고 무기력한 모습으로 방에 들어섰으며, 그룹의 다른 부모들은 어떻게 반응해야 할지 당황스러워했다. 경험의 일반화 후 모든 부모들은 서로 연결되었으며, C부인도 여유를 찾고 그룹이 제공하는 지지를 즐기는 것 같아 보였다. C부인은 나중에 이 그룹에 오는 것이 한 주간의 오아시스 같았으며 Nate와 함께라면 절대 가질 수 없는 시간이었다고 말했다. 만남 시간에 늦게 나타나 Nate에게 소리를 지르며 클리닉에 들어서는 패턴은 그 후로도 몇 주간 더 계속되었다.

2회기와 3회기에서 C부인은 지지 그룹 경험으로 도움을 받는 것이 확실해 보였으나, 아동중심놀이치료 기술의 가치를 확신하지 못했으며 아들과 좀 더 가까운 관계를 형성하기 위해 함께 놀이 시간을 갖자는 아이디어를 거부했다. C부인은 오히려 Nate의 행동을 향상시킬 수 있는 방법들에 초점을 맞추고 싶어 했다. C부인은 타인의 공포와 분투를 듣고 공유하는 데에는 관심을 가졌지만 자신의 것은 공유하지 않았다. 가끔 공유할 때는 자기 자신과 아들의 부정적인 면에만 초점을 맞추는 경향이 있었다. 3회기에서는 아동중심놀이치료 기술 중 역할 놀이가 매우 중요한데 왜냐하면 3회기와 4회기 사이 한 주 동안 자녀와의 첫 놀이회기가 진행되기 때문이다. C부인은 역할놀이에 큰 불편감을 드러냈는데, 특히 아동의 역할을 할 때 더욱 불편해 보였다. 나는 C부인이 가정 놀이회기를 성공적으로 수행하도록 하기 위해서 그 전에 추가적인 지지가 좀 더 제공되는 것이 좋겠다고 판단했다. 지난 3주간 나의 관찰을 통해 C부인은 기술 발달에 초점을 맞추기 전에 아들과 좀 더 친밀하고 수용적인 관계를 발달시킬 수 있도록 치료사의 개별적 주목과 긴밀한 슈퍼비전이 필요해 보였기 때문이다. 나는 3회기 후에 C부인과 이야기를 나누면서 그녀의 첫 놀이회기를 나의 슈퍼비전 하에 가정에서보다는 클리닉에서 실시하는 것이 좋겠다고 제안했다.

C부인과 Nate는 몇 주 후에 클리닉에 왔다. 나는 Nate가 대기실에서 잠시 노는 동안, 놀이회기를 위한 기본 과정과 방법을 복습하기 위해 C부인을 짧게 만났다. C부인은 자신의 능력에 대해 못마땅해 하는 마음과 의심을 표현했으며, 그래서 우리는 C부인이 일방경으로 관찰하는 동안, 내가 Nate와 짧은 놀이회기를 진행하기로 결정했다. 그 짧은 놀이회기 동안 나는 '함께하기'라는 아동중심놀이치료 태도

에 초점을 맞추고 Nate가 놀이를 주도하도록 했다. Nate에게 과정을 설명한 후 나는 엄마가 나와 Nate의 놀이를 어디서 지켜볼 것인지 보여 주었다.

10분의 실연 후, 나는 C부인을 만나서 어떻게 Nate와 놀이회기를 진행할 것인지 의논했다. 그런 다음, C부인은 Nate와 10분간의 놀이를 실시하였고, 나는 일방경 뒤에서 관찰하면서 엄마와 아들 간의 긍정적 상호작용을 메모했다. 나는 지난 3주간 관찰한 어머니-아들 간 상호작용을 바탕으로 전형적인 30분 회기보다 짧게 놀이회기를 진행하도록 하였다. 내가 보기에 이 시점에서 C부인에게 필요한 것은 기술 연습이 아니라 정서적 지지와 격려였기 때문이다. 나는 놀이회기 후 C부인에게 즉각적으로 피드백을 주었다. C부인의 노력을 격려했으며, 반응하기 어려워했던 몇몇 상황을 가지고 역할놀이도 해 보았다. C부인은 연습을 위해 10분의 놀이 시간을 한 번 더 갖자는 나의 제안에 흔쾌히 동의하였다. 마지막으로 우리는 촬영된 동영상을 15분 정도 시청하면서 C부인과 아들 간에 긍정적 순간을 지적해 주고 마무리하였다. 엄마의 변화된 행동에 대해 Nate는 언어적, 비언어적으로 불신감을 표현했지만, 분명 엄마가 주는 온전한 주의를 즐기는 순간도 존재하였다. C부인은 다른 아이들에 비해 Nate가 다루기 힘든 아이라는 자신의 관점을 근거로 다음 몇 주간 더 클리닉에서 놀이회기를 진행하는 것이 어떤지 물었다. 나는 일대일 슈퍼비전이 C부인에게 도움이 될 것이고 그 과정을 통해 그룹 과정 밖에서 추가적인 정서적 지지를 받을 수 있다고 생각했다.

4~10회기: 놀이회기에 대한 그룹 슈퍼비전

부모-자녀 놀이회기에 대한 슈퍼비전을 통해 기술을 정제하는 것이 4~10회기 동안의 주요 활동이다. 각 회기는 모든 부모들이 아동과 특별한 놀이 시간을 보낸 경험에 대해 공유하는 것으로 시작한다. 대부분의 시간은 두 명의 부모가 찍어 온 비디오를 함께 보고 피드백을 주는 활동으로 보내게 된다. 비디오 되감기 기능을 이용해 부모에게 설명을 하면, 부모들은 자기 자신을 보면서 좀 더 큰 통찰을 하기도 하고, 대리학습의 기회를 가지기도 하며, 놀이회기가 자녀에게 미치는 영향을 볼 수도 있다. 치료사 입장에서는 검증된 기술을 강화하고 필요한 순간에 대안이 될 수 있는 반응과 행동을 제안할 수 있다. 4회기부터 8회기까지 기본적 기술이 지속적으로 강조되면서 환경 제한, 선택 제안, 격려, 자기존중감 형성 등을 위해 어떻게 반응해야 할지와 관련된 기술들이 첨가되었다. 이 연습 단계를 성공적으로 운영하기 위해서 부모들에게 아동중심놀이치료 기술 연습은 30분 놀이회기 동안에만 연습하도록 제한한다. 그렇게 해야 부모가 매일 발생하는 문제들에 성급히 새로운 기술을 적용하다 불가피하게 발생할 수 있는 실패감을 피할 수 있기 때문이다. 마지막 2회기에서 부모들은 매일 발생하는 자녀와의 상호작용에 새로운 기술을 적용하고 일반화할 수 있도록 도움을 받는다.

4회기에서는 C부인의 행동에 미묘한 변화가 있었다. 부모들이 첫 놀이회기에 있었던 일들을 묘사할 때, C부인은 긴장을 푼 상태로 다른 부모들이 자신의 불안정성에 대해 표현하는 것을 경청할 수 있었다. C부인은 자신의 놀이회기를 마지막으로 보길 원했고, 전형적인 자기 비난적 태도를 유지했지만 두 개의 긍정적 코멘트를 공유할 수 있었다. 계획했던 대로, C부인은 매주 특별한 놀이시간을 위해 Nate를 클리닉으로 데리고 왔다. C부인이 2주간 Nate가 놀이를 주도할 수 있도록 내버려 둘 수 있었다는 것이 작은 소득이라면 소득이었다. 그렇지만, 부모-자녀 관계치료의 성공을 위해 필수적인 완전한 수용을 비언어적 태도로 보여 주지 못했다. 더구나 C부인은 놀이실에서 Nate의 행동을 효과적으로 제한하지 못하고, "하지 마." 또는 "그만하라고 했잖아." 등의 말만 되풀이했다. C부인이 그렇게 말하고 나면 Nate도 화가 난 듯 반응하였다. 이런 상황의 대부분은 Nate가 C부인이 싫어하는 큰 소리가 나는 공 쏘기 장난감을 사용할 때 주로 발생했다. 당연히 이 장난감은 Nate가 가장 좋아하는 것이었다. Nate는 자신에게 친숙한 반응인 엄마의 분노를 불러일으키는 데 전문가였다.

5회기에서 8회기가 진행되면서 C부인의 성장 중 가장 의미 있는 부분은 자기수용이었다. 나와 다른 부모들로부터 수용을 경험하면서 C부인은 자기 비난적인 부분이 줄어들고 특정 상황에서 Nate의 행동을 수용하기 시작했다. 그러나 C부인이 Nate의 행동을 공격적이라고 지각하는 상황에서는 이런 수용이 확장되지 않았다. 예를 들어, 매 회기 발생하는 일이지만 Nate가 공 쏘기 장난감을 사용해 공을 쏠 때, C부인은 그 행동을 자신에 대한 공격으로 지각했고 Nate에게 비난적인 태도로 반응했다. 놀이 5회기(부모-자녀 관계치료 7회기 진행 후)에서부터 C부인은 매몰찬 반응을 자제할 수 있었지만, 여전히 공격적이라고 간주하는 것들을 Nate가 놀이했을 때에는 Nate의 감정을 언어적으로, 비언어적으로 탐색하지 못했다.

C부인과 Nate에게 일어난 가장 극적인 변화는 놀이 6회기에서 발생했다. 무조건적인 수용과 조건적인 수용에 대한 자발적 토의를 진행했던 부모-자녀 관계치료 8회기 하루 뒤에 진행된 놀이회기에서였다. 나는 30분 놀이시간 동안 아동이 보이는 긍정적 감정과 부정적 감정 모두를 수용해야 한다고 강조했고, 아동의 감정을 모두 수용하기 위해서는 아동의 요구를 자신의 요구와 잘 연결시켜야 한다고 설명했다. 다른 부모들이 거절당한 경험에 대해 토의하면서 아동에게 중요한 수용감을 부모들도 경험하고 싶어 한다는 이야기를 나누고 있을 때 C부인은 정서적으로 자극을 받는 것같아 보였다. C부인은 그룹 안에서 자신의 감정을 나누진 않았지만 다른 부모들이 지지와 격려를 제공했을 때에는 공감하고 있는 것이 분명해 보였다.

다음 날 놀이회기에서 C부인은 Nate의 감정을 반영함으로써 Nate의 공격적 행동을 수용하려고 했고 그러자 Nate의 행동이 극적으로 변화했다. Nate는 즉각 조용해지면서 공 쏘기 장난감을 이전의 공격적인 방법보다는 좀 더 창의적인 방법으로 가지고 놀면서 콧노래를 부르기 시작했다. 몇 분이 흐른 후 Nate는 장난감을 가지고 노는 것에 흥미를 잃은 듯 있더니 엄마에게 같이 이젤에 색칠을 하자고 초대했다. C부인은 좀 더 이완된 모습으로 공감, 수용, 즐거움을 담아 Nate에게 반응할 수 있었다. 놀이회기 후 피드백 시간에 C부인은 Nate의 행동 변화에 매우 놀랐으며, 아들과 노는 시간이 얼마나 즐거웠는지 설명했다.

나는 C부인에게 Nate와의 관계 안에서의 변화와 Nate의 행동 안에서의 변화를 잘 만들어 내었다고 칭찬하고 그 변화에 대한 책임 역시 C부인에게 있음을 설명하였다. 놀이회기에서 무엇이 달랐는지 반영해 보도록 요청하자, 아동의 부정적 감정도 수용하는 것이 중요하다는 토의가 일주일 내내 떠올랐다고 이야기했다. Nate가 공격적으로 놀이할 때조차도 C부인이 Nate를 좀 더 수용하고 있음이 진심으로 느껴졌다. 늘 그랬듯이 우리는 놀이회기의 일부분을 비디오로 시청하면서 피드백 시간을 가졌다. 나는 Nate가 엄마에게 화가 났다는 것을 C부인이 반영하던 부분을 선택했다. Nate에게 미친 극적 효과를 관찰했을 때 C부인은 어떤 감정에 압도되는 것처럼 보였다. 그러고 나서 C부인은 지난 그룹 시간에서 표현할 수 없었던 것들을 공유하였다. "성장하면서 누구도 나의 감정을 돌봐 주지 않았어요. 화를 내거나 슬퍼할 수 없었지요. 나는 나의 모든 감정을 안에 꾹꾹 넣어 두기만 했어요. 나는 그런 일들에 익숙했고, 혹은 먹는 걸로 기분을 좋게 만들곤 했지요. 그렇지만 종국에는 폭발해 버리곤 했어요." 이런 종류의 언급은 부모가 자기 자신의 감정 및 경험이 현재 진행 중인 양육의 어려움과 어떻게 연결되어 있는지 인식하기 시작할 때 주로 하는 말이다.

부모-자녀 관계치료 9회기에서 C부인은 처음으로 그룹 시간에 자신의 놀이회기 동영상을 보기로 했다. 다른 부모들로부터 긍정적인 피드백과 지지를 받은 후, C부인은 어린 시절, 특히 자신의 아버지와 남자들에 대해 '이만하면 충분한(good enough)' 느낌을 받아 보지 못했으며, 이런 경험이 부모-자녀 관계치료 초기에 Nate를 수용할 수 없었던 것과 연결되어 있었음을 공유하면서 눈물을 흘렸다. 그다음 주, 부모-자녀 관계치료 10회기 전에 C부인은 처음으로 가정 놀이회기를 수행했으며 자신과 Nate 모두 이 시간을 함께 즐겼다고 보고하였다. 아마도 Nate와 C부인 간 상호작용에서 보인 가장 현저한 변화는 지난 두 번의 그룹회기 시 클리닉에 도착하는 모습일 것이다. C부인은 소리를 지르고 Nate는 순종하길 거부하던 모습에서 서로 웃고 함께하기를 즐기는 모습으로 변화하였다.

그룹 수업이 모두 끝난 후 C부인은 추가적인 슈퍼비전을 받기 위해 클리닉을 방문했다. 그룹에 참여했던 부모들은 놀이회기를 지속하는 데 도움을 받기 위해 추후 회기를 요청하곤 한다. C부인은 1개월, 3개월 추후 회기에 참석했다. 그 사이 C부인은 부모-자녀 관계치료 진행 과정에서 결과적으로 표면화되었던 자신의 감정을 탐색하기 위해 개인 상담을 추진했다. C부인은 가정에서 Nate의 행동이 지속적으로 향상되고 있다고 보고했으며, 그들의 관계에서도 의미 있는 향상이 계속되고 있다고 보고했다. 나는 다시 한 번 C부인에게 자신이 보는 변화들을 자신이 만들어 냈으며 그 변화에 책임이 있다는 것을 환기시켰다.

C부인은 그 이후 3년간 Nate가 새로운 발달 단계에 들어서거나 인생의 전환으로 고군분투할 때면 연락을 해 왔다. C부인이 새로운 직업으로 인해 미국 밖으로 이사를 나가게 될 때까지 몇 번을 만나 지지와 격려를 전했다. C부인은 내가 부모-자녀 관계치료를 실시했던 어떤 부모보다 많은 발전을 보여 주었다. 그렇지만 10회기가 끝날 때쯤 C부인의 기술 수준은 그룹에서 가장 낮은 편이었다. 내가 관찰한 가장 위대한 변화는 C부인이 그녀 자신과 Nate에 대해 보여 준 수용의 태도였다. 부모-자녀 관계치료를 경험하면서 얻게 된 자신감과 기술, 그리고 아들 Nate와의 즐겁고

친밀한 관계 경험을 통해 C부인은 한부모(single parent)로서 그녀가 만나게 될 각종 도전들을 잘 처리할 수 있게 되었다.

부모-자녀 관계치료와 필리얼치료의 증거기반

부모-자녀 관계치료는 치료 효과에 대한 연구가 많이 진행된 아동 치료 모델이다. 부모-자녀 관계치료는 Bernard와 Louise Guerney가 개발한 필리얼치료에 그 뿌리를 두고 있으며, 부모-자녀 관계치료 연구의 실질적 내용은 Bernard와 Louise Guerney가 실시한 경험 연구에 기반한다. 1960년 필리얼치료의 시작부터 Guerney와 동료들은 치료 전 효과를 검증해 왔다(Guerney & Ryan, 2013; Guerney & Stover, 1971; Stover & Guerney, 1967). 초기 필리얼치료 연구는 방법론적 노력이 부족하기는 했지만, Guerney가 실시한 기념비적 연구는 현존하는 10회기 부모-자녀 관계치료 모델의 기폭제가 되어 주었다(Bratton, Landreth, & Lin, 2010).

거의 20여 년 전에 처음 발간된 연구(Bratton & Landreth, 1995)가 부모-자녀 관계치료의 증거기반이 되어 주었으며 이후 방법론적 노력이 다양하게 시도되었다. 1,100명의 참가자가 포함된, 36개의 인상적인 연구들은 부모-자녀 관계치료의 효과를 검증하기 위해 통제 그룹을 도입하였다. 36개의 연구에서 19개가 치료 효과의 문제에 관한 황금 표준으로 간주되는 실험 디자인을 사용했다(Nezu & Nezu, 2008, p. vii). 나머지 연구는 무작위 할당이 불가능한 실제 환경에서 연구를 수행하는 데 생기는 한계 때문에 준실험설계를 주로 사용했다. 부모-자녀 관계치료 연구의 치료 수준에 있어서의 충실함을 보여 주는 지표 중 하나는 36개의 통제 연구 중 32개의 연구에서 연구를 수행한 연구자들이 부모-자녀 관계치료를 직접 훈련받거나 슈퍼비전받은 사람들이었다는 것이다(Bratton et al., 2006).

Bratton 등(2010)은 현재까지 진행된 부모-자녀 관계치료 연구들에 대해 가장 종합적인 검토를 제공하였다. 대다수의 연구들이 부모를 치료 주체로 훈련시키고 슈퍼비전하는 것의 효과에 대해 초점을 맞추고 있지만 부모-자녀 관계치료 연구의 삼분의 일 정도는 선생님을 대상으로 했을 때의 효과도 검증하고 있다. 연구의 대부분은 통제 집단에 비해 부모-자녀 관계치료 집단이 통계적으로 유의미한 결과를 보여 주었다. 연구의 양과 포괄적인 참가자의 수를 감안할 때, 연구로 발견된 내용들을 검토함으로써 여러 가지 결론을 도출할 수 있다. 전반적 결과는 부모-자녀 관계치료가 아동의 행동 문제를 감소시키고 부모의 공감을 증가시키는 데 효과적이라고 보고한다(Bratton et al., 2010). 특히, 연구들은 다양한 이슈를 대상으로 부모-자녀 관계치료의 효과를 보여 주는데 연구들은 성적 학대 아동, 국내 폭력 쉼터에 거주하는 아동, 애착 문제가 있는 입양 아동, 엄마나 아빠가 교도소에 복역 중인 아동, 만성 질병을 앓는 아동, 학습 문제, 전반적 발달 장애, 언어 문제, 적응의 어려움, 그 외 내재화 혹은 외재화 행동 문제를 나타내는 아동들을 포함한다. 부모-자녀 관계치료의 폭넓은 적용력은 병원, 교회, 쉼터, 교도소, 헤드 스타트 프로그램, 공립학교와 사립학교, 각종 공동체 기관 등 다양한 실생활 환경에서 성공적으로 사용되었다는 점으로 더욱 지지받는다.

부모-자녀 관계치료 연구에서 다뤄진 다문화주의의 수준은 부모-자녀 관계치료의 또 다른 강점이다. 많은 연구들은 인종, 사회경제적 수준뿐 아니라 이민 라틴인, 라틴 2세대, 아프리칸-아메리칸, 북미 원주민, 이민 중국인, 이민 한국인, 한국인, 이스라엘인을 포함하는 다양한 문화 그룹을 대상으로 부모-자녀 관계치료의 효과를 검증하였다. 마지막으로, 아동 참가자들의 연령 범위(2~11세)는 부모-자녀 관계치료가 아주 어린 아동부터 청소년 전기까지의 발달적 요구에 매우 반응적이라는 것을 보여 준다. 아동 참가자들의 평균 연령이 만 5세 3개월이라는 점은 부모-자녀 관계치료가 특히 어린 아동들의 요구에 더욱 민감하게 반응적이라는 것을 보여 줄 뿐 아니라, 그동안 제기됐던 어린 아동 대상 증거기반 치료 기법 부족의 한 해결책이 되어 줄 수 있다는 점도 제안한다(Chorpita et al., 2011; www.effectivechildtherapy.com).

메타 분석 연구는 개인 대상 부모-자녀 관계치료/필리얼치료 연구들로부터 발견된 것들을 지지하고 강화시켰다(Bratton, Ray, Rhine, & Jones, 2005; Leblanc & Ritchie, 2001). 연구자들은 필리얼치료 방법으로 훈련받고 슈퍼비전받은 양육자를 대상으로 한 연구에서 전문 놀이치료사가 제공하는 놀이치료를 대상으로 한 연구에서보다 더 강력한 결과를 얻었다. Bratton 등(2005)의 메타 분석 자료를 사용해 Landreth와 Bratton(2006)은 부모-자녀 관계치료 모델을 사용한 연구들만 대상으로 전반적 효과 크기를 분석했다. 그 결과 1.25(Cohen, 1988)의 매우 큰 처치 효과 크기를 얻었는데, 이는 부모-자녀 관계치료를 받은 평균의 아동-양육자 쌍이 부모-자녀 관계치료를 받지 않은 평균의 아동-양육자에 비교했을 때 결과 측정치가 일과 사분의 일 표준 편차 차이가 나는 수행을 보였다는 해석을 가능하게 한다 (Bratton, 2010).

요약해서, 현재 연구들은 아동중심놀이치료를 양육자에게 훈련시키는 효과적 방법으로 부모-자녀 관계치료를 지지한다는 것이다. 미국심리협회(American Psychological Association: APP)가 만든 기준에 따르면, 부모-자녀 관계치료는 현존하는 다양한 이슈와 인구를 대상으로 하는 촉망받는 치료 기법으로서는 경험적 지지를 받는다. 부모-자녀 관계치료 연구는 인구와 목표 행동을 명확히 해서 진행하고, 매뉴얼화된 프로토콜을 사용하며, 치료의 충실도를 점검하고, 조금 더 큰 샘플을 사용하여 무선 통제 시도를 함으로서 상대적으로 짧은 역사 안에 크게 성장하였다. 그러나 부모-자녀 관계치료를 특정한 아동기 장애에 대해 잘 정립된 치료기법으로 인식시키기 위해서는 독립 연구자에 의해 잘 설계된 반복 연구와 함께 이 분야에 대한 지속적인 관심이 필요하다.

결론

건강한 부모-자녀 관계가 아동의 전체 발달에 미치는 영향은 이미 잘 알려져 있다. 부모-자녀 연대를 강화시키는 데 중점을 두는 아동 치료 개입법들이 다양한 아동기 문제를 다루는 데 효과적이라는 인식이 점점 더 강해지고 있다(Eyberg et al., 2008; Landreth & Bratton, 2006; Powell et al., 2013; Webster-Stratton et al., 2011). 부모-자녀 관계치료는 매뉴얼화되어 있고, 놀이치료를 기반으로 하며, 부모가 자녀의 요구를 이해하고 그에 따라 의사소통하며 아동에게 안정적이고 예언 가능한 양육 경험을 함양하도록 하기 위해 놀이에 초점을 맞춤으로써 아동의 발달적 요구에 반응하는 개입법이다. 사회적, 정서적, 행동적 문제를 겪는 아동의 부모들은 종종 아동을 도울 수 없다는 죄책감과 무기력감 때문에 괴롭다. 부모가 아동중심놀이치료 기술을 성공적으로 적용하여 아동의 요구를 이해하고 반응하기 시작하면, 어려움에 처한 자녀를 효과적으로 양육하고 도울 수 있다는 자신감을 회복할 수 있다.

더 나아가, 그룹 안에서 양육자들에게 제공되는 정서적 지원은 개인적 행복을 활성화시키는 치유력으로 작용할 수 있다.

부모-자녀 관계치료 연구 결과들은 부모-자녀 관계치료 기법의 효과를 강조할 뿐 아니라 양육자를 아동중심놀이치료 방식으로 훈련하는 것이 아동의 정신 건강 요구를 해결하는 타당한 기법이라고 강조한다(Bratton et al., 2010). 부모-자녀 관계치료의 강력한 연구기반은 내담자에 대해 윤리적 책임을 가지고 있는 아동 치료사들에게 영향을 미친다. 미국의 모든 주요 정신 건강 전문가 조직체들은 회원들에게 효과에 대해 경험적 연구 자료가 있는 개입법을 사용하도록 요청한다. 부모-자녀 관계치료는 매뉴얼화된 프로토콜을 가지고 있기 때문에 전문가와 연구가에 의해 쉽게 재사용되어질 수 있다. 연구 결과는 다양한 연구, 환경, 문제에 걸쳐 효과를 지지하며, 다양한 환경에 걸쳐 이용 가능하고 다양한 임상군에 성공적으로 적용 가능하다는 점을 증명하였다. 특정 집단을 대상으로 한 연구에서만 긍정적 효과가 나타나는 것이 아니라는 점은 부모-자녀 관계치료가 다양한 문화에 걸쳐 사용될 수 있다는 것을 가리킨다. 더 나아가, 메타 분석 결과, 아동중심놀이치료 기술로 훈련받은 부모들이 전문가들보다 자녀들에게 더 효과적이라는 점을 제안한다. 그리고 이러한 결과는 단 10회기로 성취될 수 있다. Landreth와 Bratton(2006)은 연구가 제시하는 치료 효과를 획득하기 위해서 치료가 정확히 수행되는 것이 매우 중요하다고 강조하면서, 부모-자녀 관계치료의 성공과 효과에 결정적인 중요 훈련 요소를 다음과 같이 제안했다.

- 치료를 제공하는 사람은 우선적으로 아동중심놀이치료 원리에 대해 훈련받고 슈퍼비전받아야 한다. 그러고 나서 10회기 부모-자녀 관계치료 프로토콜을 훈련받고 슈퍼비전 받을 것이 요구된다(Bratton et al., 2006).
- 부모는 매주 자녀와의 놀이회기를 비디오 촬영한 후, 부모-자녀 관계치료 훈련 치료사에게 직접 슈퍼비전받을 것이 요구된다.
- 놀이회기의 비디오 촬영 분에 대한 구조적 사용과 함께 그룹 안에서 역할 놀이에 대해 슈퍼비전받음으로서 부모들은 부모-자녀 관계치료 기술 사용에 대한 지지와 피드백을 받는다.

부모-자녀 관계치료의 경험적 지지는 효과가 있으면서도 경제적인 치료를 제공하는 데 관심이 있는 전문가들에게 함의점을 제공한다. 부모-자녀 관계치료는 시간이 정해져 있는 그룹 형태이기 때문에 전문가들이 효과적이면서도 경제적인 치료를 제공할 수 있다. 또한 부모-자녀 관계치료 훈련을 받은 부모들이 자녀와 매일의 상호작용에 스며들 수 있는 기술을 장착함으로써 치료가 끝난 후에도 부모-자녀 관계에서의 어려움에 효과적으로 반응하게 되어 예방적 기능도 갖는다.

이러한 결과들은 놀이치료사들이 내담자들에게 부모-자녀 관계치료 사용을 좀 더 많이 고려할 필요가 있음을 지지한다. 그러나 어떤 이슈들이나 어떤 부모와 아이들의 특성은 전문가들에 의해 수행되는 단독 놀이치료를 필요로 하는 경우도 있으며(Landreth & Bratton, 2006), 또한 부모-자녀 관계치료 접근에 동기나 개인적 자원의 투자가 요구되지만 이런 것들이 부족한 부모들도 있을 수 있다. 그럼에도 불구하고, 다양한 문제에 대해 부모-자녀 관계치료가 효과적이기 때문에 아동과 부모가 모두 적당한 후보자라면 반드시 부모-자녀 관계치료를 치료 기법으로 고려할 것을 제안한다.

제10장

치료놀이®: 관계 회복과 가족 치유 돕기

Phyllis B. Booth
Marlo L.-R. Winstead

Lindsey는 만 9세 아동으로 치료받으러 오는 것에 관심이 없었다. Lindsey의 부모, Sandy와 Jim은 '소중한 딸'의 이러한 문제 행동이 어린 시절 생모로부터 방임과 성학대를 받은 것과 관계가 있다고 생각하였다. 그러나 Lindsey를 이해하는 것만으로는 Lindsey가 그들에게 적대적이고 반항적으로 행동할 때, 불안으로 강박적인 행동을 보일 때, 학교에서 또래와 성적인 행동을 할 때 어떻게 해야 하는지 알 수는 없었다. 부모는 Lindsey가 피가 날 때까지 손톱을 물어뜯는 것을 보고 편안해지도록 돌보았지만 Lindsey는 부모를 피하면서 모든 접근을 거부하였다. 그들이 사랑과 관심을 표현할 때 Lindsey는 귀를 닫았다.

Lindsey가 양부모에게 매우 거부적이기 때문에, 치료사는 양부모에게 치료놀이(theraplay) 초기 회기를 관찰하게 하였다. 이 회기 동안, 치료사는 Lindsey가 안전감을 느끼고 상호놀이를 수용하는 방법을 찾을 수 있었다. 부모 보고를 통해 예상했던 것처럼, Lindsey는 자신에게 개입하려는 치료사의 노력에 반응하기를 주저하였다. 아동은 치료사가 시도하려는 활동을 방해하려는 것처럼 보였다. 풍선 테니스(ballon tennis: 풍선을 가능한 한 공중에 오래 띄우는 놀이)를 할 때, Lindsey는 치료사의 어깨 위쪽과 바닥을 향하여 풍선을 반복적으로 쳤다. 손탑쌓기(hand-stacking game: 손이 머리 위로 올라갈 때까지 한 손 위에 다른 손을 번갈아 올리는 놀이)를 하는 동안, Lindsey는 너무 빨리 손탑을 쌓으려다가 순서에 맞지 않게 손을 올렸고 쌓는 방향도 멋대로 바꾸었다.

회기가 지속됨에 따라, Lindsey는 신뢰가 쌓이기 시작했고 아직 남아 있기는 하지만 통제하려는 욕구도 줄었다. 하지만 부모가 회기에 참여하기 시작했을 때, Lindsey는 그들에게는 매우 거부적이었다. 어머니의 몸매에 대해 비난하고 아버지의 '두꺼운 안경'에 대해 버릇없이 이야기했다. 부모회기에서 그들은 자신이 Lindsey에게 바라는 만큼의 진전이 보이지 않자 걱정스러워하였다.

그러던 중, 7회기에 갑작스런 돌파구가 생겼고 Sandy와 Jim의 두려움은 진정되었다. 우리 4명은 팔꿈치와 무릎을 이용하여 풍선 테니스를 하였다. 우리가 정한 목표는 풍선 50번 치기였다. Lindsey는 6번을 실패하여 좌절하였지만, 치료사는 가족들이 계속 시도해 보도록 격려하였다. 9번째 시도에서 풍선을 45번까지 쳤으며, 치료실내에 긴장감이 높아졌다. Lindsey는 팔꿈치로 풍선을 치고 "49, 이제 거의 다 왔어요."라고 하였다. 아동이 마지막 점수를 위해 무릎을 드는 순간 발을 헛디디고 말았다. 그러나 Lindsey의 실망스런 표정은 곧 바뀌었는데, 어머니가 무릎으로 풍선을 쳤기 때문이다. Lindsey는 펄쩍펄쩍 뛰면서 어머니의 목을 끌어안고 "엄마가 해냈어요, 우리가 해냈어요, 우리는 정말 멋져요!"라고 말했다.

치료놀이의 철학과 모델은 Bowlby의 애착이론(1969/1982)을 기반으로 하고 있다. 애착이론에 기반한 많은 연구를 통해 우리는 안정 애착을 형성하고, 건강한 두뇌 발달을 돕고, 이후의 정신건강에 영향을 미치는 부모-자녀 상호작용의 질에 관심을 집중시키게 되었다.

부모가 도움을 필요로 하는 자녀의 많은 행동문제는 이를 줄이기 전에 먼저 고려되어야 할 기본적인 관계 문제가 있다. 이러한 관계 문제는 기본적이고 보편적으로 적용가능하기 때문에, 치료놀이는 전 세계 많은 문화의 삶의 현장과, 가족과 문제를 가진 모든 연령의 아동에게 유용하다. 치료놀이 모델의 효과성을 입증하는 연구들이 독일(Wettig, Coleman, & Geider, 2011), 홍콩(Siu, 2009), 한국(Kim, 2010, 2011), 그리고 미국(Weir et al., 2013)에서 실시되었다. 부모와 아동이 건강한 관계 패턴을 형성하거나 재구성하는 환경을 촉진시키기 위해, 치료사는 민감하고 시기적절하며 매우 조율된 상호작용을 사용하여 부모와 아동을 안정 애착 형성에 핵심적인 조절 과정으로 안내한다.

이번 장에서 우리는 치료놀이가 어떻게 이루어지는지에 대해 소개하고자 한다. 먼저 치료놀이 접근을 뒷받침하는 연구와 이론을 기술하고, 다음으로 치료놀이의 전형적인 순서를 보여 주기 위해 사례를 다루고자 한다.

이론과 연구

치료놀이는 부모와 자녀(영아, 어린 아동) 간의 자연스럽게 발생하는 민감하고 반응적이며 즐거운 상호작용(give and take)을 모델로 만들어졌다. 치료목표는 안정 애착을 형성하는 것으로 부모와 자녀의 긍정적인 내적작동 모델, 자기조절능력, 사회적 기술, 학습 능력과 이후의 정신건강이 포함된다.[1)]

---

1) 이 장에 대한 자세한 내용과 연구 정보는 Booth와 Jernberg의 Theraplay(2010)를 참고하라.

핵심 개념

치료놀이의 핵심 개념 또는 기본 원리는 우리의 작업을 안내하고 지지한다. 여기서 우리는 각각의 개념을 연구와 이론에 따라 간단하게 설명하고자 한다. 관련된 이론과 연구에는 애착, 두뇌 발달, 그리고 치료적 변화를 이끄는 요소들이 있다.

상호작용적이고 관계에 기초를 둔다

치료놀이에서 치료의 초점은 부모-자녀 관계 그 자체이다. 치료사는 부모와 자녀를 함께 데려와서 그들이 즐겁고 조화로운 춤(활발한 상호작용)을 만들어 낼 수 있도록 안내한다. 이러한 과정은 이후의 정신건강에 매우 중요하다. 건강한 부모-영아 관계는 중요한 두 가지 선천적 욕구, 즉 안전을 위해 가까이 머무르고자 하는 욕구와 의미 있고 즐거운 유대감을 나누고자 하는 욕구에 영향을 받는다.

이러한 본능적 충동에 대한 이해가 우리를 새로운 관계나 더 건강한 관계를 맺도록 시도하게 만든다. 아기는 울음, 미소, 응시, 매달리기를 통해 안락과 보호의 욕구에 대한 신호를 보낸다. 자애로운 부모는 본능적으로 자녀(영아)를 보호하고 안심시키는 방법으로 반응한다. 이러한 자연적인 반응을 방해하는 요인이 있다. 예를 들면, 질병, 스트레스, 가난, 약물 남용, 또는 부모 자신이 충분한 양육을 받지 못한 경우 등이 있다. 치료의 목표 중 하나는 부모가 자녀의 혼란스러운 신호에 반응하고 자녀에게 안전감과 안정감을 줄 수 있도록 돕는 것이다.

두 번째 선천적 욕구는 의미 있는 유대감을 나누는 것이다. 치료놀이 접근에는 타인의 감정에 공감하는 능력(Trevarthen & Aitken, 2001)과 타인의 행동에 우리의 행동을 동조하고 일치시키는 능력(Iacoboni, 2008)이라는 중복되는 요인이 있다. 이러한 능력은 부모가 영아의 욕구에 조율하고, 자녀의 경험을 공동조절하며, 무언가 잘 되지 않을 때 재연결하는 것을 가능하게 한다(Tronick & Beeghly, 2011). 신경 회로에 대한 접근은 공유된 사회적 참여 행동, 투쟁, 도피, 얼어붙는 반응의 방어 전략을 뒷받침한다(Porges, 2011). 이러한 능력은 아기와 반응적인 부모가 상호주관성(intersubjectivity: 공유되는 세계관; Trevarthen & Aitken, 2011)을 이룰 수 있게 한다. 그들은 서로에게 존재하고 유사한 활력 수준과 동일한 목적을 가진다(Hughes, 2007; Siegel, 2006). 하지만 방임, 학대 또는 현재 외상을 경험하는 아동은 누군가와 가까워지는 것이 안전하지 않다고 배우며 연결 및 유대 경험을 시작할 능력이 없다.

치료놀이 목표는 부모와 자녀가 안전감을 느끼게 하여 그들이 새로운 연결 및 유대를 경험하도록 마음의 문을 열게 하는 것이다. 간단한 놀이를 사용하여 부모-자녀 간의 공유되고 동시적인 상호작용과 강렬한 '만남의 순간'을 만든다(Tronick et al., 1998). 우리는 부모에게 직접적인 치료놀이 경험을 제공하여 스스로 자녀의 느낌을 이해하고 부모 자신의 아동기에서 결핍된 상호주관성 경험을 제공한다. 치료사로서, 우리는 자녀와 부모의 의도를 읽고, 공명하고, 일치되고, 조절하는 능력을 충분히 사용한다.

직접적이고, 지금-여기 경험을 제공한다

관계의 변화는 그 순간의 감정적 상호작용에 의해 가장 잘 이루어진다. 애착 패턴과 내적작동 모델은 비언어적이고 순간 지향적(movement-oriented) 기억으로 저장된다. 아동의 예상과는 다르게, 즐겁고 수용적인 반응은 아동의 부정적인 내적작동 모델에 도전하고, 변화의 가능성을 열어 준다. 치료사는 즐겁고 수용적이며 호기심이 많고 공감적이다(Hughes, 2007). 치료사는 붕괴된 관계를 회복하고 긍정적인 연결을 형성하게 하는 조율된 반응을 하도록 부모를 안내한다. 이것은 점진적으로 신경회로가 변화하는 미묘하고 미세한 순간이다(Hart, 2008). 또한 Lindsey의 예처럼, 아동을 즐거운 연결 상태로 갑작스럽게 변화시키는 엄청난 흥분의 순간일 수도 있다. 이러한 강렬한 연결과 동시성의 순간을 '지금 순간(now moments)'이라고 부르고, 이 순간은 심리내적 조직과 자아감에 중요한 변화를 이끌어 낸다(Mäkelä, 2003; Tronick et al., 1998).

성인이 안내한다

조절은 애착 과정의 핵심이기 때문에, 치료사들은 조심스럽게 아동이 안전감과 조절감을 느끼도록 아동의 경험을 구조화하고 안내한다. 또한 부모에게도 안내와 조절할 수 있는 구조를 제공한다. 조율할 줄 아는 부모가 자녀에게 제공하는 공동조절(신체 온도 유지, 음식 제공, 불안해 하는 영아 달래기)은 자기조절 능력으로 이어지는 공동조절과정의 첫 단계이다. 아동은 점차 생존을 위해 외부적 조절에 덜 의

존하게 되지만, 여전히 흥분 수준을 조절하고 경험을 조직화하고 세상을 이해하기 위해 많은 도움을 필요로 한다. 성인 안내와 지지적인 구조는 자립심의 기초가 된다.

조율적, 공감적, 반응적, 반영적이다

치료놀이 모형은 안정 애착과 긍정적인 내적작동 모델을 형성하게 하는 조율적, 공감적, 반응적인 건강한 양육에 기초하고 있다. 부모-자녀가 함께하는 경험을 통해 부모는 자녀의 정서 수준과 톤에 조율하게 된다. 이런 조율을 통해 아기는 감정이 이해받고 있다고 느끼며 타인도 감정을 가지고 있다는 것을 배우게 된다.

부모와 아기가 함께 편안함을 느낄 때, 서로는 연결을 위한 행동을 하게 된다. 잠시 연결되고, 뒤이어 돌아서고, 그러고 나서 재결합한다. 반응적인 부모는 부모와 자녀가 긍정적인 방식으로 상호작용할 수 있으며 건강한 연결을 유지할 수 있다는 자신감을 획득하는 경험을 하게 된다(Tronick & Beeghly, 2011). 부모가 무반응적일 때, 아기는 혼란스러워한다. 이러한 무반응이 지속될 때, 아동은 연결될 수 있다는 희망을 포기한다. Lindsey가 생애 첫 해에 경험한 방임이 불신의 뿌리가 되었다.

조율된 반응을 하기 위해, 부모는 자녀의 내적 상태뿐만 아니라 부모 자신의 내적 상태도 반영할 수 있어야만 한다(Fonagy, Gergely, Jurist, & Target, 2002). 이러한 반영과 통찰 능력은 부모가 행동과 근원적인 정신 상태의 관계를 이해할 수 있도록 하여 자녀의 신호에 민감하게 반응할 수 있게 한다(Slade, 2002). 부모와 함께 치료하는 주요 목적은 부모 자신과 자녀의 경험의 의미에 대해 더 많은 통찰을 얻을 수 있도록 돕기 위함이다. 상호작용적 치료놀이 경험, 비디오 시청, 그리고 토의를 통해, 부모는 자녀의 감정에 대해 이해할 뿐만 아니라 자신의 감정도 들여다보게 된다.

전언어적, 사회적, 우뇌 초점적이다

Schore과 Schore(2008)는 효과적인 치료란 "초기 양자관계 조절의 중심적 역할에 대한 자각, 우뇌 정서 발달에 관한 완전한 지식, 암묵적 절차기억의 역동성에 대한 깊이 있는 이해에 근원을 두어야 한다."(p. 17)라고 하였다. 이러한 이해를 통해 우리는 아동의 어린 시절 정서욕구를 충족시키고 조절곤란을 겪고 두려움을 느끼는 아동을 진정시키는 방법을 찾는 데 초점을 두고 있다.

생애 첫 2년간 애착이 형성되며, 신경의 성장 특히 우뇌의 사회정서적 부분의 성장이 빠르게 일어난다. 양육자와의 상호작용 경험은 신경 연결망을 만들고 발달 중인 뇌를 조직화한다. 안와전두피질이 발달함에 따라 우뇌 변연계는 사회적 환경에 조율하고 신체의 내적 상태를 조절하게 된다. "사랑하는 관계와 안정 애착은 건강하고 탄력적인 뇌를 만들고, 방임 및 불안정한 애착은 스트레스, 조절곤란과 질병에 취약한 뇌를 만든다"(Cozolino, 2010, p. 180).

뇌 발달에 기초하여, 치료놀이는 자녀의 현재 각성상태와 정서발달 수준에 초점을 둔다. 이런 방식으로 여러 어려움을 가진 아동의 뇌를 재구조화하는 상호작용 경험을 제공할 수 있다. 우리는 이러한 경험을 제공하기 위해 우뇌의 비언어적 방식(목소리, 얼굴, 표정, 눈 맞춤, 움직임, 리듬, 몸 흔들기, 노래 부르기, 접촉)을 활용한다. 이런 방식은 이후의 정신화(mentalizing)와 내러티브 수준(narrative levels)에서 의사소통이 가능하도록 하는 깊은 수준의 신경 통합을 만들어 낸다.

다감각적이고 접촉을 포함한다

부모의 활기차고 양육적인 돌봄은 자녀의 모든 감각에 자극을 준다. 촉각, 전정감각, 고유 감각 체계의 경험은 영아의 자아감과 타인과의 상호작용 능력을 발달시키는 것과 관련되어 있다(Williamson & Anzalone, 1997). 치료놀이에서는 안전하고 적절한 치료사-아동, 부모-자녀 간에 접촉, 신체 놀이, 그리고 진정시키는 접촉과 진정되는 감각경험도 제공한다. 신체적 의사소통을 통해 아동의 자율신경계를 활성화시켜 정서적인 자아감 형성도 돕는다. 부모가 활동적인 신체 놀이에 참여하도록 격려하고, 자녀에게 편안하고 안전한 자원이 되도록 접촉을 사용하도록 권유한다.

접촉은 인간의 경험에 기초가 된다(Brazelton, 1990). 영아는 처음부터 자신의 미숙한 조절체계를 지원해 줄 따뜻한 신체 접촉을 필요로 한다. 접촉과 따뜻함은 성인과 아동 모두를 진정시키고, 스트레스를 관리하는 호르몬인 옥시토신 수준을 높여 준다(Tronick, Ricks, & Cohn, 1982).

즐겁다

놀이는 치료놀이 접근의 필수적인 부분이다. 우리는 즐거운 상호작용 놀이를 장려하는데, 이러한 놀이는 부모와 어린 자녀 사이에서 자연스럽게 발생하고 강한 정서적 유대와 살아 있다는 느낌, 충만한 에너지를 발생시키도록 돕는다. 이러한 놀이는 상징놀이와는 매우 다르다. 대부분의 놀이치료 모델에서는 상징을 표현하도록 하기 위해 장난감과 미술 재료를 사용한다. 치료놀이에서의 놀이는 초기 애착관계에서 고통스러운 또는 혼란스러운 경험을 한 아동의 발달적으로 더 어린 시절의 욕구를 목표로 한다. 이런 종류의 놀이는 아동의 치료에 도움이 되는 낙관주의와 안전감을 만드는 중요한 첫 단계가 될 수 있다.

자녀에게 관심과 즐거움을 가지고 대하는 부모는 자녀의 신경체계에 동조적(sympathetic) 각성을 발생시키게 되는데, 이러한 동조적 각성은 자녀가 스트레스에 직면했을 때 자발적이고 탄력적이며, 연결성과 공감을 촉진시키게 된다(Sunderland, 2006). 신경계가 무너지지 않고 높은 각성 수준을 능숙하게 잘 다룰 수록, 아동은 더욱 유연하고 탄력적이 될 것이다. 놀이 에피소드는 감정적인 동시성을 만들어 내고, 뇌 시냅스 발달을 강화시킨다(Hart, 2008).

무엇이 Lindsey를 변화시켰는가?

우리는 치료놀이의 핵심 개념들을 사용해서, Lindsey의 초기 경험(이번 장 초반부에 기술된)이 어떻게 아동의 현재 행동에 영향을 미쳤는지와 변화를 만들어 낸 치료놀이 요소를 이해할 수 있다. Lindsey는 생애 첫 2년 동안 어머니로부터 방임과 학대를 경험하였다. 아동은 안전감을 느끼기 위한 생존 전략을 스스로 찾아냈으며, 이 전략 중 하나는 아동이 항상 통제하고 있다는 확신이 들어야 한다는 것이었다. 아동은 조율되고 반응적인 부모로부터 제공받을 수 있는 조절 경험을 하지 못했다. 가장 중요한 것은 Lindsey가 타인과 안전하게 연결할 수 없고 긍정적으로 상호작용할 수 없다고 느꼈다는 점이다.

Lindsey의 첫 번째 풍선 놀이 활동은 아동의 불신("내가 누군가를 따르는 게 안전할까요?"), 건강하게 주고받는(give-and-take) 개입 경험의 부족, 그리고 자기조절의 결핍으로 인해 방해받았다. 풍선 치기가 제대로 되지 않은 것은 아동이 '적대적'이어서가 아니라 아동이 흥분해 있었고 어떻게 성공적인 주고받기 방법으로 상호작용하는지에 대한 확신이 없었기 때문이었다.

초기 회기 동안 치료사는 아동이 새로운 상호작용 방법을 배우는 데 초점을 두었다. 치료사는 활동을 조직화함으로써 그들은 진정되고 조절되었다. 그리고 치료사는 Lindsey가 안전감을 느끼지 못하고 행동을 조절하지 못하는 모든 미묘한 신호에 집중하였다. Lindsey는 치료사와 함께 놀이하는 경험을 통해 자신감과 유능감을 느끼게 되었는데, 아동은 치료사로부터 실수를 수용받음으로써 자신은 가치 있는 존재이고 그들은 서로 연결될 수 있으며 재미있을 것이라는 확신을 가지게 되었다. 일단 기초가 다져지면 부모가 참여하게 되고 함께하는 놀이가 가능하도록 도움을 받는다. Lindsey가 행복하게 말한 "해냈어요, 우리가 해냈어요, 우리는 너무 멋져요!"에 모든 것이 나타나 있다. 그녀는 서로 사랑하는 팀의 필수적인 일원이며, 이것은 자아감과 앞으로 나아가는 능력을 확장시킨다.

시간이 흐른 뒤 Lindsey는 치료회기에서 배운 기술을 다른 환경에서도 일반화할 수 있게 되었으며, Lindsey는 학생으로서, 딸로서, 친구로서, 그리고 축구팀과 무용단의 일원으로서의 역할을 성공적으로 해내었다. 치료가 종결된 2년 후, Lindsey의 부모는 뜻밖의 아이를 가지게 되었고 남자아이가 태어났다. 부모는 Lindsey의 반응을 매우 걱정하였다. Lindsey는 새로운 아기의 탄생으로 가정이 혼란스러워져 안정감이 조금 퇴행하였지만, Sandy와 Jim은 치료놀이에서 배운 지식으로 Lindsey의 욕구를 충족시킬 수 있었고 동생은 그들과 진정한 한 가족이 될 수 있었다.

임상사례

우리는 Jacob과 양부모인 Rebekah와 Philip의 예를 통해 치료놀이의 전략과 기술에 대해 설명하고자 한다.

치료놀이치료에는 평가회기도 치료에 포함된다. 평가는 첫 3~5회기(양육자가 포함되는 횟수에 따라) 동안 이루어지며, 평가는 접수면접과 마샥 상호작용 평가(Marschak Interaction Method: MIM; Booth, Christensen, & Lindaman, 2011)로 구성되어 있다. 평가 이후에는 피드백회기, 부모회기, 자녀와 함께하는 회기가 진행된다.

치료기간은 문제의 심각도와 치료 참여에 대해 부모가 얼마나 긍정적으로 생각하는지에 따라 달라지며, 24회기에서 1년 이상까지 다양하다. 자녀 없이 부모만 진행되는 회기는 3번째 또는 4번째 회기가 지날 때마다 정기적으로 진행된다. 종결이 가까워지면 카운트다운을 세고 '종결파티(graduation party)'로 마무리한다.

평가

치료놀이 평가 절차에는 접수면접이 포함되어 있으며 부모의 걱정에 대해 이야기를 나누고 자녀의 발달력과 가족력에 대한 가능한 많은 정보(특히, 애착 경험에 관련된 정보)를 수집한다. 그다음으로 마샥 상호작용 평가(Booth et al., 2011)를 사용하여 부모와 자녀의 상호작용을 관찰한다. 그 후 자녀 없이 부모와 만나 피드백회기를 가진다. 피드백회기에서 치료사는 관찰한 내용과 자녀의 문제점에 대한 이야기를 나눈다. 관계에서의 강점을 강조한 상호작용 비디오영상을 보여 주고 가정 내 변화의 목표를 달성하기 위해 치료 계획을 세운다. 이러한 피드백회기의 전반적인 목표는 지속적으로 함께 치료를 해 나가는 부모와 지지적이고 협력적인 관계를 만드는 것이다.

접수면접(Intake Interview)

Jacob은 양부모(Rebekah와 Philip)와 만 3세 때 처음 만났다. Jacob의 첫 인상은 귀엽고 행복하고 잘 적응하는 작은 소년이었다. 입양배치를 위한 준비 만남 동안, 그들은 Jacob의 매력 아래 숨겨져 있던 초기 경험의 결과를 보게 되었다. Jacob에게는 여러 명의 이전 양육자들이 있었고 방임된 경험도 있어서 성인을 신뢰하지 못했다. 그는 지시 따르기가 어려웠고 도움을 요청하거나 받아들이기도 힘들어하였다. 가끔 매우 강한 분노폭발을 보였고 위로하기도 매우 어려웠다.

Rebekah와 Philip은 Jacob의 부모로서 경험하게 될 어려움들이 걱정되었지만 입양을 포기하지는 않았다. 부부는 여러 해 동안 자연 임신을 시도했고, 많은 시간 동안 임신촉진 치료를 받았다. 하지만 아이를 가지고 싶다는 꿈은 점차 악몽이 되어 갔다. 이러한 고통에 대한 해답이 입양이었고, 오랜 시간 기다려 온 아이를 진심으로 사랑해 주고자 하였다.

Jacob은 만 $3\frac{1}{2}$세부터 양부모와 함께 살게 되었다. Jacob이 문제행동을 보이기까지 오래 걸리지 않았다. 아동은 아무것도 아닌 일에도 정서적으로 붕괴되었고, 원초적인 정서 상태가 3~5시간 동안 지속되는 일도 다반사였다. 이러한 일은 진이 빠지고 무섭고 슬펐으며, 무엇보다도 양부모들은 완전히 무력감을 느끼게 되었다. 그들은 Jacob이 무사히 하루를 보내고 정서적인 혼란의 시간을 피하기 위한 많은 전략[예: 주의 환기(distraction), 편안하게 해 주기(comforting), 결과 경험하게 하기(consequences), 달래기(soothing), 타임아웃]을 시도해 보았다.

치료사는 초기 면접 후, 부모 각각에게 성인용 애착 검사(Adult Attachment Interview: AAI; George, Kaplan, & Main, 1985)를 실시하였다. 이 검사를 통해 부모 각자의 아동기 경험에 대한 추가 정보를 얻을 수 있었다. Rebekah와 Philip은 확실히 Jacob에게 헌신적이었고 서로에게도 헌신적이었다. 하지만 그들은 '어머니'와 '아버지' 역할을 하는 데 도전이 되는 애착 경험을 가지고 있었다. Rebekah의 내적 작동 모델은 매우 통제적이고 구조적인 양육방식을 가진 반면에 Philip은 Jacob과의 상호작용에서 회피적이고 소극적인 방식으로 행동하였다. 양육에 대한 이들의 관점에서 근본적인 차이는 결혼 생활에서 갈등을 야기했고, Jacob이 가족의 언어를 배우려 시도할 때 혼란스럽게 만들었다.

마샥 상호작용 평가

부모와 Jacob의 관계를 더 알아보기 위해, 치료사는 마샥 상호작용 평가에 참여해 줄 것을 요청하며 다음과 같이 설명했다.

> "저는 Jacob이 당신들과 간단한 활동을 하는 모습을 관찰함으로써 서로 어떻게 관계를 맺는지 알아보고자 합니다. 무슨 활동을 할 것인지는 알려 드릴 것입니다. 보통 30~45분 정도 걸리고, 상호작용하는 것을 녹화하여 그것을 자세히 살펴볼 것입니다. 다음 회기에서 당신들과 이것에 대하여 의논할 것입니다. Jacob과 당신들이 함께 하는 것을 보며 내가 알게 된 점을 알려 드리겠습니다. 몇 가지 비디오영상을 보며 Jacob의 감정과 반응을 더욱 잘 이해할 수 있습니다. 마지막으로 치료 계획에 대해 이야기 나눌 것입니다."

마샥 상호작용 평가는 양육자와 아동 간 관계의 질을 평가하는 구조화된 놀이기반 평가도구이다. 부모가 자녀와 상호작용하는 방식은 4가지 차원, 즉 구조(structure), 개입(engagement), 양육(nurture), 도전(challenge)으로 분류될 수 있다. 마샥 상호작용 평가(MIM)의 간단한 과제는 각 차원의 상호작용을 살펴볼 수 있도록 만들어졌다. 치료사는 각 차원에서 부모의 정서적 가용성, 자녀의 반응성, 부모의 안내를 탐색한다. 특히 자녀가 스트레스를 다루는 방법과 스트레스를 조절하는 데 있어 부모의 조율성에 관심을 가진다.

부모와 Jacob은 마샥 상호작용 평가를 하였다. 먼저 Philip과 실시하고 일주일 후에 Rebekah와 실시하였다. 마샥 상호작용 평가에서 Philip과 Jacob은 9개의 지시카드와 활동에 필요한 도구들이 놓여 있는 책상에 나란히 앉았다. 치료사는 Philip에게 다음과 같이 안내하였다. "각각의 카드를 큰 소리로 읽으세요. 활동을 하는 데 옳거나 틀린 방법은 없습니다. 당신이 원할 때 다음 카드로 넘어갈 수 있습니다." 그러고 나서 치료사는 방을 떠났고 일방경[2]으로 회기를 관찰하였다. 마샥 상호작용 평가회기가 끝나고 나서, 치료사는 방으로 들어가 Philip에게 다음의 몇 가지 질문을 하였다.

"지금 보인 모습들이 집에서 둘 사이의 모습과 비슷한가요?"
"뜻밖의 일은 없었나요?"
"당신이 생각하기에 Jacob이 가장 좋아한 활동은 무엇이었나요? 왜 그런가요?"
"Jacob이 가장 덜 좋아한 활동은 무엇이었나요?"
"당신이 가장 좋아한 활동은 무엇이었나요?"
"당신이 가장 덜 좋아한 활동은 무엇이었나요?"

일주일 뒤에 Rebekah와 Jacob도 같은 방식으로 마샥 상호작용 평가를 실시하였다.

치료놀이 차원으로 마샥 상호작용 평가 분석하기

모든 마샥 상호작용 평가를 마치고 가족은 집으로 돌아갔고, 치료사는 Jacob의 부모와 함께할 피드백회기를 위해 녹화된 마샥 상호작용 평가 비디오를 보며 신중하게 준비하였다. 치료놀이 차원에 따라 상호작용과 치료계획을 분석하였다.

2) 일방경은 평가를 수행하기 위한 이상적인 환경이며 필수적인 장치는 아니다.

그러고 나서 각 차원에 대해 설명하고, 이후 그 차원에서 Jacob과 부모의 상호작용 패턴을 설명하였다.

구조 안정적인 부모는 안전하고 조절된 환경을 만드는 방식으로 아동의 경험을 구조화시킨다. 구조 차원의 과제에서는 부모가 책임지고, 제한 설정하고, 아동을 위해 안전하고, 질서 있고, 이해 가능한 환경을 제공하는 부모의 능력을 평가한다. 부모는 상호작용을 구조화하는가? 또는 부모는 자녀가 구조화되리라 기대하는가? 치료사는 부모의 구조화에 자녀가 어떠한 반응을 하는지도 관심을 가지고 있다. 자녀는 부모의 안내를 받아들이는가? 또는 자신의 방식대로 하려고 하는가?

구조 예시 '성인과 아동은 각각 종이와 연필을 준비한다. 성인은 빠르게 그림을 그리고 아동에게 "나처럼 그림을 그려 봐."라고 한다' 과제에서 Jacob에게 구조를 제공하는 부모의 방식에는 큰 차이가 있었다. Philip이 과제를 읽는 동안, Jacob은 빠르게 종이와 연필을 잡고 그리기 시작했다. 아버지는 반복해서 설명하며 Jacob이 협력하도록 소심하게 시도를 했지만, Jacob은 이미 기린을 그리는 중이었고 아버지가 자신의 기린 그림을 따라 그리라고 하였다. 아버지는 망설이지 않고 Jacob의 뜻에 따랐다. 아버지와 Jacob은 함께 즐거워했지만, 과제는 완성하지 못했다. 이것은 Jacob이 자신의 방식대로 활동하여 과제를 해 나가는 모습으로, Jacob과 아버지의 많은 마샥 상호작용 평가의 하나의 예이다.

Rebekah가 과제를 읽을 때, 그녀는 도구들을 잡고 있어서 Jacob이 활동을 시작할 수 없게 하였다. 어머니는 "나는 그림을 그릴 거고 너도 나를 따라 하렴. 따라 한다는 것의 의미를 알고 있지? 그것은 너는 내가 하는 것을 똑같이 해야 한다는 것을 의미한단다. 연필은 네 차례가 될 때까지 내가 가지고 있을 거지만, 종이는 네가 가지고 있을 수 있어." Jacob은 어머니가 그린 여러 가지 도형을 자세히 보았지만 6개의 도형 중 3번째 도형을 그릴 때 불안한 태도로 걱정스러운 표정을 지으며 다리를 움직이기 시작했다. 어머니는 Jacob에게 연필을 주고 자신의 그림을 따라 하도록 안내했다. Jacob은 여러 개의 도형을 그렸지만 어머니의 그림과 일치하는 것은 없었다. 어머니가 다시 지시했을 때, Jacob은 칭얼거리며 너무 어렵다고 말했다. 잠시 후 Jacob은 "나는 내가 그리고 싶은 걸 그릴래요. 엄마가 원하는 거 말고요."라고 했다. 어머니는 Jacob이 어려워하는 하는 것을 알아채고 한 번에 한 도형씩 그리도록 안내했다. Jacob의 도형은 어머니의 그림과 닮은 것이 없었지만, 어머니는 이를 받아들이고 넘어갔다. 종이를 덮어 두기 바로 전에 Jacob은 종이에 무언가를 휘갈겨 그리고 "나는 쥐를 그려요."라고 했다. 어머니는 Jacob에게 과제하는 동안 높은 수준의 언어적, 신체적 구조를 제공하였다. Jacob은 여러 가지 지시를 받아들였지만, 기회가 있을 때는 자신이 원하는 대로 했다.

개입 부모는 다양한 방식(흥분, 놀람, 자극, 연결됨과 긍정적인 감정을 공유하는 기회 제공)으로 자녀에게 개입한다. 반응적인 부모는 자녀가 최적의 각성 수준을 유지하도록 자녀의 감정 상태에 조율한다. 개입 차원의 과제에서는 자녀의 발달 수준과 정서 상태에 적절한 상호작용 개입을 촉진하는 부모의 능력을 평가한다. 또한 자녀가 부모의 개입에 어떻게 반응하는지를 살펴본다. 놀이성은 상호작용의 한 부분이기 때문에 기쁨을 나누는 상호작용에 자녀를 참여시키는 것은 중요한 요인이다.

개입 예시 '성인과 아동이 친숙한 놀이를 함께한다' 과제는 부모와 자녀의 개입하는 능력을 살펴볼 수 있다. 먼저 Jacob은 Philip과 숨바꼭질(hide-and-seek)을 했다. 숨바꼭질은 그들에게 친숙한 놀이로, 하는 방법을 알아 쉽게 진행할 수 있었다. 하지만 Jacob과 Philip 사이에 눈 맞춤이나 신체적인 접촉은 거의 없었다. Jacob은 활동을 어떻게 할지 대부분을 결정하였다. 누가 먼저 숨고, 누가 먼저 수를 셀 것인지, 아버지는 어디에 숨어야만 하는지, 그리고 게임이 언제 끝날지 등을 결정했다. Jacob이 Philip을 찾았을 때, 너무 흥분해서 매우 거칠게 아버지의 등에 뛰어올랐다. 아버지의 얼굴표정은 불편해 보였지만, Jacob의 행동에 대하여 지적하지는 않았다.

Jacob과 Philip이 숨바꼭질했다는 것을 모른 채, Rebekah도 같은 게임을 하였다. Jacob은 숨고 어머니가 10까지 셀 때까지 끈기 있게 기다리며 매우 흥분했고, 어머니가 찾았을 때도 매우 흥분했다. 그는 술래도 되며, 둘은 편안하게 서로에게 친숙한 게임을 즐겼다. 여기에는 건강한 개입을 나타내는 다양한 모습들(예: 협력, 눈 맞춤, 신체 접촉, 주고받기)이 관찰되었다.

양육 부모와 영아의 관계에는 사랑받고 소중히 여겨지는 느낌뿐만 아니라 편안함과 안정감을 느끼게 하는 양육 활동의 기회가 많이 있다. 양육 차원 과제에서는 부모가 자녀의 긴장과 스트레스를 인식하고 정서적으로 조절할 수 있게 돕는지, 그리고 자녀의 발달에 적절한 양육 욕구에 반응하는지를 평가한다. 또한 치료사는 아동의 자기위안능력, 자기조절능력, 부모의 양육을 수용하는 능력과 편안함을 얻기 위해 부모에게 돌아가는지를 평가한다.

양육 예시 Jacob은 흥미로운 개입활동에는 편안하게 참여하였지만, 마샥 상호작용 평가의 양육 과제를 받아들이기 매우 어려워했다. 양육 과제로는 '서로에게 로션 발라 주기' '성인과 아동이 서로에게 간식을 먹여 주기' '아동과 함께 살게 됐을 때(또는 아동이 태어났을 때)에 대하여 아동에게 이야기하기'가 있다. 아버지와 함께 이 과제를 하였을 때, Jacob은 매우 통제적으로 반응하였다. 아버지의 손에 있는 로션을 잡아채고, 자신이 원하는 곳에만 아버지가 로션을 바르도록 했다. 서로에게 간식 먹여 주기에서 Jacob은 자기가 먹겠다고 주장하면서, 아버지가 먹여 주려고 할 때 아버지의 손가락을 매우 세게 물었다. Jacob이 부정적으로 반응할 때마다 Philip은 빠르게 자신의 접근 방식을 바꾸었다. "알겠어, 알겠어. 너는 어떻게 하고 싶니? 네가 원하는 대로 하자."라고 하였고 Jacob은 즉시 진정되었고 활동을 바꾸었다.

Jacob은 Philip에게 했던 것처럼 Rebekah의 양육도 받아들이지 못했다. 하지만 Rebekah는 자신의 접근 방식을 바꾸지 않았고 Jacob을 양육할 방법을 찾으려고 노력했다. 매우 조용하고 조심스럽게 Jacob의 등을 쓰다듬고, 안아 주고, 활동을 함께 할 수 있도록 부드럽게 말하고 노래를 불러 주며 Jacob을 달래고 진정시키고자 애썼다. 어머니는 Jacob을 돌보기 위해 노력하는 동안 Jacob은 징징거리고 울며 움직였다. 양육 활동이 끝나고 나서 Rebekah는 주의를 지속적으로 요구한 Jacob에게 거부되고 상처입고 혼란스러워진 자신을 추스르며 깊은 한숨을 내쉬었다.

마샥 상호작용 평가 과제 '성인은 아동 없이 1분간 방에서 나오기'에서는 애착 이슈와 아동이 스트레스를 어떻게 조절하는지 평가한다. 치료사는 부모가 자녀와의 분리를 어떻게 준비하고, 재결합 상황에서 관계를 어떻게 회복하는지를 통해 자녀가 받을 수 있는 고통에 대한 부모의 민감성을 평가한다. 분리 상황에서 자녀가 보이는 모습은 그들의 전형적인 대처와 자기조절 전략이다.

아버지는 방을 떠나며 Jacob에게 60까지 세도록 시키고 "그러고 나면 아빠가 다시 올 거야."라고 했다. 처음에 Jacob은 방을 돌아다니며 다음 과제에서 사용할 도구들을 보고 문 쪽으로 빠르게 와서 "아빠, 밖에 있어요?"라고 했다. "응, Jacob. 여기에 있어." "내가 아빠 목소리를 들을 수 있게 크게 숫자를 세 주세요!"라고 요구했다. Philip은 큰 소리로 숫자를 셌고 60을 셌을 때 방에 다시 들어갔다. Jacob은 문틈에 귀를 대고 서 있었다. Jacob은 홀로 남겨졌을 때 매우 불안해했고 아버지와 빠른 재결합이 필요해 보였다.

어머니가 과제를 크게 읽었을 때, 그녀의 얼굴은 걱정스러워 보였다. 어머니는 자신이 아는 활동 중에 Jacob을 분리시키는 데 도움이 될 만한 활동을 재빨리 생각해 냈다. "너는 숨을 곳을 찾고 나는 방을 나가서 숫자를 셀게. 그리고 내가 돌아왔을 때 너를 찾을 거야." Jacob의 얼굴이 밝아지더니, 곧장 어머니가 돌아올 때까지 커다란 화분 뒤로 가서 숨었다. 어머니는 방에 돌아와서 Jacob을 들어 올렸다. 그리고 Jacob에게 자신이 나가 있는 동안에 무엇을 했는지를 묻고 머리에 뽀뽀를 해 주고 등을 쓰다듬어 주었다. Jacob은 어머니의 무릎에 앉았고, 재결합을 하였으나, 따뜻함과 돌봄에는 화답하지 않았다. Rebekah는 Jacob의 욕구에 매우 민감하게 반응하였고, 친숙한 게임을 사용하여 어머니가 없는 60초를 Jacob이 견딜 수 있게 하였다.

Philip은 Jacob이 분리 상황을 다루는 데 도움이 될 무언가가 필요하다는 것을 알고 있었지만, 60까지 세기는 Jacob이 불안을 다루는 데 충분한 도움이 되지 않았다. 오히려 Jacob이 아버지로부터 필요로 했던 지지를 요구하였다. 어머니는 분리 상황에서 Jacob이 견딜 수 있게 친숙한 숨바꼭질 게임을 사용하며 지속적인 연결성을 제공하였다. 부모 각각은 방으로 돌아와 Jacob을 만나서 자신들이 Jacob을 그리워했다는 것을 알렸다. Jacob이 부모의 표현을 받아들였을지라도, 그들 모두와 접촉을 하지 않았고 흥분을 보이지도 않았다.

도전 도전 차원의 활동은 유능성과 자신감의 발달을 돕는다. 건강한 부모는 배우고 탐색하고 자립하려는 자녀의 욕구를 지지한다. 부모는 새로운 각 단계에서 자녀가 성공할 수 있도록 비계(scaffolding)를 제공한다. 적절한 도전은 자녀에게 숙달감을 제공하고 현실적인 자기기대를 가지게 한다. 도전 차원의 과제에서는 부모가 아동의 사회적, 정서적, 신체적 발달을 활성화시키는 능력, 발달적으로 적절한 기대감을 준비시키는 능력, 그리고 자녀의 성취를 기뻐하는 능력을 가지고 있는지를 평가한다. 치료사는 아동이 새로운 것을 시도해 보려 하는지, 성공이 불확실할 때 무언가 해 보려 하는지, 성취하려고 인내하며 노력하는지도 함께 살펴본다.

도전 예시 '성인은 아동이 모르고 있는 것에 대해 아동에게 가르쳐 준다.' 과제에서 다시 두 부모의 접근 방법 간의 흥미로운 차이점이 나타났다. Philip은 Jacob에게 자동차 타이어를 교체하는 방법을 가르쳐 주었다. Jacob은 이러한 어른의 활동에는 관심이 없었고 결국 〈The Wheels on the Bus〉 노래를 부르자고 제안했다. 아버지는 자신의 이야기를 끝내지 못했지만 Jacob의 제안을 행복하게 받아들였다.

어머니가 "음, 네게 무엇을 가르치지? 아, 〈The Itsy Bitsy Spider〉 노래를 알고 있니?"라고 물었고, Jacob은 "아니요."라고 대답했다. "좋아, 내가 가르쳐 줄게. 먼저 내가 부르는 것을 보고 나서 함께 연습해 보자."라고 했다. Jacob은 어머니가 노래를 부르며 손을 흔드는 것을 열심히 바라보았다. 그러나 Jacob은 어머니가 노래가 계속되는 동안 돌아다니기 시작했다. 함께하는 차례에서 노래와 율동을 동시에 하는 것을 힘겨워하였다. 어머니는 언어적으로 지시했지만, Jacob은 도구 가방을 쥐며 "다른 거 해요."라고 하였다. 어머니는 "우리는 먼저 노래를 한 번 연습하고 나서 다른 것을 할 거야."라고 말했다. Jacob은 도구 가방을 내려놓고 어머니의 무릎으로 돌아갔지만, 어머니에게 등을 보이고 다른 노래를 부르기 시작했다. Rebekah는 그를 돌려 앉혀 매우 느리고 분명하게 〈The Itsy Bitsy Spider〉와 손동작을 설명했다. Jacob은 잠시 어머니를 따라 했지만 어렵다면서 울기 시작했다. "너무 어려워요, 나는 못하겠어요. 나는 어떤 것도 할 수 없어요." 어머니는 "알겠어, 이제 그만하고 다음으로 넘어가자. 하지만 나중에 이 노래를 연습할 거야."라고 하였다. Rebekah는 Jacob에게 새로운 것을 가르치는 데 흥분해 있었다. 어머니는 Jacob에게 이것이 즐거운 일이라고 설득하며 아동이 힘겨워할 때는 속도를 늦추었다. 이런 방법들은 모두 가치 있고 효과적이었다. Jacob은 낮은 좌절 인내력과 실패에 대한 두려움을 가지고 있어서 Rebekah와 Philip은 Jacob에게 더 어린 발달 수준의 도움을 제공하는 것이 필요하였다.

치료와 결과

피드백

마샤 상호작용 평가를 실시한 다음 주에 피드백회기 스케줄을 잡았고, 치료사는 마샤 상호작용 평가에 대해 논의하기 위해 1시간 30분 정도 만날 계획을 하였다. 피드백회기 준비를 위해 치료사는 녹화된 비디오를 주의 깊게 검토하였다. Rebekah와 Philip의 약점과 강점이 마샤 상호작용 평가에 분명하게 나타나 있었다. Philip은 창의적인 방법으로 Jacob에게 개입하였고, 그는 아들에게 있어 가용한 존재였다. Philip의 구조는 매우 느슨했고, Jacob이 대부분의 결정을 하도록 허락해서 마샤 상호작용 평가 동안 대부분의 갈등을 피했다. 또한 Philip은 Jacob에 대해 비현실적인 기대(예: "내가 나가 있는 동안 60까지 세렴.")를 가지고 있었다. 이것은 어린 아동과의 상호작용 결핍에 기인한 것이다.

Rebekah는 Jacob과 연결하기 위해 좋은 방법들을 많이 사용했으며, 활동을 구조화하는 기술을 가지고 있었다. 어머니는 Jacob이 지시를 따르지 않을 때도 매우 참을성 있었고 Jacob이 정서와 행동을 조절할 수 있도록 달래는 행동을 많이 하였다. 하지만 Jacob이 과제를 '정확하게' 완수하기를 바랐으며 이러한 바람은 가끔 Jacob에게 맞추는 어머니의 능력이 빛을 발하지 못하게 했다. 어머니는 Jacob에게 비현실적으로 매우 높은 기대를 하고 있었다.

Jacob이 초기 부정적인 경험에도 불구하고 부모와 많은 방식으로 연결하고 있었다. 하지만 아동이 도움을 필요로 하는 주요 영역들이 있었다.

1. 아동은 자기 생각대로 되지 않는 양육을 받아들이는 것을 불편해 하였다.
2. 아동은 성인의 지시와 구조를 받아들이는 것이 매우 어려워하였다.
3. 아동은 많은 자극에 쉽게 압도되고, 어머니와 오랫동안 한 가지 활동을 할 때 과도하게 움직였다.
4. 아동은 자신감이 부족하고 다른 활동에 주의를 돌리면서 도전 과제를 회피하였다.

치료사는 피드백회기를 준비하기 위해 다양한 목표를 선택하였다. 목표는 다음과 같다.

- Rebekah와 Philip이 이미 사용하는 양육방식 중에 효과적인 기법과 전략을 설명해 주기
- Rebekah와 Philip이 Jacob과의 관계를 강화시키는 방식의 예시를 그들에게 보여 주기
- Rebekah와 Philip이 아들에 대한 개인적이고 상호적인 이해와 아들의 욕구, 괴로움, 그리고 강점에 대해 더욱 깊이 이해하기
- 다음 주에 Jacob과의 치료를 준비하기 위해 협력적인 치료 계획에 대한 대화 나누기

이번 회기의 주요 목표는 그들과 좋은 관계를 맺고 그들이 오랫동안 기다린 행복한 관계를 함께 만들 수 있다는 희망을 주는 것이다.

치료사는 다음의 마샥 상호작용 평가 과제(그림 그리기, 친숙한 게임을 하기, 먹여 주기)를 Philip에게 보여 주기로 하였다. 치료사는 Philip의 창의성과 Jacob과 함께 놀이를 하려는 의지를 강조하였다. Jacob과 Philip이 눈 맞춤을 하고 웃으며 연결되었다. Philip이 초기 면접 당시 새로운 부모로서의 자신감이 부족하다고 했기 때문에 먹여 주기(feeding) 부분의 비디오를 보여 주지 않기로 하였다. 하지만 Philip과 이 부분에 대해 의논하였다. "Jacob이 처음에 먹여 주는 것에 대하여 저항했지만, 당신은 과제의 지시에 따랐어요. 당신은 어땠어요?" Philip은 Jacob이 화낼까 봐 매우 걱정했다고 말했다. "저는 종종 '주장을 굽히고' Jacob이 분노폭발을 하지 않도록 자신이 원하는 대로 하도록 내버려 두어요."라고 말했다. Philip과 의논하는 동안, 나는 그의 두려움에 대하여 알게 되었다. 그는 '완벽한 아빠'가 되려는 자신의 기대에 부응하지 못할까 봐 두려워했다. 그리고 Jacob이 속상할 때 무언가를 강력히 요구하면 Jacob의 초기 고통스러운 경험을 촉발시키거나 되살릴지도 모른다며 두려워하였다. 이러한 정보를 통해 왜 아버지가 Jacob에게 지시하고 구조를 제공하는 것을 어려워하는지에 대하여 이해할 수 있었다.

Rebekah와는 다음의 과제(자녀에게 무언가를 가르치기, 방을 떠나기, 로션 바르기)에 대해 의논하였다. 치료사는 Jacob에 대한 Rebekah의 인내력, Jacob에게 명확하

게 지시하는 능력, 신체적인 연결과 조절을 촉진하기 위해 지속적으로 사용하는 제스처에 초점을 두었다. 어머니의 높은 기대에 대한 반응으로 Jacob이 부족한 자신감을 표현한 여러 가지 예시(그림 그리기, 자녀에게 무엇인가를 가르치기)가 있었다. Jacob의 성공에 대한 어머니의 바람을 더 잘 이해하고, Jacob이 고통을 느낄 때 보이는 비언어적 표현을 알아차리기 위하여 이것을 탐색하였다. 구조와 양육을 제공하는 어머니의 능력은 훌륭했지만, Jacob을 구조화하고 양육할 때를 아는 것은 어머니에게 어려운 일이었다. 그러므로 조율이 제일 중요하다. 회기가 진행되는 동안 Rebekah는 삶의 여러 영역에서 유연해지기 힘들다고 말했다. 이러한 영역을 아는 것은 그녀에게 도전이며, 왜 Jacob에게 가끔 과도한 구조화를 하고 문제 행동을 증가시키는 힘겨루기를 하려 했는지를 더 잘 이해할 수 있었다.

중요한 치료목표는 Jacob과 부모 사이의 유대를 강화시키는 것이다. 세부적인 치료목표는 다음과 같다.

- Jacob이 부모의 양육을 수용하는 능력 높이기
- 도전 활동으로 Jacob의 자아존중감과 자신감 높이기
- 구조 활동으로 Jacob이 성인의 지시를 수용하도록 돕기
- 아버지가 구조화를 성공해 보는 기회를 가지고 어머니가 Jacob의 단서에 적절하게 반응하는 능력을 향상시킴으로써 부모로서의 자신감 강화시키기

치료사는 부모가 Jacob에게 현실적인 기대를 갖도록 건강한 발달에 대한 교육을 제공하기로 계획하였다. 무엇보다도 어머니, 아버지, Jacob이 즐거움을 공유할 수 있는 많은 경험을 만들기로 하였다.

부모회기

다음 회기는 부모가 경험하는 회기이다. 치료사는 Rebekah, Philip과 Jacob의 첫 회기에 하려고 계획한 활동을 함께하였다.

- check-up 활동: Jacob에게 미리 알려 준다는 느낌과 중요성을 느끼도록 돕는다.

- 로션 발라 주기: 특별한 주근깨와 상처를 돌봄으로써 양육을 제공한다.
- 소리 나는 얼굴: 상호 간 개입을 격려하고 구조를 제공한다.
- 비눗방울 터뜨리기: 조절을 경험하고 구조화를 연습한다.
- 깃털 불기: 적절한 도전을 제시하고 주고받기 연습을 한다.
- 먹여 주기: 보살핌을 받고 있음을 느끼도록 돕는다.
- 반짝반짝 작은 별 노래 불러 주기: 어머니와 아버지가 부드러운 방법으로 Jacob에게 사랑을 표현하는 방법을 알려 준다.

이 회기의 목적은 Rebekah와 Philip에게 개인적이고 조율된 경험을 제공하는 것이다. 이 회기는 Jacob이 곧 경험하게 될 것으로, Jacob이 어떻게 반응할지에 대한 부모의 생각을 탐색하고 치료 방식에 대한 그들의 의문에 답을 제공하며, Jacob과 회기에 참여하면서 영향을 줄 수 있는 편안함과 불편함을 알아보기 위한 것이다.

어머니와 아버지는 둘 다 신체적 활동에 참여하는 것을 즐거워했다. 그들은 양육 활동에서 '취약함'과 '돌봄받는' 느낌을 동시에 받았다고 말했다. 한 가지 예로 '먹여 주기' 활동에서, 치료사는 어머니에게 크래커 하나를 먹여 주고 아버지에게도 하나를 먹여 주었다. 그리고 어머니와 아버지가 서로 여러 개의 크래커를 먹여 주었다. Rebekah는 "처음에는 이상했지만 스스로에게 '괜찮아, 누군가 너를 돌봐 주는 거야.'라고 말했어요. 그러면서 나는 편안해지고 즐거워졌어요."라고 했다. 이것은 다음과 같이 말할 좋은 기회가 되었다. "우리가 Jacob에게 먹여 줄 때 Jacob이 어떻게 느꼈을 거라고 생각하나요? Jacob이 어떤 반응을 할 것이라고 생각하나요?" 회기가 끝나고, 치료사는 부모에게 회기에서 Jacob에게 예상되는 점과 Jacob이 치료사 그리고/또는 그들과의 관계에서 회피하는 행동에 어떻게 반응할지에 대하여 말해 주었다.

Jacob의 치료

계획대로 어머니와 아버지는 모두 치료놀이회기에 참여하였다. 치료사는 담아주기(containment)와 구조뿐만 아니라 안전함과 안정감을 제공하기 위해 초기 회기에는 Jacob이 어머니의 무릎에 앉도록 하였다. 아버지는 어머니와 Jacob 옆에 앉았다. 치료사와 Jacob의 활동이 시작되고 부모는 이를 지켜보며 모델링으로 배울 수 있었다. 대기실에서 무릎을 꿇고 "좋아, Jacob. 우리는 복도 끝에 있는 방에 놀이를 하러 갈 거야. 손을 잡고 거기에 가는 동안 얼마나 많이 걷는지 세어 보자. 어머니와 아버지도 오실 거야. 지금 가자."라고 말하며 즐겁게 이야기하였다. Jacob은 이것을 받아들이고, 손을 잡고 복도를 걸으며 발걸음을 세었다. "하나, 둘, 셋……. 우린 총 12걸음을 걸었어, 만세!"

예상대로 Jacob은 초기 회기 동안, 그와 연결하려는 치료사의 시도에 저항하였다. 치료사가 Jacob의 손가락을 세려고 할 때 손을 뺐지만, 치료사가 어머니와 아버지의 손가락을 세려고 하였을 때, 그들은 재연결을 위해 초대받은 것처럼 참여하였다. 이러한 행동은 마샥 상호작용 평가에서 나타난 Jacob의 모습(친밀해지는 데 시간이 오래 걸림)에 기반한 치료사의 가설(assumption)을 강화하였다. "내가 먼저 네 손에 이 깃털을 불게. 그러면 너도 나에게 다시 불면 돼."라고 말하자 Jacob은 "선생님이 깃털을 던지면 나는 그걸 칠 거예요."라고 말했다. "그것도 좋은 생각이야. 하지만 우리는 깃털을 불 거야. 자, 네 손을 준비하렴."이라 대답했다. Jacob은 가끔 그가 원하는 활동을 하자고 하였으며, 치료사가 원하는 '바보 같은 것보다는 좀 더 나은' 활동도 하였다.

실패에 대한 두려움과 자신감의 부족으로 Jacob은 새로운 것을 시도하거나 도전하는 활동을 강하게 거부하였다. 예를 들어, 4회기에서 치료사가 치는 짧은 박수 리듬을 따라 하도록 했을 때, Jacob은 자신의 생일파티에 대하여 말하기 시작했다. 다른 박수리듬에 다시 참여하도록 촉구하면 신경질적으로 어머니의 무릎에서 움직이며 다른 이야기를 하였다. 그의 양가적인 행동에 대처하기 위해 Rebekah에게 Jacob의 손을 잡게 하고 "이제 세 번 박수를 칠 거야. 그리고 너와 어머니는 함께 나를 따라 할 거야."라고 말했다. 어머니의 도움으로 Jacob은 성공했다.

마샥 상호작용 평가에서 보았던 것처럼 Jacob은 양육을 수용하기 힘들어하였다. 초기 3회기에서 치료사가 Jacob에게 노래를 불러 줄 때 그는 베개를 머리 위에 올렸다. 치료사는 사전에 이런 반응 유형에 어머니와 아버지를 준비시켰기 때문에, 부모는 Jacob이 치료사를 쳐다보지 않아도 치료사의 노래를 듣고 있다는 것을 알고 있었고, 양육이 Jacob의 행동에 따라서 제공되는 것이 아님을 이해하고 있었다. 먹여 주기 활동에서 Jacob은 입을 크게 벌려 음식을 가득 채운 후 큰 소리를 내며 씹었다. 그리고 나서 "선생님은 이게 역겹지 않나요? 이것은 어머니와 아버지를 역겹게 해요."라고 했다. 부정적으로 반응하는 대신 "우와, 너는 엄청 많이 먹고 있구나. 나는 네 이, 혀, 그리고 입속의 음식을 모두 볼 수 있어. 네가 다음 과자를 먹을 때 입이 열리고 닫히면서 씹는 모습을 보자."

Jacob은 부모와 치료사를 계속해서 거부하려고 했지만, 우리는 민감하고 조율된 방식으로 계속해서 접촉을 시도하였다. 치료사가 Jacob의 손에 로션을 바르려 할 때 아동은 등 뒤로 손을 숨겼다. 이에 대응하여 동요 〈Where is Thumbkin?〉을 부르며 Jacob과 즐거운 엄지 숨기기(hide-and-seek thumb) 놀이를 함께 하였다. Jacob은 생모에게 받았던 비난, 거부와는 반대로 인내와 존중받는 경험할 수 있었다. 치료적인 회복의 분위기와 치료사의 공감적 반응은 Jacob이 부모와 치료사와의 접촉 시도를 모두 거부하려는 느낌을 다루는 안전한 공간을 만들어 주었다.

치료가 진행되며 회기에서 점차 어머니와 아버지의 개입을 늘려 갔다. 이러한 참여는 아버지가 부모로서 유능감과 자신감을 키우는 데 크게 기여하였다. 회기 사이에 가족에게 숙제를 내 주었고, Rebekah와 Philip은 양육할 때 치료놀이적 태도를 취했다. 성인을 신뢰하는 Jacob의 능력은 천천히 회기 안과 밖에서 향상되었고 관계가 가까워질 때 저항하는 전략을 덜 사용하였다. Jacob은 더 많이 웃으며 덜 울었고, 분노폭발의 빈도와 기간도 줄어들었다. 부모로부터 받는 보살핌과 사랑을 더욱 잘 받아들였다. 17회기가 끝날 무렵 Jacob은 Philip의 팔에 안겨 부모가 불러 주는 특별한 노래를 들으며 잠들었다. Philip과 Rebekah는 잠든 Jacob을 바라보고 있었다. 아버지는 눈물을 흘리며 "나는 Jacob의 아빠야. 나는 정말로, 진짜 아빠야. 지금까지 결코 느낀 적이 없었어."라고 말했다.

Rebekah, Philip, 그리고 Jacob은 거의 1년 정도 치료놀이에 참여하였다.[3)] 가족의 관계가 점차 더욱 강해지고 치료목표가 달성되기 시작했다. Jacob의 초기 경험이 지워지지는 않지만, 긍정적이고 치유적인 부모와의 상호작용을 통해 불신과 불안한 자기신뢰감을 신뢰와 부모사랑에 대한 즐거운 허용으로 내적작동 모델을 변화시켰다.

---

3) 심각한 외상 경험을 가진 아동에게는 외상에 다루기 위해 특별히 고안된 모델을 사용하여 아동의 초기 경험에 접근하는 것이 필요하다(Booth, Lindaman, & Winstead, 2014). Jacob이 준비되었을 때, 우리는 치료놀이에 다른 치료 방법을 통합하여 실시하였다.

결론

다양한 생활사건은 가족 붕괴를 야기한다. 어떤 가족도 일상생활에서 오는 신체적, 정서적, 심리적, 정신적, 관계적인 고통에 면역성을 가지고 있지는 않다. 얼마나 가족 구성원이 함께 지지하고 접촉하며 서로를 돌보는지가 중요하다. 어떤 이유로든 부모가 자녀에게 이러한 지지와 접촉, 돌봄을 할 수 없다면 상처는 낫기보다는 더 깊어질 것이다. 치료놀이는 치유제로서 가족 구성원을 돕고, 이번 장에서 읽은 내용처럼 그들의 손상된 관계를 회복시키고 즐거움, 연결감과 사랑을 다시 경험하게 한다.

제 11 장

놀이치료에서의 모래상자와 스토리텔링

Theresa Kestly

강력하고 가치 있는 방식
모래상자치료란 무엇인가
모래상자를 마음챙김 자세로 관찰하기
치료적 관계가 먼저고, 방식과 기법은 그다음이다
스토리텔링 뇌
자유롭고 안전한 공간
은유 및 분리된 뇌
놀이의 나선순환
손-마음의 연결
모래상자의 치유적 힘

모래상자는 내게 즐거운 경험이었다. 나는 놀이치료에서 모래상자가 중요한 도구가 될 수 있음을 곧 알아차렸다. 놀이치료실에 처음으로 모래상자를 놓았을 때, 8세 George[1]는 모래상자에 대한 나의 직관적인 느낌을 확신하게 해 주었다. 그가 "이게 뭐예요?"라고 물었을 때, 나는 "오, 이건 네가 세계를 만들 수도 있고 이야기를 만들 수도 있는 것이란다."라고 대답했다. George는 의심스러워하는 목소리로 "모래에 사는 것이 뭐가 있죠?"라고 물었다. 준비한 작은 피규어들을 보여 주자, 그는 피규어에 가까이 다가가서 "오, 나무다! 이제 여기에 동물들이 살 거예요."라고 말하고는 나무 4개를 모래에 꽂았다. 별다른 설명이 없었음에도 불구하고, 그의 스토리텔링 뇌는 동물들의 생활을 표현하기 위해서 모래상자에 무엇을 가져와야 하는지 정확하게 알고 있었으며, 그리고 자신을 치유하고 '새로운 삶'으로 이끌어내는 방법을 알고 있었다.

나는 완전히 매료되었다! George의 치료에서 확실히 무언가가 그를 변화시켰다. 새내기 임상가로서 첫 놀이치료 작업을 George와 하면서, 나는 George처럼 말로 표현하기 어려워하는 아이들을 위한 효과적인 치료 도구를 찾게 되었다. 이후 나는 모래놀이와 관련하여 훈련받을 수 있는 기회를 적극적으로 찾아보았다. 나는 모래상자(sandtray)와 모래놀이치료(sandplay therapy)에 관련된 거의 모든 자료를 읽었다. 나는 모래놀이치료 분야의 멘토이자 슈퍼바이저를 찾아가 자문을 구하기도 하였는데, 그는 모래놀이의 창시자인 Dora Kalff(Jung 방식의 모래상자)에게서 집중적인 실습 세미나를 받는 등 상당한 훈련을 받은 사람이었다. 또한 나는 모래상자(sandtray)의 창시자인 Margaret Lowenfeld 방식(그녀에게 어떻게 모래상자가 효과가 있는지를 보여 준 아이들과 함께한)에 대해서도 연구하였고, George와 다른 내담 아동들을 통해서 모래상자의 효과를 관찰하고 배울 수 있었다. 자신의 라이프스토리를 말할 수 있는 자유와 지지가 주어지자, 그들은 모래상자에서 효과적으로 이야기를 할 수 있었다. 나는 모래상자 세계에 나타나는 스토리텔링의 힘과 치유를 반복해서 확인하였다.

이제 모래상자치료를 시작한 지 27년이 지났고 다른 치료사들에게 이 방법에 대

---

1) 이 장의 임상사례는 다수의 개별 사례에서 도출한 복합적인 소재를 기반으로 한다. 내담자의 비밀보장을 유지하는 동시에 사례의 신뢰성을 높이기 위해 이와 같은 방법을 사용하였다.

해 가르치고 있지만, 모래와 작은 모형을 이용하여 자신의 삶에 관해 이야기하는 아이와 성인을 지켜보는 관찰자로서 나는 여전히 그들의 심장과 마음이 통합되는 과정을 지켜보며 큰 기쁨을 느끼고 열의를 느낀다. 또한, 나는 모래상자 방법에 대해 가르치기를 즐겨한다. 왜냐하면 모래에서 피규어 이미지들을 가지고 놀다보면 사람들은 깊은 층위의 삶의 이야기에 어렵지 않게 다가가는데, 이러한 기쁨과 희열을 목도할 수 있기 때문이다. 반면 처음 모래상자를 접할 때 열의만 가지고 덤비는 임상가들을 보면 이 방법의 사용에 대해 진지해지기도 한다. 왜냐하면 이러한 종류의 놀이를 할 때 그 깊이에 대해 적절하게 준비되어 있지 않으면 해로운 결과가 나타날 수도 있으며, 그러한 사례들을 많이 보았기 때문이다. 언젠가 한 학교상담사가 내게 말하기를, 7세 여자 아이에게 모래상자를 제시하니, "나는 모래상자를 만들고 싶지 않아요. 예전 학교에서 상담선생님이랑 그걸 해 봤는데, 선생님은 계속 설교, 설교, 설교만 했어요!"라고 곧바로 대답하여 놀랐다고 한다. 다행히 그 아이는 건강한 경계를 가지고 있었기에, 어떻게 자신을 보호해야 하는지를 알고 있었다. 그러나 불행히도 그녀는 스토리텔링을 통해 자신을 치유할 수 있는 기회는 놓치고 말았다.

강력하고 가치 있는 방식

해가 되지 않도록 하기

모든 정신건강전문가(상담사, 심리학자, 정신의학자, 및 사회복지사)는 '해가 되지 않도록 하기(doing no harm)'라는 윤리적 원칙을 지킬 의무가 있다. 이 원칙은 정신건강전문가들이 위의 예와 같이 훈련되지 못함으로 인해 발생할 수 있는 문제를 최소화하는데 도움을 준다. Dora Kalff(1980)는 모래상자에서도 이러한 해가 나타날 수 있음을 알고 있었다. 그녀의 책 『모래놀이: 정신에 대한 심리 치료적 접근(Sandplay: A psychotherapeutic Approach to the Psyche)』의 첫 페이지는 다음과 같은 서문으로 시작된다. 그녀는 주의(Caution)라는 단어로 책을 시작하는데, 이는 모래상자를 즐겨 사용하는 사람들을 위한 적절한 제목이다.

주의

> 제대로 준비된 치료사의 경우에, 모래놀이는 강력하고, 매우 가치 있는 방식이다. 여기서 가장 중요한 말은 '강력하다'는 표현이다. 이는 치유적인 면에도 해당되는 표현이지만, 동시에 해를 입힐 수 있는 측면에도 해당되는 표현이다.
> 그러므로 나는 간절히 충고한다. 다른 유형의 치료 방법에 경험이 많은 심리치료사라 할지라도 모래놀이 실시를 잘못할 수 있기에, 자질 있는 모래놀이치료사의 내담자가 되어 모래놀이 과정을 직접 경험해 보고 오랜 시간 동안 꼼꼼한 슈퍼비전을 받아야 한다. 슈퍼비전을 적게 받는 것은 무책임한 것이다(Kalff, 1980, p. 8).[2)]

Kalff의 경고는 모래놀이(sandplay: Kalff가 Jungian에 근거하여 모래를 사용하는 것을 가리키기 위해 만든 용어) 임상가들을 대상으로 한 것이긴 하지만, 치료 목적을 위해 모래상자를 사용하는 모든 임상가에게도 적용된다고 생각한다. 그래서 이번 장에서 나는 모래상자에 대한 Kalff의 깊은 경의에 대해 말하면서 그녀가 사용한 경고라는 단어에 대해서 우리가 어떻게 생각해야 하는지에 관해서도 말하고자 한다. 나는 그녀가 누군가를 겁먹게 하여 이 강력한 방법을 사용하지 못하게 하려고 그런 말을 한 것은 아닐 거라고 생각한다. 단지 그녀는 모래놀이가 해가 될 수 있음을 알고 있었기에, 우리가 책임감을 가지고 윤리적인 태도로 모래상자를 사용할 것을 권고한 것이라 믿는다. 또한 나는 Kalff의 스승인 Margaret Lowenfeld이론을 통해 모래상자에서 마음이 어떻게 작동하는지에 관해 깊이 이해시키고자 한다. 모래놀이의 창시자인 두 여성 모두 현대 신경과학적 발견들을 알지 못했음에도 불구하고, 뇌와 마음에 관한 현대의 과학적 연구 결과들과 일치되는 원리들을 우리에게 가르쳐 주었다. Lowenfeld와 Kalff처럼, 우리도 대부분 내적 정보에 도달하게 하는 핵심 방법으로서 비언어적인 모래상자의 위력을 알고 있으며, 이러한 내적 정보는 스토리텔링을 사랑하는 뇌를 통해 언어적인 형태로 변형된다. 우리는 이제 이러한 비언어적인 과정의 위력을 과학적인 용어로 좀 더 쉽게 표현할 수 있다.

---

2) 이 인용문은 Harold Stone 박사가 쓴 서문 바로 앞에 있는 페이지에 나와 있다. 테메노스 출판사(Temenos Press)에서 2003년에 Kalff의 책을 재발행했을 때, 그 구절 앞에 'Dora Kalff의 조언'이라고 적혀 있었다. 국제 모래놀이치료 협회(International Society on Sandplay Therapy)의 모래놀이치료 인증 과정을 명확히 하기 위해 몇몇 문장이 추가되었다.

모래상자로 작업하면서 가장 어려웠던 점은 이 방법이 어째서 그토록 효과적인지 설명하는 것이었다. 치유되었다는 것을 알 수 있었지만, 그것을 말로 설명하는 것은 힘들었다. 예전에 11세 딸 Sheila 문제로 내게 찾아온 어머니를 만난 적이 있었다. Sheila는 정신과 의사에게 약물치료를 받고 있었다. 정신과 의사는 어머니에게 새로운 모래놀이치료사를 알아보라고 권면하였다. 정신과 의사가 보기에 Sheila는 모래상자치료를 받는 동안 호전하는 것이 보였는데, 그 치료를 중단하고 나서 Sheila는 더 이상 나아지는 것 같지 않다고 말하였다. 어머니는 이 상황에 대해서 이야기하면서 이런 권면을 한 정신과 의사에게 다소 짜증이 나 있었다. 딸이 받던 모래상자치료를 그만두게 한 사람이 바로 어머니였다. 왜냐하면 어느 누구도 모래상자가 어떻게 효과가 있는지에 대해 어머니에게 설명해 주지 못했기 때문이었다. 모래상자의 효과에 대한 어머니의 질문에 치료사는 "그저 저를 신뢰하시면 됩니다."라고 대답하였다. 어머니는 **신뢰(trust)**만으로는 충분하지 않다고 불평하였고, 그 효과에 대해 **알기(know)** 원했다.

그때 마침 나는 뇌편측성(brain laterality)에 관한 논문 작성을 끝마친 상태였다. 나는 뇌편측성 원리를 이용하여 모래상자의 효과에 대해 그녀에게 설명해 주고자 최선을 다했다. 모래상자치료 중에는 두 반구가 모두 활용되는데, 이렇게 두 반구를 사용하는 것이 치료가 더욱 빠르게 진전되도록 하는데 결정적인 도움을 준다. 우뇌는 문제 해결을 위해 비언어적이고 감각적인 이미지를 사용하기에 나는 어머니에게 다음과 같이 설명하였다. "딸아이가 안전하고 비위협적인 환경에서 모래놀이 피규어를 가지고 놀이하다 보면 친구들과의 갈등을 해결하는 것이 그렇게 어렵지 않다고 느끼게 될 것입니다. 또한 우리는 딸아이의 좌반구를 활용하여 그러한 것을 분명히 표현할 수 있도록 도와줄 것입니다. 우리는 딸아이의 한쪽 반구만을 활용하지 않을 것입니다." 어머니는 "오, 알겠어요. 나는 정말 이러한 사실을 알고 싶었을 뿐이에요. 말씀해 주신 덕분에 이해가 아주 잘 되었어요."라고 말했다. 내 설명은 단순한 내용이었지만, 모래놀이 이면에 과학적 원리가 있다는 것을 알려 주었기에 어머니를 안심시킬 수 있었으며, 우리가 올바른 방향으로 가고 있다는 것을 확신할 수 있었다. 이제 뇌 과학 시대에 접어들었으니, 모래상자치료가 뇌와 마음의 통합에 어떻게 도움을 줄 수 있는지 설명할 수 있는 더 많은 원리를 발견하게 될 것이다.

이번 장에서 나는 모래상자를 이해하는 데 도움이 되는 신경과학의 몇 가지 원리들을 다룰 것인데, 이때 윤리적 원칙인 '**해가 되지 않도록 하기**'라는 경고에 주의하여 이야기할 것이다. 수많은 신경과학이론을 토대로 나는 모래상자를 강력하게 만드는 몇 가지 요소 및 과정들을 살펴볼 것이다. ① 모래상자, 피규어, 뇌의 스토리텔링 능력 간의 조화, ② 자유롭고 안전한 공간, ③ 은유적 사고, 그리고 ④ 손과 마음 간의 연결이 그것이다. 또한, 마음챙김(mindfulness)의 중요성에 대해 논의할 것인데, 이는 치료사가 모래상자 및 놀이(spiral of play)의 관찰자로서 아동 옆에 있을 때 중요한 자세이다. 그리고 **증거기반(evidence-based)** 치료를 개발하기 위한 근거로서, **과학적인 정보(science-informed)** 개념을 다룰 것이다. 이상의 내용들을 개별적으로 다루기보다는 함께 엮어서 이야기하고자 한다. 나는 8세 아동인 George의 사례로 이 주제들을 다룰 텐데, 이때 소제목을 달아서 독자들이 새로운 주제가 나올 때마다 관심을 기울이도록 기획하였다.

모래상자치료란 무엇인가

모래상자를 강력하게 만드는 요인이 무엇인가에 대해 다루기에 앞서, 나는 모래상자 훈련 프로그램을 하면서 유용하다고 생각했던 짧은 서술(Kestly, 2004)로 시작해 보려고 한다.

> 모래상자치료란 내담자가 작은 모형 피규어, 모래상자, 때때로 물을 이용하여 세계를 바라보는 관점을 축소판으로 만들어가는 역동적인 과정이다. 치료사는 이 과정을 지켜보며 안전한 담지자(container)의 역할을 하여 내담자가 표현해야 할 것들을 마음껏 탐색하고 만들어 볼 수 있도록 한다. 모래상자는 비언어적 매체이므로, 언어의 한계를 넘어서 자신의 경험에 접근할 수 있다. 모래상자는 내담자가 통제하고, 조직화하고, 통합할 수 있는 공간이므로, 모래상자에서 표현적인 놀이를 통해 사고와 감정을 구체화함으로써 내담자는 자신의 삶의 경험들을 표상하게 된다. 우반구와 좌반구의 편재화된 관점에서 보면, 내담자는 종종 우반구의 체화된 경험과 좌반구의 해석적 정보를 함께 엮어서 자기 삶을 응집력 있게 이야기한다. 이러한 통합은 종종 지각, 행동, 그리고 관계를 더욱 건강하게

해 준다. 내담자들은 모래상자에서 비언어적으로, 놀이하듯이, 위협적이지 않은 방식으로 내면의 공포, 갈등, 의문, 미해결된 경험들을 탐색하고 표현할 수 있다. 내담자는 자신을 돌보며 경청하는 치료사에게 이러한 이야기를 함으로써 자신의 문제에 대해 깊이 있는 이해를 하게 된다. 내담자는 숙련된 치료사와 함께 하는 공간에서 자신의 세계를 작은 모형의 형태로 만들고 다시 만들기를 하면서 이전에 잘 맞지 않거나 혼란스러웠던 경험들을 통합하고 숙달할 수 있게 된다. 즉, 세계를 바라보는 내담자의 관점이 편안해 질 때까지 작업을 하므로 삶의 조각들이 잘 맞추어지고 내적인 변화가 일어나기도 한다. 이러한 내면의 변화는 새롭게 세상을 경험하고 상호작용할 수 있는 길을 열어 준다.

모래상자를 마음챙김 자세로 관찰하기

지난 20년 동안의 다학제간 연구는 정신건강에서 마음챙김의 역할에 주의를 기울여 왔다(Baer, 2006; Siegel, 2007). 마음챙김적 알아차림(mindful awareness) 또는 판단하지 않고 우리 주변과 우리 안에 일어나는 모든 것들을 알아차리는 것은 뇌의 전전두엽의 기능으로 전체적으로 통합하여 사고할 수 있도록 돕는다. Daniel Siegel(2007)은 "우리의 경험을 온전히 알아차리는 것은 주의를 마음의 내면세계로 이끌고, 온전히 삶에 몰두할 수 있도록 도와준다."(p. 3)라고 언급했다. 또한 그는 그 이점에 대해 다음과 같이 기술했다.

> 마음챙김적 알아차림 훈련을 통해 신체의 기능이 크게 향상된다는 연구들이 발표되었다. 예를 들어, 마음챙김을 통해 치료, 면역 반응, 스트레스 반응성, 그리고 신체적 안녕감 등의 일반적인 감각이 향상되었다. 또한 다른 사람들과의 관계도 개선되었는데, 이는 다른 사람의 비언어적인 정서적 신호를 지각하는 능력과 다른 사람의 내적 세계를 감지할 수 있는 능력이 향상되었기 때문이다. 이러한 방식으로 마음챙김을 하면서 다른 사람의 견해를 이해할 때, 우리는 타인의 감정을 더 잘 공감할 수 있게 된다.
>
> 이런 형태의 알아차림을 통해서 관계, 정서적 삶, 스트레스에 관여하는 뇌 부위의 활동과 성장을 직접적으로 조절할 수 있다는 점을 고려할 때, 우리 삶에서 다양하고 유익한 변화를 이루어 가는 데 있어서 마음챙김적 자각의 힘을 확인할

수 있다(p. 6).[3)]

George와의 모래상자 경험과 마음 챙김: 내면을 향해 경청하기

Daniel Siegel의 저서인 『마음챙김 뇌(mindful brain)』(2007)라는 책을 처음 읽었을 때 나는 매우 감사했다. 이 책을 통해 나는 놀이치료를 처음 시작하며 만났던 8세 George와의 경험을 이해할 수 있었기 때문이다. George가 처음 놀이치료실에 왔을 당시에는 모래상자는 없었지만 다른 놀이치료 도구들은 많이 있었다. 놀이치료실은 따뜻한 분위기였으며 매력적인 놀이치료 도구들로 가득차 있었음에도 불구하고, George는 나와 함께 놀이치료실로 들어가기를 거부하였다. 그는 대기실에서 엄마와 있는 걸 좋아했었다. 이 점이 나를 다소 불안하게 했었다. 그렇게 진행되던 George와의 놀이치료는 5회기에 전환점을 맞이하게 되었다. 그때까지도 나는 여전히 George를 놀이치료실로 들어오게 하는 법을 알지 못했다. 그래서 5회기 때 나는 George를 설득하였고 스스로 놀이치료실에 들어오도록 하였다. 마침내 놀이치료실에 들어왔으나, 그는 내게 어떠한 말도 걸지 않았으며 심지어 나를 쳐다보지도 않았다. 그저 그는 여러 장의 종이를 꺼내 검은색 매직 마커로 종이의 절반을 가득 채울 만큼 커다란 집을 계속해서 그렸다. 그리고 그는 빨간색 마커를 집어 들고는 그 집들을 힘겹게 색칠하며 그 회기의 남은 시간을 사용하였다. 그는 참담해 보였다. 나는 그가 침입적이라고 느껴지지 않게끔 조심스럽게 반영해 주려고 노력했다. 그러나 그는 아무런 반응도 보이지 않았다! 나는 또 다시 시도해 보았지만, 그는 여전히 반응을 보이지 않았다. 나는 약간 다급해졌다(그리고 약간 침입적이었음을 인정한다). 그 당시에 나는 불안했었다. 그는 여전히 아무런 반응을 보이지 않았다. 나는 계속 버티며 시도했지만, 그는 나의 모든 노력을 거부하였다. 그제 서야 나는 알게 되었다! 그는 나에게 어떠한 말도 하지 않을 것이고 심지어 보지도 않을 것이다. 그리고 그 순간 나는 평생 잊지 못할 놀이치료사의 자세를 배우게 되었다.

이 시점에서 나의 번민은 시작되었다. 나의 뇌는 마음챙김을 하지 못하고 놀이치

---

3) Siegel(2007)은 연구 정보의 출처를 제공하기 위해 이 인용문에 다음과 같은 참고문헌을 포함하고 있다[Davidson, R., Kabat-Zinn, J., Schumacher, J., RosenKranz, M., Muller, D., Santorelli, S. F., et al. (2003). 마음챙김 명상에 의해 생성된 뇌와 면역 기능의 변화. *Psychomatic Medicine*, *65*(4), 564-570.]

료사로서의 실패에 대해 고심하기 시작하였다. 나는 내 안에서 일어나는 감정들을 인정하기 위해 아주 조용하게 있었다. 나는 실제로 그 아이와 함께하는 것을 좋아하지 않았다. 그렇게 나는 내면의 생각을 듣자마자 수치심을 느끼기 시작했다. 왜냐하면 나는 아동치료사임을 공언하며 이 자리에 있으면서 그 아이를 온전히 좋아하지 못하고 있었기 때문이었다. 깜짝 놀란 나는 직업을 잘못 선택한 것은 아닌지 비참한 생각까지 들었다. "도대체 나는 무엇 때문에 아동치료사가 될 수 있다고 생각했던 것일까?"

더욱 비참한 기분으로 빠져들고 있을 때, 나는 내 안에서 느껴지는 번민에 세심한 주의를 기울이게 되었고 뭔가를 느끼게 되었다. 이러한 기분은 George가 자신을 좋아하지 않는 어른들과 함께 지내면서 일상에서 늘 느끼는 것임을 깨닫게 되었다. 이러한 기분이 George에게 어떻게 느껴질지 상상하면서, 나는 George를 매우 동정하게 되었다. 나는 어떤 말도 하지 않았다. 그저 깊이 느끼기만 하였다. 그 회기를 마칠 때까지 나는 그저 깊은 동정심을 가지고 앉아 있었다. 그 당시 나는 어떤 것을 해야 할지 몰라 단지 내면에 깊이 귀 기울이며 그 울림을 주의 깊게 듣고 있었다. 그 때 내 안에서 동정심이 일어났다. 그리고 이것이 나를 위한 마음챙김의 시작이었다.

다음 회기에서, George는 밀가루와 소금으로 만든 수제반죽을 가져왔다. 그는 놀이실에 들어오면서 학교에서 만든 반죽을 내게 보여 주었다. 그는 작은 강아지를 만들기 시작하였고, 내게도 반죽 덩어리를 주었다. 나는 작은 고양이를 만들기 시작했다. 그는 내가 만든 것을 보며, 자신이 만든 강아지로 내가 만든 고양이를 뒤쫓는 흉내를 내었다. 나는 우리 둘 다 놀 준비가 되었음을 알 수 있었다. 이제 우리는 함께 놀 수 있었다. 아마도 앞의 인용구에서 Siegel의 말처럼, 내가 마음을 챙기는 자각을 하게 되고 동정심을 가지고 George에게 주의를 기울이게 됨에 따라 우리의 관계는 시작될 수 있었다. 이는 George의 비언어적인 정서적 신호와 내적 상태를 지각할 수 있는 나의 능력이 향상되었기 때문이다. 우리 둘 사이에 어떤 말도 오가지 않았지만, George는 나의 내면의 변화를 알아차리고 받아들였음이 확실하였다.

치료적 관계가 먼저고, 방식과 기법은 그다음이다

대략 10회기 정도 더 진행된 후에, 나는 놀이실에 처음으로 모래상자를 도입하였다. 그때부터 George는 비언어적인 이야기를 더욱 열정적으로 하기 시작했다. 그가 반복해서 만들었던 모래상자 세계는 약하고 작은 동물들이 위험한 포식자들로부터 자신을 보호해야만 하는 이야기였다. 그는 토끼가 안전하게 살 수 있을 만한 곳에 모래 구멍을 팠고, 새끼 돼지, 닭, 염소들을 위해 울타리를 쳤다. 그는 특히 작은 토끼들을 좋아했다. 그는 모래세계를 만들 때마다 토끼를 등장시켰고, 도마뱀과 배고픈 코요테가 사는 위험한 지역에서 토끼가 어떻게 살아남는 법을 배우는지를 보여 주었다.

지금 돌아보면 나는 George에게 매우 감사하다. 그를 통해서 나는 '말'이 치유가 일어나기 위한 필수 조건이 아님을 알게 하였다. George는 대부분의 회기에서 거의 말을 하지 않았다. 그러나 내가 마음챙김을 실천하며 그에게 동정심을 보이자, 그는 상징을 이용한 놀이를 시작하였고 인간관계와 치유로 가는 자신만의 방법을 발견하였다. 가장 중요한 것은 '치료적 관계'이다. 나는 George를 통해 치료 기법이나 양식보다 치료적 관계가 선행되어야 한다는 걸 알게 되었다. 그리고 좋은 치료적 관계가 항상 치유의 핵심임을 알게 되었다. 나는 또한 대인관계를 기반으로 한 모래상자가 George의 치료에서 중요한 부분이 되었다고 생각하는데, 왜냐하면 모래상자는 말하지 않고도 자신의 경험을 이야기하도록 하는 힘이 있기 때문이다.

나는 종종 George에게 그가 만든 세계에 대해 말해 보라고 초청하였다. 그때마다 그는 항상 "몰라요."라는 표정으로 어깨를 으쓱였다. 나는 그에게 말하도록 강요하지 않았다. 왜냐하면 모래상자를 시작하면서 나는 치유에 있어서 비언어적 의사소통이 중요하다는 것을 배웠기 때문이다. 모래놀이에 대해 Linda Hunter(1998)가 서술한 내용은 이러한 점을 정확히 지적하고 있다.

> 모래놀이는 만질 수 있고, 볼 수 있는 과정을 통해 삶의 경험들을 처리할 수 있는 기회를 제공한다. 모래놀이는 친근한 방식으로 경험을 드러내면서도 상징적으로는 감추고 있기 때문에, 재미있으면서도 매우 의미 있는 과정이다. 모래와

> 피규어를 가지고 노는 동안 치유가 발생하는데, 이때 해석이나, 언어화, 혹은 의식은 필요 없다. 모래상자는 놀이치료에서 사용되는 반영을 제공하기도 한다. 모래상자는 공포와 분노 감정을 흡수하는데, 왜냐하면 이런 감정으로 인한 상처가 장면으로 드러나기 때문이다(p. 4).

나는 이 문장을 수차례 읽었다. 왜냐하면 이 문장도 좌반구에서 언어적인 사고를 이용하도록 유혹할 때 나에게 한결같은 태도를 유지할 수 있도록 도움을 주기 때문이다. 최근에는 Hunter가 기술한 모래놀이에 대한 의견을 지지하는 과학적인 증거들이 넘쳐 난다. 다음 절에서, 놀이치료에서 모래상자를 이용하는 것이 어떤 의미가 있는지를 탐색하기 위해 스토리텔링에 대한 신경과학으로 넘어가 살펴볼 것이다.

스토리텔링 뇌

Antonio Damasio(1999)는 영향력 있는 신경과학자로서 스토리텔링이 말없이 이루어지는 것이 당연하며 이러한 비언어적 과정이 뇌에서 어떻게 이루어지는지에 대해서 이야기하였다. 즉, 뇌는 환경에서 접한 대상들을 선택하고, 분류하고, 모으고, 통합하는데 이러한 과정 자체가 비언어적으로 이루어진다. 그는 말하기를, "이야기하는 것이 언어보다 앞서 발생한다. 왜냐하면 스토리텔링은 사실 언어화를 위한 전제 조건이며, 또한 스토리텔링은 대뇌피질뿐만 아니라 여러 뇌 부위와 관여되며, 좌반구와 우반구 모두를 기반으로 두기 때문이다(p. 189). Damasio에 따르면, 스토리텔링은 비언어적으로 시작된다(우리 모두 평생 동안). 왜냐하면 우리는 환경에 있는 대상들을 마주할 때마다(혹은 경험할 때마다) '살아있는' 순간들을 일관성 있게 사진(그림, picture)으로 모으고자 한다. 우리가 대상(사람 포함)과 마주하며 '살아갈 때', 우리는 '무슨 일이 벌어지고 있다는 느낌'을 경험하며, 우리 뇌는 이러한 신체적 느낌을 우반구에 지도화하여 체화된 암묵적 기억(embodied implicit memories)을 만들어 낸다(Damasio, 1999).

Damasio의 생각은 Margaret Lowenfeld(1979)의 직관적 이해와 꼭 들어맞는다.

즉, 우리는 먼저 이미지로 생각하고, 이러한 '이미지 사고(image thought)'를 언어화하게 된다. 언어화가 되어야만 우리는 서로 공유하는 공통의 단어를 사용하여 삶의 이야기를 나눌 수 있게 된다. Damasio도 지적했지만, 이러한 개념은 이해하기 어려울 수 있는데, 왜냐하면 일단 언어 산출에 능숙해지면, 우리는 이미지로 사고함과 거의 동시에 단어로 말할 수 있게 되기 때문이다. 따라서 겉으로 보기에는 언어로 사고하는 것처럼 보이지만, 실제 우리는 이미지로 사고하고 있는 것이다.

Daniel Siegel(2012; Siegel & Bryson, 2011; Siegel & Hartzell, 2003)에 따르면 스토리텔링은 뇌가 스스로를 통합하는 가장 기초적인 방법 중 하나이다. 나는 종종 부모들에게 『내면으로부터의 양육(Parenting from the Inside Out)』(Siegel & Hartzell, 2003)이라는 책의 2장을 읽어보라고 권하는데 왜냐하면 이 책에는 우리가 어떻게 삶을 구성해 가면서 현실을 지각하는지가 잘 묘사되어 있기 때문이다. 이 책은 뇌의 스토리텔링 기능을 설명하는 데 도움이 된다. 이러한 관점에서 보면, 모래상자에서 스토리텔링이 드러나는 것은 자연스러운 현상이라고 할 수 있다. 이는 놀이치료에서 모래상자를 사용하는 것이 아이들의 뇌와 마음을 건강한 방식으로 통합시키는 데 어떻게 도움이 되는지를 말해 주고 있다. 또한 정신건강과 회복탄력성을 증진시키기 위하여 분화된 뇌를 통합시키는 것의 중요성에 대해 말할 때도 좋은 도입부라고 할 수 있다. Siegel(2012)에 따르면, 훌륭한 스토리텔링은 여러 방향의 정신적 통합을 요구한다. 좌반구와 우반구의 조율(수평적), 상향식 및 하향식 처리(수직적), 과거, 현재, 미래의 자기(self)를 함께 엮는 것(순차적), 스토리텔러와 청중을 요구하는 사회적 맥락(관계적), 암묵적 기억과 명시적 기억 방식의 연결(기억)이 그것이다.

치료 과정 동안, 나는 부모들에게 『내 아이를 위한 브레인 코칭(The Whole-Brain Child)』(Siegel & Bryson, 2011)이라는 책을 추천한다. 왜냐하면 이 책은 Siegel의 주장을 이해하는 데 도움이 되기 때문이다. Siegel에 따르면, 정신건강과 회복탄력성은 뇌/마음 하위체계의 문화와 연결의 관점(복잡성이론의 적용)으로 이해할 수 있다. 예를 들어, Siegel과 Bryson(2011)은 아래와 같이 말하고 있다.

> 아이들이 필요로 하는 것, 특히 강렬한 정서를 경험할 때 필요로 하는 것은 누군가가 그들에게 좌뇌를 사용하도록 도움을 주어 현재 상황을 이해하도록 하는

> 것이다. 즉, 우뇌에서 느끼는 크고 무서운 감정을 정리하고 명명하여 효과적으로 감정을 다룰 수 있도록 도와주는 것이다. 이는 스토리텔링이 하는 역할이기도 하다. 좌반구와 우반구를 모두 함께 사용함으로써 우리 자신과 우리의 세계를 더 잘 이해할 수 있다는 것을 의미한다. 납득할 수 있는 이야기를 만들기 위해 좌뇌는 언어와 논리를 이용하여 순서대로 정리해야 한다. 우뇌는 신체적 감각, 원정서(raw emotion), 개인적 기억에 영향을 미치기 때문에, 우리는 전체적인 그림을 보고 우리의 경험을 이야기할 수 있다. 이는 힘들었던 사건에 대해 글로 쓰거나 말하는 것이 왜 그렇게 강력한 치유적인 효과가 발휘되는지를 과학적으로 설명해준다. 실제로, 우리가 느끼는 감정에 단순히 명명하는 것만으로도 우반구의 정서 회로 활동을 진정시킨다는 것이 연구에서도 나타났다(p. 29).

이러한 설명은 모래상자가 다면적인 속성을 지닌다고 생각한 Lowenfeld의 개념과 부합한다(Lowenfeld, 1979). 그녀는 외상으로 인해 힘들어하는 아이들을 치유하는 데 관심이 있었다. 그녀는 언어만으로는 이러한 과업을 성취할 수 없다고 생각하였다. 모래상자는 내담자가 촉각 및 시각적 이미지, 신체적 감각, 암묵적 기억, 원정서, 개인적 기억 및 관계적 측면을 모두 동시에 다루면서 놀이하기에 외상 아동에게 특별히 도움이 된다. 언어는 좌반구에서만 산출되고 선형적인 특성이 있으므로 치유가 발생하기에는 뭔가 부족한 점이 있다. 치유가 발생하려면 언어뿐 아니라 비언어적 측면에도 개방적이어야 한다.

Bonnie Badenoch(2011)는 다양한 연구를 통해 스토리텔링의 신경생물학적 본질을 다음과 같이 설명하였다.

> 우리는 스토리텔링을 하는 존재이다. 다시 말해, 의미를 부여하려는 성향이 우리의 유전자에 새겨져 있다. 우리의 뇌는 우리의 경험에 의미를 부여하고, 갈등을 해결하고, 미래를 준비하도록 한다. 또한 우리가 의식적으로 경험을 언어화하려 할 때는 이러한 활동이 시작되지 않는다는 점도 분명하다. 우리의 과거력은 신경망 수준에서 서로 연결되어 우리가 다음에 무엇을 할 것인가에 영향을 미치게 되는데, 이러한 내부적인 과정은 항상 의식적인 자각의 수준 아래에서 진행된다(p. 83).

Badenoch도 Damasio와 마찬가지로 언어보다 선행하는 스토리텔링의 기원에 대해 지적하고 있다. Damasio(1999)에 따르면, 눈을 뜨는 순간부터 대상을 접할 때마다 우리의 뇌는 이야기를 만든다. 심지어 어휘가 형성되기 이전부터 이야기는 시작된다. Badenoch(2011)가 말한 바와 같이, 이는 우리가 의식하지 않더라도 항상 진행되고 있다. 오랜 시간 동안 나는 모래상자 놀이를 진행하면서 이러한 스토리텔링 과정을 지켜봐 왔고, 스토리텔링 과정의 심오한 생물학적 본질을 신뢰하게 되었다. 아동들이 모래상자에서 다른 것으로 주의가 흐트러진 것처럼 보일 때에도, 즉 아동들이 모래에 놓은 이미지와는 관련이 없는 것처럼 보이는 것을 내게 말할 때에도 뇌는 지속적으로 스토리텔링하려는 속성을 지닌다는 과학적 연구들을 믿는다. 나는 아동이나 성인이 모래상자에 대해 말하는 것을 언어로 주도하려고 하기보다는 항상 스토리텔링이 좀 더 깊은 차원에서 비의식적이며 비언어적으로 진행될 수 있도록 여지를 주려고 한다.

George가 만든 10초 동안의 모래상자-내가 지나쳐 버릴 뻔한 모래상자

나는 George의 치료에서 중요한 전환점을 놓치고 지나갈 뻔 했다. 이 사건은 우반구의 비언어적 통합이 의식적 자각 수준 아래에서 얼마나 신속하고 효율적으로 작동하고 있는지를 보여 준다. 이날 George는 평소와 다르게 치료실에 들어와서 보드게임 선반 위의 캔디랜드(Candyland)를 가리켰다. 이 시점에 George는 모래상자에 꽤 흥미를 보였고, 다른 어떤 놀이보다 모래상자를 가지고 노는 것을 선호했다. 어떤 이유에서인지(의심할 여지없이 나의 치료적 실수였다), 나는 캔디랜드 상자를 집어 들고는 "3~6세를 위한 게임(내가 갖고 있는 것은 예전 판이었다.)"이라고 큰 소리로 읽었다. 아동은 장난스럽고 반항적인 몸짓으로 양손을 허리에 두르면서, "그럼 내가 여섯 살 할게요!"라고 외쳤다. 당시 George는 거의 9세가 다 되었기에, 나이에 맞는 적절한 게임을 골랐는지의 여부에 대한 나의 도전을 그는 수용할 의사가 있음을 밝혔다. 이때부터, George는 내 주사위 말이 캔디 성(candy castle)을 향해 전진하지 못하도록 하였고 길이 막히거나 뒤로 보내질 때마다 나를 조롱했다. 그의 유일한 목표는 승리였다. 그는 어떤 대가를 치르더라도 그 목표를 성취하고자 하였다. 장난스럽게 그는 카드 더미를 집어 들어 계속 섞더니 얼굴에 미소를 짓고 나를 쳐다보며, '플럼피(Plumpy) 카드(시작 지점으로 돌려보내는 카드)'를 찾았다. 그러고는 그 카드를 맨 위에 올려놓고는 "이제 선생님 차례예요."라고 말했다.

나는 그대로 놀이를 진행하였다. 부정행위에 대한 대처는 치료 목적에 따라 다르지만, 나는 대체로 구조화된 게임을 할 때 아동들이 하는 부정행위에 대해 말하곤 한다. 그런데 이번에는 방 안에서 또 다른 에너지가 느껴지고 있었고 마침 내 차례가 되었다. 나는 다소 곤란한 목소리로 계속 뒤로 가야하는 것에 대해 불평을 했다. George는 만족해 하며 두 팔을 들어 올리며 승리의 몸짓을 하였다. 그날의 회기는 계속 이러한 방식으로 진행되었다. 그는 이길 것이 그리고 나는 질 것이 명확해 보였다. 끝날 시간이 되었다고 말하자, George는 문 쪽으로 걸어가다가 내가 문을 열기 바로 직전에 모래상자 중앙에 양손을 깊숙이 집어넣었다가 위쪽으로 내밀며 두 개의 구멍을 만들었다 이후 아동은 재빨리 모래상자에서 손을 빼냈다. 그는 "코브라."라고 강조하며 말하였고, 나는 나를 똑바로 쳐다보고 있는 코브라의 머리를 볼 수 있었다. 나는 "그래서 너는 코브라를 치료실에 두고 갈 거니?"라고 물어보았다. 그는 정말로 만족스러워하며, "네!"라고 말했다.

나는 처음에 이것이 그저 회기 내내 가득했던 장난스러운 경쟁심으로 회기를 끝내려는 그만의 방법이라고 생각했다. 나는 모래에 있는 코브라 모양을 실제 모래상자로 보지 못했다. 그래서 나는 그동안 모든 모래상자들을 조심스럽게 기록해 왔음에도 불구하고 그 상자의 사진을 찍지 않기로 하였다. 이때는 디지털카메라가 출시되기 이전이었기에 사진 찍는 것은 지금보다 더 많은 비용이 들었다. 그런데 만약의 경우를 대비하여 나는 다시 사진을 찍어 두기도 하였다. 그 당시 사진 촬영에 대한 나의 생각을 바꾼 것은 매우 잘한 선택이었다고 생각한다. 왜냐하면 몇 달 후 집단 발표를 위해 모래상자 사례를 준비하면서, 그 10초 동안 상자에서 무슨 일이 일어났는지 깨달았기 때문이다. 나는 George의 사례가 놀이치료에서 뇌의 비언어적인 영역이 함께 작용하고 있음을 보여 주는 좋은 방법이 될 것이라고 생각했다. 발표를 위해 사진과 사례 기록을 정리하고 있을 때, 나는 George의 코브라 상자(Cobra Tray)가 그의 치료에서 중대한 전환점이었다는 것을 알게 되었다. 그 전까지 그는 모든 모래상자에서 터널과 토끼 구멍을 파고, 울타리를 두르고, 동물을 보호하기 위해 작은 나무들을 사용하면서 위험에 처한 동물들을 위해 안전한 세계를 만드는 작업을 열심히 하였다. 그런데 그는 순식간에 코브라 상자를 만들고는 상자를 위험으로 가득 채웠고, 그것을 내게 남겨 두었다. George는 내가 위험한 세계에 남겨져 있더라도 치사율을 견뎌낼 수 있을 것이라고 확신하는 것 같았다. 사실, 그의 부모님은 서로 고함을 지르면서 자주 싸우다가 이혼을 하였는데 그 때 그의 나이는 겨우 2세였다. 부모님의 이혼은 그에게 매우 견디기 어렵고 힘든 일이었을 것이다. George는 그와 그를 위해 내가 이러한 괴로움을 견딜 수 있는 에너지를 가지고 있는지 알고자 했다. 나에게 이것은 모래상자를 담아 주는 사람으로서의 힘이 있는지를 테스트하는 시험이었던 것이다. Dora Kalff에 따르면, 자유롭고 안전한 공간을 견뎌 주는 것이 치료사의 임무라고 말하고 있다.

자유롭고 안전한 공간

모래상자 모형의 물리적 측면은 은유적으로 자유롭고 안전한 공간을 위한 담아주기의 역할을 한다. Dora Kalff(1980, 2003)는 모래상자 도구들과 그것들을 놀이 공간에 놓는 자신의 방식이 Margaret Lowenfeld의 세계기법(World Technique)과 어떻게 동일한지를 설명했다. Kalff는 이러한 자신의 설정이 Lowenfeld의 공이라고 하면서, Lowenfeld 박사는 "아동의 세계에서 자신을 위치시키는 방법을 알고 있었다. 그녀는 독창적인 직감으로 모래상자에서 아동이 세계를 만들고 자신의 세계를 창조해 낼 수 있는 놀이를 만들어 내었다."(2003, p. 16)라고 말하였다. Kalff는 자유롭고 안전한 공간에 대한 자신의 이해를 모래상자의 물리적 제한성과 피규어를 자유롭게 선택할 수 있는 아동의 자유라는 관점에서 보다 자세하게 설명하였다.

> 모래상자의 크기는 한 눈에 파악할 수 있는 사이즈이다. 수많은 피규어 중에서 아동은 특히 본인에게 다가오는 의미 있는 것을 선택한다. 아동은 자신이 세계를 바라보는 것과 같은 방식으로 모래에 언덕, 터널, 비행기, 호수, 강을 만들어 나간다. 그는 환상 속에서 자신이 경험하는 대로 피규어들이 행동하도록 한다. 아동은 어떻게 구성할지 결정하는 데 절대적인 자유를 가지고 있고, 어떤 피규어들을 선택할지, 그리고 그것들을 어떻게 사용할지 선택한다. 현실 세계에서 진정한 자유를 위해 선행되어야 하는 동일한 제한이 모래상자에도 존재한다. 모래상자는 한 사람의 크기로 축소되어 있어서, 표현되어 질 수 있는 것을 제한하고 변형이 일어날 수 있는 틀이 된다. 무의식적으로 아동은 자유를 경험함과 동시에 안전한 공간을 경험하게 된다(2003, pp. 16-17).

모래상자의 자유롭고 안전한 공간은 모래상자의 물리적 속성뿐 아니라 치료적 관계의 강도에도 달려있다. 이에 대해 Kalff(1980, 2003)는 "치료사가 아동을 온전히 수용하는 치료적인 환경이 이루어질 때 이러한 자유로운 공간이 형성되는데, 이때 치료사는 치료실에서 진행되는 모든 일의 일부가 되며, 아동 자신도 그렇게 된다. 고통을 겪을 때뿐만 아니라 행복할 때에도 혼자가 아니라고 느낄 때, 아동은 자신이 할 수 있는 모든 표현에서 자유롭고 안전함을 느낀다"(p. 7).

George의 세계에 사람이 등장한 날

나는 자유롭고 안전한 공간이 George의 놀이치료에서 필수적인 부분이었다고 믿는다. 은유적으로 표현하면, 그는 내면 세계의 위험하고 견디기 어려운 부분을 표현하기 위한 정서적이고 심리적인 보호를 제공하는 작은 상자의 물리적 제한[4] (일반적으로 28.5″×19.5″×3)을 필요로 하였다. George의 부모님이 그를 치료에 데려온 주된 이유 중 하나는 학교 교실에서 일어난 그의 신체적 폭력 때문이었다. 그는 선생님의 권위를 무시한 채 선생님을 향해 책상을 난폭하게 미는 행동을 보였다. 모래상자의 물리적 제한 외에도 그는 견디기 어려운 에너지를 파괴하지 않고 이러한 에너지를 견뎌 내며 관계적, 정서적, 심리적으로 담아 낼 수 있는 사람을 필요로 했다. 이것은 George가 치료실에 코브라를 남겨 두고 갔음에도 불구하고 그가 원래 상태의 나를 되찾기 위해 돌아왔을 때인 다음 회기에서 은유적으로 나타났다. 우리 중 어느 누구도 일주일 전에 모래상자에서 만든 코브라를 언급하지 않았다. 그의 치료에서 나타난 이 전환점은 의식적인 자각 수준 아래에서 일어난 것이었다. 의식적으로 나의 좌반구가 작용하고 나서야 (집단 발표를 위해 사진과 기록을 준비하면서) 나는 무슨 일이 일어났던 것인지를 알게 되었다.

코브라 상자(Cobra Tray)가 나타나기 이전에는 그의 모래상자에 사람이 전혀 나타나지 않았다. 코브라 상자가 나타난 지 얼마 지나지 않아, 한 농부가 손에 약간의 음식을 들고 모래상자에 등장하였다. 농부의 발이 모래에 닿자마자, George는 모든 토끼들을 구멍 안으로 재빠르게 옮겼다. 이 구멍은 농부를 포함시키기 전에 그

4) Kalff(1980, 2003)에 의해 규정된 모래상자의 작은 크기(28.5″×19.5″×3)는 내담자의 상상력을 제한할 것이며, 이에 따라 조절 및 보호요인으로 작용할 것이라고 설명했다.

가 토끼를 위하여 조심스럽게 준비해 놓은 것이었다. 각 토끼들은 구멍 가까이에 서 있었다. 그는 상자를 만드는 동안 거의 말을 하지 않았기 때문에 나도 거의 말을 하지 않았지만 이번에는 "토끼들은 구멍 안이 훨씬 더 안전하다고 느끼는구나."라고 말하였다. 그는 잠시 멈칫해서 나를 쳐다보더니 "토끼들은 실제로는 그렇게 무서워하지 않아요."라고 대답했다. George는 구멍에서 토끼를 한 마리씩 꺼냈고, 천천히 다른 사람들을 그의 세계로 등장시키기 시작했다. 그는 물 한 통과 함께 어린 소녀를 등장시켰고, 그다음에 할아버지, 할머니, 혹은 그가 말한 것처럼 '나이든 사람들'을, 그리고 이후에는 낚싯대를 갖고 있는 어린 소년을 등장시켰다. George의 세계에는 여전히 위험에 대한 주제가 존재했지만, 이 지점에 이르러서 그는 자신의 세계에서 돌보고 양육하는 사람이 있다는 것이 무엇을 의미하는지 경험할 수 있게 되었다.

은유 및 분리된 뇌

우리는 지금까지 스토리텔링 뇌에 대하여 알아보았으며, 모래상자가 어떻게 자유와 안전을 위한 은유적인 담아 주기의 역할을 하는지 알아보았다. 이러한 은유의 개념을 보다 충분히 탐구하기 위하여 분리된 뇌에 대한 Iain McGilchrist(2009)의 작업을 살펴보고자 한다. 정신과 의사이자 철학자인 McGilchrist(2009)는 수많은 과학적 연구를 토대로 우리의 뇌가 비대칭적인 두 개의 반구로(좌반구와 우반구) 나누어져 있는 원리를 설명하면서 은유가 언어의 중요한 측면인 이유를 설명하였다. McGilchrist는 『주인과 심부름꾼: 두뇌 속에서 벌어지는 은밀한 배신과 정복의 스토리(The Master and His Emissary: The Divided Brain and the Making of the Western World)』라는 책에서 뇌의 우반구와 좌반구의 차이점과 유사점에 대해 자세하게 설명하였다. 즉, 두 반구는 때로는 서로 협동하는 방식으로, 때로는 서로를 억제하는 방식으로 작동한다. 인간이 생각하고 느끼고 행동하는 모든 것에 양쪽 반구가 모두 활성화된다는 것을 알고 나서, 그는 각 반구가 세계를 바라볼 때 어떠한 방식으로 작동하는지에 초점을 맞추었다. 그는 새의 예시를 통하여 왜 우리에게 분리된 뇌가 필요한지를 설명하였다. 그의 주장에 따르면, 새가 자갈밭에서 옥수수 낟알을 골라

내기 위해서는 좌반구의 집중력이 필요로 하지만, 동시에 포식자를 발견하기 위해서는 환경 전체를 바라보는 우반구를 필요로 한다. 이 새가 다른 누군가의 먹이가 되지 않도록 잘 피하려면 전반적인 상황을 둘러보는 우반구의 기능이 더욱 많이 필요할 것이다. 이러한 두 관점이 함께 작동해야지만 생명체의 생존과 번영을 도울 수 있다. 인간의 뇌에서, 우반구의 작동 방식은 우리의 시야를 열어 주어 즉각적인 경험 및 관계적인 조망에서 세계를 바라보도록 이끌어 주는 반면, 좌반구의 작동 방식은 경험을 조직화하는 데 초점을 두어 정확하고 체계적인 방식으로 세계를 구현하도록 돕는다.

두 반구의 관계를 설명하는 McGilchrist의 방식은 우리가 스토리텔링 뇌를 이해하는 데 도움을 준다. 우리는 두 반구 모두 활성화되어 작동하는 것이 얼마나 중요한지, 그리고 두 반구 간의 협력이 얼마나 중요한지에 대해 이해하게 되었다. 또한 우리는 각각의 조망이 고유하게 기여하고 있음을 이해하게 되었으며, 하나를 따로 떼어놓고는 일관성 있는 이야기를 할 수 없다는 것을 알게 되었다. 이와 더불어, McGilchrist(2009)는 스토리텔링이 우리의 우반구와 좌반구를 거쳐 가는 특별한 형태의 여정을 필요로 한다고 말하였다. 언어는 주로 좌반구를 통해 처리된다. 우반구는 새로운 경험, 시, 은유로 표현되는 언어 영역에 지속적으로 작동한다. 스토리텔링은 우리가 환경에 있는 대상을 마주할 때 '무슨 일이 일어나는지 느끼는' 우반구의 작업에서 시작된다고 할 수 있다. Damasio(1999)와 마찬가지로, McGilchrist도 몸을 통해 세상을 경험하면서 언어가 시작된다고 말하였다. 그런데 좌반구에서 언어로 처리되면서 신체적 감각에서 기원했던 경험은 좀 더 추상적인 형태로 바뀌게 된다. McGilchrist에 따르면, 이렇게 추상적인 형태로 전환되는 과정에서 우리는 "**경험에 존재하지 않았던**(not present) 것을 말하게 되었다. 즉, 언어는 **재-현(다시-나타냄**, re-presentation)을 돕는다"(p. 125).

우리의 뇌는 분리되어 서로 다른 기능을 하는데, 언어의 지시적(denotative) 요소(정확한 참조 및 계획을 가능하게 함)는 좌반구에서 발달하며, 암시적(connotative) 및 정서적(emotive) 요소는 우반구에서 기능한다. 우반구 중심(언어가 없는 이야기의 기원)에서 좌반구 방식으로 처리하게 되면서, 우리 경험의 부분들은 선형적인 방식으로 처리되고 정확한 단어로 명명할 수 있게 되면서 시간을 인지하고 계획할 수 있게 된다(우리의 경험을 말로 재-현함re-presentation).

그러나 최상위 수준의 언어를 경험하기 위해서는 우리는 또 다시 우반구로 돌아가서 말과 체화(embodiment)가 함께 작동하는 내러티브(narrative) 속에서 말을 이해해야 한다. 이는 우리가 체험한 세계와 지속적으로 연결될 수 있도록 돕는다. 모래에서 펼쳐진 체화된 스토리텔링을 말로 표현하는 과정에서 이러한 말과 체험의 혼합이 잠정적으로 일어날 수 있다. McGilchrist의 주장에 따르면, 각 반구는 동일한 경험에 대해 고유한 기여를 하면서 궁극적으로 다른 반구에 영향을 미친다. 그는 "은유는 언어로 표현되지만 세계와의 관계성을 유지한다는 측면에서 언어의 독특하고 중요한 양식"(p. 125)이라고 말하였다. 그는 이것을 좌반구에서 다루는 언어 처리와 대조하여 설명하였다. 좌반구에서 언어를 처리하면 우반구에서 처리되었던 경험의 실체와는 멀어지게 된다. 만약 우리가 체화된 경험과 단절하고 체화를 경험하지 않은 좌반구 측면으로만 완전히 이동하면 언어는 사라진다. 그는 우리의 반구가 더 상위 수준에서 협력하여 작용할 수 있도록 하는 은유적 처리를 위해서는 반구 간을 거쳐 가는 특별한 여정이 필요하다고 설명한다. 그는 "우리가 지속적으로 마주해야 할 중요한 형태가 있다. 즉, 우반구의 세계에서 발생한 무언가가 좌반구에 의해 중간 수준에서 처리되고, 마지막으로 우반구로 돌아와서 최상위 수준에서 처리되는 것이다."라고 말하고 있다(p. 126).

놀이의 나선순환

두 반구의 작동 방식에 대한 McGilchrist(2009)의 생각을 정리해 보면, 경험에 대한 우반구의 작동방식에서 좌반구의 처리방식으로 움직이고, 그 다음에 우반구로 되돌아가야 최상위 수준에서 언어를 가장 생생한 형태로 이해할 수 있게 된다. McGilchrist의 주요 주제 중 하나인 이러한 우반구-좌반구-우반구 진행은 내담자의 뇌와 마음이 작동하는 방식을 인지하고 함께 공동으로 작업할 방법을 찾을 때 유용할 수 있다. 우리가 내담자의 신체적 경험에 근거한 사고 과정의 비언어적 기원을 처음에 지지해 준다면, 그 비언어적 기원들을 신체적 경험의 반영을 통해 좌반구에서 이루어지는 주의의 세계로 초대될 수 있다. 이 과정에서 그 경험들은 처음에 몸짓, 소리 또는 단어의 형태로 주어졌지만, 그 경험에서 느껴진 감각을 잃지 않으면서 점차 재-현(re-representation)을 향해 나아가게 된다. 이러한 비언어적 신체적 경험들이 언어로 나아갈 때, 우리는 치료적인 관계적 맥락에서 이러한 과정을 통해 내담자들을 멘토링할 수 있다. 이렇게 지속적으로 관계에 관심을 보이는 것은 우반구 작동방식으로 경험에 머무르면서 말로 처리하는 좌반구 작동방식과 연결되도록 하는데 도움을 줄 수 있다.

예를 들어, George는 10초 동안 만든 모래상자를 기술하며 코브라라는 단어를 사용했는데(아마도 양쪽 반구가 동시에 작동했거나 우반구만 작동했을 수 있다[5]), 이는 그의 내적 세계가 얼마나 견디기 힘들고 위험하게 느끼는지(우반구에서 나타나는 신체적 경험에 대한 지도)를 나에게 보여 주는 것이었다고 생각한다. 이에 나는 장난치듯이 그에게 "그래서 너는 여기에 코브라를 놓고 가려는 거구나"라고 반응하였다. 이러한 반응은 George가 우반구를 통해 감지한 위험에 이름 붙이는 행동을 지지하는 것이고 더 나아가 다시 그가 우반구로 되돌아가서 은유적으로 처리할 수 있게끔 도와주는 것으로, 이러한 과정을 통해 그가 더 상위 (보다 통합된) 수준에서 자신의 경험을 처리 할 수 있게끔 도와주려고 했다. 이러한 은유적 반응을 통해 내가 그에게 전달하고자 했던 것은 그가 놓고 간 견디기 어려운 감정들을 나는 감당할 수 있으며 파괴되지 않을 수 있다는 것이었다. 왜냐하면 우리는 '단지 놀이를 하고 있기' 때문에, 좀 더 확장된 맥락에서 이야기하면 놀이 안에서 우리는 '안전'하다는 것이다. 이러한 우반구-좌반구-우반구 진행은 나에게는 놀이의 **나선순환(spiral of play)**에 대한 통찰력을 주었다. 놀이의 나선순환은 마음챙김적 알아차림(mindful awareness)과 함께 뇌에서 자연스럽게 엮어지는 과정 속에서 내가 언제 그리고 어떻게 합류해야 하는지를 알 수 있도록 도움을 주었다. 반구 간의 서로 다른 조망을 오고 가는 이러한 상호연결은 우리의 경험을 몸 속에서 그리고 내러티브 속에서 이해할 수 있도록 도와준다. 이는 우리가 한 반구 혹은 다른 반구 속에 고착되어 있지 않도록 도와주며, 우리의 삶의 이야기를 체화된 방식으로 일관성 있게 말할 수 있게 해 준다. 이러한 일관성을 가지게 될 때 우리는 깊은 안정감을 느끼게 되고 더 나은 대인관계와 더 뛰어난 주의력을 가질 수 있게 된다. 이러한 나선순환의 과정

---

5) 언어는 흔히 좌반구의 처리 방식으로 여겨지지만, 이 처리가 항상 좌반구에서 일어나는 것은 아니다. 두 반구 모두 우리가 생각하고, 느끼고, 행동하는 모든 일에서 활성화되며, 우반구의 방식은 새로운 경험, 시, 은유를 단어로 표현할 때 지속적으로 관여된다.

은 지속적으로 확장되고 비가역적인 방식으로 진행되기에 전체 맥락 안에서 우리 삶의 의미를 만들어 가도록 도와준다.

손-마음의 연결

George가 만든 코브라 모래상자에 대해 생각하니 또 다른 무언가가 떠올랐다. 그건 바로 '손으로 생각하는 것'이다. 내가 처음 이 문구를 생각해 낸 것은 레고 시리어스 플레이(Lego® Serious Play®: LSP)[6]를 읽었을 때이다. 그 책에서 보니, 회사, 기업 및 정부 기관에서 레고 놀이를 사용하여 성인의 심각한 문제를 창의적으로 해결해 갔다. 일반적으로 숙련된 촉진자가 '심각한' 문제를 지닌 성인들을 초대하여 레고블록 세트를 이용하여 '심각하게' 놀도록 한다. 그러면 많은 사람들은 손으로 무언가를 만들면서 이미 그들 내면에 깊숙이 잠재되어 있는 해결책에 접근해 간다. 촉진자는 "무엇을 만들어야 할지 모르겠으면 그냥 만들기 시작하세요."라고 말한다. 이러한 지침은 과학적인 지식, 즉 뉴런이 몸 전체에 분포되어 있고 각 손은 반대편 뇌—오른손은 좌반구와 왼손은 우반구—와 연결되어 있다는 지식에 기반을 두고 나온 것이다.

신경학자인 Frank Wilson(1998)은 손을 사용하는 것이 어떻게 뇌, 언어 및 인간 문화을 조형하는지 관한 책을 썼는데 그에 따르면,

> 이 책은 손이 뇌만큼이나 인간 삶에 있어 핵심적인 부분이라는 가정을 탐구한 것이다. 손은 학습에 관여되기에 손은 수년에 걸쳐 이루어지는 특별한 훈련의 초점이 되며, 전문적인 작업을 하는 데 있어서 평생 동안 사고하고, 느끼고, 의도하

6) 역자 주: '세기의 장난감'으로 유명한 덴마크 레고사는 1990년대 중반 비디오게임의 등장 이후 회사 매출이 감소하면서 위기를 맞게 되었다. 새로운 전략 개발을 위해 노력하고 있었지만, 당시 최고경영자였던 키엘 키르크 크리스티안센은 회사의 전략회의가 창의적으로 흐르지 못하고 있다는 것을 깨닫게 되었다. 해결 방법을 고심하던 중에 스위스 국제 경영개발원(IMD) 교수진과 협력하여 함께 개선책을 찾고자 하였다. 여기서 그들은 레고가 창의적인 회의 진행 도구로서 유용할 수 있다는 점에 주목하였고, '레고 시리어스 플레이(LEGO Serious Play)'라는 방법론을 개발하게 되었다. 추상적 개념을 눈으로 보고 손으로 직접 만질 수 있게 해 주는 이 방법론은 지난 10여 년 동안 세계의 여러 비즈니스 현장에서 다양하게 사용되었다.
출처: 우리는 이미 알고 있다, 레고 시리어스 플레이, 작성자 교육부.

고, 기술 향상의 중요한 수단이 된다(pp. 277-278).

아마도 어떤 사람이 "우리는 손으로 생각해요."라고 말하거나 "우리는 몸으로 생각해요."라고 말하는 것은 그리 과장된 말이 아닐 것이다. 이는 사업가, 건축가, 엔지니어 그리고 공무원들이 심각한 문제들을 다시 생각하기 위하여 레고 시리어스 플레이를 이용하는 이유이기도 하다. 그들은 블록을 가지고 놀면서 직접적으로 환경을 조작한다. 숙련된 촉진자는 레고 시리어스 플레이 회기에서 참여자들에게 질문을 하지 않는다. 단지 촉진자는 뒤에 앉아 있거나, 글을 쓰거나, 당면한 문제에 대해서만 이야기를 한다. 만들라, 그리고 나서 말하라(Bulid, then talk)는 것이 레고 시리어스 플레이가 진행되는 과정을 적절히 기술하는 간단한 구호일 것이다.

George가 모래상자에서 무서운 코브라 이미지를 만들기 위해 갑자기 재빠르게 손을 위아래로 흔들었을 때 이러한 일이 발생했다고 생각한다. 두 손과 그의 뇌의 두 반구가 모두 관여된 것이다. McGilchrist, Damasio와 Badenoch가 주장한 것처럼, 이러한 의미 있는 이야기는 우반구에서 시작된다. 이러한 재빠른 움직임은 George에게 **느껴진 경험(felt experience)**이었으며, 그것이 곧바로 좌반구로 넘어가면서 그는 그 경험에 이름을 붙일 수 있었다고 생각한다. McGilchrist(2009)는 우리의 경험을 분석하고, 정리하고, 분류하고, 구성하고, 명명할 때 좌반구에 있는 것을 '풀어낸다(unpack)'고 말한다. 이러한 좌반구의 처리는 우리가 경험을 이해할 수 있게 만들고, 만약 우리가 좌반구의 명명하기의 과정에서 정체되어 있지 않는다면, 우리는 우리의 신체적 경험을 보다 상위의 통합된 수준에서 재연결할 수 있는 우반구로 돌아갈 수 있다. Carl Jung(1969)에 의해 가장 잘 알려진 "지성이 헛되이 씨름했던 수수께끼를 해결하는 방법은 흔히 손에서 잘 알고 있다."(p. 180)라는 인용문이 아마도 이를 설명하는 데 가장 적합할 것 같다.

모래상자의 치유적 힘

우리는 모래상자가 (Kalff의 말로 표현하면) '강력하고 가치 있는 방법'인 이유에 대해 몇 가지 살펴 보았다. 많은 사람들이 물어보는 질문은 "당신은 어떻게 알죠?"라는 것이다. 모래상자의 효과에 대한 어떠한 과학적인 증거가 있는가? 비록 **근거기반**(evidence-based) 실천의 엄격한 기준(무선 표집된 실험 및 통제집단을 사용하는 실험연구)을 충족하려는 몇 가지 연구들이 시작되었지만, 여전히 모래상자 및 모래놀이 양식에 대한 심층적인 연구가 필요하다. 반면 효과성을 입증하는 실험연구가 충분하지 않다는 이유로 이러한 치료 양식에 대해 평가절하 하지 않는 것도 동시에 중요하다. 우리는 지금 많은 **과학적인 정보**(science-informed)를 가지고 있다. 이러한 정보는 치료 양식으로서 모래의 합법성을 명료화하는 데 도움을 줄 뿐 아니라 뇌/마음이 작동하는 방식에 맞추어 작업할 수 있는 이러한 유형의 임상 실재를 활용해야 할 필요성을 제기할 때도 도움이 된다.

이 단원 및 다른 책(Kestly, 2014)에서 나는 모래상자 사용을 지지하는 다양한 신경과학적 연구들을 기술하였다. 행동과학의 주류에서 받아들여지기를 간절히 바라기에, 우리는 서둘러 '근거'를 내어 놓을 수 있다. 그러나 이러한 노력은 의도치 않게 연구 수행 방식의 불균형을 초래할 수 있다. 왜냐하면 중요한 뇌/마음 연구이지만 측정하기 쉽지 않은 측면, 예를 들어, 치유에 이르게 하는 관계의 힘을 인식하거나, 언어로 도달할 수없는 삶의 경험에 접근하거나, 뇌/마음이 가장 효과적으로 기능할 수 있는 최적의 사회적 참여 영역을 제공하게 하는 신경계의 안전을 확보하는 연구 등은 배제될 수 있기 때문이다. 만약 과학적인 정보(science-informed)와 근거기반(evidence-based) 실천이라는 용어를 사용하기 위해 언어를 조금이라도 변경할 수 있다면, 가장 효과적인 치유 방식을 알려 줄 필요 없이 우리의 과학적인 이해를 발전시킬 수 있을 것이다. 만약 과학적인 정보를 건너뛰고 근거기반의 예측력에 도달한다면, 마치 우반구가 존재하지 않는 것처럼, 독립적으로 작동하는 경우 제한된 좌반구의 작동방식에서 오류가 나타날 수 있다. McGilchrist(2009)는 그의 책 서문에서 이와 같은 점을 이해하는 데 도움을 주기 위해 Nietzsche의 주인과 심부름꾼에 대해 다음과 같이 썼다.

> 옛날에 슬기로운 영적 지도자가 있었는데, 그는 작지만 풍요로운 나라를 다스리는 통치자였다. 그는 백성들에게 사심 없는 헌신을 보이는 것으로 유명했다. 그의 백성들이 번성하고 수가 늘어감에 따라 그가 관리해야 할 작은 영토의 범위도 확장되었다. 그는 다소 멀리 있는 영토를 안전하게 관리하기 위해 일꾼을 보

내었고 이 일꾼들을 암묵적으로 신뢰해야 했다. 개인적으로 처리해야 할 모든 것을 명령하는 것이 불가능한 것은 아니지만, 현명하게 보았을 때, 그로 인한 걱정거리로부터 어느 정도 거리를 두고 무시하는 것도 필요하기 때문이다. 그래서 그는 신뢰할 수 있는 일꾼들을 조심스럽게 양성하고 훈련시켰다. 그런데 그 중 그가 가장 신뢰했던 일꾼은 가장 지혜롭고 야망이 많던 사람이었다. 결국 그는 자신을 스스로 주인으로 생각하기 시작했으며, 자신의 지위를 이용하여 사리사욕을 채웠다. 그는 영적 지도자가 가진 절제나 인내를 지혜가 아닌 나약함이라고 보았고, 주인을 대신하여 자신의 직무를 수행하여 주인을 무시하였다. 그는 지도자의 권한을 침범해 자기 나름의 횡포와 독재를 일삼았다. 결국 나라는 황폐해지고 말았다(p. 14).

은유가 우반구에서 가장 높은 수준의 언어 처리를 가능하게 한다는 McGilchrist의 생각을 적용해 보면, 우리는 스승과 일꾼이라는 은유를 통해 분리된 뇌가 협력하여 전체성을 이루는 놀라운 잠재력에 어떻게 이를 수 있는지 의식적으로 현명하게 선택하는 것이 필요함을 알 수 있다. McGilchrist(2009)는 반구 간의 관계에 대해 말하기를, "그 관계가 지속된다면 그들은 천하무적이 될 것이다. 그러나 만약 악용된다면, 주인뿐만 아니라 주인과 일꾼 모두 고통을 겪을 것이다. 왜냐하면 일꾼은 주인에게 자신의 존재가 속해있기 때문이다"(p. 428). 우리는 두 반구 간의 협력을 존중하고 양성하기 위한 의식적인 결정을 내릴 수 있다. McGilchrist가 말했듯이, 그 관계는 천하무적이 될 것이다. 이러한 협업이 이루어지지 않는다면, 우리는 고통을 겪게 될 것이다.

George의 고통을 치유하기

시간이 지남에 따라 George는 자신의 모래상자를 설명하기 위해 좀 더 많은 단어를 사용했지만, 그는 말보다는 모래상자를 가지고 놀이를 하는 것을 더 선호하였다. George의 이야기에는 말이 없었지만 나는 그가 선택한 모형과 행동을 통해 전달하고자 하는 바를 분명히 알 수 있었다.

Lowenfeld(Urwin & Hood-Williams, 1988)는 아이들에게 나타나는 이러한 표현방식에 대해 다음과 같이 설명하였다. "아이들의 자연스러운 표현방식은 언어가 아니라 행위이며, 대상을 사용하여 표현하고 감정을 드러내는 것이 말을 사용하는 것보다 훨씬 자연스러운 일이다" (p. 357). George는 때때로 연극을 위한 무대를 설치하는 것처럼 그의 모래상자를 만들었다. 예를 들어, 그는 농부를 등장시키기 전에 토끼들을 위한 구멍을 팠고, 그 후에 적절한 시점이 되자 토끼들을 구멍 안으로 들어가도록 하였다.

George의 세계에는 늘 위험이 존재하였고, 심지어 가장 마지막 모래상자에도 위험이 나타났지만, 그 위험을 대처하는 방식은 매우 달랐다. 마지막 상자에서 George는 중앙에 고요한 연못을 두고 숲이 우거진 아름다운 장면을 만들었다. 곰, 스컹크, 여우, 여러 마리의 작은 토끼들, 그리고 방울뱀을 포함하여 야생 동물들이 많이 있었다. 연못에는 물고기도 있었다. 연못 옆에는 커다란 통나무가 있었고, George는 그 통나무 위에 작은 토끼 한 마리를 놓았다. 그는 방울뱀이 똬리를 틀고 있는 상자의 오른쪽 위에서 토끼가 마주보게 하였다. George는 "이제 토끼는 어디에 위험이 있는지 볼 수 있어요."라고 말했다. 토끼는 더 이상 구멍 옆에 머무르지 않아도 되었다. 왜냐하면 토끼는 위험을 추적할 수 있는 조망을 발달시켰기 때문에 자신의 움직임을 나무에 제한하지 않아도 되었다.

George는 자신의 고통에서 벗어나는 방법을 발견하였음이 분명하였다. 그는 자신을 표현할 수 있는 능력을 단절해 왔던 뇌/마음의 영역에 접근할 수 있게 되었다. 그는 불안과 두려움 속에서 고립되어 있었다면, 이제 그는 모래상자 및 우리의 관계 안에서 자유롭고 안전한 공간을 발견하면서 자신을 표현할 수 있는 수단을 찾았고 자신감을 가질 수 있었다. 비록 George는 여전히 말을 거의 하지 않지만, 그는 자신의 이야기를 새롭고 일관된 방식으로 할 수 있게 되었으며, 고통보다 장난스러움과 기쁨을 드러내는 이야기를 하였다.

제12장

이야기놀이®: 내러티브놀이치료 접근

Joyce C. Mills

스토리텔링은 어느 문화에서나 가장 오래되고 존경받는 의사소통 수단이다(Campbell, 1991; Mills & Crowley, 2014). 미술, 음악, 춤, 연극을 통해 이루어지지만 우리의 주의를 사로잡고, 정서를 자극하며, 의식을 변화시키는 것은 바로 이야기, 즉 **내러티브(narrative)**이다.

이야기 속에 담겨 있는 상징을 들으면서 사람들은 자신의 세계를 대입시켜 보면서 개인적인 의미를 발견하게 된다. 따라서 이야기는 궁극적으로 내담자 중심 접근법이라고 할 수 있는데 왜냐하면 아이들을 상상의 정원으로 초대하여 해결책을 발견해 갈 수 있도록 도움을 주기 때문이다.

내러티브와 스토리텔링은 건강한 두뇌 발달을 위해 필수적이다(McGilchrist, 2009; Mills & Crowley, 2014; Ramachandran, 2011; Siegel & Bryson, 2012). Brown은 "스토리텔링은 인간을 이해할 수 있는 구성단위로 알려져 왔다."라고 하였다(2009, p. 91). 이 장에서는 이야기놀이®(StoryPlay®)의 기원에 대해 살펴보고자 한다. 이야기놀이®는 Erikson의 원리를 기반으로 한 비지시적인[1] 놀이치료 모델로서, 은유, 창의성, 놀이를 중심으로 아동 내면의 자원, 기술, 재능을 발견하고 활성화하고자 한다. 이야기놀이는 외상과 역경을 경험한 아동과 청소년을 대상으로 진단을 넘어서서 **변형적 변화(transformational change)**를 일으키고자 한다(Mills & Crowley, 2014).

내러티브 치료(narrative therapy)(White, 2007; White & Epston, 1990)에서 치료사는 '생활사건을 생생하게 묘사'하기 위해 질문을 하지만(http://en.wikipedia.org/wiki/Narrative_therapy), 이야기놀이® 치료사는 내담자의 증상 및 모든 이야기 형태를 **활용하여** 내담자의 행동과 정서를 변형시키려고 한다(활용은 Erickson의 작업에서 주요한 기초라고 할 수 있다.).

또한 이 장에서는 '이야기작품(StoryCrafts)'이라고 부르는 두 가지 은유적 활동을 소개하고자 하는데, 이는 내담자들에게 치유를 위한 **회복탄력성 경로(resiliency pathway)**를 제공한다(Carey, 2006, pp. 207-213; Geary & Zeig, 2001, pp. 507-519; Mills, 1999, 2011; Mills & Crowley, 2014).

1) 부차적인 시사점은 다음의 책에 잘 설명되어 있다. Erickson & Rossi(1981); Gilligan(1997); Lankton & Lankton(1993); Lankton & Matthews(2008).

이야기놀이의 여섯 가지 기원

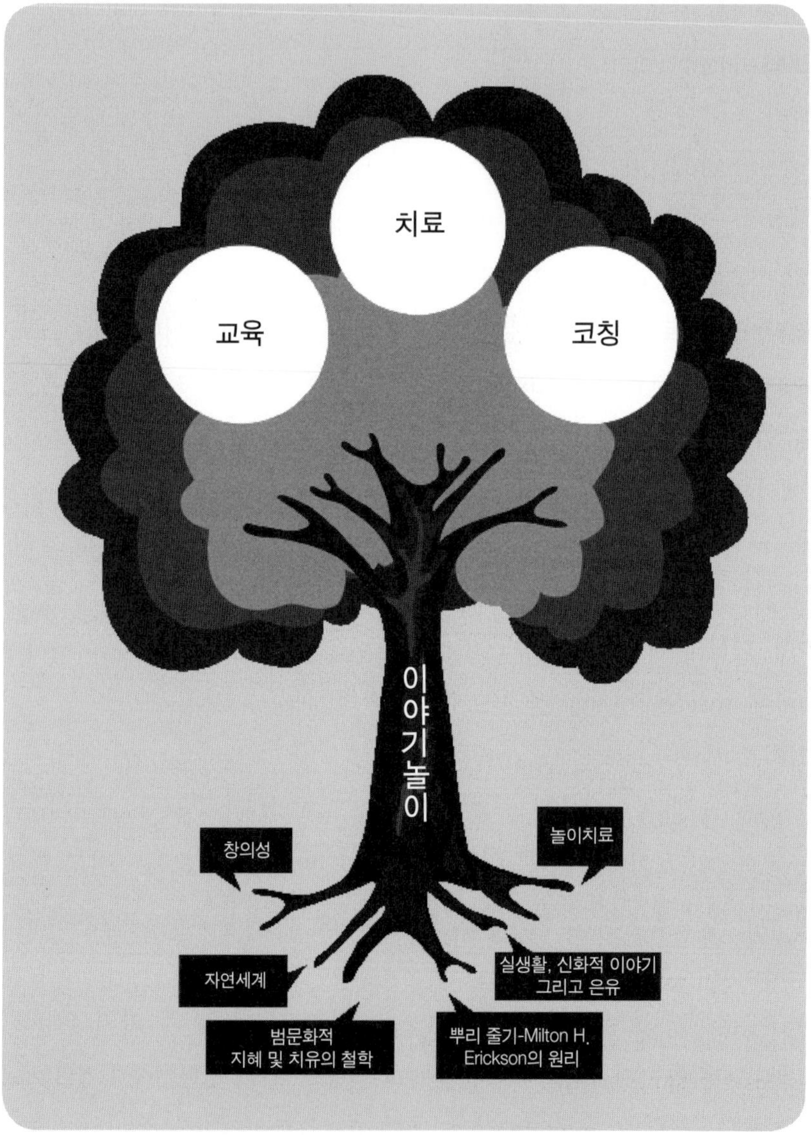

[그림 12-1] 이야기놀이의 여섯 가지 기원

출처: Mills(2011). 허락하에 게재

건강한 성장을 위해서는 나무가 뿌리를 깊이 내리고 뿌리를 통해 여러 자원을 저장해야 하는 것처럼, 이야기놀이도 다음의 여섯 가지 뿌리를 기반으로 하여 중요한 원리 및 자원, 가르침을 전달하고 있으며 모형의 견고함을 다져 왔다([그림 12-1]을 보라).

- 뿌리줄기-Milton H. Erickson의 원리
- 범문화적 지혜 및 치유의 철학
- 실생활, 신화적 이야기, 그리고 은유
- 놀이치료
- 자연 세계
- 창의성

이야기놀이의 가지들은 놀이치료를 넘어서 교육과 코칭 분야에까지 확장 적용될 수 있다.

기원 1: 뿌리줄기-Milton H. Erickson의 원리

대부분의 나무가 **뿌리줄기**로부터 생명을 시작하며 새로운 뿌리를 내리고 건강하게 성장하는 것처럼, 이야기놀이 모델은 Milton H. Erickson의 회복탄력성 원리를 뿌리줄기, 즉 다른 모든 뿌리들을 정착시키는 주요 뿌리로 하여 개발되었다(Mills, 2011; Mills & Crowley, 2014; O'Hanlon, 1987).

Erickson의 치료 원리는 내담자가 자신의 내적 자원, 재능, 기술을 인식하고 활용하여 '작은 성공을 하다보면 미래에 도달하게 된다.'라는 치유 잠재력에 대한 신념에 기반을 두고 있다(Short, Erickson, & Erickson-Klein, 2005, p. xx). Erickson의 접근법은 과거를 분석하거나 병리에 초점을 두는 것이 아니라, 현재에 논점을 두어 숨겨진 잠재력과 내적 자원의 활용에 세심한 주의를 기울여 긍정적인 변화를 촉진하고자 한다. Erickson의 말에 따르면 "아동은 학습하고 발견하려는 추동을 가지고 있기에, 모든 자극은 아동들이 새로운 방식으로 반응할 수 있는 하나의 가능성이 될 수 있다"(1958/1980a, p. 174). 이러한 Erickson의 주장은 **신경가소성**

(neuroplasticity)과 관련된 최근의 뇌기반 발견들과 일치한다(Siegel, 2012; Doidge, 2007; Ramachandran, 2011).

임상사례: 파도타기

하와이 카우아이 섬에서 살 때, 나는 신체적으로, 정서적으로 심하게 학대받은 한 13세 소년인 Peter를 치료할 기회가 있었다. Peter는 학교에서 낙제점을 받는 아이였다. 그는 소년법에 의해서도 기소가 될 만큼 중형죄를 지었다. 자신의 삶을 돌아볼 기회를 주기 위해 그는 당시 내가 일하고 있던 재활 거주 시설로 보내졌고, 긍정적인 선택을 할 수 있는 법을 배우게 되었다.

1회기에 Peter는 대부분의 아동들이 입는 평범한 탱크 셔츠, 서핑 팬츠를 입고, 슬리퍼를 신고 있었다. 나에 대해 소개한 뒤, 나는 앞에 놓인 두꺼운 파일 위에 손을 얹고, 거주 시설에 들어오게 된 이유가 적혀 있는 파일을 읽지 않았다고 말했다. 나는 Peter에게 내가 정말로 알고 싶은 것은 그가 하고 싶은 것이 무엇인지에 대한 것이라고 말했다. Peter는 꼬치꼬치 캐묻는 듯이 믿지 못하겠다는 표정으로 눈썹을 찡그리며 나를 쳐다보았다. 몇 분간의 정적 후에 그는 "서핑"이라고 대답했다. 이후 나는 서핑과 관련된 것들이 궁금해져서 그에게 질문하였다. "네가 사용하는 보드 종류는 무엇이니?" "네가 가장 좋아하는 서핑 장소는 어디야?" "파도가 온다는 걸 어떻게 알 수 있어?" "강하게 오는 파도를 보면 어떻게 하니?"

Peter는 곧바로 활기찬 상태가 되어 자신이 사용하는 보드의 종류, 가장 좋아하는 서핑 장소, 파도를 읽는 방법 등을 나에게 말해 주었다. 우리의 대화는 그 회기 내내 계속해서 서핑에 초점이 맞추어져 있었다. 일정 시간이 흐른 후 나는 그에게 조금 더 가까이 다가가서 "큰 파도에 '휩쓸려 나갔을 때' 너는 어떻게 하니?"라고 물었다. Peter는 웃으면서, "다시 일어서서 다음 파도를 타기 위해 다시 밖으로 헤엄쳐 나간다"고 말했다. 그 순간, 나는 서핑을 은유적인 내러티브의 주제로 활용할 수 있는 기회를 얻었다. "Peter, 너는 나보다 훨씬 더 많이 서핑에 대해 알고 있는 것처럼 보인다. 너는 파도의 흐름을 잘 보고 있다가 파도를 탈만한 적절한 타이밍이 되면 헤엄쳐 나가는 과정을 알고 있구나. 9미터나 되는 큰 파도를 봐도 너는 두려워하기보다는 도전으로 보고 경외심과 용기를 가지고 대응하는 것처럼 보이는구나. 그리고 혹시 휩쓸려 나가더라도, 너는 다시 보드로 돌아와서 다음 파도를 마주할 준비를 하며 헤엄쳐 나간다고 말했지. 그러면, Peter야, 이제 나하고 **인생 서핑(surf life)**을 해 보는 건 어떠니?" Peter는 웃으며 피진어(pidgin)로[2] "선생님은 어떻게 서핑을 하시는데요?"라고 말했다.

"Peter, 때때로 파도는 다른 형태로 밀려 오지. 어떤 파도는 너를 넘어뜨리기도 하고, 어떤 파도는 너가 올라타서 즐길 만하기도 해. 나는 그 차이를 인식하는 것이 중요하다고 생각해." 나는 계속 이야기했다. "다음에 보드를 갖고 바다 앞에 섰을 때, 너를 도와줄 수 있는 무언가가 네 마음에 떠오를 수 있어. 그것이 무엇인지 알아내는 것을 한 번 즐겨 보렴."

그 회기를 마쳤을 때, Peter는 오른손으로 '샤카(shaka)신호(서핑에서의 손 인사)'를 보내면서 이해했다는 듯이 고개를 끄덕였다. 우리는 함께 작업하면서 Peter를 위해 성공적으로 '인생 서핑하기' 계획을 세웠다. 그 후 몇 주에 걸쳐 그는 어린 아이로서 자신이 견뎌야 했던 것들을 깨닫게 되었고 정서적 파도에 맞서기로 했으며, 감정의 기복을 나타내기로 하였다. 그러나 Peter는 이 모든 것을 통과하면서도 서핑의 은유를 생각하며 균형과 안정을 유지하였고, 다음 파도를 만날 준비를 하였다.

기원 2: 범문화적 지혜 및 치유의 철학

지난 30년 동안, 나는 토착 아메리카 원주민, 하와이 거주민, 아프리카계 미국인들과 친밀한 관계를 맺으며 삶, 영성, 치유와 관련된 범문화적 지혜와 가르침에 심취해 왔다(Mills, 1999). 나는 종교의식, 기념식, 생활 사건에 참여하면서, 그리고 9년 동안 카우아이 섬에서 일하면서 더욱 깊이 있게 배울 수 있었다(Hammerschlag, 2012; Mills, 1999). 그 원리는 간단해 보이지만, 그 안에는 심오한 문화적인 치유 원리와 지혜를 내포하고 있다.

역사적 외상

세 가지 범문화적 지혜와 치유의 원리를 제시하기에 앞서, 세대 간 및 역사적 외상의 영향을 최소화하려는 경향이 있으며, 심지어 치료에서 문화적 이슈를 간과

2) Pidgin은 문화적인 의사소통을 위해 두 개 이상의 언어를 혼합한 것으로 정의할 수 있다. 주로 하와이에서 흔히 사용된다.

하는 경향이 있음을 지적하고 싶다(Brave Heart, 1998; Duran, 2006; Duran & Duran, 1995; Glover, 2005, pp. 168-179; Hammerschlag, 2012). 단순히 치료실에 다문화 장난감을 놓는 것으로 이 문제는 해결되지 않는다. 더 나아가 그동안 겪어 왔던 세대 간 및 역사적 외상이 아동, 청소년, 가족 및 지역 사회에 영향을 미쳐 왔고 앞으로도 계속해서 영향을 미칠 것임을 이해해야 한다. 이야기놀이는 '영혼 치유(soul healing; Duran, 2006)'의 감각을 회복할 수 있도록 도와주는 것이 핵심 원리라 할 수 있다.[3)]

균형의 수레바퀴 Hozjo는 **균형**과 **아름다움**을 의미하는 디네(Diné)[4)]의 언어이다.

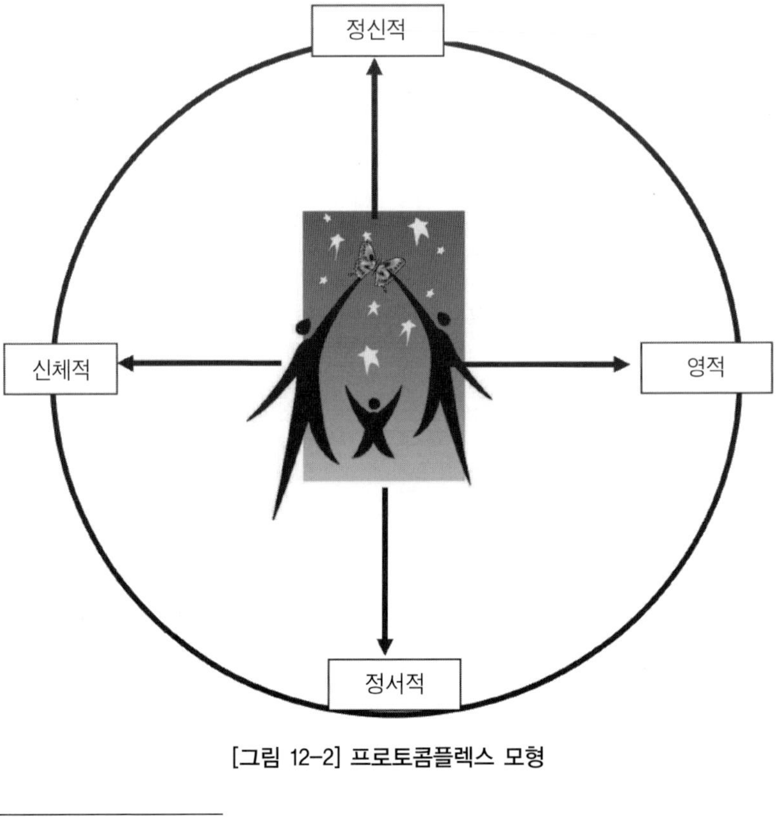

[그림 12-2] 프로토콤플렉스 모형

3)HART(Healing and Recovery after Trauma)는 9.11 테러의 비극에 노출되고 영향을 받은 아동 및 청소년에게 지역 사회기반의 프로그램과 서비스를 무료로 제공하도록 특별히 고안된 회복탄력성 중심의 프로젝트 중 첫 번째 모듈이었다(Hines, Mills, Bonner, Sutton, & Castellano, 2007). 앞 글자를 딴 약어가 HART였기 때문에, 하트 모양으로 이야기놀이의 로고가 바뀌게 되었다.

4) 역자 주: 디네(Diné)는 나바호(Navajo) 인디언의 다른 이름으로, '사람들(People)'이라는 뜻이다. 나바호는 북아메리카인디언 종족이며 인디언 중에서 인구가 가장 많은 종족이다.

Robert S. Drake(2004)는 Hozjo를 '건강, 장수, 행복, 지혜, 지식, 조화, 신성'을 의미한다고 했다. 즉, 아메리카 원주민의 신성한 수레바퀴(Native American Medicine Wheel)를 구성하는 4가지 요소 간의 조화, 즉 자신(self)의 정신적, 정서적, 신체적, 영적 측면 사이에 균형을 이루는 것이다. 만약 이 중 하나라도 소홀히 한다면, 그 사람은 행복하지 못할 것이다.[5)]

이야기놀이에서는 아동, 청소년, 가족과 작업할 때 반드시 이 네 가지 측면을 모두 포함시켜 계획을 세워야 한다. 잘하고 있는 영역과 관심이 필요한 영역을 평가하기 위하여 [그림 12-2]를 제작하였다. 자신을 얼마나 잘 돌보고 있는지 스스로 평가할 수 있도록 아동, 청소년, 가족들에게 종종 이 그림의 사본을 제공하기도 한다.

또한 균형의 수레바퀴는 모래상자놀이치료와 함께 사용될 수 있다. 모래상자를 할 때 나는 내담자에게 4가지 영역 각각에 대해 본인 스스로를 어떻게 돌보고 있는지 나타내 줄 수 있는 작은 피규어를 골라보라고 요청한다. 피규어가 선정되고나면, 그들이 선택한 피규어에 대해 이야기를 시작한다. 내담자들은 어떻게 스스로를 돌보고 있는지, 그리고 어떤 영역에서 관심이 필요한지를 깨닫게 된다.

하와이의 문화적 가치[6)] 다음은 하와이 원주민들의 고유한 가르침에 관한 것이다.[7)] 이는 하와이영재아동센터인 Na Pua No'eau('피어나는 꽃'을 의미)의 기본 가치이기도 하다. 부모, 아동, 교사 및 스텝들은 이 원리들을 기억할 뿐 아니라 그 원리대로 **살아가도록**(live) 권장된다.

하와이의 가치들을 처음 배웠을 때, 나는 이 가치들이 하와이 문화의 중요한 측면이기도 하지만 모든 아동 및 가족관계를 강화시킬 수 있는 강력한 요소이기도 하다는 것을 깨달았다. 그 이후로 이 문화적 가치들은 이야기놀이 모델의 중요한 요소가 되었다.

---

5) 의학적 수레바퀴(Medicine Wheel)의 사용에 대해 좀 더 정보를 얻고 싶을 경우, 『성스러운 나무(The Sacred Tree)』(Bopp, Bopp, Brown, & Lane, 1984/1985)를 참고하라.

6) Mills(2011)의 동의하에 인용 및 수정되었다.

7) 이와 같은 하와이의 가치관은 Kaua'i의 Waimea에서 1994년 2월 5일에 열린 하와이 사람들의 치유(Hawaiian Healing)에 대한 컨퍼런스에서 공유된 내용의 일부이다.

- Aloha: 인생의 숨결
  aloha라는 단어는 '사랑'과 '영혼'을 포함하여 많은 것들을 의미한다. 그것은 사람들 사이의 유대감(삶의 근원)을 상징한다. 부모들은 아이들을 학교에 보내기 위해 깨울 때 알람시계를 사용하기보다 aloha라고 인사한다. 이것은 하루를 긍정적인 분위기에서 시작하도록 한다. Alo라는 단어는 '내가 직접 얼굴을 맞이해 인사드립니다.'라는 뜻이고, ha는 '인생의 숨결'이라는 뜻이다. 그 두 음절이 합쳐진 Aloha는 '모든 인생의 숨결을 담아 당신을 직접 맞이합니다.'라는 심오한 의미를 담고 있다.
- Ho'omana: 영성[매일의 숭배(pule), 기도자]
  아이들과 부모들은 그들이 받은 축복에 대해 생각해 본다. 또한 각 개인은 자신이 받은 축복을 표현하는 것이 좋은데, 이는 자신을 더 큰 선(good)에 이르도록 해 주고 다른 사람들에게로 흘러가도록 도와준다.
- Laulima: 협동 및 지지
  자신의 감정을 공유할 뿐만 아니라 다른 사람의 말과 감정을 경청하고 격려한다.
- Pa'ahana: 헌신 및 성실함
  가족과 목표에 전념하는 것이 매우 가치 있는 일이다.
- Kokua: 긍정성
  아동, 가족, 그리고 공동체를 위해서 긍정적인 행동을 하는 것이 강조된다.
- Le'ale'a: 놀이성
  심각하게 받아들이지 않는 것이 중요하다. 놀이적인 태도(spirit)를 유지하는 것이 중요하다.
- Ho'oponopono: 죄를 씻어내고 바르게 살라
  바로 그곳에서 문제를 다루어라. 영혼을 다치게 해서는 안 된다. Ho'oponopono는 원래 하와이의 가족치료법이다.

다음은 이 가치들을 아동 및 가족들과 함께 실천하기 위한 두 가지 방법이다.

- 가족가치 평가(family value assessment)
  문화에 대해 이야기한 후, 나는 가족원들에게 가족가치 평가지를 주며 각 영역에 대해 스스로 평가해 보도록 한다. 0점은 그 가치를 중요하게 생각하지 않는 것이고, 5점은 그 가치를 매우 중요하게 생각한다는 것을 의미한다. 가족원들은 평가지를 통해 자신의 강점과 도움을 요하는 영역을 알 수 있다.

- 콜라주 만들기
  가족원들은 각 가치를 나타내는 그림을 사용하여 콜라주를 만들 수 있다. 이 활동은 단어를 상징적인 표상으로 확장시켜 각 가치에 대해 좀 더 심화된 사고를 할 수 있도록 돕는다.

NGUZO SABA의 일곱 가지 원칙 청소년 중재 프로그램(Youth Advocate Programs: YAP)[8]의 부회장인 Alexander Sutton 박사는 심리적으로 어려움이 있는 청소년을 도울 때 문화적 관점에서 접근하는 것이 중요하다고 주장하면서, 아프리카계 미국인의 일곱 가지 원리인 Nguzo Saba(콴자, Kwanzaa)를 함께 나누었다(Asante, 2009). Sutton 박사에 따르면, 이 원리들은 특정 민족의 행사이긴 하지만 청소년의 인격을 발달시키고 생명체를 존중하는 데 필요한 원리들을 학습하도록 도와준다. 스토리텔링 및 의식들은 정체성, 성취, 통과 의례 등을 다루는데, 수많은 강점기반 프로그램들은 이들을 통합적으로 다루고 있다.

또한 하와이 사람들의 가치와 가르침은 자신의 삶에서 진정으로 중요한 의미가 무엇인지를 다시 깨닫도록 도와주기에 나는 모든 문화권의 아동, 청소년 및 가족도 이 가치를 중요한 가르침의 틀로 삼아야 한다고 생각한다. 이 원리들은 문화적 치

가족가치 평가	0	1	2	3	4	5
Aloha—사랑을 주고받는 것						
Ho'omana—영성						
Laulima—협동과 지지						
Pa'ahana—헌신과 성실함						
Kokua—긍정성, 조력성						
Le'ale'a—놀이성						
Ho'oponopono—문제를 바로 다루기						

[그림 12-3] 가족가치의 강점과 약점에 대한 평가

8) YAP(Youth Advocay Programs)은 빈민가의 청소년들을 돕기 위해 자선 단체이다.

유의 핵심이 무엇인지를 알려 주며, 동시에 부분이 전체보다 더 크지 않다는 것을 이해하도록 도와준다.

- Umoja(oo-mow-jaw): 통합
  가족, 공동체, 국가 및 인종의 통합을 위해 노력하고 유지하기
- Kujichagulia(koo-gee-cha-goo-lee-ah): 자기 결정성
  타인에 의해 정의되고, 명명되고, 창조되고, 말해지는 대신에 자신이 스스로를 정의하고, 명명하고, 창조하고 말하도록 하기
- Ujima(oo-gee-mah): 협동작업 및 책임감
  공동체를 결성하고 유지하며, 자매 · 형제의 문제를 우리의 문제로 받아들이고, 그 문제를 함께 해결하기
- Ujamaa(oo-jah-mah): 협동 경제학
  가게, 상점 및 사업체들을 창업하고 유지해 가지만, 그로부터 얻는 이윤은 함께 쌓아가기
- Nia(nee-ah): 목적
  전통적 위대함을 회복하기 위해 공동체를 만들어 발전시키는 것을 집단적 소명으로 삼기
- Kuumba(koo-oom-bahj): 창의성
  선조로부터 물려받은 공동체를 더 아름답고 유익하게 만들기 위해 우리가 할 수 있는 최선을 다해 노력하기
- Imani(ee-mah-nee): 믿음
  온 마음을 다해 우리의 이웃, 부모님, 선생님, 지도자 및 투쟁의 정의와 승리에 대해 믿기

치료 패러다임을 전환하려 한다면 이와 같은 아프리카계 미국인의 신성한 원리들이 필수적이다. 이야기놀이의 핵심은 문화적 다양성에 대한 존중이며, 서로에 대한 인간적인 유대감이라고 할 수 있다.

기원 3: 실생활, 신화적 이야기, 그리고 은유

"옛날 옛적, 오래전에……"라는 문구는 우리의 주의를 재빠르게 사로잡는다. 이 단어는 모험과 발견, 그리고 지배의 상징 세계가 있는 시간과 공간으로 우리를 이

동시킨다. 신경과학자인 Ramachandran(2011)은 "은유를 사용하고 그것의 숨겨진 의미를 유추해 내는 능력은 창의적인 사고의 기초가 된다."라고 말했다(p. 105). 신경생물학 분야의 전문가인 Daniel Siegel은 "우리는 스토리텔링을 하는 존재이며, 이야기는 우리를 서로 결속시키는 사회적 접착제 역할을 한다."라고 하였다(2012, pp. 31-32).

이야기와 은유는 간접적인 의사소통 방법이기는 하지만 역설적으로 저항을 피하면서도 수용적인 의사소통을 가능하게 하여 메시지나 아이디어의 의미를 전달하는 데 유용한 방법이다(Erickson & Rossi, 1979; Mills, 2011; Mills & Crowley, 2014). Erickson은 은유를 최초로 도입한 임상가로서, 50년 동안 혁신적인 은유법을 사용하였다(Erickson & Rossi, 1979; Short et al., 2005).

아동은 개인의 삶의 경험, 은유, 좋아하는 신화, 판타지 이야기를 함께 나누면서 새로운 방식으로 장애물을 바라보거나 문제 극복 방안을 탐색하게 되며, 자신의 내적 자원을 깨닫고, 창조적으로 문제를 해결할 수 있게 된다. 이야기놀이를 할 때, 아동은 외상을 다시 경험하거나 이야기를 다시 하지 않아도 된다. 그 대신에 은유를 이용하여 문제를 재구성하고 해결을 위한 통로를 제공받게 된다. 번데기가 나비로의 변형을 보호해 주는 것과 같이, 은유는 변화의 **과정**을 보호해 주는 역할을 한다. 어떤 것도 분석하거나 해석하거나 인지적으로 설명하지 않는다. 대신에 **성충판**(Imaginal Discs)[9] 상징을 **활용**하여 행위, 모형, 놀이주제를 통해 아동의 요구를 들어주고, 아동이 자신의 잠재력을 최대한 발휘할 수 있도록 도와준다(Mills, 1999, 2007).

스토리텔러를 위한 제안[10]

다음은 보다 유능한 스토리텔러가 될 수 있도록 도와주는 방법이다.

- 당신이 받았던 보석, 사진 또는 특별한 물건들을 모아라.

9) **성충 원기**(Imaginal Discs)는 애벌레의 몸 안에 있는 특별한 세포이다. 번데기 안에서 애벌레의 형태가 변형되는데, 그 시점에서 변화의 씨앗(seeds of change)이 나오게 된다. 이 세포들은 번데기를 나비로 변형시킨다.

10) Mills(1999, p. 207)의 동의하에 수정되었다.

- 조용한 시간에 그 물건들과 관련된 이야기들이 무엇이 있는지 찾아보아라.
- 이야기들이 떠오르기 시작하면, 그것들을 글로 옮겨라.
- 당신의 인생에서 특별한 사람이나 동료에게 그 이야기를 들려주어라.

나는 훈련에 참가하는 사람들에게 "당신 삶에 의미를 부여하는 이야기의 씨앗을 발견해 보세요."라고 말한다.

기원 4: 놀이치료

이야기놀이의 또 다른 기원은 놀이치료의 이론과 원리에서 비롯된다. 놀이치료에서 아동은 문제를 해결하기 위해 놀이라는 매체를 통해 자신의 경험, 사고, 욕구 및 정서를 표현한다(Allan, 1997; Axline, 1947; Brody, 1997; Crenshaw, 2008; Freud, 1946; Gil, 1991, 1994; Guerney, 1997; Jernberg, 1979; Kestly, 2001; Landreth, 1991; Lowenfield, 1979; Moustakas, 1959/1992; Norton & Norton, 1997; Oaklander, 1998, 2007; O'Connor & Schaefer, 1994; Schubach De Domenico, 1988; VanFleet, 1994).

Stuart Brown은 유명한 『놀이(Play)』라는 책에서 "놀이할 때 딜레마와 도전 과제는 자연스럽게 무의식을 지나며 걸러질 것이고 스스로 해결될 것이다."라고 말하였다(2009, p. 128).

전통적으로 놀이치료는 지시적 놀이치료와 비지시적(아동중심적) 놀이치료의 두 가지 접근법으로 나뉜다. 최근에 이 목록에 **통합적 놀이치료(integrative play therapy)** (Drewes, Bratton, & Schaefer, 2011) 접근이 추가되었다. 이 접근법은 용어에서 짐작할 수 있듯이 보다 절충적이며 혼합적으로 시행된다.

앞서 언급한 것처럼 이야기놀이는 회복탄력성 중심의 Erickson 학파의 비지시적인 놀이치료를 모델로 한다. 이야기놀이를 할 때, 외상 경험이 있거나 학대당한 아동들은 **외상 관련 내러티브(trauma narratives)**를 말하는 대신 **강점기반 내러티브(strength-based narratives)**를 만드는 데 초점을 두기에 스토리텔링, 연극, 예술적 은유, 이야기작품(StroyCraft), 치료적 의식 및 기념식을 한다(Carey, 2006; Mills & Crowley, 2014). 외상 사건은 어떤 방법으로든 흔적을 남긴다. 그러나 외상 사건이 재구성되면, 새로운 반응 경로의 무의식적인 연상 패턴이 만들어진다.

이야기놀이는 내담자 중심 접근이지만, 때에 따라서 지시적인 방법을 사용하기도 한다. 또한 이야기놀이는 통합적 과정이기도 한다. 왜냐하면 Erickson 학파의 원리는 다른 모델을 수용할 뿐만 아니라 다른 접근법에는 포함되지 않은 중요한 요소, 즉 **점철을 이루고 있는 암시(interspersed suggestions)**를 제공하기 때문이다(Erickson, 1966/1980b; Lankton & Lankton, 1989; Lankton & Matthews, 2008; Mills & Crowely, 1986/2014; Short et al., 2005). Rossi는 Erickson의 특별한 의사소통 기법을 '2단계 의사소통'이라고 불렀다(Erickson & Rossi, 1976/1980). Rossi는 큰 맥락(예: 이야기, 은유, 놀이)에서 의식적인 마음에 메시지를 전달하면서, 무의식적인 마음에도 '치료적 메시지'를 점철시키는 Erickson의 능력을 이야기하였다. 이때 '치료적 메시지'는 내담자가 자신의 삶에서 원하는 것을 소리로 하여 만든다(Erickson, 1966/1980b, p. 271). 예를 들어, 『코끼리 새미와 낙타 아저씨(Sammy the Elephant and Mr. Camel)』책에는 "그 안에 있는 모든 것을 쉽게 잡을 수 있을 거야." "네가 할 수 있다고 믿어." "지금 배워야 해." 등의 암묵적인 메시지가 이야기 전체에 점철되어 있는데, 이는 야뇨증 문제를 지닌 아동이 자신의 잠재력을 발견하는 데 도움을 줄 수 있다(Mills & Crowley, 1988, 2005).

이야기놀이에서, 치료사는 아동의 놀이 행위에 대한 반응으로 어떤 일을 하도록 지시하지도 않으며, 아동의 말이나 행동에 대해 반영하지도 않는다. 그 대신 치료사는 치유 과정을 확장시켜, 아동의 무의식에 있는 마음을 명료화하고 이해하기 쉬운 방식으로 메시지를 전달하여 회복탄력성을 지닌 아동의 내적 핵심(resilient inner core)에 접근해 간다. 비타민이 건강에 필수적인 요소인 것처럼, 이러한 간접적인 메시지들이 다른 반응들과 섞여서 아동의 무의식적인 마음에 스며들어 치유 및 회복탄력성을 촉진한다(Geary & Zeig, 2001, pp. 507-519).

기원 5: 자연 세계

인생의 교훈을 배우고 치유와 위안을 얻을 수 있는 공간으로 인터넷, 책, 장난감 이외에도 자연 세계 도서관(Natural World Library)이라는 또 다른 공간이 있다. 이야기놀이는 변형적인 변화를 촉진하는 교육 및 치료 도구로서 계절, 날씨, 나뭇잎, 깃털, 조개, 나비, 동물, 꽃, 심지어 파리 같은 곤충도 사용한다.

임상사례-개미 약

"Joyce 선생님, 난 아무것도 할 수 없어요! 내 인생은 너무 오랫동안 망한 것 같아요!" 이는 15세 Olivia가 갑자기 내 사무실에 들어와서는 소파에 털썩 앉아서 외친 말이다. 그녀는 나의 곰 인형 Barstow를 팔로 감싸안고 울기 시작했다.

Olivia의 인생은 학습 문제들로 가득차 있었다. 그녀는 시험을 치르는 날이면 압도감을 느끼며 두려워하였다. 그녀는 미국 재활법 제 504조에 따라 치료를 받을 수 있는 진단을 받았지만, 난독증으로 진단받기 6년 전부터 Olivia는 실패감을 느껴 왔다.

Olivia는 자연과 사진에 대해 많은 흥미를 느끼고 있었고 등산과 캠핑을 좋아했다. 회기가 진행되는 동안 우리는 생태계 및 자연계와 관련된 미국 원주민의 철학에 대한 이야기를 나누었다. Olivia는 뉴멕시코에서 피닉스로 이사할 때까지 디네(Diné) 할머니의 이야기를 들으면서 수년을 보냈다.

이제 결전의 시간이 왔다. Olivia는 Barstow를 더 꽉 안으면서 그녀가 어떻게 해야 시험을 통과할 수 있을지 모르겠다고 말하였다. 그녀는 얼마나 열심히 공부했는지는 중요하지 않다고 하면서, 모든 것이 "너무 형편없고 끔찍해요."라고 말했다.

갑자기 터지는 옥수수 팝콘처럼 그 순간 내 마음 속에 한 이야기가 떠올랐다. "있잖아, Olivia, 내가 너에게 들려주고 싶은 이야기가 하나 떠올랐는데, 내가 하와이에서 살았다고 얘기해 준 것 기억나니?" Olivia는 고개를 끄덕였고, 나는 이야기를 계속했다.

"음, 그 날은 치료사 자격 시험 전날 밤이었어. 이 시험을 본 건 지난 1979년이었지. Olivia, 나도 난독증이 있어서 많이 망가졌었어. 몇 년 동안 학교를 다니지도 않았어. 물론, 모든 과목을 공부했지만 나는 너무 두려웠어. 내가 이 시험에 통과하지 못한다면 일을 할 수 없기 때문이지. 마침 나는 잠을 좀 자야겠다고 생각했어. 모든 학습 자료가 바닥, 소파, 탁자 위에 펼쳐져 있는 상태에서, 내가 통과할 것이라는 증표(sign)를 달라고 기도를 하고 나서 잠이 들었어. 나는 오전 6시 15분에 알람 소리를 듣고 일어나서 흩어져 있는 종이를 모으려고 했어. Olivia, 놀랍게도 모든 것들이 엄청난 수의 검은 작은 개미들처럼 보였어." Olivia는 얼굴을 찡그리면서 "으웩!"이라고 말했다.

"나도 처음에는 바로 그 생각이 들었어. 음, Olivia, 너도 알다시피 나는 약간 특이한 신념을 가지고 있잖아. 자연의 모든 측면을 선생님들이라고 생각하고 자연이 우리에게 여러 가지 방식으로 말을 건넨다고 믿잖아. 그래서 나는 나 자신에게 '그래, 꼬마 개미들아, 나에게 무엇을 가르쳐 주러 온 거니?'라고 말했지. 이후에 개미들이 나에게 다가왔는데 개미는 자신 몸무게의 100배나 되는 것을 운반할 수 있고, 그들은 온갖 종류의 지형을 통과하여 목적지에 도달하잖아. 아무것도 그들을 막을 수 없어. Olivia, 이 개미들이 내 기도의 증표였어. 개미들은 나에게 '걱정하지 마. 넌 잘할 수 있을 거야. 이 시험에 통과하기 위해 너에게 필요한 모든 것을 다 잘 알고 있어. 의심하지 말고 계속하렴.'이라고 말해 줬어."

나는 이야기를 잠시 멈춘 뒤 말했다. "이 이야기가 너에게 어떻게 다가올지 잘 모르겠지만, 나는 작은 개미 같은 것들을 마주칠 때마다, 미소를 짓게 돼. 그리고 안정이 필요했을 때 그 개미들이 나에게 어떻게 다가왔는지 기억하곤 해. 아, 그리고 나는 그 시험에 통과했단다."

Olivia는 훨씬 더 편안해 보였고, 의학 카드(Medicine Cards; Sams & Carson, 1998)를 보면서 그 카드는 개미에 대해 뭐라고 말하고 있는지 볼 수 있냐고 물어보았다. 그녀는 종종 이전 회기에서도 카드를 이용해서 이야기를 해 달라고 하곤 했다. 나는 당연히 된다고 말해 주며, 165쪽에 있는 가르침을 발견했다, "오래 참기……. 너에게 주는 가르침인 것 같구나."

회기가 끝날 때쯤, 나는 그녀에게 내가 갖고 있던 곤충 모형들 중에서 작은 플라스틱 개미 한 마리를 주었다. 나는 그녀에게 그 개미를 위한 특별한 장소를 찾으라고 말하였고, 그 개미가 그녀가 시험을 치르기 전에 도움이 될 만한 것들을 가르쳐 줄 것이라고 말했다.

2주 후에, Olivia는 얼굴에 미소를 띠고서 회기에 들어왔다. 그녀는 인터넷과 과학 잡지에서 찾아낸 온갖 종류의 개미 콜라주를 나에게 건네주었다. 그녀는 맨 위쪽에 개미 약(Ant Medicine)이라고 써 놓았다. 웃으면서 그녀는 "Joyce 선생님, 저 시험에 통과했어요."라고 말하였다. 우리는 웃으면서 Walgreens[11)]에서 개미 약(Ant Medicine)을 곧 판매할 것인지 궁금해 했다.

11) 역자 주: Walgreens은 미국의 유명한 약국 체인점이다.

기원 6: 창의성

창의적이고 상상력이 풍부한 마음은 새로운 아이디어와 문제 해결의 핵심 기제이다. 우리는 창의성을 통해 함께 작업하는 사람들의 변형적인 변화를 일으킬 수 있다. 이야기놀이는 창의적인 상상력을 최대한 발휘하고 활용하여 치유, 사고, 존재의 새로운 경로를 탐색하고 혁신적인 경로를 발견할 수 있게 한다. 저명한 신경과학자인 V. S. Ramachandran은 "사실 은유의 사용과 숨겨진 유추를 밝히는 능력은 모든 창의적인 사고의 토대가 된다."고 주장한다(2011, p. 105).

이야기작품(StoryCraft)을 만드는 목적은 두 세계, 즉 **은유**와 **창의성** 간에 치유의 다리를 놓는 것이다. 이는 인생 폭풍의 먹구름으로 인해 가려져 있는 내적 핵심이 회복탄력성과 다시 연결될 수 있도록 도와주기 위해 고안된 것이었다(Mills, 1999, 2011; Mills & Crowley, 2014).

다음의 내용은 재난에 대한 반응으로 만들었던 수많은 이야기작품[12)]중 두 가지 사례, 허리케인 이니키(1992년 9월 11일, 하와이를 강타한 20세기 사상 최악의 재난)와 세계무역센터 폭파(2001년 9월 11일)를 구현한 것이다. 그 이후로, 이 이야기작품은 모든 이야기놀이협회의 교육, 플레이모어 캠프(Camp PlayMore)[13)] 및 터틀섬 여성들의 치유 여행(Turtle Island Women's Healing Journey)[14)]에 포함되었다.

이야기작품 1: 인생 이야기 퍼즐[15)]

우리가 아동들에게 주어야 할 가장 큰 유산은 우리의 이야기이다. 이야기는 분열된 세계를 전체로 통합할 수 있도록 돕는다. 어떤 이야기는 비극의 요소를 포함하고 있고, 어떤 이야기는 기쁨의 요소를 포함하고 있다. 모든 이야기는 여러 가지 퍼

---

12) 이야기작품은 원래 허리케인 이니키의 여파로, 청소년 카우아이-아동 및 가족 서비스와 청소년 서비스 사무국(Office of Youth Services, Child and Family Services-Kaua'i)이 후원하여, 하와이의 서부 카우아이의 아동, 청소년 및 가족을 대상으로 만들어진 것이다. 이후 이야기작품은 학대, 외상 및 애도를 경험한 아동, 청소년, 가족 및 지역 사회를 치료하기 위해 전 세계적으로 사용되고 있다.

13) 수상 경력이 있는 심리치료사 및 작가이자 공인된 놀이치료 슈퍼바이저인 Teri Krull과 공동으로 진행되었다.

14) 터틀섬 프로젝트(The Turtle Island Project)는 연구, 교육 및 치유에 전념하는 비영리 단체이다. www.turtleislandproject.com을 보라.

15) Mills(1999, pp. 136-138)의 동의하에 수정되었다.

즐을 함께 모아 그 부분의 합으로 구성된다. 전체 그림을 보여 주기 위해서는 모든 퍼즐들이 서로 맞추어져야하기 때문에 한 조각이 다른 조각보다 더 중요하다고 할 수 없다(Mills, 1999, 2011).

인생 이야기 퍼즐(Life Story Puzzle) 활동은 개인 내담자에게도 사용할 수 있고, 집단 및 가족치료에서도 사용할 수 있다. 이는 아동이 자신만의 독특한 내러티브를 만들 수 있도록 도와준다.

추천 재료 당신이 개인을 대상으로 작업을 하는지 아니면 집단을 대상으로 작업을 하는지에 따라 재료가 달라지지만 대체로 포스터 용지 혹은 다양한 크기의 폼 보드를 사용한다. 또한 마커, 페인트, 크레용 등이 필요하다. (선택 사항: 접착제, 반짝이 재료, 납작한 모조 다이아몬드에 붙일 다양한 색의 접착제 및 깃털)

지시사항 처음에는 5~7개의 서로 교차되는 선을 그려 퍼즐 조각 모양을 만든다. 다음으로, 내담자들에게 각각의 조각들을 자를 수 있도록 한다. 어린 아동을 대상으로 하거나 혹은 창의적인 시간을 좀 더 많이 주기 위해서, 회기가 시작하기 전에 조각들을 미리 잘라 놓을 수 있다.

아동들에게 각각의 조각에 자신의 삶을 나타내는 상징물을 그리도록 한다. 상징물을 순서대로 나열할 필요는 없다. 색을 칠해도 되고, 형태를 그려도 되고, 막대기 모양의 사람 그림이나 선 그림도 괜찮다. 내담자가 상징물을 이해할 수 있으면 된다.

내담자에게 그 조각들을 다시 맞출 수 있는 시간을 준다. 잠시 생각할 시간을 주어 전체 그림을 그려 볼 수 있도록 한 후, 내담자에게 이 그림을 보는 동안 내면에서 경청하는 것에 주의를 기울이도록 요청한다.

집단 혹은 가족을 위한 활동 구성원들에게 이미 그려진 퍼즐 조각을 골라서 잘라 내도록 한다. 다음으로, 구성원들에게 각 조각에 상징을 그리도록 한다. 그림을 완성하면, 그들은 다시 원으로 돌아와 집단에서 그것에 대해 함께 이야기를 나눌 수 있도록 한다. 집단 혹은 가족 회기를 마무리하는 시간이 되면 전체와의 연결을 나타내기 위해서 조각을 다시 합칠 수 있다. 인생 이야기 퍼즐은 다양한 형태로 만들어질 수 있다(예: 거북이, 나비, 하트).

[그림 12-4] 인생 이야기 퍼즐 만들기

[그림 12-4]는 이야기놀이 훈련을 받은 지도자와 Joy Rigberg 선생님[16]의 안내에 따라 인생 이야기 퍼즐을 만들고 있는 3학년 교실을 찍은 사진이다.

이야기작품 2: 꿈꾸는 도자기[17]

몇 년 전 애리조나에서 내가 가장 좋아하는 명소 중 하나인 허드 뮤지엄(Heard Museum)을 방문하는 동안, 나는 아래쪽에 구멍이 나 있는 토기들이 전시되어 있는 밈브레스(Mimbres) 부족의 전시회를 보게 되었다. 이 토기의 세부 사항에 대해서는 잘 알려져 있지 않지만, 그것은 죽은 사람들에게 좋은 영혼을 가져다주기 위해 매장지에 놓여 있었고, 영혼들은 그 구멍을 통해 떠나 자유롭게 여행 할 수 있도록 해준다고 알려져 있다(Mills, 1999; Mills & Crowley, 2014).

잠시 감상한 후, 나는 나와 작업했던 아동 및 가족들과 꿈꾸는 도자기라고 불렀던 것을 만들어 보아야겠다는 생각이 떠올랐다. 어린 아동들에게 작은 점토 도자기

16) Joy Rigberg는 이중언어 교사이자 상담사 및 중독 생활 코치이다. 그녀와 나는 이야기놀이® 인생 기술 강화 프로그램(StoryPlay® Life Skills Enrichment Program)을 학교 장면에 가져올 수 있는 승인 제안서를 공동으로 작성하였다.

17) Mills(1999, pp. 17-21)의 동의하에 인용 및 수정되었다.

를 주고, 그들이 꾸었던 좋은 꿈을 상징으로 표현하여 도자기를 장식해 보도록 하였다. 거기에 구멍을 만들어서 나쁜 꿈이 나갈 수 있는 출구가 되도록 하였다. 가족들에게는 더 큰 도자기들을 주어서 각 가족원은 자신만의 상징으로 도자기를 장식하도록 하였다. 상징과 관련된 이야기가 나오고 긍정적인 대화를 이끌어 냈다. 그 당시 나는 꿈꾸는 도자기가 재난을 경험한 아동과 지역 사회를 위한 필수적인 이야

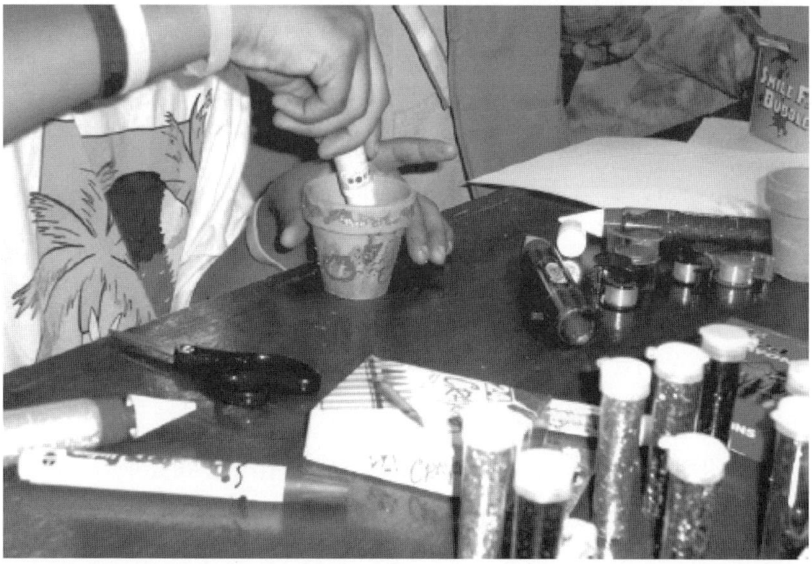

[그림 12-5] 꿈꾸는 도자기 만들기

기작품이 되리라고는 생각지 못했다.

허리케인 이니키가 카우아이 섬을 심하게 강타한 후, 아동과 가족들은 다른 사람의 집이나 텐트에서 잠을 잤다. 그들은 잠자는 것이 두려웠고 많은 악몽을 꾸었다. 카우아이 서부 오하나 활동 프로젝트(Kaua'i Westside O'hana Activities Project)[18]의 일환으로 꿈꾸는 도자기는 지역 사회에 제공되는 **자연 치유 활동** 중 하나가 되었다. 이 활동의 목적은 꿈꾸는 도자기를 만든 사람이 잠자는 장소에 그것을 놓아 좋은 꿈을 기억할 수 있도록 도와주는 것이었다. 꿈꾸는 도자기는 사람들에게 편안함과 내적 통제감을 가져다주면서 구체적으로 만질 수 있는 무언가를 제공해 주었다.

세계무역센터 폭파 사건의 여파로 인해, 나는 HART(Healing and Recovery after Trauma) 팀의 일원으로 초대되었다. 이 조직은 뉴욕 인근 주에 살고 있는 청소년 및 청소년 서비스 전문가 그리고/또는 뉴욕에서 근무하는 상당수의 거주자들에게 지역사회기반 프로그램 및 서비스를 무료로 제공하도록 특별히 고안된 특수 프로젝트 조직이다. 우리는 9개의 모듈(module)을 만들었고, 그중 하나가 꿈꾸는 도자기였다. 참가자들은 자신만의 도자기를 만들었고 그들이 원하는 것을 나누었다. 모든 사람들은 강점에 초점을 맞춘 우리의 프로그램에 감사를 표했다.

꿈꾸는 도자기는 자연 재해로 인한 치료 장면뿐 아니라 교실, 가정 폭력 집단, 애도 집단을 포함한 다양한 치료 장면에도 계속 사용되고 있다.

결론

나의 희망과 비전은 회복탄력성에 중점을 두면서, 우리 모두가 일상의 눈으로 보는 것을 넘어서서 우리 심장의 비전으로 보는 것을 배우는 커뮤니티를 만드는 것이다. 또한 아동들로 하여금 그들의 힘과 내적 재능을 일깨울 수 있는 프로그램을 개발하여, 그들이 견뎌 왔던 외상을 넘어서서 그들 앞에 놓여 있는 빛나는 가능성을 받아들일 수 있도록 하는 것이다.

18) 과거에 성행하였던 외상후 스트레스장애 중심에서 외상후 스트레스 치유 중심의 모델로 이동할 필요성에 따라, 청소년 및 가족에게 직접적인 서비스와 문화적으로 존중되는 기회를 제공하는 세 영역으로 나누어진 프로그램이다.

제 13 장
가족놀이치료

Greg Czyszczon · Scott Riviere
Dianne Koontz Lowman · Anne L. Stewart

이론적 토대와 현재 맥락
임상적 적용
전략과 기법
결론

George Bernard Shaw는 "행복한 가정은 미리 만나는 천국이다."라고 말했고, 분명히 많은 가족들에게 성장하면서 만들어진 추억은 가장 행복한 기억일 것이다. 그러나 어떤 가족들은 긍정적인 기억을 만드는 데 큰 어려움을 경험하고, 생각하고 느끼고 행동하는 데 대한 가족의 패턴에서 한계를 벗어나려고 시도할 때 상당한 도전을 겪는다. 대부분의 가족은 다양하고 복잡한 기억의 세트를 자녀에게 남기는데, 이는 사람, 일상적인 사건, 그리고 스트레스에 반응하는 방법에 대해 크게 도움이 되는 패턴이 될 수도 있고 또는 도움이 되지 않는 패턴이 될 수도 있다. 가족치료 양식에 놀이를 도입한 상대적으로 새로운 개입인 가족놀이치료(Family Play Therapy: FPT)는 서로 만족스럽고 관계가 개선되는 방법으로 상호작용하기 위해 가족 구성원을 초대한다.

『Strong National Museum of Play』의 Scott Eberle은 만족스러운 가족 역학의 바람직한 특성에 적용될 수 있는 놀이의 기능, 즉 예상, 놀람, 즐거움, 이해, 강인함, 균형을 기술하였다(Brown, 2009에서 인용). 가족 생활의 바람직한 요소로서 이러한 특성은 놀이의 단순한 과정에서 생겨나며, 고통을 겪고 있는 가족은 외상이나 스트레스로 인하여 이러한 과정이 일어나기 어려울 것이다. 가족놀이치료는 가족이 즐거움을 경험하기 위해 장애물을 뛰어넘고, 더 깊은 비전을 가질 수 있도록 돕는다.

이론적 토대와 현재 맥락

가족놀이치료는 각 가족 구성원의 행복과 가족 전체의 행복 둘 다를 다루기 위해 고안된 치료 방법의 오랜 역사와 함께한다. Nicholas(2012)에 따르면, 가족치료의 발달을 위한 단계가 마련된 것은 제 2차 세계대전 이후 시기이다. 네 가지의 임상적이고 과학적인 발전이 가족치료의 출현에 공헌하였다. Bateson과 Schism, Bowen 같은 학자들은 정신분열증의 발달에 대한 가족의 역할에 관심을 가졌고, 새롭고 논쟁적인 개념화를 제안하였다(Nichols, 2012). 즉, 가족관계의 혼란은 정신 장애를 유발한다는 것이다. 부부관계의 어려움을 치료하는 데 초점을 맞춘 결혼 및 혼전 상담, 그리고 아동 지도 운동 또한 성인기 행동을 결정하는 데 가족이 주요한 역할을 한다고 간주하였다. 마지막으로, 집단 과정과 역학에 대한 Bion과 Klein의 연구는 현재 문제를 '지금-여기'에서 다룰 필요성을 강조하였고, 집단은 그 자체로 하나의 단위이며 변화의 주체라는 것을 역설하였다(Goldenberg & Goldenberg, 2007, p. 112).

1990년대에는 상이한 관점들 사이에 중첩과 차용이 이루어지면서, 통합과 절충주의(eclecticism, 折衷主義)로 향해 가는 과정에서 별개의 사상 학파들이 퇴색하였다. 동시에 관리의료(managed care)[1]가 간단한 기법을 위한 연구를 촉진시켰다. 구성주의자들은 기저의 구조적이거나 행동적인 패턴을 바꾸려고 시도하기보다는 가족의 신뢰 체계를 탐색하는 것을 돕도록 가족치료사를 격려하였다(Goldenberg & Goldenberg, 2007). 오늘날의 가족치료사는 가족 구성원의 생활에 대한 계층, 민족, 성역할, 문화적이고 영적인 영향에 세심한 주의를 기울인다. 연구자, 소비자, 보험회사는 효율적인(비용 대비 효과적인) 임상적 서비스를 제공하기 위해 근거기반 개입을 강조한다(Nichols, 2012; Stanton & Welsh, 2012).

이러한 현대적 맥락 안에서 놀이의 힘을 가족에게 가져오는 방법으로 가족놀이치료가 출현하였다. Eliana Gil은 미국에서 이 분야의 선두주자로서 자신의 역할을 지켜 오면서, 『가족치료에서 놀이(Play in Family Therapy)』(Gil, 1994)라는 책에 가족놀이치료에 대해 처음으로 썼다. Gil은 치료 양식의 구성에 대한 역사적 맥락을 매우 자세하게 설명하였고, 실무자를 위한 특정한 개입 방법들을 제공하였다. 이에 뒤따라 Lowenstein(2010), Mullen과 Rickli(2011), 그리고 Munns(2009) 등이 기여하였다. 가족놀이치료와 관련하여 치료적 과정에 부모를 가담시키는 것으로 다른 놀이기반 가족치료와 필리얼치료 접근이 있다(Ariel, 1992; Booth & Jernberg, 2009; Landreth & Bratton, 2006; Schaefer & Carey, 1994; VanFleet, 2005을 참조). Higgins-Klein(2013)은 마음챙김기반 놀이가족치료(mindfulness-based play-family therapy; MBPFI)의 아홉 가지 특징을 설명하였다. 평가 단계 수행하기, 중요한 이슈가 논의될 때 아동이 부모와 함께 있도록 하기, 아동의 놀이 상상을 지속하기, 융통성(versatility)을 유지하기, 다문화적 관점을 고수하기, 맥락적인 가족치료를 사용하

1) 역자 주: 다양하게 세분화되어 있는 미국의 건강관리제도를 총체적으로 관리하여 제공하는 의료. 의료보험자, 의료기관, 의사 사이에 진료내용이나 각각의 비용 등에 지침을 설정하여 그에 따라 진료하는 시스템이다(생명과학대사전, 2014).

기, 주의깊은 부모 만남을 사용하기, 다양한 가족 구성원을 포함시키기, 다른 전문가들과 지속적으로 협조하고 협력하기(pp. 23-27)가 그것이다.

가족놀이치료의 개념화에 있어서, 가족놀이치료는 가족이 할 수 있는 것에 대한 대안적인 비전을 만드는 데에 상상하고 참여하도록 가족을 초대한다. 즉, 가족의 비전(family vision)의 수준에서 체계적으로 정보를 주는 양식이라는 점에서 가족치료 분야에 새롭게 기여한다(Waters & Lawrence, 1993). 가족은 흔히 위기 상황에서 치료를 받으러 오는데, 그들이 하루하루 일어나는 사건에 주로 반응하는 반응적 공간(reactive space)은 더 만족스러운 행동 방식 없이 단지 급한 불을 끄는 것이다. 가족치료 접근에서는 가족들마다 다르게 지지하며, 가족 구성원이 더 깊은 행동 방식을 취할 수 있도록 이끈다. 예를 들어, 구성원들이 서로 어떻게 관계를 맺는지 다르게 경험할 때, 구조적인 가족치료는 더 만족스러운 가족 역할을 조직화하려는 것으로 유명하다. 놀이가 가족 기능에 필수적이라는 것을 구성원들이 자주 인식하지 못할 때, 가족놀이치료는 세대 간 뿌리를 드러내서 부모가 관계를 맺는 판에 박힌 방식에 도전을 요구할 수도 있다. 이러한 방식으로, 가족놀이치료 개입은 양육자가 가족의 가치를 검토하도록 하고, 이를 통해 양육자는 변화에 큰 영향력을 준다. 가족의 비전이 바뀌도록 영향을 주는 것은 일상생활을 결정하는 정신적 모델, 구조, 패턴 및 사건을 바꾸게 하는 확실한 방법이다. 우리는 가족의 비전을 모든 다른 태도와 행동이 자라나는 씨앗 같은 것으로 상상할 수도 있다. 만약 씨앗에 즐거움, 사랑, 수용, 보살핌, 공감이 들어 있지 않다면, 열매도 그러한 특성을 갖고 있지 않을 것이다.

아동을 놀이치료에 데려오는 부모는 흔히 문제 행동으로 어려움을 겪으며, 아동을 고치도록 도와 달라고 치료사를 찾는다. 개별적인 놀이치료는 근본적으로 중요하고 유용한 양식이지만, 종종 아동의 행동적, 정서적 어려움에 대한 전체적인 시각이 도움이 되며 이를 통해 가족 전체와 작업할 수 있다(Stanton & Welsh, 2012). 부모가 극도로 좌절하고 화가 나며 미치기 일보직전 상태에서 위안을 찾고 있을 때, 부모는 가족의 강인함, 기쁨과 교감의 특별한 순간, 탄력성을 무시하고 만족스럽지 못한 패턴에 매여 있을 것이다. 가족놀이치료는 이러한 부분을 짚어 보고, 부모가 즐거운 현재와 미래를 만드는 데 선두에 서도록 촉구한다.

임상적 적용

가족은 함께 놀고 함께 머문다고 한다. 임상적으로 치료사는 언제, 그리고 어디에서 가족놀이치료가 가족에게 유용한 양식인지 살펴보아야 하며, 그렇게 하여 가족 내에서 더욱 만족스러운 관계를 지지하기 위해 놀이가 가장 효과적으로 사용될 수 있다.

기본적인 기술

치료사를 위한 기본적인 기술은 다음과 같다.

- 가족과 작업하는 데 대한 진실한 관심: 도움을 줄 사람들에게 자신감을 느끼고 유능하면 치료적 동맹에 긍정적인 영향을 줄 것이다.
- 가족치료의 즐거움: 가족치료는 역동이 가족마다 다르고, 주어진 시간에 이해하기 위해 많은 관련 정보가 제시되기 때문에 때로 도전적인 양식이 될 수 있다.
- 애매모호성과 편안해지기: 특히 어린 아동들이 있는 가족과 작업할 때 상당한 불확실성이 나타날 수 있으며, 치료사가 개방성과 호기심을 갖는 태도를 유지하면 도움이 될 수 있다.
- 초점을 맞추고 특정한 방식으로 참여하는 능력: 더 큰 관계적 패턴을 보여 주는 작은 순간을 알아채기 위해서는 치료회기 전체 동안 주의 깊은 마음을 가지고 가까이에 머무는 연습이 필요하다.
- 존중을 전달하는 능력: 충분히 이해할 수 있는 일이지만, 가족이 치료적 과정에 참여하거나 치료를 받으러 가도록 결정하는 것은 보통 어렵다. 어떤 구성원은 다른 사람보다 치료에 더 참여적일 수 있다(특히 가족 구성원이 강제로 참여하였다면). 가족이 치료실 문을 열고 들어온 순간부터 종결까지, 가족 구성원의 참여 수준이 서로 다른 데 대해서 임상가로서 존중하고 예우하는 것이 중요하다.
- 정서적인 활력: 가족과 함께 작업하는 것은 개별적인 작업보다 훨씬 더 정서적

인 에너지를 요구할 수 있다.

- 진실한 유머 감각: 가족 구성원이 가져오는 무거운 쟁점들에 대해 치료사가 편안한 마음으로 접근하면, 가족들이 관점을 바꾸고 그들의 상황을 치유가 가능한 것으로 바라보는 데 도움이 된다.
- 즐거운 방식: 이 작업의 일부는 치료사가 자기 자신에 대해 어떻게 편안해지는지 배우고, 치료사의 고유한 방식이 가족에게 필요한 변화의 원동력이라는 것을 인식하는 것이다(Hughes, 2013).

가족을 위한 고려사항

치료사는 치료의 과정에서 특정한 목표를 달성하기 위해 가족놀이치료의 사용을 고려해야 하며, 가족에게 심리적인 압박을 줄 수도 있는 시나리오의 사용에 주의해야 한다. 치료사가 가족 내의 물리적, 심리적 안전 수준을 평가하는 것이 결정적으로 중요하다. 치료사가 가족놀이치료를 고려하고 있는 가족에게 하는 질문들은 다음과 같다.

- 가족 구성원은 가족놀이치료에서 필요로 하는 수준의 개방성을 견딜 수 있을까? 또는 가족이 너무 경직된 경계를 짓고 있어서 이런 모호성이 상당한 심리적 위협을 줄 것인가?
- 가족 구성원이 정서적 상호성(reciprocity)을 위한 충분한 능력을 가지고 있어서 가족놀이치료가 이러한 능력을 더욱 키울 수 있는가?
- 가족 구성원이 가족 내 다른 사람에게 외상을 입거나 학대를 당하여 아직 안전하게 신뢰가 확립되지 못하였나?
- 너무나 적대적이고 화가 나 있는 가족 구성원이 있고, 그가 다른 구성원과 상대할 때 언어적 폭력이나 위협을 가하는가?

결국 가족놀이치료의 주요한 초점은 결과물이 아니라 과정이다. 이 장에서 나중에 제시할 활동들은 목표를 위한 수단이지 그 자체가 목표가 아니다. 더 건강하고, 더 만족스럽고 즐거운 기능을 할 수 있게 가족이 성장하도록 가족의 능력을 이해하고 지지하고 발달시키는 데 있어서, 가족이 이 활동을 어떻게 완성하는지가 핵심적인 요소이다. 가족놀이치료에서는 전체 가족의 진로뿐만 아니라 구성원 각자의 공헌에 초점을 둔다. 가족 구성원에게 도전을 주는 것은 때로 그들이 이전에는 불가능해 보였던 일을 할 수 있다고 생각하도록 돕는다. 치료사는 온화한 제안, 지지적인 끄덕임, 또는 공감적인 말을 통해 가족 내에서 기존의 역할에서 벗어나 새로운 방식을 찾으려는 가족 구성원의 부드러운 시도를 유지시킨다. 이러한 순간은 보통 가족놀이치료의 후반 단계에서 나타난다. 이제 작업의 단계에 대해 알아본다.

가족놀이치료의 단계

저자들의 경험을 모두 모으면 수백 명의 가족과 작업을 해 왔으며, 그들은 모두 달랐다. 그러나 가족이 치료에 참여할 때 거치는 과정은 비교적 일관성이 있다. 이 과정의 일관된 단계에 대해 치료사가 인식하면, 치료 중에 가족의 전반적인 진행 상황을 추적하는 데 도움이 된다. 여기에서는 이 과정의 일반적인 개요를 보여 주며, 각 치료사는 이러한 양식을 조금씩 다르게 접근할 것이다. 치료사가 자신의 이론적 지향, 임상적 기술, 그리고 자신의 가족 기원의 유산을 인식하고 이를 독특하고 의미 있으며 효과적인 가족놀이치료 접근에 통합하기 바란다.

초기 단계

치료의 초기 단계에서 가족 구성원은 상당히 새로운 경험을 맞이하게 된다. 새롭든지 익숙하든지 상관없이, 참여는 다양할 것이고 가족 구성원은 예상되었던 것에 대한 혼란을 드러낼 수도 있다. 이와 더불어, 가족 구성원은 치료의 효과에 대한 의심을 표현하거나 치료 과정에서 낮은 수준의 수행과 신뢰를 나타낼 수도 있다. 부모는 아동이 문제가 있다고 강하게 느끼고 마치 역할 놀이를 하듯이 노는 척할 수도 있다. 치료의 이러한 시점에서 치료사는 가족놀이치료가 가족에게 정서적으로 안전하다는 것을 확고히 하는 동시에 이러한 모든 불안을 멈추게 하는 것이 중요하다. 치료사가 이 단계에서 예상되는 것을 역할 모델로 보여 주고 분명한 구조를 제공하는 것이 도움이 된다.

임상사례 Dean 부부는 불안, 분노, 권위에 대한 무시, 낮은 자기가치감을 보이는 8세 아들 Jeffery를 상담에 의뢰하였다. Jeffery는 자신의 발달 단계에 적절한 또래 관계를 발전시키는 데 실패하였다는 것이 평가에서 나타났다. 이웃의 남자아이들이나 자신의 남동생과 잘 놀지 못하였고, 집에서 자기 뜻대로 하며 권위에 따르지 않았다. Jeffery는 얼굴 표정을 포함하여 비언어적 행동을 올바르게 이해하거나 모방하는 데 어려움을 보인다는 것이 관찰되었다. 이로 인해 기본적인 사회적 상호작용을 수행하지 못하였다. Jeffery는 제 나이에 비해 훨씬 더 트럭과 구급차에 강하게 몰두하고 있었다. 또한 발끝으로 걷기와 상처 뜯기를 포함하여 반복적인 운동 행동을 보였다. 언어와 인지 발달의 지연을 나타내는 증거는 없었다. 부모는 학교의 특수 교육 서비스에서 최근에 Jeffery를 자폐 스펙트럼 장애 아동으로 확인하였다고 보고하였다.

초기 회기에서 Jeffery의 어머니는 남편이 Jeffery가 잘못된 행동을 하고 있으며 그 행동을 통제할 수 있어야 한다고 생각한다는 것을 지적하였다. 또한 남편은 자신이 Jeffery에게 너무 부드럽게 대한다고 느낀다고 말하였다. Jeffery의 어머니는 "Jeffery가 아버지에게는 더 잘 행동한다."면서, Jeffery의 아버지가 매우 엄격하고 때로 약간 독재적이라고 말하였다. 부모의 말에 따르면, Jeffery의 어머니는 집에서 아이들과 활동을 하는 반면, Jeffery의 아버지는 아이들과 거의 상호작용을 하지 않았다.

사례 분석 이 사례의 초기 단계에서, 치료사는 우선 임상적 면담과 발달력을 위한 부모와의 첫 번째 만남을 포함하여, 가족의 종합적인 평가를 시행하였다. 다음 두 번의 회기에서는 부모 각각과 아동에 대한 마샥 상호작용 평가(Marschak Interaction Method Behavior Rating Scale: MIM; Booth & Jernberg, 2009; McKay, Pickens, & Stewart, 1996)를 시행하였고, 놀이 양식을 소개하기 위해 전체 가족과 만났다. 이에 대한 첫 번째 인상으로, Jeffery와 부모 각각이 만족스럽고 조율된 상호작용을 많이 한다는 것을 관찰하였다. 더불어 Jeffery의 남동생은 자신의 발달적 쟁점으로 어려움을 겪고 있었다. 부모 둘 다 과제 완성에 과도하게 몰두하고 있었고, 다양한 놀이 활동에서 자발성이 거의 나타나지 않았다. Jeffery의 어머니는 자신을 아동과의 좋은 놀이 상대가 아니라고 느끼고 있었으며, Jeffery의 아버지는 Jeffery

에 대한 좌절 수준이 상당히 높았다.

놀이 과정에서 부모가 아동들의 즐거움을 인식하도록 하기 위해서, 치료사의 목표는 Jeffery와 부모 각각의 놀이뿐만 아니라 가족 전체의 놀이를 이용하는 것이다. 또한 치료사는 부모가 안전하고 즐거운 환경에서 리더십을 가지고 아동들을 이끄는 능력을 키워 주며, 이를 통해 정서적인 공동조절(coregulation)을 경험하도록 한다. 부모에게 이 경험은 아동들의 신호를 보다 분명히 인식하고, 아동을 진정시키는 역할을 하는 것이다. 또한 아동에게 이 경험은 자신이 진정되는 안전한 기분이다. 그 후에 치료사는 아동이 두려움, 슬픔, 또는 분노감을 조절하도록 도와줄 필요가 있는 상황에 이러한 공동조절 경험을 부모가 적용하도록 가르친다.

전환 단계

가족이 치료에 대해 어느 정도 편안해지고 나면, 가족은 전환 단계로 이동한다. 이 단계에서도 독특한 행동을 관찰할 수 있다. 이 단계에서 가족 구성원, 특히 아동이 치료사가 설정한 규칙과 경계, 제한을 벗어나려고 맞설 수도 있다. 가족구성원은 가족 내에서 자신의 새로운 모습을 어떻게 보여 줄지(또는 보여 줄지 말지) 파악해 가면서, 놀이의 과정에 어느 정도 참여할 것인지 고심할 것이다. 특히 부모는 서로에게 진실하고 즐겁게 참여하기 위한 방법을 찾아감에 따라 놀이 분위기의 정서적 안전감과 효율성을 신뢰하기 위해 노력할 것이다.

이 단계에서 가족 구성원이 새로운 태도와 행동이 가능해지는 그 섬세한 순간을 감지하도록 민감해지기 위해서는 치료사가 마음을 담아 주의를 기울여야 한다. 놀이의 본성은 힘과 권위에 대한 오래되고 왜곡된 생각에 도전하기 때문에, 치료사가 '가족 전체' 입장을 유지하는 동안 가족 구성원은 이에 대한 위기를 겪을 수 있다. 치료사는 아동의 자연스러운 놀이 경향을 따라가며, 더 깊고 진실하게 이 과정에 참여하도록 부모를 초대한다. 치료사가 놀이에 필요한 안전감을 조성할 때 부모는 치료사에 대한 신뢰 문제를 드러낼 수 있다.

이 단계에서 갈등이 등장해서 치료 과정이 '막혀 버릴' 수도 있다. 때로 갈등을 해결하는 데 간단한 지적으로 충분한 반면(예: "우리가 꽉 막혀 있는 것 같네요." 또는 "우리가 지금 말하지 않은 것이 무엇일까요?"), 어떤 가족은 갈등을 방 안에서 직접 다루는 것이 너무 힘들어서 개별적이거나 한 쌍으로, 또는 하위 조직(부모, 커플, 또는 형제)에서 확인하는 것이 필요할 수도 있다. 이 시간에 치료사는 가족 구성원이 말해야 하는 것이 무엇이고 그 말을 의사소통하는 적절한 방법이 무엇인지 명확히 하여 가족 구성원을 도울 수 있다. 치료사는 다양한 가족 구성원들과 시연을 하고, 자신의 개별적인 소망, 요구, 욕구를 더 효과적으로 의사소통하도록 도울 수 있다.

임상사례 이제 가족놀이치료 전환 단계에서 Dean 가족을 살펴본다. 부모의 민감성을 높이고, 애착 안정성을 강화하며 놀이에서 자발적인 즐거움을 증가시키기 위해 각 부모와 Jeffery는 애착기반 접근의 일부인 치료놀이(theraplay) 활동을 시도하였다. Jeffery와 어머니는 5주, Jeffery와 아버지는 1주 동안 치료놀이 활동을 지속한 후, 부모는 치료사를 만나서 상담하였다. 부모는 치료회기에 Jeffery가 자신들과 즐겁게 놀았다고 생각하지만, 가정 내에서 Jeffery의 행동은 하나도 변하지 않았다고 말하였다. 하나의 팀으로서 Jeffery의 부모와 치료사는 지역 활동 센터에서 일어난 최근의 사건에 대해 논의하였다. 치료사는 Jeffery가 이렇게 매우 자극적이고 비구조화된 환경을 어떻게 다루었을지 궁금하였다. 아버지는 Jeffery가 세상에 대해 어떻게 생각하고 보는지에 대해 생각해 보는 것이 도움이 되었다고 말하였다. 아버지는 Jeffery와 놀고 Jeffery에게 관심을 주는 데에 시간을 더 많이 보내는 것이 도움이 될지 궁금해 하였다.

사례 분석 이 시점에서 Jeffery와 특별히 관련되어 있는 많은 도전들을 관찰하는 동안, 치료사는 가족의 맥락에서 Jeffery와 부모의 관계를 작업하는 데에 초점을 맞추었다. 치료사는 여전히 이 가족을 부모와 Jeffery 간의 결속을 강화시키는 데에 도움이 되는 체계로 보았다. 불행히도 아버지는 직장 일정 때문에 원하는 만큼 자주 만날 수 없었다. 그러나 치료사는 가족 구성원의 상이한 하위 체계(부모 중 한 명과 아동, 형제, 부모)와 작업하는 동안에도 전체 가족 입장을 유지할 수 있었다. 아버지가 참석하지 않은 가족놀이회기 후에 다 같이 메시지를 써서 아버지에게 전달하는 방법으로 아버지와의 연결을 유지하였다.

이 단계에 맞추어, Jeffery의 부모는 놀이치료에서 그들의 작업이 얼마나 도움이 되고 있는지 궁금해 하였다. Jeffery의 행동으로 일어나는 가정내 문제에서 벗어나는 것이 부모에게는 최고의 일이었다. 치료사는 가족놀이치료회기를 유지하고,

Jeffery가 더 힘든 순간에 부모가 이를 다루는 방법을 제안하였다. 또한 Jeffery의 학교 교사와 상담하였고, 아동 발달 클리닉과 연계하여 종합 심리 평가를 시행하고 학교와 가정을 위한 조언을 따로 받을 수 있게 하였다. 치료사는 아동이 어떻게 생각하고 느끼고 있는지 알고 싶어 하는 부모의 노력을 신중하게 지지하였다. 즐거움과 만족감을 인식하는 부모의 능력을 지원하는 데 있어서, 아동이 분노와 상처에 대한 미묘한 사인을 보이기 시작하는 순간을 부모가 알아차리도록 도왔다. 아동에 대한 이러한 고려는 자폐 스펙트럼에 있는 아동에게도 해당되며, 아동마다 고유한 요구를 가진다는 것을 인식하도록 하였다.

작업 단계

가족놀이치료의 작업 단계에서, 가족 구성원의 신뢰와 교감이 증진되고, 의사소통이 더욱 개방되며 정확해진다. 힘과 권위가 공유되기 시작하고, 가족 구성원은 보다 위험을 감수하며, 수용을 받는다. 갈등을 공개적으로 인식하고 다루며, 평가를 받지 않고 자유롭게 피드백을 받을 수 있다. 더욱더 가족 구성원은 자신들이 변화하려는 시도를 인정받는다고 느낀다.

가족은 보통 목표를 향해 진전을 보이지만, 치료사는 이 단계에서 민감성을 유지하여 가족 구성원 중 누군가의 퇴행을 주의 깊게 살펴보는 것이 중요하다. 치료사는 가족 구성원이 남아 있는 방해물을 직면하도록 격려하는 동시에 계속 적절한 행동의 모델이 되어야 한다. 치료적 과정에 대한 전념(commitment)은 작업 단계에서 중요한 부분이다. 초기에는 가족놀이치료에서 가족이 무엇을 할 것으로 기대하는지에 대한 공개적인 토론, 회기에 지속적으로 출석하는 중요성, 회기 동안 전적으로 주의를 기울이기, 그리고 자신을 가능한 한 최대한 개방하고 솔직한 자세를 갖기 등을 통해 전념의 개념을 다룬다. 한 명 이상의 가족 구성원이 자신의 전념을 유지하는 데 어려움을 겪는 것은 드문 일이 아니기 때문에, 치료사는 치료의 전 과정에서 이에 대해 지켜보고 적절한 시기를 탐색해야 한다. 작업의 효과에 대해 질문을 하고 변화가 일어나기 위해 충분히 노력을 기울이도록 가족을 지지하는 것이 치료사의 역할이다. 치료적 과정에 대한 전념을 다루는 다른 방법으로 서서히 희망을 갖는 상상을 할 수 있다. 가족 구성원이 가족놀이치료에 전념하도록 돕는 한 가지 방법은 치료시간을 어떻게 진행할지 정하는 데 각자 지속적으로 의견을 낼 수 있게 하는 것이다.

이 단계가 끝날 무렵, 치료사는 한 발 물러서서 가족 응집력을 증가시킬 활동을 가족이 만들어 내도록 격려한다(예: "오늘은 무엇을 하고 싶나요?"). 또한 치료사는 가족이 치료 중에 터득한 통찰을 행동으로 옮기도록 도와야 한다. 이제 이 단계가 치료 과정에서 어떻게 진행되는지 보기 위해 Dean 가족의 이야기로 돌아간다.

임상사례 Dean 가족의 다음 상담회기들은 한 명이나 두 명(아버지가 일하지 않을 때)의 부모, Jeffery, 그리고 Jeffery의 남동생과의 공동 작업을 포함한다. 이 시간에 Jeffery의 어머니는 역시 자폐 스펙트럼 장애 아동의 특성을 보이는 Jeffery의 남동생을 위해 도움을 요청하였다. 특수한 전략(예: 시각적 일정표, 선택 칠판, 대기 카드)이 제안되었고, 학교에서 개별화된 교육 프로그램(Individualized Education Program: IEP)이 추가되었다. 가족은 가족 비전 콜라주를 만들었는데, 관습에 얽매이지 않는 동시에 행복한 가족이 표현되었다. 가족은 두 부모가 각 아동과 시간을 갖고, 또 서로가 시간을 가질 수 있는 방법을 모색하였다. 미래를 생각하면서, Jeffery의 부모는 두 아동이 각자 열정을 가지는 것을 찾을 수 있었고 이를 직업으로 발전시키도록 따라갈 수 있었다.

사례 분석 전환 단계를 지나면서, 가족은 이제 방 안에 있는 모든 사람과의 가족생활뿐만 아니라 두 쌍, 세 쌍 관계에 대해 더 세부적으로 작업할 준비가 되었다. 이 단계에서 부모는 두 아동 모두와 직면한 대인관계 문제를 탐색하는 데 더 개방적이 되고 더 참여하게 되었다. 부모는 자폐 스펙트럼 장애 진단에 관한 상이한 의견을 보여 주고 있었다. 어머니는 아동이 자폐장애 진단을 받은 것에 대해 훨씬 더 개방적인 생각을 가지고 있었는데, 이는 어머니가 아동들을 대부분 양육하였고 더 많이 접촉하였기 때문에 가능한 것이다. 아버지는 이러한 진단을 고려하는 데 주저하였고, 특히 큰 아들의 행동과 손상된 정서 조절 전략은 아동이 단지 나쁘고 더 직접적인 통제가 필요하기 때문이라고 보았다. 여기에서 독자는 초기 회기에서 Jeffery의 아버지가 어머니에 대해 아동들에게 너무 부드럽게 대한다고 지적한 것이 떠오를 것이다. Dean 가족에게 작업 단계의 일부는 부모가 가정에서 무엇을 문제 행동으로 간주할지에 대해 더 균형 잡힌 접근을 갖도록 하는 것이었다.

이 단계에서 우리는 다음에 묘사한 연습을 사용하여 가족이 명확하고 만족스러운 비전을 만들어 내도록 격려할 수 있었다. 이 가족을 '비관습적이지만 행복한' 가족이라고 묘사하는 것은 Dean 가족의 탄력적인 특성을 보여 주었는데, 이는 치료사가 가족의 상호작용에 대한 강점기반 접근으로 꾸준히 키워 준 것이다. 또한 Dean 부부는 아동들의 미래에 대한 비전을 발달시킬 수 있었으며, 이는 치료를 시작할 때 그들이 처했던 많은 위기 중에는 상상할 수 없는 것이었다.

더불어, 가정에서 보인 아동의 행동에 대해서도 부모는 이전에는 아동의 잘못된 행동으로 보았으나 이제는 아동의 고유한 발달적 욕구에 따라 나타난 행동으로 보았다. Dean 부부는 아동이 무엇을 생각하고 느끼는지 공감적으로 고려하고, 아동의 경향을 이해하는 데 더 민감하게 반응하는 능력을 향상시켰다. 아동의 분노 행동을 개선시키는 데 더하여, 새로운 양육 방법은 부모가 아동을 더 만족스러운 방법으로 이해하고, 지지하고, 아동과 함께하는 것을 돕는 구조가 되었다.

종결 단계

가족놀이치료의 마지막 단계는 종결이며, 이 단계는 혼합된 정서로 가득 차는 시간이다. 성공적인 이별과 동시에 그동안 만들어 왔던 변화를 유지하는 데 있어서 종결 단계 중에 치료사의 안내는 결정적으로 중요하다. 가족 구성원은 종결에 대해 불안과 슬픔뿐만 아니라 흥분을 느낄 것이다. 결국, 치료의 이 시점에서 가족 구성원은 함께 즐거움을 느끼는 방법을 배웠다. 어떤 가족 구성원은 위축되고, 누군가는 그들이 배운 기술을 지속할 수 있을지 걱정하고, 심지어 누군가는 종결을 해야 한다는 것에 반대할 수도 있다.

이 단계 동안 치료사는 특히 다가올 종결에 대한 반응과 관련하여, 가족 구성원이 자신의 정서를 인식하고 표현하도록 지속적으로 도와야 한다. 이에 더하여, 치료사와 가족은 가족들만 있을 때 그들의 노력을 지지하기 위한 유지 계획을 함께 만들어야 한다. 가족들이 만들어 온 변화를 지속하는 능력에 대해 자신감을 갖도록 가족 구성원을 돕는 활동이 중요하다.

임상사례 Dean 가족은 치료에서 긍정적인 변화를 경험하였고, 이 변화를 지속하는 것을 열망하였다. 아동들은 치료사와 친밀해져서 치료 중단을 원하지 않았다.

종결회기에서 치료사는 자신을 고유한 존재로 인정하고 '스펙트럼 내에서' 성장하는 것에 대해 토론할 수 있었다. 자폐증을 가진 사람들이 '신경적으로 전형적'이 되도록 자신들에게 한계를 지우는 시도를 저항하며, 자신을 '신경적으로 비전형적'이라고 묘사하는 것이 증가하고 있다는 국가적 동향에 대한 정보를 공유하였다. 이러한 방법으로 치료사는 아동들이 '나는 나 자신을 좋아한다.'는 생각을 포함하는 고유하고 중요한 세계관을 가진다는 것을 Dean 부부가 알 수 있도록 도왔다. 치료사와 Dean 부부는 자폐 스펙트럼 장애 아동의 부모를 위한 지역 지지 집단에 Dean 부부가 참여하기 위해 함께 계획을 세웠다. 또한 치료사는 모든 가족 구성원이 종결 의식(전략과 기법 부분에서 논의)을 만드는 데 참여하도록 하여, 그들이 해 왔던 중요한 작업과 각 가족 구성원의 기여, 그리고 미래의 희망을 강조하였다. Dean 가족은 많은 감사와 지속적인 성장에 대한 소망을 표현한 후에 작별하였다.

사례 분석 Dean 가족과의 종결은 잘 진행되었고, 치료사는 그들이 만든 변화를 확고히 하고 자폐증에 대한 이해를 통합하도록 각 구성원을 도울 수 있었다. Dean 부부가 자신과 가족에 대해 관점을 변화시키는 데에는 놀이가 지속적인 수단이 되었다. 마지막 단계에서, 치료사는 가족을 위한 강점기반 치료 내러티브(Strength-based healing narrative)을 함께 만드는 것이 유익하다고 생각하고 이를 신중하게 진행하였다. 이 과정은 협력적이고 효과적인 경험으로 권위에 대한 Dean 가족의 새로운 경험을 지지하는 효과를 주었다. 치료사와 부모의 관계는 부모와 아동과의 관계와 동일하다. 즉, 부모로서 그들은 이제 통제를 받을 필요 없이 책임을 다 할 수 있었다.

특수 집단에 대한 치료사를 위한 고려 사항

치료사는 가족 내 아동의 입양, 의학적 문제, 또는 발달 지연과 같은 스트레스를 경험하고 있는 가족과 작업할 가능성이 있다. 이러한 문제에 대한 고려가 가족놀이치료의 실제 적용에 중요하기 때문에, 치료사가 고려할 일반적인 권고 사항을 제공한다. 첫째, 치료사는 문제의 본질, 얼마나 오래전에 발생한 것인지, 그리고 가족이 아동의 요구에 적응한 방식에 대해 충분히 이해해야 한다. 철저한 초기면접을 통해 이러한 목표를 달성할 수 있을 것이다. 치료사는 부모가 문제를 보는 관점이 어떠한지, 그리고 아동의 문제를 어느 정도 수용하고 있는지에 대한 이해도 필요하다. 때로는 아동이 아직 진단을 받지 않아서, 가족의 투쟁은 아무 맥락을 모른 채 아동의 행동과 감정을 관리하는 상황일 수도 있다. 위의 사례에서 나타난 것처럼, 가족놀이치료의 유용성 중 일부는 아동의 고유한 요구를 보다 일관적이고 효과적으로 충족시키도록 부모를 지원하는 것이다. 작업의 일부는 특정한 문제나 장애(사례에서는 자폐 스펙트럼 장애)에 대해 부모를 교육하고, 아동에 대해 예상하지 못하였거나 이전에는 몰랐던 정보에 직면할 때 불가피하게 생기는 감정을 다루도록 돕는 것이다. 치료사가 부모의 정서적 경험을 기꺼이 맞이하는 태도는 부모가 정서적 공동조절을 위해 아동의 요구에 주의를 기울이도록 배우는 태도에 대한 강력한 모델이 된다.

전략과 기법

가족놀이치료에서 가족의 치료적 목표를 달성하는 데 치료사가 사용할 수 있는 몇 가지 활동을 제시한다. 이러한 활동들은 치료 단계에서 특정한 목표를 이루는 데 사용될 수 있다. 각 활동의 목표는 관계적 과정(relational process)이라는 것을 기억하면서, 치료사는 가족이 함께 상호작용하고 놀이할 때 조율된 지지, 안내, 격려를 제공해야 한다.

'규칙이 정한다(The Rules Rule)' 활동

규칙은 여러 가지 이유로 중요하지만, 이 활동의 주된 이점은 치료 시간을 어떻게 사용할 것인지 가족 구성원이 발언권을 가진다는 것을 알게 한다는 것이다. 규칙을 가지는 구조에서는 어떤 요구를 주장할 수 있다. 규칙은 회기 안에서 안전감과 안정감을 주고, 예상하는 것을 아는 가치를 가족이 깨닫도록 돕는다.

이 활동을 위해서, 큰 종이를 벽에 테이프로 붙이고 모든 가족 구성원에게 서로 다른 색의 마커를 준다. 치료사는 다음과 같은 중요한 규칙에 대해 대화를 시작한다. "우리는 가족놀이시간을 시작할 준비가 되었습니다. 그러므로 우리는 규칙을 알아볼 준비가 되었습니다. 모두가 자신의 차례를 가질 것입니다. 아빠와 엄마는 사용하고 싶은 규칙을 우리에게 말하고 종이에 쓰십시오." 모든 사람들이 잠재적인 규칙을 말할 기회를 가지도록 차례를 한 바퀴 돈다. 부모가 어린아이들이 말하는 규칙을 써 준다. 가족놀이치료 시간에 적용할 규칙을 선택하고 수정하기 위해 치료사는 가족이 대화하도록 이끈다. 가족들은 흔히 상호작용을 통해 규칙을 배우며, 다른 가족 구성원에게 중요한 규칙을 자기도 모르게 어긴다는 점을 공유하는 것이 중요하다.

규칙들이 결정되고 나면, "여기에서 누가 이 규칙들을 따라야 한다고 생각하나요?"라고 묻는다. 대부분의 아이들은 자신들이라고 대답할 것이다. 이상적인 대답은 "우리 모두."이다. 모든 사람이 규칙을 따를 것이고 모두가 규칙에 대해 논의하고 변화를 제안할 것이라는 사실을 인정한다.

대안적으로, 가족이 고려하고 편집할 수 있는 몇 개의 규칙들을 치료사가 소개할 수도 있다. 치료사는 가족 구성원이 편안하게 느끼는 데 어떤 규칙들이 중요하다고 지적하면서 활동을 시작할 수 있다. 규칙들을 바구니에 넣고 가족 구성원이 하나씩 꺼낼 수도 있고, 또는 치료사가 제시하고 함께 토론할 수도 있다. 규칙을 두꺼운 종이 태그 보드나 종이 접시에 써서 만져 보거나 볼 수 있게 하는 것이 도움이 된다. 치료사와 가족 구성원은 규칙들을 훑어보며 점검할 수 있다. 첫 번째 규칙은 '아무도 다치게 하지 않는다.'일 것이다. 이 규칙은 함께 보내는 이 시간이 물리적으로 안전하다는 것을 확립한다. 물리적 경계와 시간제한에 대해 간단히 이야기하면 모든 사람이 안전하게 느낄 수 있다. 또 다른 규칙은 '심각한 일에 대해 비웃거나 놀리지 않는다.'이다. 이 규칙은 치료 경험에 대한 정서적 안전감을 확립한다. 대화에서 정서적인 주제를 말했는데 친구나 가족이 이를 비웃거나 심각성을 무시한 상황에 대해 치료사가 간단히 토론할 수도 있다. '우리는 무엇이든 말할 수 있다.' 규칙은 가족이 가정에서는 가져 보지 못하였을 허용 수준을 치료회기에 확립하기 위해 사용된다. 이 규칙이 제안될 때 모든 가족 구성원의 구두 허가를 얻는 것이 좋다. 예를 들어, 치료사가 부모에게 "어머니, 아버지, 우리가 당신을 행복하게 만드는 것에 대해 말해도 될까요? 모든 사람들을 슬프게 만드는 것에 대해 이야기해도 될까요? 모든 사람들을 미치게 만드는 것에 대해서도? 두렵거나 걱정스럽게 만드는 것도? 과거에 대해서 말할 수 있나요? 현재에 대해서도? 미래에 대해서도?"라고 묻는다. 대부분의 부모는 "네."라고 대답하고, 몇 번의 질문과 긍정적인 답변이 반복된 후에 아이들은 부모가 계속 "네."라고 말하는 것을 들으며 마음 편히 웃는다.

다음 규칙, '사실만을 말한다.'는 서로에게 정직해지는 것의 중요성을 강조한다. 만약 가족 구성원이 다른 사람이 뭔가 했다는 것을 알고 있다면, 물어보기보다는 그 사람에게 말할 용기를 갖는다. 같은 방식으로, 치료사도 역시 가족에게 공개적이고 솔직하게 말하는 것이 중요하다. 또 다른 잠재적 규칙은 '우리는 재미있을 수 있다.'이다. 치료사는 가족이 경험하는 문제들이 얼마나 재미없는지 이야기하는 데 시간을 보내겠지만, 그렇다고 가족이 어려운 문제를 처리하고 대처하는 방법을 배우는 데 재미를 느낄 수 없다는 의미는 아니다. 모두가 규칙을 완성하고, 안전하고 안정되게 느끼는 시간을 만들기 위해 필요한 것들을 확인한 후에, 규칙에 동의하는 것을 인정하기 위해 각자(치료사 포함) 문서에 서명한다.

가족 구성원이 안전하게 느끼는 데 규칙이 도움이 되긴 하지만, 인정감은 가족 건강의 또 다른 중요한 개념이다. 안정감은 일관성과 예측가능성 및 규칙을 통해 가능하며, 또한 규칙이 깨졌을 때를 인정하면서 가능해진다. 초기에 치료사는 잘못을 어떻게 정중하게 직면시키는지 모델링하는 데 중요한 역할을 한다. 물론 문화적으로 적합한 방식으로 이것이 이루어져야 한다. 가족 구성원은 규칙이 실제로 지켜지는지 알아보기 위해 테스트를 해 볼지도 모른다. 규칙 위반의 사례에는 다른 가족 구성원 놀리기, 물리적 경계를 벗어난다고 위협하기, 상담회기 밖에서 다른 사람들이 했던 것을 말하기 등이 포함된다. 규칙이 깨지면 누군가가 규칙이 깨졌다는 것을 즉시 말하는 것이 중요하다. 초기에는 이러한 책임이 치료사에게 있겠지만, 궁극적으로는 가족 구성원이 규칙을 어긴 사람을 적시에 직면시켜야 한다. 규칙 위반을 인정하는 간단한 기법은 안정감 확보에 엄청난 치료적 이점을 가질 수 있다. 규칙이 깨졌다고 인정하는 것은 규칙을 어긴 사람이 책임감을 수용하고 바로잡는 기회를 만든다. 이상적으로 가족 구성원은 자신들을 위해 세운 규칙을 주장하기 시작할 것이다.

거미줄(Spider Web) 활동

치료에서 가족 구성원이 때로 도전받는 상황은 불만족스러운 가족역동에 자신이 어떤 역할을 한다는 사실을 인식하는 것이다. 거미줄 활동은 가족 체계이론(Bowen, 1978)의 개념을 설명하고, 가족 구성원 모두가 현재 상황에서 어떤 역할을 하고 있다는 것을 깨닫도록 돕는다.

이 활동을 위해 치료사는 대략 30~45m(100~150ft)의 실로 만든 공을 준비한다. 활동과 관련된 몇 개의 해결 방법을 다루기 위해 공이 충분히 커야 한다. 가족은 방 안에 동그랗게 앉고 치료사가 다음의 지시를 말한다. "이 활동은 거미줄이라는 것입니다. 나는 실의 이쪽 끝부분을 내 손에 감으면서 시작하고 질문을 할 것입니다. 그러고 나서 나는 실뭉치 공을 질문에 답할 사람에게 살짝 던질 것입니다. 그 사람은 실을 자신의 손에 느슨하게 감고 다른 가족 구성원에게 공을 던지면 그 사람도 똑같이 합니다. 우리는 모든 사람들이 적어도 한 번 질문에 대답할 때까지 이 놀이를 할 것입니다. 그 후에는 내가 다른 질문(또는 다른 주제를 소개)을 할 것입니다." 이 활동은 치료사가 얼마나 많은 질문을 하는지, 아동들의 연령, 각 가족 구성원이 얼마나 개방하는지에 따라 30분에서 1시간 정도 걸린다. 가족의 결속과 연결/결단을 높이기 위해 치료사가 이 활동에 참여하는 것이 권장된다. 첫 번째 질문은 보통 답하기 쉬운 것으로 하고 긍정적인 부분에 초점을 맞춘다. 예를 들면, "가족의 생활을 더 좋게 만들기 위해 당신은 무엇을 하나요?" "당신이 가족 안에서 하고 싶어 하는 일 한 가지는 무엇입니까?" 또는 "가족 내에서 당신이 가장 좋아하는 기억은 무엇입니까?"

각 사람이 첫 번째 질문에 대답하고 난 뒤에는 조금 더 본질적일 수 있는 두 번째 질문을 제시한다. 예를 들면, "당신이 가족에게 스트레스를 준 일은 무엇입니까?" "당신이 가족에게 갈등을 만든 일은 무엇입니까?" "당신이 가족을 화나게 만든 일은 무엇입니까?" 또는 "당신이 다른 가족 구성원을 두렵게 만든 일이 무엇입니까?"

세 번째 질문은 심지어 더욱 말하기 어려운 주제로 구성될 수 있다. 예를 들면, "당신이 해결하기 힘든 일은 무엇입니까?" "당신이 행복해지기 위해서 가족이 해야 할 일이나 중단해야 할 일은 무엇입니까?" "당신이 다른 사람들을 비난하려는 것은 무엇입니까?" 또는 "당신이 변하기 힘들어하는 것은 무엇입니까?" 각 사람은 질문에 답하고 매번 자신의 손에 실을 감는다. 마지막 질문은 가족 구성원의 변화를 촉구하는 것이다. 예를 들면, "당신의 가족생활을 더 좋게 만들기 위해서 당신이 이번 주에 기꺼이 하려는 일은 무엇입니까?" 또는 "당신의 가족이 더 잘 지내기 위해서 당신은 이번 주에 어떤 일을 그만두겠습니까?"

이러한 질문들에 대답하는 시간을 보내고 나면, 전체 가족과 치료사는 마치 큰 거미줄처럼 보이는 실로 함께 연결되어 있다. 한 사람의 행동이 어떤 방식으로든 모두에게 영향을 주는 하나의 체계로 가족의 개념을 설명하기 위해 거미줄이 사용된다. 이 활동은 치료사가 각 가족 구성원에게 그가 오늘 아주 기분이 좋거나 혹은 나쁜 것처럼(각자 선택) 가장하도록 요청하며 계속된다. 그러고 나서 치료사는 각 구성원에게 자신의 손에 감긴 실을 한 번에 한 명씩 풀도록 요청하는데, 실이 풀리는 것을 다른 가족 구성원이 느끼면 손을 들도록 한다. 이 게임을 몇 번 하고 나면, 각 구성원은 자신의 행동이 다른 구성원에게 영향을 준다는 것을 알 수 있다. 다음으로, 우리가 다른 사람에게 어떤 영향을 어떻게 줄 수 있는지 토론한다. 그 영향은 긍정적인 것일 수도 있고 불쾌한 것일 수도 있다. 이 활동은 현재의 상황이 특정한 가족 구성원 때문이라기보다는 가족의 문제라는 것을 부모가 깨닫도록 돕는다.

'내가 너에 대해 좋아하는 것(What I Like about You)' 활동

이 활동에서 각 가족 구성원은 다른 사람에 대해 자신이 좋아하는 것들의 목록을 만든다. 각자 적을 곳과 필기도구가 필요하다. 종이 접시가 적당하다. 이 활동에 대한 지시는 다음과 같다. "여러분들 각자 종이 접시를 하나씩 가져와서 한쪽 면에 이름을 쓰고 마음대로 장식을 하십시오. 모두 접시 한쪽 면의 장식을 끝내고 나면, 우리는 '내가 너에 대해 좋아하는 것'이라는 활동을 할 것입니다." 모든 사람들이 자기 접시 장식을 마치면, 다음의 지시를 준다. "당신의 접시를 왼쪽 사람에게 전달하세요. 그 사람은 접시를 뒤집어서 접시를 준 사람에 대해 자신이 좋아하는 것 한 가지를 적습니다. 예를 들면, 당신은 그 사람이 하거나 하지 않은 일이 당신을 도와주었던 것을 기억할 수도 있습니다. 모든 사람이 첫 번째 라운드를 완성하고 나면 접시를 다음 사람에게 전달하고, 모든 사람의 접시가 다른 모든 가족 구성원의 글로 완성될 때까지 게임을 계속합니다." 접시가 몇 번 원을 돌고 난 후에, 각 사람은 자신의 접시를 돌려받는다. 뒷면은 보통 각 가족 구성원의 긍정적인 진술로 채워진다. 가족 구성원은 자신의 접시를 집에 가져가서 가족이 자신에 대해 좋아하는 점을 기억할 수 있는 장소에 걸어 놓는다.

거울 블록(Mirror Blocks) 활동

이 활동에는 7~10개의 나무 블록(다양한 형태) 두 세트가 필요하다. 이 게임의 지시는 간단하고, 대부분의 가족들이 이 활동을 30분 이내에 마칠 수 있다. 지시는 다음과 같다. "가족 중에 말을 잘한다고 생각하는 사람 한 명과 듣기를 잘한다고 생각하는 사람 한 명이 각각 지원해 주기를 바랍니다. 마지막으로 도와줄 사람도 한 명 지원해 주세요. 이 활동의 목표는 말을 잘하는 사람이 블록으로 모양을 만들면 듣기를 잘하는 사람이 첫 번째 사람이 만든 블록을 보지 않고 똑같은 모양을 다시 만드는 것입니다." 가족 구성원이 세 가지 역할에 각각 지원하고 나면 치료사는 말을 잘하는 사람으로 지원한 사람이 책상의 한쪽에, 듣기를 잘하는 사람으로 지원한 사람이 책상의 반대쪽에 앉도록 한다. 치료사는 두 사람 사이에 간단한 벽을 세워서 상대방이 하는 것을 서로 보지 못하도록 한다(보통 보드 게임 상자의 뚜껑을 사용한다). 두 사람이 책상 양쪽에 사이에 벽을 세우고 앉아 있으면, 치료사는 블록 세트를 한 세트씩 나누어 주고 두 사람은 각자 여러 가지 형태의 블록들이 있는 똑같은 세트를 가지게 된다.

치료사는 말을 잘하는 사람에게 자신의 앞에 블록을 하나 놓고 나서 작은 카드에 자신이 방금 놓은 것을 적으라고 설명한다. 말을 잘하는 사람은 자신이 적은 종이를 도우미에게 전달하고, 그는 듣기를 잘하는 사람에게 건네준다. 듣기를 잘하는 사람은 종이를 읽고 말을 잘하는 사람이 쓴 지시에 따른다. 말을 잘하는 사람이 두 번째 블록을 놓고 나서 다른 카드에 자신이 놓은 것을 적어서 도우미에게 전달하면, 도우미는 듣기를 잘하는 사람에게 카드를 전달하고 그가 적혀 있는 지시에 따라 두 번째 블록을 놓는다. 말 잘하는 사람이 모든 블록을 다 놓고 각 단계의 지시를 전달하여 듣기를 잘하는 사람이 블록 배열을 마칠 때까지 이 활동이 계속된다.

만약 맞게 진행되었다면, 이 활동이 끝난 후에 벽 양쪽의 블록 배열 디자인은 똑같아야 한다. 그러나 종종 양쪽 블록 디자인은 서로 맞지 않는다. 이 활동에서 치료사의 역할은 단지 가족이 이 과제를 어떻게 완성하는지 지켜보는 것이다. 가족들이 규칙을 따르는가? 누군가 몰래 보려고 하는가? 블록이 제대로 혹은 잘못 놓여 있다고 미묘하고 비언어적인 단서를 주는가? 일단 활동이 완결되고 나면, 치료사가 종이에 쓰인 지시를 가져다가 순서대로 크게 읽어서 듣기를 잘하는 사람(그리고 나머지 모든 가족들)이 블록이 바르게 놓였는지 확인할 수 있도록 한다. 지시를 크게 다시 읽고 나면, 벽을 치워서 각자 만든 것을 볼 수 있게 한다. 블록 배열 디자인이 비슷하거나 일치할 때 가족 구성원의 얼굴에 기쁨이 나타나는 것을 보면 항상 보상이 된다.

치료사는 이 기회를 이용하여 의사소통의 세 가지 유형과 게임의 각 부분이 상징하는 것에 대해 이야기한다. 말을 잘하는 사람이 만든 블록 배열 디자인은 내가 말하고 싶었던 것이라고 본다. 카드에 적은 것은 내가 말한 것에 속하며, 벽의 다른 쪽에 있는 디자인은 내가 들었던 것이라고 부른다. 치료사는 각 가족 구성원에게 자신의 장점이나 단점이 무엇이라고 생각하는지 스스로 평가해 보라고 요청한다. "당신은 자신이 정말 원하거나 필요한 것을 잘 말할 수 있나요?" "당신은 자신이 들은 것을 잘 이해하나요? 아니면 다른 사람이 말하려는 것을 때로 오해하나요?" 그리고 "당신은 자신이 실제로 말하고 싶은 것을 잘 알아내나요? 아니면 당신의 요구나 소망을 말하는 것이 어렵나요?"

모든 가족 구성원이 자신의 강점과 약점을 알아낸 후에, 치료사는 자신의 특정한 약점을 향상시키기 위해 사용할 수 있는 기법에 대해 좀 더 이야기한다. 예를 들어, 자신이 생각하거나 느끼는 것을 알아내기 어렵다는 것을 깨달았다면, 그는 자신이 경험하는 정서가 무엇인지 인식하도록 돕기 위해 기분 단어 목록을 사용할 수 있을 것이다. 만약 자신이 생각하거나 느끼는 것을 정확하게 말하기 어렵다면, 자신이 생각하고 느끼는 것을 정확하게 표현하는 노래를 찾거나 편지를 쓰는 것이 좋을 수도 있다. 다른 사람들이 말하는 것을 오해한다면, 그는 반영적 경청의 기술을 연습하고 다른 사람들이 말한 것을 다시 반복해 볼 수 있다.

전과 후 모래상자(Before-and-After Sandtray)

이 개입을 위한 재료는 모래상자, 소형 모형들, 두 개의 색인 카드(하나는 전, 다른 하나는 후라는 글자가 쓰인 것), 그리고 상자 중앙을 나눈 울타리이다. 치료사는 모래상자의 중앙에 수직으로 울타리를 놓고 상자의 왼쪽 뒤에는 전 카드를, 상자의 오른쪽 뒤에는 후 카드를 놓는다. 이 활동의 지시는 다음과 같다. "우리는 전과 후 모래상자라는 활동을 할 것입니다. 제일 처음으로 할 지원자가 필요합니다. 소형 모형들을 사용해서 사건이 일어나기 전에 당신의 삶이 어떠하였는지를 표현하는 장면을 모래상자에 만들어 보십시오. 여기서 사건은 가족에게 일어난 중요한 것으로 가령, 이혼, 가족 구성원이나 친구의 상실, 새로운 집이나 도시로의 이사와 같은 것입니다. 그러고 나서 상자의 오른쪽에는 그 이후에 당신의 삶이 어떠했는지를 나타내는 장면을 만들어 보십시오."

한 사람이 활동을 끝낸 후에, 가족은 방으로 오고 상자를 만든 사람이 상자의 양쪽을 설명한다. 그 사람이 상자에 대한 설명을 끝낸 후에, 치료사는 다른 사람들이 그 이야기에 대해 가진 질문에 대답하는 것이 편안한지 그에게 묻는다. 그 사람이 동의하면 가족 구성원과 치료사는 질문을 할 수 있다. 치료사는 상자의 양쪽에 대해 정서적 내용을 분명히 드러내는 질문을 물을 수 있다. 예를 들면, "이쪽과 저쪽에 대해 어떻게 느끼나요?" "여기에 오기 위해 당신은 무엇을 포기해야 했나요?" "후 영역에서 가장 힘든 것은 무엇입니까?" "전 영역에서 가장 좋은 부분은 무엇입니까?" "전/후 영역에서 가장 나쁜 부분은 무엇입니까?" "지금 당신의 삶은 얼마나 좋습니까? 당신의 삶은 얼마나 나쁩니까?" 이러한 질문을 진행하는 것은 자신이 알지 못하였던 이야기에 대한 통찰을 얻는 데 도움이 되고, 다른 방법으로는 하기 어려웠을 것을 말로 의사소통하도록 도울 수 있다.

그 사람이 다 마치고 나면, 치료사는 사진 찍기를 원하는지 질문하고 휴대전화 카메라를 이용하여 이 과정을 기념한다. 그러고 나서 모래상자를 치우고 전과 후 모래상자를 만든 다음 가족 지원자를 위한 준비를 한다. 다음 사람이 자신의 모래상자 이야기를 공유할 기회를 얻고, 동의하면 질문을 한다. 이 활동은 모든 가족 구성원이 참여할 기회를 얻을 때까지 계속된다.

가족 비전 콜라주(The Family Vision Collage)

이 활동을 위한 재료는 몇 권의 잡지, 가위, 풀 그리고 포스터나 태그 보드가 포함된다. 가족 구성원이 이 활동을 재미있게 하고, 집 안 어딘가에 걸어 놓고 싶어지는 콜라주를 만들도록 격려한다. 이 활동에 대한 지시는 다음과 같다. "여러분 모두가 했으면 하는 활동은 당신이 내년부터 5년 후까지 당신의 가족에게 갖는 희망과 비전에 대한 콜라주를 만드는 것입니다." 가족 구성원은 자신들이 콜라주에 포함하고 싶은 시기를 결정한다. 구성원이 잡지를 보면서 자신들이 선택한 시기에 가족이 어떻게 지내기를 원하는지 가장 잘 묘사하는 단어나 그림을 자른다. 이 활동은 60분에서 2~3회기가 걸릴 수 있다. 그림과 단어를 자르는 과정 전체에서 대화를 격려한다. 예시 진술과 질문은 다음과 같다. "당신이 왜 이 그림을 골랐는지 조금만 말해 주세요" "당신의 가족이 이랬으면 하고 원하는 것을 그 단어가 어떻게 나타내나요?" "그것을 달성하기 위해서 당신은 무엇을 다르게 할 필요가 있을까요?" 이러한 질문들은 각 가족 구성원이 자신의 희망과 꿈, 그리고 가족에 대한 소망에 대해 개방하도록 촉진할 수 있다.

콜라주가 완성된 후에, 치료사는 가족 구성원이 콜라주를 어디에 걸어 놓을지 질문한다. 그들이 성취하기 원하는 것을 떠올릴 수 있도록 매일 볼 수 있는 곳을 선택한다. 콜라주를 커피 테이블 덮개로 사용할 수 있다. 콜라주를 액자에 넣어서 집에 걸어 놓거나 냉장고에 테이프로 붙여 놓을 수도 있다. 가족 비전 콜라주의 가치는 가족이 미래를 위한 포부에 초점을 두고 가족의 가능성에 대해 꿈을 갖도록 격려하는 것이다. 가족이 재미있고 긍정적인 활동을 하도록 격려하는 것에 더하여, 콜라주를 만드는 것은 각 구성원이 자신이 변하거나 성장할 필요가 있다고 느끼는 것을 확인하도록 도울 수 있다. 가족 비전 콜라주는 또한 가족을 위해 매우 좋은 마무리 혹은 종결 활동이다. 이 활동을 통해 치료실의 규칙적인 치료적 시간에서 가정의 실제 생활로 돌아가는 전이 대상을 만드는 데 모든 사람들이 참여하게 된다.

굿바이 게임(The Goodbye Game)

종결은 치료 과정에서 매우 중요한 부분이고, 가족을 이 단계로 이끄는 방법을 알면 도움이 된다. 굿바이 게임의 지시는 다음과 같다. "때때로 삶에서 우리는 좋은 작별인사를 할 수 있는 기회를 갖지 못합니다. 이러한 일이 생길 때, 우리는 그 사람에게 무언가 말하거나 우리가 정말 어떻게 느끼는지 이야기할 수 있었으면 하는 소망을 가지게 됩니다. 그래서 이 활동에서 우리는 서로에 대해 좋아하는 것이나 그 사람이 어떤 변화를 만들었는지 우리가 본 것을 말해 주는 기회를 가지려고 합니다. 여러분 중 한 명이 처음 시작하고, 당신은 가족 구성원 중 한 명을 뽑아서 그에 대해 좋아하는 것이나 그가 어떻게 변했는지, 또는 그를 위해 어떤 희망을 갖는지 말해 줍니다. 그에게 당신의 이야기를 다 한 후에 그는 '고마워요.'라고 말할 수 있습니다. 당신이 생각한 것이나 느끼는 것을 모두에게 말해 줄 때까지, 당신은 다음 가족 구성원에게 가서 같은 활동을 합니다. 그러고 나면 누군가 두 번째, 그리고 세 번째로 지원하여, 모든 사람이 자신의 이야기를 공유할 기회를 가질 때까지 계속합니다." 치료사는 종결에 대한 기분을 인정하는 역할 모델을 보여 주고, 가족 구성원에게 그들이 함께한 시간에 대한 생각과 기분을 표현하는 기회를 주면서 가족과 이 활동에 참여한다.

결론

가족놀이치료는 다양한 가족에게 시행할 수 있는 흥미롭고 유용한 치료 방법이다. 이 형식은 가족이 된다는 것이 무슨 의미인지에 대한 지속적이고 건설적이며 중요한 측면으로 놀이를 포함시키면서, 치료사와 가족 모두 자신들의 비전을 새롭게 하도록 도전을 준다. 가족놀이치료가 아동 및 가족과 함께 작업하는 비교적 새로운 방법임에도 불구하고, 관계에 유익한 것으로서 놀이를 강조한다는 점에서 인류만큼이나 오래되었다.

제14장
동물매개놀이치료

Risë VanFleet
Tracie Faa-Thompson

Robbie는 지난 10회기의 놀이치료회기 동안 말을 거의 하지 않은 채 조심스럽게 놀았다. 아동은 어머니의 남자친구들에게 몇 년간 학대를 당한 후 아무도 믿지 않는 듯 보였다. 아동은 자신과 환경에 대한 확신이 없어 보였고, 매번 망설이며 놀이실로 들어와 장난감 몇 개를 만지작거리기는 했지만 보통의 6세 남자아이처럼 놀지는 못했다. 치료사로서 나(VanFleet)는 상당한 놀이치료 경험을 가지고 있었지만, 아동이 항상 의심하였기 때문에 가까워질 수 없었다. 아동은 나를 좋아하는 것처럼 보였지만 놀이실이 충분히 안전함에도 불구하고 마음껏 놀려고 하지 않았다. 아동은 여러 번 너무 잔인하게 학대받아서 어른에 대한 경계를 늦추지 않았다.

나는 치료회기 중에 놀이치료 파트너 Kirrie를 데리고 Robbie를 만났는데, Robbie는 이전 치료회기에서 Kirrie를 만난 적이 있었다. Kirrie는 구조된 보더콜리 하운드 믹스 견(border colic-hound mix)으로 항상 놀고 싶어 하는 고도로 훈련된 놀이치료견이다. 지난 시간에 배운 것을 기억하여 Robbie는 Kirrie에게 앉으라고 말했고, Kirrie는 앉았다. 그다음에 그는 왼쪽 손을 내밀어 Kirrie에게 손바닥을 펴고는 "뽀뽀해."라고 말했고, Kirrie는 코를 그의 손에 댔다. Robbie는 키득키득 웃으며 "Kirrie가 나를 기억하네!"라고 했다. 이후 놀이치료회기 동안 Robbie는 Kirrie에게 신나서 이야기했고, Kirrie가 후프를 통과해 점프하기, 장난감을 골라 바구니 안에 넣기, 빙빙 돌기와 같은 몇몇 기술을 부릴 때 약간의 간식을 주었다. Robbie는 Kirrie에게 뭔가 하도록 시키는 것을 나에게 보여 줄 때 웃음과 자신감에 차 있었으며 이전의 과묵했던 모습은 전혀 찾아볼 수 없었다. 나는 "Kirrie가 너를 기억해서 정말 기쁘구나……. Kirrie가 빙빙 도는 모습이 재밌구나……. 너는 Kirrie가 네 말을 듣고, 네가 시키는 대로 할 때가 좋구나."라고 반영하였다. 이후 Robbie와 나는 Kirrie에게 큰 상자 안으로 깡충 뛰어 들어가 눕는 새로운 기술을 가르쳤다.

회기가 끝날 때, Robbie는 상자 기술을 위탁모에게 보여 줘도 되는지 물었고, 그 기술을 보여 주면서 Kirrie에게 새로운 기술을 가르쳐 준 방법에 대해 설명하였다. 위탁모는 "Robbie가 다른 아이 같아요!"라며 놀라워하였다. 사실 Robbie의 행동은 극적으로 변화하였고, 이것은 Kirrie의 존재, Kirrie의 반응성 그리고 Kirrie에게 새로운 무언가를 가르칠 수 있다는 아동의 자신감 덕분이었다. Kirrie와 함께한 단지 두 회기에서, Robbie는 치료견의 사회적 윤활 효과(Social lubrication effect)를 보여 주었다. 동물매개놀이치료(animal-assisted play therapy: AAPT)는 Robbie가 신뢰와 성장을 배울 수 있는 매우 좋은 방법이었다.

배경정보

동물매개놀이치료는 경험적으로 지지되는 두 가지 접근법, 즉 놀이치료와 동물매개치료(Animal-Assisted Therapy: AAT)를 통합한 치료방법이다(VanFleet, 2008 참조). 동물매개놀이치료는 "놀이치료의 맥락에 동물을 포함시킴으로써, 아동들의 발달적, 심리사회적 건강뿐 아니라 동물의 안녕(well-being)을 향상시킨다는 목적을 가지고, 적절하게 훈련된 치료사와 동물이 체계적인 놀이 개입을 통해 아동 및 가족과 관계를 맺는다. 놀이와 놀이성은 상호작용과 관계에 있어 필수적인 요소이다"(VanFleet, 2008, p. 19). 동물매개놀이치료는 아동, 청소년, 성인에게 적용가능하며 개인, 집단 또는 가족회기로 적용가능하다. 놀이, 놀이성 그리고 유머는 치료에서 내담자의 힘든 정서와 문제를 다루기 위해 필수적인 정서적 안정감을 형성하도록 돕는다. 사용된 놀이 유형은 내담자의 연령에 따라 바뀔 수 있지만, 가볍고 편안한 분위기는 모든 연령의 내담자에게 매우 유용하다.

동물매개놀이치료는 비지시적 또는 아동중심적 접근으로 사용될 수 있으며, 지시적 또는 인지행동놀이치료를 통해 기술들을 가르치거나 특정한 문제 영역을 다루는 데 사용될 수도 있다. 또한 가족들은 다양한 방식으로 참여할 수 있다. 동물매개놀이치료는 놀이치료에 기반을 두고 있기 때문에 놀이기반 개입이 그러한 것처럼 동일한 융통성을 가진다.

몇몇 놀이치료사들이 25년 이상 자신의 치료에 체계적으로 개를 포함시켜 왔지만(Marie-José Dhaese, 2012), 동물매개놀이치료는 최근 10년 사이에 널리 퍼져 나가고 있으며 이런 방법을 사용한 연구와 치료가 저술되고 있다(Crenshaw, 2012; Parish-Plass, 2008, 2013; Thompson, 2009; Trotter, Chandler, Goodwin-Bond, & Casey, 2008; VanFleet, 2008; VanFleet & Colţea, 2012; VanFleet & Faa-Thompson, 2010, 2012, 2014; Weiss, 2009). 개와 말이 가장 자주 포함되는 종이지만, 고양이, 토끼, 당나귀, 거북이 등도 포함된다(VanFleet, 2007).

동물매개놀이치료에서 치료사는 내담자와 함께하는 놀이치료회기에 적절히 훈련된 개를 참여시키거나 또는 말을 참여시킨 치료를 위해 농장이나 마구간을 방문하도록 준비한다. 동물들은 치료 과정에서 파트너처럼 기능하며 치료 과정을 촉진시키기 위해 고안된 수많은 다른 역할을 맡기도 한다. 동물매개놀이치료 치료사들은 주로 다양한 치료 목표를 위해 즐거운 방식으로 동물 파트너와 함께 작업하는 방법을 학습한 놀이치료사 또는 가족치료사이다.

동물매개놀이치료의 사용에 있어 내담자들에게 상당한 이익이 있지만 위험 또한 존재한다. 치료사들은 동물매개놀이치료의 안전하고 윤리적인 실시를 위해 자신과 동물에 대한 적절한 훈련을 받아야만 한다. 다음 부분에서는 동물매개놀이치료의 실제를 뒷받침하는 원리들을 설명하고, 나머지 부분에서는 기술, 방법, 윤리적 고려 사항, 참고자료, 그리고 자격에 대한 설명을 제공한다. 뿐만 아니라, 실제 사례도 제시하고 있다.

원리

동물매개놀이치료는 동물의 욕구와 복지를 인식하고 보호하는 동시에 질 높은 놀이치료와 다른 심리치료 개입을 함께 실시한다. 그리고 동물의 복지를 고려하는 것뿐 아니라 아동에게 적절한 상호작용 모델도 제공하여야 한다. 치료사-동물 관계는 일반적인 관계뿐만 아니라 치료적 관계에 대한 은유(metaphor)의 역할도 한다. 치료 동물에 대한 배려와 상호 존중에 기반해서 긍정적인 관계를 형성하도록 시행된다. 예를 들어, 아동들이 개의 공간을 침범할 때 개가 스트레스 신호를 보인다면 치료사는 개가 편안함을 되찾을 수 있게 아동의 행동을 바로잡아야 한다. 이러한 개입 자체가 내담자에게 치료적이고, 치료사는 다양한 방식에서 내담자와 함께 이러한 경계에 대한 필요성을 다룰 수 있을 것이다. 지치거나, 불안하거나, 지겨워하는 동물 파트너와 함께 치료를 지속하는 치료사는 내담자에게 매우 좋지 못한 치료와 공감의 모델을 제공할 것이다. 동물매개놀이치료에서 치료적 실제와 의사결정의 원칙들은 VanFleet과 Faa-Thompson(2010)에 제시되어 있다(효과적이고 윤리적인 실제가 중요하지만, 지면의 제약으로 인해 여기에 모두 싣지 못했다).

동물매개놀이치료를 위해 필요한 능력

치료사들이 그들의 능력 범위 내에서 치료해야 한다는 것은 대부분 정신 건강 전문가들의 윤리적 원칙이다. 이는 새로운 치료 양식을 위해서 치료사들은 적절한 훈련과 슈퍼비전을 받아야 한다는 것을 의미한다. 동물매개놀이치료의 경우 치료사는 새로운 기술을 개발해야 할 뿐 아니라 동물들 역시 적절하게 선택되어져야 하고 치료를 위해 충분히 준비되어야 한다. 아동들이 어떻게 반응하는지를 보기 위해 다정한 개를 놀이회기에 데리고 들어가 보고 싶지만, 이것은 개, 내담자, 치료사에게 심각한 문제를 야기할 수 있으며 동물매개치료와 동물매개놀이치료 분야 전체에도 심각한 문제를 가져올 수 있다.(외과의사가 새로운 수술법에 대한 적절한 훈련과 슈퍼비전을 받지 않았다면 우리의 대부분은 그 외과의사의 첫 번째 환자가 되길 원치 않을 것이다). 대부분 동물매개놀이치료 전문가들은 동물매개놀이치료가 그들이 배우고 시행했던 가장 복잡한 형태의 치료 중 하나라는 것을 알고 있다. 다음은 치료사들이 동물매개놀이치료를 효과적이고 윤리적으로 실시하기 위해 알아야 하는 몇 가지 필수적인 능력에 대한 설명이다.

놀이치료 능력

치료사는 놀이치료의 모든 핵심 유형에 숙련되고 경험이 많아야만 하며, 치료회기 동안 자발성, 창의성 그리고 놀이성을 사용할 수 있어야 한다. 또한 그들은 아동과 가족 목표에 부합하는 적절한 놀이 개입을 선택하는 법을 알아야 한다.

동물에 대한 지식

치료사는 함께 작업하는 동물에 대한 상당한 지식을 갖추어야 한다. 이것은 고유한 종(species)과 각각의 개체(individuals), 그리고 그들의 행동을 이끄는 것에 대한 이해와 존중을 포함한다. 치료사는 실시간으로 동물의 보디랭귀지와 의사소통 신호들을 읽는 법을 배워야 하고, 몸 전체와 맥락을 고려해 그것들이 동물에게 무엇을 의미하는지를 해석하는 법을 배워야 한다. 치료사들은 전체 삶을 동물과 함께 생활하지만, 동물매개놀이치료 분야에 입문하는 대부분의 치료사들은 완전히 다른 세상이 존재한다는 것을 배우게 된다. 동물의 안녕을 보장하고 잠재적인 사고 발생을 예방하기 위해서 실시간으로 보디랭귀지를 읽는 것은 대단히 중요한 기술이다.

동물의 선택, 기르기, 훈련하기와 다루기 능력

개의 경우에 치료사는 치료에 적절한 개를 선택하고, 그들을 사회화시키고, 개에게 적합하고, 혐오적이지 않은 방법으로 훈련시키고, 그다음에 내담자가 개를 훈련시키는 것을 돕거나 개와 상호작용하게 해야 한다. 말과 함께 작업하는 치료사는 말과 안전하고 긍정적으로 상호작용하는 방법뿐 아니라 말에 대해 동일하게 많은 것을 이해해야만 한다. 이러한 능력은 치료사가 아동이 인간미 있는 태도와 행동을 개발하도록 도울 수 있는 토대를 마련한다.

내담자-동물 상호작용과 관계를 촉진시키는 능력

이 부분은 동물매개놀이치료를 실시하는 데 있어 가장 복잡한 기술 중 하나이다. 치료사들은 내담자와 동물 모두의 안녕을 보장하기 위해 그들의 주의를 내담자와 동물에게로 나눌 수 있는 능력을 개발해야만 한다. 그들은 또한 치료 목표를 촉진시켜야 한다는 점을 항상 염두에 두고 다른 종류의 놀이치료 내에서 주어진 어떠한 순간에도 가장 효과적인 반응을 찾아내야만 한다. 치료사들은 다재다능할 필요가 있는데 가끔은 아동에게 동물과 그들의 감정에 대해 가르치고, 가끔은 공감적 반응을 통해 은유와 놀이주제를 알아내고, 가끔은 동물과 함께 적절한 아동의 행동을 강화하고, 자기이해, 자기조절 그리고 행동 변화를 촉진하기 위해 다양한 상담 전략을 사용한다. 동물매개놀이치료사들은 내담자의 목표를 유념하는 동시에 많은 것을 파악하고 있어야만 한다. 치료사는 치료 과정을 강화하기 위해 실시간 순간(real-time moments)을 사용할 수 있어야 한다.

동물매개놀이치료에서의 특유의 도전을 다룰 수 있는 능력

인간이 아닌 동물을 놀이실에 초대하는 것은 새로운 관계를 치료적으로 더하는 것이다. 치료사는 동물과 함께 살며 동료이기 때문에 동물과 매우 자주 관계를 가지고 있다. 아동은 치료사뿐만 아니라 소개받은 동물과도 관계를 형성한다. 때때로 인간을 신뢰하지 못하는 아동들의 경우 치료사와의 관계가 동물의 사회적 윤활 효과(social lubrication effect)를 통해 형성된다. 역전이 문제는 이러한 효과와 관련이 있는데, 치료사가 치료회기에서 자신의 동물들 중 한 마리를 포함시키는 경우 더욱 그러하다. 치료사들이 이런 중요한 역동과 동물 파트너의 존재가 그들과 그들의 치료 작업에 어떠한 영향을 끼치는지를 아는 것은 중요하다.

이러한 능력을 개발하기 위해서는 시간, 훈련, 경험 그리고 슈퍼비전이 필요하다. 무엇보다도 회기에 참여한 각각의 동물은 치료를 위해 적합한지 평가되어야 하고 훈련받고 준비되어야 할 필요가 있다. 동물매개놀이치료를 안전하고 효과적으로 실행하기 위해 필요한 준비의 대부분은 대단히 흥미로우며, 치료사들은 이것이 보람 있다는 것을 알게 될 것이다. 동물매개놀이치료 자격증 프로그램이 개발되어 있으며 추가 정보는 www.playfulpooch.org에서 확인할 수 있다.

동물매개놀이치료의 목표

동물매개놀이치료를 통해 다루어질 수 있는 다섯 가지 주요 목표가 있다(VanFleet & Faa-Thompson, 2010). 대부분의 경우에 한 가지 이상이 동시에 다루어질 수 있다. 목표는 ① 자기효능감, ② 애착/관계, ③ 공감, ④ 자기조절, ⑤ 문제 해결이다. 이러한 목표들은 VanFleet과 Faa-Thompson(2010, 2014)에 상세히 제시되어 있다.

비지시적(아동중심) 동물매개놀이치료

아동중심놀이치료에서 사용되는 원리와 기술은 모든 형태의 동물매개놀이치료 실제(지시적 접근을 포함해서)에 필수적이다(Landreth, 2012; VanFleet, Sywulak, & Sniscak, 2010). 치료사가 지시적인 접근이나 집단치료를 할 때도 공감, 조율, 상상놀이와 제한의 사용은 가치가 있다. 하지만 여기서는 비지시적인 방식을 사용한 아동중심놀이치료에 초점을 두고 있는데, 비지시적인 방식에서는 아동이 장난감과 그것을 가지고 노는 방법을 선택하고, 치료사는 아동이 놀이실에서 마음껏 자유롭게 탐색하고, 놀고, 삶의 도전을 통해 작업할 수 있게끔 안전하고 수용적인 환경을 만들어 준다. Landreth(2012)와 VanFleet 등(2010)에서 설명된 것처럼 아동중심놀이치료회기에 주로 사용되는 동물은 개이다.

비지시적(아동중심) 동물매개놀이치료를 위한 개

아동중심놀이치료를 실시하기 위해서는 특별한 종류의 개가 필요하다. 비지시적인 놀이치료견은 아동이 선택한 다양한 놀이실 활동을 흥미로워하고 참여할 수 있고 아동이 자신의 놀이에 개를 포함시키지 않더라도 놀이실 한 켠에서 조용히 기다릴 수 있는 기질을 가지고 있어야 한다. 그리고 개는 아동이 창의적인 방식으로 사용할 수 있는 많은 기술과 신호를 학습할 수 있을 정도로 상당한 수준의 훈련을 받아야만 한다. 개는 치료사의 최소한의 신호로도 움직일 수 있어야 하고, 시끄러운 장난감과 활동적인 아동과 빠르게 변하는 놀이 시나리오에 비교적 동요하지 않은 채 다양한 놀이와 선택에 참여할 수 있어야만 한다. 이것은 개가 진심으로 싫어하는 것을 견뎌야만 한다는 것을 의미하지는 않는다. 두렵거나 위협적인 제스처, 불편한 옷이나 침습적인 접촉을 견뎌야 하는 것도 아니다. 구조화와 제한 설정은 아동이 개를 항상 인도적이고 인격적으로 대할 수 있도록 돕기 위해 사용된다. 그렇지만 아동중심놀이치료에서 개는 움직임, 소음, 참여나 비참여에 편안해 해야만 한다. 불안한 개들은 적절하지 않다. 안정적이고 사람을 좋아하는 개가 적절하다.

비지시적(아동중심) 동물매개놀이치료회기

동물이 없는 아동중심놀이치료와 같이 동물매개놀이치료에서도 아동은 가지고 놀 장난감과 가지고 놀 방법을 선택하고 아동이 놀이 순서와 주제도 결정한다. 동물매개놀이치료에서 치료사는 아동의 주요 놀이주제와 감정을 반영하고, 공감적으로 경청하며, 아동이 요청할 때 상상놀이에 참여하고, 필요하다면 제한을 설정할 뿐만 아니라 개도 역시 아동이 바라는 것을 해야 한다. 그리고 아동과 놀이뿐 아니라 개가 안전하고 편안함을 유지하며 필요시에 함께 놀 수 있도록 하기 위해 개에게도 세심한 주의를 기울일 필요가 있다. 가끔 치료사는 개를 통해 공감적으로 경청하거나, 개입이 필요할 때 개를 대변하면서 개에게 '목소리를 준다.' 예를 들어, 치료사는 "Kirrie, Martin이 경찰 모자를 쓰고 있네. 그가 일하러 갈 준비를 하고 있는 것 같구나……. 오! Kirrie, 저거 봤어? Martin이 못된 사람들을 쫓고 있어! 정말 위험해 보이는구나……. Martin이 그들을 잡았어! 오, Kirrie. Martin은 못된 사람들을 잡은 것을 매우 자랑스러워 해."라며 개를 통해 반영할 수 있다.

상상놀이에서 치료사는 아동이 상상한대로 개가 그 역할을 수행할 수 있게 도와준다. 예를 들어, Sally가 자신은 선생님이고 Kirrie는 학생이라고 했을 때, 치료사는 Kirrie를 교실에 있는 '자리'에 앉아서 기다리도록 시키고, 만약 선생님(Sally)이 Kirrie에게 문제에 대한 대답을 아냐고 묻는다면 치료사는 Kirrie에게 발을 들라는 신호를 줄 수 있다(수업에서 손을 드는 것처럼). 동시에 치료사는 계속해서 공감적으로 반영할 수 있다. "선생님(Sally)이 어려운 질문을 하고 있네. Kirrie가 손을 든 것 같아!" 만약 아동이 개와 치료사 모두에게 다른 역할들을 맡도록 요구한다면, 치료사는 개가 역할을 하도록 도우면서 자신의 역할을 해야 하기 때문에 상황은 더 복잡해질 수 있다.

치료견과 함께하는 아동중심놀이치료에서 제한은 개의 안전을 확보하기 위해 확장되지만 다른 종류의 제한과 같은 방식으로 설정된다. 치료사는 구체적으로 제한을 언급한 후, 발생한 문제를 해결하도록 아동에게 기회를 주기 위해 일반적인 방향 재설정 진술(redirecting statement)을 제공한다. 치료사는 "June, 너는 Kirrie의 귀에 대해 궁금하구나. 하지만 네가 하지 말아야 할 것들 중 하나는 Kirrie를 꼬집는 거야. 너는 그 외에 어떤 것이든 할 수 있어."라고 말할 수 있다. 이것은 June에게 개를 다치게 할 수 있는 행동에서 벗어나 아동의 감정과 행동의 방향을 재설정할 수 있는 기회를 준다. 만약 아동이 동일한 제한을 두 번 어기려고 한다면, "June, 너는 Kirrie의 귀를 꼬집을 수 없다고 내가 말한 걸 기억하렴. 만약 네가 다시 그런다면 우리는 오늘 특별한 놀이실을 나가야만 할 거야. 하지만 너는 그 외에 어떤 것이든 할 수 있어."라고 경고한다. 여기서 아동에게 자기 지시를 위한 또 다른 기회를 주면서 제한이 재언급되고, 뒤이어 그 결과가 무엇일지에 대한 경고가 뒤따른다. 방향 재설정 진술은 이전에 했던 것과 같다. 마지막으로 만약 아동이 동일한 제한을 세 번째 어기려고 시도한다면 치료사는 경고 단계에서 언급했던 것처럼 결과를 시행한다. "June, 만약 네가 Kirrie의 귀를 꼬집으려 한다면 우리는 이방을 나가야만 한다고 내가 말한 것을 기억하니? 너는 또다시 꼬집었고, 우리는 특별한 놀이실을 나가야만 해." 놀이실 밖에서 치료사는 아동에게 개와 치료사는 다음 회기에 아동을 만나게 될 것이라고 재확인시킬 수 있다.

놀이치료견에 대한 한 가지 추가적인 고려사항은 개에게 즉시 오게 하는 신호를 가르치고 안전을 위해 치료사 뒤로 움직이게 하는 것이다. 이것은 물건이 빠르게 움직이고 개가 다칠 위험에 처해 있을 때 주어지는 '비상 신호'이다. 이것은 아동에게 제한을 설정하는 한편, 개를 빨리 안전한 곳으로 피하게 하기 위한 방법이다.

놀이치료견과 함께 하는 아동중심놀이치료에서 치료사는 항상 치료견이 없을 때 아동중심놀이치료에서 사용하는 원리와 기술을 따라야 한다. 다양한 문제들을 다루기 위해 아동과 개가 특별한 관계를 맺는 것이 도움이 될 수는 있지만, 비지시적인 동물매개놀이치료가 겁쟁이를 위한 것은 아니다. 이것은 훌륭한 아동중심놀이치료 기술과 주의를 아동에서 개에게로 다시 아동에게로 빠르게 전환할 수 있는 능력을 요구한다. 비지시적 동물매개놀이치료는 적절히 시행하기에 매우 힘든 형태일 수 있다.

임상사례(치료사: VanFleet)

Jackie는 만 9세, 초등학교 4학년이었다. 그녀는 자동차 사고로 인한 부상 때문에 작년에 몇 달 동안 학교를 결석했다. 학교에 돌아가서는 또래에게 징징거리고 요구적으로 행동하였는데, 아마 여전히 남아 있는 통증과 지속되는 의료 치료에 대한 스트레스 때문인 것 같았다. 아동의 학급 친구들은 처음에는 동정적이었지만 도움에 대한 요청은 시간이 지나면서 악화되었고 결국 학기 말쯤에는 혼자 있게 되었다. 학급 친구들은 아동을 잔인하게 대하진 않았지만 더 이상 함께 놀거나 점심을 같이 먹고 싶어 하지 않았다. Jackie의 부모는 Jackie가 사고 경험을 극복하고 또래 관계가 향상되기를 희망하며 놀이치료에 데리고 왔다. 부모는 치료견이 있다는 것을 알고 Jackie가 Kirrie와 함께 치료회기를 진행하는 것을 적극 찬성하였다.

나는 Jackie와 친해지고 아동이 비지시적인 환경을 경험할 수 있도록 처음 몇 회기를 가졌다. Jackie는 사고와 치료 시기 동안 통제감이 상실되고, 고통과 이후 학교에서 사회적 적응의 어려움을 경험했기 때문에, 나는 Jackie에게 도움이 될 만한 놀이를 자신이 선택할 수 있는 아동중심놀이치료가 아동에게 효과적일 것이라고 생각했다. 가족은 근무 일정을 조정할 수 있는 여름에 치료사와 함께 부모-자녀놀이치료에 참여하기로 했다.

처음 두 번의 놀이치료회기 동안 Jackie는 보통 초기 회기에서 그러하듯 오랫동안 한 가지를 정하지 않고 놀이실을 탐색하였다. Jackie는 Kirrie에 대해 궁금해 했고 언제 만날 것인지를 물었다. 두 번째 회기 초반부(30분 이내)에 아동중심놀이치료를 끝낸 후, 우리는 Kirrie와 함께 어떻게 놀이할 수 있을지에 대해 이야기를 나누며 남은 시간을 보냈다. 나는 Jackie에게 개를 안전하게 만나고 인사하는 방법을 가르쳤고, Kirrie가 '쓴' 편지를 그녀에게 줬는데 여기에는 자신이 아이들과 어떻게 노는 것을 좋아하는지에 대한 사진과 정보가 있었다. 나는 Jackie에게 Kirrie의 주요 신호 몇 가지를 가르쳤고, 우리는 실물 크기의 개 인형을 사용해서 재미있는 방식으로 연습하였다.

우리는 다음 몇 회기를 Kirrie와 함께하였다. Jackie는 즐거워했고 처음 몇 분 동안은 Kirrie를 쓰다듬었고 Jackie가 시킨 행동을 Kirrie가 수행하였을 때 간식을 주면서 보냈다. 이후 Jackie는 Kirrie에게 자신이 '강아지 의사'고 Kirrie는 환자라고 하였다. Jackie가 청진기와 의료 도구를 가지고 Kirrie 쪽으로 움직였을 때 나는 공감적인 경청 반응을 했다. "Kirrie, Jackie가 너를 진료할 건가 봐. 너는 의사가 필요한 것처럼 보이는구나! 강아지 의사인 Dr. Jackie가 오셨네. 그녀는 의료 장비를 준비해 왔구나." 나는 Kirrie에게 앉거나 기다리라고 말하지 않았는데, 왜냐하면 Jackie는 원한다면 스스로 하는 방법을 알고 있기 때문이다. Jackie는 그러한 신호를 주지 않고 계속 Kirrie를 따라 놀이실을 돌아다녔다. 나는 아동의 비언어적 의사소통에서 나타나는 좌절감을 보았고, 다음과 같이 반영했다. "Kirrie가 가만히 기다리지 않는구나. 매우 당황스럽겠다!" Jackie는 고개를 끄덕였고 계속해서 Kirrie를 따라다녔다. 결국 아동은 나에게 돌아서서 "Kirrie에게 그만 돌아다니라고 말해 줄 수 있어요?"라고 말했다. 나는 다시 "너는 Kirrie를 진찰할 수 있도록 가만히 있길 원하는구나."라고 반영하였다. Jackie는 고개를 끄덕였고 기대에 찬 얼굴로 나를 바라보았다. "그리고 너는 내가 도와주길 바라는구나." 아동은 다시 고개를 끄덕였다. 아동이 나에게 언어적으로 그리고 비언어적으로 직접적인 도움을 요청했기 때문에 나는 아동의 요구를 들어주었다. 나는 Kirrie를 Jackie가 의료 장비를 가지고 있는 탁자로 불렀고 앉아서 기다리라고 말했다. Jackie는 Kirrie를 매우 신중하게 진찰했다. Jackie는 나를 쳐다보고 다음과 같이 말했다. "당신 개가 아파요! 아주, 아주, 아주, 많이 아파요."라고 말했다. Jackie는 암묵적으로 나를 상상놀이의 역할에 참여시켰기 때문에 나는 아동이 바라는 대로 역할연기를 하였다. "Jackie 의사 선생님, Kirrie가 아파요. 나는 정말, 정말 걱정이 돼요." Jackie는 나를 보고 말했다. "괜찮아요, 제가 알아서 해 줄게요." 회기가 거의 끝날 무렵이 되어 Jackie는 사고 없이 떠났다. 아동은 대기실로 가서 어머니에게 자신은 이제 강아지 의사인 Dr. Jackie라고 말했다. 그 후에, 어머니는 나에게 Jackie가 의사 놀이를 그렇게 빨리 시작했다는 사실에 놀랐다고 했는데, 왜냐하면 병원에서 의료 장비와 장난감을 가지고 놀도록 했던 시도를 Jackie가 거부했었기 때문이다.

다음 회기에서 Jackie는 이전 회기에서와 같이 강아지 의사 놀이를 하였다. 이번에 아동은 약을 줘야 하고 이것이 매우 구역질 나기 때문에 Kirrie가 이것을 잘 먹도록 만들어야만 한다고 말했다. 아동은 Kirrie가 약을 잘 먹을 수 있게 트림을 시켜야 한다고 말했다. 나는 "Kirrie가 그 역겨운 약을 먹는 것은 매우 어렵겠구나. Kirrie는 절대 이것을 좋아하지 않을 거야."라고 반영했다. Jackie는 작은 플라스틱 병에서 약을 꺼내 Kirrie에게 주는 시늉을 했고, Kirrie의 뒤로 움직여 옆에 섰다. "Kirrie, 나는 네가 약을 삼키도록 트림을 시켜야만 해!" Jackie는 Kirrie의 등 위로 매우 높게 손을 들었고 나는 아동이 Kirrie의 등을 세게 칠 것이라는 것을 알 수 있었다. 나는 즉시 침착하지만 단호한 목소리로 제한 설정을 하였다. "Jackie, 나는 네가 Kirrie를 트림시키고 싶다는 것을 안단다. 하지만 특별한 놀이실에서의 규칙 중 하나는 너가 Kirrie를 절대 칠 수 없다는 거야. 너는 그 외에 다른 어떤 것이든 할 수 있단다." Jackie는 실망한 듯 보였지만 놀이실을 둘러보기 시작했다. 나는 "너는 Kirrie가 그 약을 삼킬 수 있게 트림시킬 수 없어서 실망했구나. 이제 너는 주변을 둘러보고 있구나."라고 공감적으로 반응하였다. 그다음에 Jackie는 탁자 위에 있는 작은 병에 담긴 강아지 간식을 보았다. 아동은 그것을 Kirrie에게 조금 줘도 되는지 물었다. 나는 "네가 Kirrie에게 약간의 간식을 주고 싶고 이것이 괜찮은지를 알고 싶구나. 그래, 너는 약간의 간식을 줄 수 있어."라고 반응하였다. Jackie는 미소 지었고 "이건 약이에요!"라고 말했다. 아동은 Kirrie에게 약간의 간식을 주었고 Kirrie가 다 나았다고 말했다.

이 놀이는 다음 두 회기 동안 반복되었는데, 치료는 약을 주는 것에서 x-ray를 찍는 것(Jackie가 Kirrie로부터 약 30cm 떨어진 공중에 종이 한 장을 잡고 수평으로 지나는 동안 Kirrie는 누워 있어야만 했다.)과 Kirrie의 다리에 붕대를 감는 것(Jackie는 접착제가 묻은 보라색 붕대를 찾아서 사용했다.)으로 바뀌었다. Jackie는 Kirrie를 다정하게 쓰다듬고 괜찮다고 말해 주면서 Kirrie에게 더 많은 접촉을 했다. 아동은 Kirrie의 목을 쓰다듬고 만져 주면서 Kirrie 옆에 앉은 채 두 번의 회기를 마무리했다. Kirrie와 함께한 네 번째 회기를 끝마칠 무렵에, Jackie는 Kirrie가 정말로 다 나았고 더 이상 의사를 만나러 오지 않아도 된다고 말했다. Jackie가 우리에게 배분한 역할을 연기하면서, Kirrie와 나는 강아지 의사에게 고마워했고 "너는 환자를 다 낫게 해 줘서 정말 기쁘구나!"라고 Jackie의 표정을 반영했다. Jackie는 웃으며 "네, Kirrie는 다 나아서 더 이상 의사를 보러 오지 않아도 돼요."라고 말했다. 나는 공감적으로 경청하며 다음과 같이 대답했다. "Kirrie가 다 나아서 더 이상 의사가 필요하지 않아서 다행이구나."

Jackie의 어머니는 Kirrie와 함께 했던 두 번째 놀이회기 이후에 아동이 집에서 많이 달라졌는데(Jackie의 네 번째 회기 이후에), 더 행복해 보이고 안정되어 보였다고 보고했다. Kirrie와 함께한 네 번째 회기 끝 무렵에는 아동이 훨씬 덜 징징거리고 덜 요구적이며 집에서 즐겁게 춤추고 놀며 "다시 예전으로 돌아갔다."고 말했다.

Jackie의 놀이회기에 Kirrie는 계속 참여하였지만, Jackie는 더 이상 Kirrie에게 의사를 만나야 한다고 요구하지 않았다. 그들의 역할은 친구였고, Jackie는 Kirrie가 자신의 가장 친한 친구인 척했다. 얼마 후에 우리는 필리얼치료를 시작했고, 필리얼치료를 시작하면서 Kirrie와 함께하는 회기는 점차적으로 줄여 나갔다. Jackie가 마지막 의료적 처치를 받아야 할 때까지 부모는 필리얼치료회기를 통해 아동의 두려움과 불편감을 돕고 아동의 감정에 공감할 수 있도록 준비하였다. 나중에 나는 Jackie의 어머니로부터 아동이 학교에 다시 잘 적응하고 있고 모든 점에서 잘되어 가고 있다는 소식을 들었다.

만약 동물매개놀이치료가 Jackie에게 가능하지 않았다면, 놀이를 통해 아동의 두려움을 해결하고 삶의 통제감을 얻을 다른 방법을 찾았을 것이다. 나는 놀이치료와 필리얼치료를 사용하여 의료적인 문제를 가진 많은 아이들을 치료했다. 놀이를 사용한 방법들이 질병이나 부상과 관련된 많은 어려움(고통, 치료, 통제감 상실, '다르다'는 느낌)을 잘 해결하고 대처하도록 하는 것은 일반적이다. 이 사례에서는 Jackie가 Kirrie와 함께 한 회기에 빠르게 참여할 수 있었고, 놀이에 집중했고, 신체적 부상과 치료에 대한 아동의 감정을 잘 표현해 낼 수 있었다는 점에서 주목할 만하다. 수개월 동안 지속되어 온 아동의 문제들이 여섯 번의 회기(네 번은 개와 함께)만에 완화되었다. 치료회기를 더 가졌고, 아동의 부모는 문제가 눈에 띄게 나아졌고 이것이 지속되었다고 보고했다.

Jackie가 빠르고 완벽하게 반응한 것은 놀이치료 과정에 내재한 안전감과 환자 역할을 연기할 수 있었던 살아 있는 치료견 때문인 것 같다. Kirrie는 Jackie와 함께 바닥에 앉아 있을 때 가끔 아동의 팔을 핥거나 아동에게 기대며 Jackie의 돌봄에 반응했다. Kirrie는 Jackie가 자신의 의료 경험에 대한 감정을 놀이로 표현할 수 있게 했을 뿐만 아니라 중요한 접촉 수단이 되어 주었다. 부상당한 신체 때문에 부득이하게 불편하고 때때로 두려운 치료를 받는 Jackie가 개와 접촉하고 접촉되어지는 것은 중요했다. 아마도 아동에게 Kirrie는 자신보다 더 연약한 존재를 의미하고, 아동이 보살펴지기를 바라는 방식으로 아동이 보살필 수 있는 존재라는 것을 의미하는 것 같다. 아동은 치료를 당하기보다 할 수 있는 의사 역할을 자신에게 부여하였다. 놀이에는 많은 역동이 나타났고, 비지시적 동물매개놀이치료를 하는 동안 Kirrie에 의해 역동이 강화될 수 있었던 것 같다.

지시적 동물매개놀이치료

지시적 놀이치료는 일반적으로 아동, 청소년, 가족 또는 집단치료에서 치료사가 장난감이나 활동을 선택하는 데 더 많은 역할을 하는 광범위한 개입을 의미한다. 지시적 놀이치료에서 지시는 연속선상에서 선택할 수 있다. 한 극단에는 치료사가 회기를 시작할 때 약간의 가벼운 구조와 제안을 제공하고, 따라서 치료 과정 내내 내담자를 지지하고 감정을 반영하면서 비교적 비지시적인 역할을 한다. 다른 극단에는 치료사가 내담자에게 심리사회적 기술을 가르치거나 내담자가 도움이 필요한 영역에 대한 매우 구체적인 활동을 제안할 수 있다. 동물매개놀이치료는 이러한 연속선상에서 모두 적용 가능하다.

지시적 동물매개놀이치료를 위한 동물

지시적 동물매개놀이치료에 적합한 개는 높은 수준의 에너지, 게임을 제안하는 경향성 또는 참여하는 사람으로부터 많은 집중을 요구하는 특성이 있어야 한다. 지시의 연속선상에서 개입은 이러한 치료에 적절한 성격 유형이 있다는 것을 의미한다. 물론 전혀 적합하지 않은 유형들도 있다. 이 종류의 치료에 적합한 강아지나 개들을 고르는 데 있어 놀이치료사들에게 안내를 제공하는 온라인 강좌가 있다 (VanFleet, 2014b).

말은 크기 때문에 야외, 헛간 또는 경기장에서 가능하며, 이런 경우는 보통 놀이실에서보다 더 많은 구조를 제공한다. 개 또는 다른 동물과 함께할 때에는 안전에 관한 고려사항이 존재한다. 안전에 관한 지나친 강조는 내담자에게 더 큰 불안을 야기하기 때문에 역효과를 낳을 수 있지만, 활동에서 몇 가지 구조화는 프로그램에 대한 물리적이고 정서적인 안전감을 줄 수 있다. 어떤 말들은 아동이나 가족 집단과 함께 작업하는 데 적합하다. 일반적으로 그들은 안정적이어서 쉽게 겁먹지 않고 소음이나 움직임에도 침착함을 유지하며, 사람에게 관심을 갖고 쉽게 다가간다. 개와 함께할 때, 치료사는 동물 파트너의 특성, 즉 종(species), 품종(breed) 그리고 개체(individual)에 대해 충분히 알고 있어야만 한다. 모든 경우에 동물 파트너는 치료사와의 신뢰롭고 상호적인 관계를 즐겨야 한다. 동물매개놀이치료 자격 프로그램에서는 동물 적합성 척도(Animal Appropriateness Scale)를 사용하여 각각의 동물에 관한 철저한 평가를 실시하고, 훈련 행동, 동물과 함께하는 치료 계획, 동물의 독특한 강점 및 욕구와 계획된 치료 작업 간의 적합성이 충분한지를 다루고 있다(International Institute for Animal Assisted play Therapy Studies, 2013; www.playfulpooch.org 참고).

지시적 동물매개놀이치료놀이회기

지시적 동물매개놀이치료회기는 개별, 집단 또는 가족 단위의 치료가 가능하고, 최소한의 지시로 비교적 비구조화된 활동에서부터 매우 구조화된 개입(아동 또는 집단이 개, 말, 또는 다른 동물에게 사용할 구체적인 기술을 가르치는 것처럼)까지 실시 가능하다. 치료사는 내담자의 특정 치료 목표를 달성하기 위해 동물을 포함시킨 활동을 선택할 수 있다. 아동에게 숙달감과 자신감을 향상시키기 위해 놀이치료견에게 새로운 기술을 가르치게 할 수 있고, 의사소통과 문제해결기술을 향상시키기 위해 말에게 끈을 사용해서 장애물을 통과하게 할 수 있고, 정서 인식과 민감성을 향상시키기 위해 동물의 보디랭귀지에 주의를 기울이게 하고, 충동조절을 향상시키기 위해 개와 자극적인 게임을 함께 하는 도중에 차분해지는 시간을 배치하며, 공감과 관계 형성을 위해 말을 쓰다듬거나 마사지하고, 또는 팀워크나 협력 행동이 없이는 불가능한 과제를 치료 동물과 함께 수행하는 작업을 가족이나 집단 치료에 사용할 수도 있다.

놀이치료사는 다양한 놀이치료 방법에 동물을 창의적으로 포함시켜서 조합할 수 있다. 놀이치료와 동물매개치료의 통합은 치료 과정 전체에 걸쳐 일어난다. 활동을 계획할 때, 편안하고 재미있는 방식으로 활동을 촉진시키거나, 치료 마지막에 잠깐 동안 활동을 마무리할 때(내담자가 느낀 점, 도전, 배운 점, 성취감이나 행복감을 나눈다)에도 활용될 수 있다. 가끔 개입은 동물 옆에 서 있거나 앉아 있는 것처럼 단순하다. 내(Faa-Thompson)가 워크숍에서 말한 것처럼 말 가까이에 앉아 있는 것이 만병통치약은 아닐 수 있지만, 시작하기에는 어느 곳 못지않게 좋은 곳이다. 어떤 개입들은 아동의 능력에 다소 도전적인 과제들도 있다. 어려운 과제를 해내고, 좌절에 인내하고, 자신의 두려움을 직면하고, 창의적으로 문제 해결하고, 함께 작업함으로써 얻게 되는 성취감과 숙달감은 엄청난 치료적인 이익을 제공할 수 있다. 다른 자료들에 이 접근의 다양한 추가적 사례들이 수록되어 있다(Faa-Thompson, 2012a, 2012b; Trotter, 2012; VanFleet, 2008; VanFleet & Faa-Thompson, 2010, 2012, 2014).

일부 놀이치료사들은 말매개놀이치료에 관심이 있지만 말에게 다가가지 못할 수도 있다. 놀이치료에 적합한 한 가지 실행 모델은 말매개성장과 학습 연합(Equine Assisted Growth and Learning Association) 모델이다(www.eagala.org 참조). 여기에서 공인된 정신 건강 전문가들은 공인된 말 전문가(equine specialists)와 팀을 이뤄 공동 치료사로서 치료를 하게 된다. 보통 말 전문가는 이용 가능한 말들을 가지고 있다.

임상사례(치료사: Faa-Thompson)

동물매개놀이치료를 하다 보면 가끔 동물들은 인간 치료사가 절대 할 수 없는 방식으로 회기를 이끈다. 치료사와 동물 파트너가 강하고 상호적인 관계를 가질 때, 상호작용과 신뢰가 생기고, 이것은 회기 안에서 역할의 변화를 야기한다. 동물이 제공하는 것을 받아들이는 치료사들은 그들의 아이디어로는 절대 얻을 수 없는 결과를 얻게 된다. 다음의 두 사례는 똑같이 말을 활용한 동물매개놀이치료 사례이며, 둘은 서로 다른 방식으로 개입하였다. 하나의 방식이 다른 것보다 나은지를 물어본다면, 그에 대한 답은 사용된 접근이 참여한 아동에게 효과가 있었는지에 달려 있다라고 말할 수 있겠다. 개입 방법을 먼저 설명하고 뒤이어 각각의 사례를 기술하였다.

감정 공 활동(Feelings Balls)

감정 공 활동(Feelings Balls)은 지시적인 동물매개놀이치료 활동으로 말뿐만 아니라 개와도 쉽게 작업할 수 있다. 이것은 감정을 인식하고, 확인하고, 설명하고, 공유하고, 버리는 데 어려움을 겪는 아동과 가족 집단에게 효과적이다.

도구는 작은 야구공, 축구공 그리고 미식축구 공 모양으로 색깔이 있고, 비닐 코팅된 소프트 스펀지 공이며, 이 공들을 경기장 주변에 흩어 놓는다. 각각의 공에는 행복한, 두려운, 신나는, 외로운 등의 감정이 적혀 있다. 그리고 경기장을 가로질러 밝은색으로 된 세 개의 큰 플라스틱 통이 있고 각 통으로부터 약 2미터 정도 떨어진 곳에 훌라후프가 있다. 각 통마다 가끔(Sometimes), 자주(Often), 전혀(Never)라고 글자가 쓰여 있다. 글을 읽지 못하는 아동을 위해 행복한 입 모양을 한 사람, 아래로 처진 입 모양을 한 사람 그리고 일직선 입 모양을 한 사람의 얼굴이 그려져 있다.

활동을 하는 동안, 치료사는 아동에게 말을 고르라고 한 후에 감정이 적힌 공 하나를 고르게 한다. 그리고 언제 그런 감정을 느끼는지 말에게 이야기하도록 요구한다. 아동들은 이것을 한 후에 훌라후프로 걸어가 그 안에 서서 감정 볼을 적절한 통 안으로 던져야 한다. 이런 방법은 아동에게 좋지 못한 감정을 버릴 수 있게 한다.

사례 1

Sandra는 만 15세이고 쌍둥이이며 양부모와 함께 살고 있고, 자신의 세 명의 형제들은 모두 떨어져서 살고 있다. 그녀는 쌍둥이 자매와 어머니와 연락은 하고 지냈지만, 언쟁이 잦아서 그녀의 욕구는 충족되지 못했다. Sandra는 자해 행동(면도칼로 팔을 그음), 학교에서의 행동문제, 또래 및 성인과의 관계 문제 때문에 일 년 전 의뢰되었다. 자신의 오빠가 그녀를 성학대한 문제로 법정 소송이 진행 중이었고, 그녀는 오빠의 혐의를 입증할 증거를 제시하였다.

Sandra는 많은 사람들이 좋아하는 Sailor라는 말[1](Gypsy Vanner: 말 종류)과 빠르게 강한 유대를 맺었다. 초기 2번째 회기에서 Sandra는 자해 행동이 눈에 띄게 줄었고 자신의 면도기를 자발적으로 양부모에게 주었다. 그녀는 격주에 한 번 1시간씩 시행된 6번의 회기를 지원받았고 꾸준히 참여하였다. Sandra는 이 기간 동안 학교에서도 잘 지내기 시작했다.

재정 지원 문제 때문에 치료에 공백이 있었고, 물리적 증거 부족으로 오빠의 성학대 문제에 대한 법정 소송에서 지면서 재정 지원이 재개되었다. 감정 공 활동(Feeling Balls)은 Sandra의 11번째 회기에 실시되었다.

---

1) 역자 주: 이 장의 동물매개놀이치료에 사용되는 모든 말은 거세된 말이다.

날씨가 추워서 활동은 작은 실내 체육관에서 진행되었다. Sandra는 Sailor와 함께 작업할 것을 선택했고 그를 잡기 위해 출발하였다. Sailor는 계속해서 걸었고, 이것은 그가 거의 하지 않는 행동이었다. 그리고 Charlie라는 말(Arab: 말 종류)은 Sandra가 Sailor로 가는 길을 계속해서 막았다. Charlie는 계속해서 Sandra가 잡고 있는 head collar 쪽으로 머리를 두었다. 8분이 지난 후, 나는 그녀에게 무슨 일이 일어나고 있는지를 물었다. 그녀는 자기 생각에 Charlie가 그녀와 함께 작업하기를 원하는 것 같다고 대답했다. 그녀는 Charlie와 작업하기로 결정하고 공을 고르기 시작하였고 각각의 감정을 느꼈던 때를 Charlie에게 말하였다. 그녀가 '나쁜(Bad)'이라고 표시된 공을 집을 때까지 모든 것이 잘되어 가고 있었다. Sandra는 침묵했고 '자주(Often)'라고 적힌 통으로 걸어갔다. Charlie는 뒤에 떨어져 있었다. 그녀가 향하는 곳을 보며, 나는 그녀에게 무엇에 대해 자주 나쁘게 느끼는지를 Charlie에게 말해 달라고 요청했다. Sandra는 머리를 흔들며 "아니요, 제가 나쁜 사람이에요!"라고 말했다. 나는 그녀의 무엇이 나쁜지를 물었고, 그녀는 법정 소송에서 지고 오빠가 무죄라고 밝혀졌기 때문에 모든 것은 그녀의 잘못임이 틀림없다고 했다.

그녀가 '자주(Often)'라고 적힌 통으로 다가가자 Charlie는 그녀 앞으로 가서 '나쁜(Bad)'이라고 적힌 공을 통 안에 넣는 것을 방해했다. Charlie는 이 행동을 4번 반복했다. 나는 그녀에게 무슨 일이 일어나는지 물었다. Sandra는 Charlie가 공을 통에 넣지 못하게 한다고 말했다. 나는 Charlie가 그녀가 나쁘다는 것에 반대해서 통 안에 공을 넣는 것을 막는 것이 아닐까라고 큰 소리로 말했다. Sandra는 어깨를 으쓱하고 나서 Charlie를 안았다.

두 번의 시도 후에 Sandra는 마침내 공을 통 안에 넣었지만, Charlie는 그녀와 함께 그 통에서 떨어지기를 거부했다. 5분의 씨름 후, Sandra는 Charlie가 그 통을 내버려 두도록 설득했다. 그들이 다른 공을 찾으러 걸어가자 경기장의 다른 끝 쪽에서 졸고 있던 Buster라는 또 다른 말(Arab: 말 종류)이 Sandra와 Charlie를 지나쳐 경기장 전체를 성큼성큼 걸어가서, 그의 머리를 통 안에 넣고, '나쁜(Bad)'이라고 표시된 공을 이빨로 물어 올리고는 땅에 떨어뜨렸다. 나는 Buster도 그녀가 나쁘다는 것에 동의하지 않으며, 둘이 그녀의 생각에 반대한다고 말했다. Sandra는 미소 지었고, 한숨을 쉬고는 냉담하게 그 공을 다시 통 안에 되돌려 넣었다. Buster는 다른 공들이 거기에 있음에도 불구하고 동일한 공을 다시 꺼냈고, 다시 바닥에 떨어뜨렸다. 그러고 나서 그는 걸어가 Sailor 옆에 섰다. Sandra는 미소 지었고, '나쁜(Bad)'이라고 표시된 공을 거기에 내버려 두고 그 회기 동안 그 공을 다시 사용하지 않았다. 회기가 끝날 무렵 우리가 말들을 손질할 때, 나는 말들이 그녀가 나쁜 사람이 아니라는 것을 알고 그녀의 근거 없는 주장을 꿰뚫어 본 것이 아닐까라고 물었다. Sandra는 미소 지었고, Charlie를 껴안고 "나도 그런 것 같아요."라고 대답했다.

이런 사례처럼 심오하고 놀라운 회기에서 치료사는 언어적 과정으로 내담자에게서 더 많은 것을 끌어내려고 시도할지 모른다. 하지만 이번 사례에서 보았듯이 말들은 내가 절대 전할 수 없었을지 모르는 방식에서 무엇이 필요한지 감지했다. Buster는 특정 공을 고르도록 훈련되지 않았을 뿐 아니라 이전에 이런 공들 중 하나를 고른 적도 없었다. 어떻게 또는 왜 이런 일이 일어났는지는 여전히 의문이지만, 나의 역할은 말들이 그러하듯이 과정을 단순히 신뢰하고 Sandra가 느끼는 것과 말들이 전하는 것처럼 보이는 것을 반영하는 것이다. Sandra는 많은 말을 할 필요가 없었다. 왜냐하면 그녀가 Charlie를 껴안은 것이 모든 것을 말하고 있기 때문이다.

사례 2

George는 만 8세이고 5명의 형제자매가 있었으며 이들은 모두 각기 다른 곳에서 위탁 보호를 받고 있었다. George를 차후에 어떻게 돌볼 것인지 결정하기 위해 법정 소송이 진행 중이었다. 지방 정부 당국(아동 보호서비스)은 그를 형제들로부터 분리시켜 장기간 위탁하기로 결정하였고, 형제들 중 몇 명은 입양시키기로 하였다. George는 가정 폭력의 아동 피해자들을 위한 프로그램을 받게 되었다. George를 18개월 동안 담당했던 사회복지사는 George와 다른 6명의 아동들을 격일로 시행되는 3회기 말 매개 놀이치료 지원을 확보하였다.

7명의 남녀 아동들은 7~9세였다. 이들은 이전에 서로 만난 적이 없었고 단지 3회기만 실시되기 때문에 서로 빨리 친해져야 했다. 이 아동들은 모두 가정 폭력과 외상의 피해자여서 성인을 쉽게 믿지 못하고 자신의 생각과 감정을 알게 해서는 안 된다고 학습되었다.

두 번째 날 아침에 큰 야외 경기장에 감정 볼 활동(Feelings Balls)이 집단 활동으로 준비되었다. 몇몇 아동들은 집단을 이뤄서 한 마리의 말과 작업하기를 선택했으나, George는 Charlie와 둘만 하기로 하였다. 몇 분 동안 활동을 한 후에 George

는 '무서운(Scared)'이라고 적힌 공을 들었고 Charlie를 바라보며 서 있었다. 나는 George가 언제 두려움을 느꼈는지에 대해 Charlie가 듣고 싶은 것 같다고 말했다. George는 고개를 끄덕였고 Charlie에게 그가 아래층에서 비명소리가 나서 아래층으로 내려갔더니 아빠가 엄마의 목을 졸라 죽이려고 하는 것을 봤을 때 무서웠다고 말했다. 나는 그것이 정말, 정말 무서웠을 것이라고 말했다. George는 고개를 끄덕였고 엄마가 죽을 거라고 생각했기 때문에 정말 무서웠다고 말했다. 나는 George가 엄마와 아빠 사이에 그런 일이 일어났을 때 자주 무서웠는지를 물었다. 그는 고개를 끄덕였고 무서웠다고 말하고 나서 '가끔(Sometimes)'이라고 쓰인 통에 공을 넣으러 갔다.

이후에 George는 '슬픈(Sad)'이라고 적힌 공을 골랐고, 나는 George에서 언제 그렇게 느끼는지 Charlie에게 말해 달라고 다시 요청했다. George는 "Charlie야, 이전에 말했던 것과 같아."라고 했다. 그는 좀전에 말했던 가정 폭력 사건을 언급하고 있었다. 활동이 끝난 후, 모든 아동들은 말을 껴안고 그들의 감정을 인식하고 표현하도록 도와준 것에 고마움을 표했다. 추가적인 언어적 과정은 필요하지 않았다.

활동이 진행되는 동안, 나는 George를 18개월 동안 상담해 온 가정폭력 상담사와 함께 서 있었다. George는 감정 공 활동(Feeling Balls) 회기 전까지 가정폭력 상담사나 사회복지사에게 아동이 집에서 목격했던 것에 대해 어떠한 이야기도 하지 않았다고 했다. 상담사는 대화의 장벽이 빠르게 허물어진 것과 George가 말 놀이치료 팀을 빠르게 신뢰할 수 있는 것에 놀라워했다.

놀이치료사가 상황과 치료적 촉진을 적절히 하였을 때, 아동의 고통과 문제는 놀라운 방식으로 다뤄지게 된다. 사례들이 설명하듯이 동물을 참여시키는 것은 더 빠르고, 더 강렬하고, 더 즐거운 치유의 가능성을 제공한다. 이 사례들은 적절하고 잘 준비된 치료사-동물 팀과 함께 작업할 때 간단한 활동들이 유의미한 결과를 가져올 수 있다는 것을 보여 주었다. 동물들과 치료사는 타인을 관찰하는 데 능숙하고, 아동과 가족의 힘의 변화에 잘 조율한다. 동물들은 본능적으로 이것을 하는 반면, 우리 치료사들은 조율을 하는 데 약간 더 노력을 해야 한다. 우리가 동물 파트너들과 작업할수록, 우리는 조율, 겸손, 예리한 관찰, 완벽한 타이밍, 그리고 무엇보다도 과정을 신뢰하는 법에 대해 더 많이 배우게 된다.

참고자료와 자격

동물매개놀이치료에 관한 참고자료들이 증가하고 있다. 모든 치료사들이 읽어야 하는 대표적인 동물매개치료 자료뿐만 아니라, 이 장 마지막에 참고문헌 목록에도 많은 자료가 제시되어 있다(예: Arkow, 2012; Chandler, 2012; Fine, 2010; Jalongo, 2014; McCardle, McCune, Griffin, Esposito, & Freund, 2011). 이 글을 집필 중인 지금 미국에 대략 225명, 영국에 25명의 동물매개놀이치료사가 있고, 동물매개놀이치료 집중 훈련 프로그램에 참가한 몇몇 다른 나라 치료사들이 있는 등 관심은 빠르게 증가하고 있다. 2013년에 전문적인 동물매개놀이치료 치료사와 지원 전문가를 위한 엄격한 자격 프로그램이 개발되어 검증되고 실행되었다. 이 프로그램에 관한 추가적인 정보는 www.playfulpooch.org에서 확인할 수 있다. 예비 조사 연구가 가능성을 보여 주었지만, 더 많은 연구가 필요하고, 더 많은 수의 숙련된 치료사와 동물들과 함께라면 이러한 연구는 더 큰 가능성을 보여 줄 것이다.

우리는 많은 정보가 제시된 웹사이트(www.risevanfleet.com, www.playfulpooch.org, www.turnaboutpegasus.co.uk)를 운영하고 있고, 미국과 영국에서 연수 세미나를 정기적으로 열고 있다. 온라인 강좌는 동물매개놀이치료를 시행하기 위해 필요한 몇 가지 핵심 기술들을 다루고 있다(www.risevanfleet.com/aapt).

결론

인간이 아닌 동물을 놀이치료에 포함시키는 것은 자격을 갖춘 치료사들에게도 복잡한 지식, 기술 그리고 슈퍼비전을 필요로 하는 엄청난 일이다. 하지만 학습 과정은 재미있고 매력적이며, 개, 말 그리고 다른 동물들과 함께 놀이회기를 실시하는 능력은 정신건강 전문가들에게 강력한 이점이 있다. Jalongo(2004)는 "동물들이 아동에게 매우 중요한 의미를 가지기 때문에 교육자들에게도 중요하다."(p. 17)라고 하였다. 이는 치료사들에게도 마찬가지일 것이다.

우리는 아동이 동물과 쉽게 관계를 맺고(Jalonge, 2014; Melson, 2001; Melson &

Fine, 2010; VanFleet, 2008), 치료 동물과 건강하고 상호 만족스러운 관계를 맺는 과정에서 아동들은 자신감을 얻고, 보살핌 받는다고 느끼고, 공감능력이 발달하고, 심각한 문제를 해결하고, 마음을 열고, 독특하고 심오한 방식으로 감정적 유대를 맺을 수 있다는 것을 안다. 가끔 치료사가 쉽게 아동과 내담자에게 다가갈 수 없을 때, 적절하게 훈련받은 동물들은 모든 연령의 아동과 내담자에게 다가갈 수 있다. 어떤 때에는 아동들이 치료사-동물 관계를 보고 관계 모델을 배울 수도 있다. 궁극적으로 동물들은 우리가 더 큰 자연 세계의 일부라고 느낄 수 있도록 하며, 그들은 정교하게 조율된 생존, 사회적 상호작용, 놀이 그리고 그들과 함께 지금-여기에 살고 있다는 느낌을 치료회기에 제공해 준다. 그들은 우리의 내담자를 도울 뿐 아니라 만약 우리가 겸손하고 존중하는 마음을 갖고 동물들과 파트너 관계를 갖는다면 그들은 우리에게 더 나은 치료사가 될 수 있는 방법을 가르쳐 줄 수도 있을 것이다.

참고문헌

제1장

Axline, V. (1947). *Play therapy.* New York: Ballantine.

Bozarth, J. (1998). *Person-centered therapy: A revolutionary paradigm.* Ross-on-Wye, UK: PCCS Books.

Bozarth, J. (2001). An addendum to beyond reflection: Emergent modes of empathy. In S. Haugh & T. Merry (Eds.), *Empathy: Rogers' therapeutic conditions-evolution, theory and practice* (Vol. 2, pp. 144-154). Ross-on-Wye, UK: PCCS Books.

Bratton, S., Ray, D., Rhine, T., & Jones, L. (2005). The efficacy of play therapy with children: A meta-analytic review of treatment outcome. *Professional Psychology: Research and Practice, 36*(4), 376-390.

Cochran, N., Nordling, W., & Cochran, J. (2010). *Child-centered play therapy: A practical guide to developing therapeutic relationship with children.* Hoboken, NJ: Wiley.

Dulsky, S. (1942). Affect and intellect: An experimental study. *Journal of General Psychology, 27,* 199-220.

Elliott, R., Greenberg, L., Watson, J., Timulak, L., & Friere, E. (2013). Research on humanistic-experiential psychotherapies. In M. Lambert (Ed.), *Bergin and Garfield's handbook of psychotherapy and behavior change* (pp. 495-538). Hoboken, NJ: Wiley.

Ginott, H. (1961). *Group psychotherapy with children.* New York: McGraw-Hill.

Lambert, S., LeBlanc, M., Mullen, J., Ray, D., Baggerly, J., White, J., et al. (2005). Learning more about those who play in session: The national play therapy in counseling practices project. *Journal of Counseling and Development, 85,* 42-46.

Landreth, G. (2012). *Play therapy: The art of the relationship* (3rd ed.). New York: Routledge.

Landreth, G., & Bratton, S. (2006). *Child-parent relationship therapy (CPRT): A 10-session filial therapy model*. New York: Routledge.

Ray, D. (2011). *Advanced play therapy: Essential conditions, knowledge, and skills for child practice*. New York: Routledge.

Ray, D., Sullivan, J., & Carlson, S. (2012). Relational intervention: Child-centered play therapy with children on the autism spectrum. In L. Gallo-Lopez & L. Rubin (Eds.), *Play-based interventions for children and adolescents on the autism spectrum* (pp. 159-175). New York: Routledge.

Rogers, C. (1951). *Client-centered therapy: Its current practice, implications and theory*. Boston: Hougthon Mifllin.

Rogers, C. (1957). The necessary and sufficient conditions of therapeutic personality change. *Journal of Consulting Psychology, 21*(2), 95-103.

Sweeney, D., & Landreth, G. (2011). Child-centered play therapy. In C. Schaefer (Ed.), *Foundations of play therapy* (2nd ed., pp. 129-152). Hoboken, NJ: Wiley.

VanFleet, R., Sywulak, A. E., & Sniscak, C. C. (2010). *Child-centered play therapy*. New York: Guilford Press.

West, J. (1996). *Child centred play therapy* (2nd ed.). London: Hodder Arnold.

Wilkins, P. (2010). *Person-centred therapy: 100 key points*. London: Routledge.

Wilson, K., Kendrick, P., & Ryan, V. (1992). *Play therapy: A nondirective approach for children and adolescents*. London: Bailliere Tindall.

제2장

Abram, J. (1996). *The language of Winnicott: A dictionary and guide to understanding his work*. Northvale, NJ: Aronson.

Ainsworth, M. D. S. (1963). The development of infant-mother interaction among the Ganda. In B. M. Foss (Ed.), *Determinants of infant behavior* (Vol. 2, pp. 67-112). New York: Wiley.

Ainsworth, M. D. S., Blehar, M. C., Waters, E., & Wall, S. (1978). *Patterns of attachment: A psychological study of the strange situation*. Hillsdale, NJ: Erlbaum.

American Psychiatric Association. (1994). *Diagnostic and statistical manual of mental disorders* (4th ed.). Washington, DC: Author.

Anda, R. F., Felitti, V. J., Bremner, J. D., Walker, J. D., Whitfield, C., Perry, B. D., et al. (2006). The enduring effects of abuse and related adverse experiences in childhood: A convergence of neurobiology and epidemiology. *European Archives of Psychiatry and Clinical Neuroscience, 256*(3), 174-186.

Bateson, M. C. (1971). The interpersonal context of infant vocalization. *Quarterly Progress Report of the Research Laboratory of Electronics, 100,* 170-176.

Benedict, H. E. (1997, September 12). *Thematic play therapy and attachment disorders*. Workshop presented at Southwest Missouri State University, Springfield.

Benedict, H. E. (2003). Object relations/thematic play therapy. In C. E. Schaefer (Ed.), *Foundations of play therapy* (pp. 281-305). New York: Wiley.

Benedict, H. E. (2004, October). *Using play themes in play assessment and for understanding play therapy process*. Preconference workshop presented at the 21st annual Association for Play Therapy Interventional Conference, Denver, CO.

Benedict, H. E., & Grigoryev, P. (1995, October). *Practical applications of object relations theory to play therapy techniques*. Workshop presented at 12th annual Association for Play Therapy International Conference, San Francisco.

Benedict, H. E., & Hastings, L. (2002). Object relations play therapy. In J. Magnavita (Ed.), *Comprehensive handbook of psychotherapy: Psychodynamic/object relations* (Vol. 1, pp. 47-80). New York: Wiley.

Benedict, H. E., Hastings, L., Ato, G., Carson, M., & Nash, M. (1998). *Revised Benedict play therapy theme code and interpersonal relationship code*. Unpublished working paper, Baylor University, Waco, TX.

Bigelow, A. E., & Rochat, P. (2006). Two-month-old infants' sensitivity to social contingency in mother-infant and stranger-infant interaction. *Infancy, 9,* 313-325.

Bowlby, J. (1958). The nature of the child's tie to his mother. *International Journal of Psycho-Analysis, 39,* 350-373.

Bowlby, J. (1988). *A secure base: Parent-child attachment and healthy human development*. New York: Basic Books.

Brown, S., & Vaughan, C. (2009). *Play: How it shapes the brain, opens the imagination, and invigorates the soul*. New York: Avery/Penguin.

Cassidy, J. (2008). The nature of the child's ties. In P. R. Shaver & J. Cassidy (Eds.), *Handbook of attachment* (2nd ed., pp. 3-22). New York: Guilford Press.

Cicchetti, D., & Valentino, K. (2006). An ecological transactional perspective on child maltreatment: Failure of the average expectable environment and its influence on child development. In D. Cicchetti & D. J. Cohen (Eds.), *Developmental psychotherapy: Vol. 3. Risk, disorder, and adaptation* (2nd ed., pp. 146–148). New York: Wiley.

Cooper, G., Hoffman, K., Powell, B., & Marvin, R. (2005). The Circle of Security intervention: Differential diagnosis and differential treatment. In L. J. Berlin, Y. Ziv, L. Amaya-Jackson, & M. T. Greenberg (Eds.), *Enhancing early attachments: Theory, research, intervention, and policy* (pp. 127–151). New York: Guilford Press.

Cortina, M., & Liotti, G. (2007). New approaches to understanding unconscious processes: Implicit and explicit memory systems. *International Forum of Psychoanalysis, 16*(4), 204–212.

Dapretto, M., Davies, M. S., Pfeifer, J. H., Scott, A. A., Sigman, M., Bookheimer, S. Y., et al. (2006). Understanding emotions in others: Mirror neuron dysfunction in children with autism spectrum disorders. *Nature Neuroscience, 9,* 28–30.

Fairburn, W. R. D. (1952). *An object-relations theory of the personality.* New York: Basic Books.

Field, T., Diego, M., Hernandez-Reif, M., & Ascencio, A. (2009). Prenatal dysthymia versus major depression effects on early mother-infant interactions: A brief report. *Infant Behavior and Development, 32*(1), 129–131.

Ford, J. D. (2005). Treatment implications of altered neurobiology, affect regulation and information processing following child maltreatment. *Psychiatric Annals, 35,* 410–419.

Gaskill, R., & Perry, B. (2012). Child sexual abuse, traumatic experiences, and their impact on the developing brain. In P. Goodyear-Brown (Ed.), *Handbook of child sexual abuse: Identification, assessment, and treatment* (pp. 29–48). Hoboken, NJ: Wiley.

Gil, E. (1991). *The healing power of play: Working with abused children.* New York: Guilford Press.

Gil, E. (2003). Art and play therapy with sexually abused children. In C. A. Malchiodi (Ed.), *Handbook of art therapy* (pp. 152–166). New York: Guilford Press.

Glickhauf-Hughes, C., & Wells, M. (1997). *Object relations psychotherapy: An individualized and interactive approach to diagnosis and treatment.* New York: Aronson.

Hughes, D. (2009). *Attachment-focused parenting.* New York: Norton.

Kohut, H. (1971). *The analysis of the self.* New York: International Universities Press.

Lavelli, M., & Fogel, A. (2013). Interdyad differences in early mother-infant face-to-face communication: Real-time dynamics and developmental pathways. *Developmental Psychology, 49*(12), 2257-2271.

Legerstee, M., & Varghese, J. (2001). The role of maternal affect mirroring on social expectancies in three-month-old infants. *Child Development, 72*(5), 1301-1313.

Lehrer, J. (2009). *How we decide*. Boston: Mariner Books.

Mahler, M. S., & Purer, M. (1968). *On human symbiosis and the vicissitudes of individuation*. New York: International Universities Press.

Main, M., & Solomon, J. (1986). Discovery of a new, insecure disorganized/disoriented attachment pattern. In T. B. Brazelton & M. W. Yogman (Eds.), *Affect development in infancy* (pp. 95-124). Norwood, NJ: Ablex.

Perry, B. D. (2001). The neuroarcheology of childhood maltreatment: The neurodevelopmental costs of adverse childhood events. In K. Franey, R. Geffner, & R. Falconer (Eds.), *The cost of maltreatment: Who pays?: We all do* (pp. 15-37). San Diego, CA: Family Violence and Sexual Assault Institute.

Perry, B. D. (2006). Applying the principles of neurodevelopment to clinical work with maltreated and traumatized children: The neurosequential model of therapeutics. In N. B. Webb (Ed.), *Working with traumatized youth in child welfare* (pp. 27-52). New York: Guilford Press.

Perry, B. D. (2008). Child maltreatment: The role of abuse and neglect in developmental psychopathology. In T. P. Beauchaine & S. P. Hinshaw (Eds.), *Textbook of child and adolescent psychopathology* (pp. 93-128). New York: Wiley.

Schore, A. N. (1994). *Affect regulation and the origin of the self: The neurobiology of emotional development*. Hillsdale, NJ: Erlbaum.

Schore, A. N. (2001). The effects of early relational trauma on right brain development, affect regulation, and infant mental health. *Infant Mental Health Journal, 22*(1-2), 201-269.

Schore, A. N. (2003). Early relational trauma, disorgainzed attachment, and the development of a predisposition to violence. In M. F. Solomon & D. J. Siegel (Eds.), *Healing trauma: Attachment, mind, body, and brain* (pp. 107-167). New York: Norton.

Schore, A. N. (2009). Relational trauma and the developing right brain: An interface of psychoanalytic self psychology and neuroscience. In W. J. Coburn & N. VanDerHeide (Eds.), *Self and systems: Explorations in contemporary self psychology* (pp. 189-203). Boston: Wiley-Blackwell.

Schore, A. N. (2010). Relational trauma and the developing right brain: The neurobiology of broken attachment bonds. In T. Baradon (Ed.), *Relational trauma in infancy* (pp. 19-47). London: Routledge.

Schore, A. N. (2011). The right brain implicit self lies at the core of psychoanalysis. *Psychoanalytic Dialogues: The International Journal of Relational Perspectives, 21*(1), 75-100.

Schuder, M. R., & Lyons-Ruth, K. (2004). "Hidden trauma" in infancy: Attachment, fearful arousal, and early dysfunction of the stress response system. In J. D. Osofsky (Ed.), *Young children and trauma: Intervention and treatment* (pp. 69-104). New York: Guilford Press.

Siegel, D. (1999). *The developing mind: Toward a neurobiology of interpersonal experience*. New York: Guilford Press.

Sigelman, C. K., & Rider, E. A. (2005). *Lifespan human development* (5th ed.). Belmont, CA: Wadsworth.

Stern, D. N. (1985). *The interpersonal world of the infant: A view from psychoanalysis and developmental psychology*. New York: Basic Books.

Sturge-Apple, M. L., Davies, P. T., Martin, M. J., Cicchetti, D., & Hentges, R. (2012). An examination of the impact of harsh parenting contexts on children's adaptation within an evolutionary framework. *Developmental Psychology, 48*(3), 791-805.

Trevarthen, C., & Aitken, K. J. (2001). Infant intersubjectivity: Research, theory, and clinical applications. *Journal of Child Psychology and Psychiatry, 42*(1), 3-48.

Trevarthen, C., Aitken, K. J., Vandekerckhove, M., Delafield-Butt, J., & Nagy, E. (2006). Collaborative regulations of vitality in early childhood: Stress in intimate relationships and postnatal psychopathology. In D. Cicchetti & D. J. Cohen (Eds.), *Developmental psychopathology: Vol 2. Developmental neuroscience* (2nd ed., pp. 65-126). Hoboken, NJ: Wiley.

U.S. Department of Health and Human Services. (2011). *Child maltreatment 2011: Reports from the states to the National Child Abuse and Neglect Data System*. Washington, DC: Children's Bureau, Agency for Children and Families.

van der Kolk, B. (1994). The body keeps score: Memory and the evolving psychobiology of posttraumatic stress. Traumapages. Retrieved from *www.traumapages.com/a/vanderk4.php*.

van der Kolk, B. (2005). Developmental trauma disorder. *Psychiatric Annals, 35*(5), 401-408.

van der Kolk, B. (2006). Clinical implications of neuroscience research in PTSD.

Annals of the New York Academy of Science, 1071(4), 277-293.

Winnicott, D. W. (1965). *The Maturational processes and the facilitating environment: Studies in the theory of emotional development.* New York: International Universities Press.

Winnicott, D. W. (1971a). *Playing and reality.* London: Tavistock.

Winnicott, D. W. (1971b). *Therapeutic consultations in child psychiatry.* New York: Basic Books.

Zeanah, C. H., Jr., & Boris, N. W. (2000). Disturbances and disorders of attachment in early childhood. In C. H. Zeanah, Jr. (Ed.), *Handbook of infant mental health* (2nd ed., pp. 353-368). New York: Guilford Press.

제3장

Adler, A. (1958). *What life should mean to you* (A. Porter, Ed.). New York: Prestige. (Original work published 1931)

Ansbacher, H., & Ansbacher, R. (Eds.). (1956). *The individual psychology of Alfred Adler: A systematic presentation in selections from his writings.* New York: Harper & Row.

Ashby, J., Kottman, T., & DeGraaf, D. (2008). *Active intervention for kids and teens.* Alexandria, VA: American Counseling Association.

Brooks, R. (1981). Creative characters: A technique in child therapy. *Psychotherapy, 18,* 131-139.

Campbell, L., White, J., & Stewart, A. (1991). The relationship of psychological birth order to actual birth order. *Individual Psychology: Journal of Adlerian Theory, Research, and Practice, 47*(3), 380-391.

Carlson, J., Watts, R., & Maniacci, M. (2005). *Adlerian therapy: Theory and practice.* Washington, DC: American Psychological Association.

Dreikurs, R., & Soltz, V. (1964). *Children: The challenge.* New York: Hawthorn/Dutton.

Eckstein, D., Aycock, K. J., Sperber, M. A., McDonald, J., Van Wiesner, V., III, Watts, R. E., et al. (2010). A review of 200 birth-order studies: Lifestyle characteristics. *Journal of Individual Psychology, 66*(4), 408-434.

Eckstein, D., & Baruth, L. (1996). *Theory and practice of life-style assessment.* Dubuque, IA: Kendall Hunt.

Eckstein, D., & Kern, R. (2009). *Psychological fingerprints* (6th ed.). Dubuque, IA: Kendall Hunt.

Gardner, R. (1993). *Storytelling in psychotherapy with children*. Northvale, NJ: Aronson.

Kefir, N. (1981). Impasse/priority therapy. In R. Corsini (Ed.), *Handbook of innovative psychotherapies* (pp. 400-415). New York: Wiley.

Kottman, T. (2003). *Partners in play: An Adlerian approach to play therapy* (2nd ed.). Alexandria, VA: American Counseling Association.

Kottman, T. (2009). Adlerian play therapy. In K. O'Connor & L. Braverman (Eds.), *Play therapy theory and practice: Comparing theories and techniques* (2nd ed., pp. 237-282). New York: Wiley.

Kottman, T. (2011a). Adlerian play therapy. In C. Schaefer (Ed.), *Foundations of play therapy* (2nd ed., pp. 87-104). New York: Wiley.

Kottman, T. (2011b). *Play therapy: Basics and beyond* (2nd ed.). Alexandria, VA: American Counseling Association.

Kottman, T., Ashby, J., & DeGraaf, D. (2001). *Adventures in guidance: How to integrate fun into your guidance program*. Alexandria, VA: American Counseling Association.

Kottman, T., Bryant, J., Alexander, J., & Kroger, S. (2008). Partners in the schools: Adlerian school counseling. In A. Vernon & T. Kottman (Eds.), *Counseling theories: Practical applications with children and adolescents in school settings* (pp. 47-84). Denver, CO: Love.

Kottman, T., & Dougherty, A. M. (2014). *Casebook of psychological consultation and collaboration in school and community settings* (6th ed.). Belmont, CA: Brooks/Cole.

Lew, A., & Bettner, B. L. (1996). *Responsibility in the classroom*. Newton Center, MA: Connexions.

Lew, A., & Bettner, B. L. (2000). *A parent's guide to motivating children*. Newton Center, MA: Connexions.

Lewin, K. (1951). *Field theory in social science: Selected theoretical papers* (D. Cartwright, Ed.). New York: Harper & Row.

Meany-Walen, K. K., Bratton, S. C., & Kottman, T. (2014). Effects of Adlerian play therapy on reducing students' disruptive behaviors. *Journal of Counseling and Development, 92,* 47-56.

Mosak, H., & Maniacci, M. (1999). *A primer of Adlerian psychology: The analytic-behavioral-cognitive psychology of Alfred Adler.* New York: Routledge.

Mosak, H., & Maniacci, M. (2010). Adlerian psychology. In R. Corsini & D. Wedding (Eds.), *Current psychotherapies* (9th ed., pp. 67-112). Belmont, CA: Brooks/

Cole.

Pew, W. (1976). The number one priority. In *Monograph of the International Association of Individual Psychology* (pp. 1-24). Munich, Germany: International Association of Individual Psychology.

Rosselet, J., & Stauffer, S. D. (2013). Using group role-playing games with gifted children and adolescents: A psychosocial intervention model. *International Journal of Play Therapy, 22,* 173-192.

Stewart, A. E., Stewart, E. A., & Campbell, L. F. (2001). The relationship of psychological birth order to the family atmosphere and to personality. *Journal of Individual Psychology, 57*(4), 363-387.

Sweeney, T. (2009). *Adlerian counseling and psychotherapy: A practitioner's approach* (5th ed.). New York: Routledge.

Watts, R. (2006). Play therapy. In J. Carlson, R. E. Watts, & M. Maniacci (Eds.), *Adlerian therapy: Theory and practice* (pp. 227-249). Washington, DC: American Psychological Association.

제4장

Ault, R. (1977). *Children's cognitive development, Piaget's theory, and the process approach*. New York: Oxford University Press.

Axline, V. (1947). *Play therapy: The inner dynamics of childhood.* Cambridge, MA: Houghton Mifflin.

Bandura, A. (1969). *Principles of behavior modification.* New York: Holt, Rinehart, & Winston.

Berk, L. (1989). *Child development.* Boston: Allyn & Bacon.

Edinger, E. (1992). *Ego and archetype: Individuation and the religious function of the psyche.* Boston: Shambhala. (Original work published 1972)

Fordham, M. (1973). Maturation of ego and self in infancy. In M. Fordham, R. Gordon, J. Hubback, K. Lambert, & M. Williams (Eds.), *The library of analytical psychology: Analytical psychology and modern science* (Vol. 1, pp. 82-94). London: Heinemann.

Green, E. (2009). Jungian analytical play therapy. In K. J. O'Conner & L. M. Braverman (Eds.), *Play therapy theory and practice: Comparing theories and techniques* (2nd ed., pp. 100-139). Hoboken, NJ: Wiley.

Jung, C. G. (1958). *Collected works of C. G. Jung* (Vol. 11). Princeton, NJ: Princeton University Press.

Jung, C. G. (1960). The structure and dynamics of the psyche. In *Collected works* (Vol. 8). Princeton, NJ: Princeton University Press.

Jung, C. G. (1968). Psychology and alchemy. In *Collected works* (Vol. 12). Princeton, NJ: Princeton University Press.

Jung, C. G. (1971). *The collected works of C. G. Jung*. Princeton, NJ: Princeton University Press.

Kalshed, D. (1996). *The inner world of trauma: Archetypal defenses of the personal spirit*. New York: Routledge.

Kerr, J. (1994). *A most dangerous method: The story of Freud, Jung and Sabina Spielrein*. London: Sinclair Stevenson.

Landreth, G. (2002). *Play therapy: The art of the relationship* (2nd ed.). New York: Brunner-Routledge.

Norton, B., & Norton, C. (1997). *Reaching children through play therapy: An experiential approach*. Denver, CO: Publishing Cooperative.

Peery, C. (2003). Jungian analytical play therapy. In C. Schaefer (Ed.), *Foundations of play therapy* (3rd ed., pp. 14-54). Hoboken, NJ: Wiley.

제5장

Adler, A. (1964). *Superiority and social interest: A collection of later writings* (H. L. Ansbacher & R. R. Ansbacher, Eds.). New York: Norton.

Alexander, F., & French, T. M. (1946). *Psychoanalytic therapy: Principles and application*. New York: Ronald Press.

Alpert, A. (1957). A special therapeutic technique for certain developmental disorders in latency. *American Journal of Orthopsychiatry, 27,* 256-270.

Bowlby, J. (1988). *A secure base: Parent-child attachment and healthy human development*. London: Routledge.

Bromfield, R. (1992). *Playing for real: Exploring child therapy and the inner worlds of children*. New York: Dutton.

Bromfield, R. (2007). *Doing child and adolescent psychotherapy: Adapting psychodynamic treatment to contemporary practice*. New York: Wiley-Interscience.

Chan, W. (1963). *The way of Lao Tzu*. Cambridge, UK: Pearson.

Crenshaw, D. A. (2006). *Evocative strategies in child and adolescent psychotherapy*. Lanham, MD: Aronson.

Crenshaw, D. A. (2008). *Therapeutic engagement of children and adolescents:*

Play, symbol, drawing, and storytelling strategies. Lanham, MD: Aronson.

Crenshaw, D. A., & Mordock, J. B. (2005a). *Handbook of play therapy with aggressive children*. Lanham, MD: Aronson.

Crenshaw, D. A., & Mordock, J. B. (2005b). *Understanding and treating the aggression of children*. Lanham, MD: Aronson.

Ekstein, R. (1966). *Children of time and space of action and impulse*. New York: Appleton-Century-Crofts.

Erikson, E. H. (1950). *Childhood and society*. New York: Norton.

Fisher, S., & Greenberg, R. F. (1977). *The scientific credibility of Freud's theories and therapy*. New York: Basic Books.

Flavell, J. H. (1970). *The developmental psychology of Jean Piaget*. New York: Van Nostrand Reinhold.

Freud, A. (1937). *The ego and the mechanisms of defense*. London: Hogarth Press and Institute of Psycho-Analysis.

Freud, A. (1975). *Introduction to the technique of child analysis* (L. P. Clark, Trans.). New York: Arno Press. (Original work published 1938)

Freud, S. (1962). *Three essays on the theory of sexuality* (J. Strachey, Trans.). New York: Basic Books.

Ginott, H. G. (1961). *Group therapy with children: The theory and practice of play therapy*. New York: McGraw-Hill.

Hambridge, G. (1955). Structured play therapy. *American Journal of Orthopsychiatry, 25,* 601-617.

Holmes, M. (2010). Subject of focus: The lives of emigrants—the life of Edith Weigert (née Vowinckel) (1894-1982) (C. S. Noël, Trans.). *Psychiatry, 73,* 1-33.

Horney, K. (1945). *Our inner conflicts*. New York: Norton.

Klein, M. (1984). *The writings of Melanie Klein: Vol. 2. The psycho-analysis of children* (A. Strachey, Trans.; R. Money-Kyrle, Ed.). New York: Free Press. (Original work published 1932)

Kohut, H. (1971). *The analysis of the self: A systematic approach to the psychoanalytic treatment of narcissistic personality disorders*. New York: International Universities Press.

Lee, A. E. (1997). Psychoanalytic play therapy. In K. J. O'Connor & L. M. Braverman (Eds.), *Play therapy theory and practice: A comparative presentation* (pp. 46-78). New York: Wiley.

Levy, D. (1938). Release therapy in young children. *Psychiatry, 1,* 387-389.

Lewis, M. (1974). Interpretations in child analysis: Developmental considerations.

Journal of the American Academy of Child Psychiatry, 13, 32-53.

Mahler, M. H. (1969). *On human symbiosis and the vicissitudes of individuation.* London: Hogarth Press and the Institute of Psycho-Analysis.

Maslow, A. H. (1954). *Motivation and personality.* New York: Harper.

Mordock, J. B. (1997). Ego-supportive play therapy for children who lack imaginative play: Building defenses. *International Journal of Play Therapy, 6,* 23-40.

Mordock, J. B. (2001). *Counseling the defiant child.* Northvale, NJ: Aronson.

Moustakas, C. (1953). *Children in play therapy.* New York: McGraw-Hill.

Moustakas, C. (1997). *Relationship play therapy.* Northvale, NJ: Aronson.

Norem, J. (2001). *The positive power of negative thinking.* Cambridge, MA: Basic Books.

Piaget, J. (1952). *The origins of intelligence in children.* New York: International University Press.

Rank, B., & MacNaughton, D. (1956). A clinical contribution to early ego development. *Psychoanalytic Study of the Child, 5,* 53-63.

Russell, B. (1917). Knowledge by acquaintance and knowledge by description. In B. Russell, *Mysticism and logic* (pp. 152-167). London: George Allen & Unwin.

Shedler, J. (2010). The efficacy of psychodynamic psychotherapy. *American Psychologist, 65,* 98-109.

Van Ornum, W., & Mordock, J. B. (1983). *Crisis counseling of children and adolescents.* New York: Continuum.

von Hug-Hellmuth, H. (1920). On the technique of child-analysis. *International Journal of Psycho-Analysis, 2,* 287-305.

Werner, H., & Kaplan, B. (1973). The organismic-developmental framework. In S. G. Sapir & A. C. Nitzburg (Eds.), *Children with learning problems: Readings in the developmental-interactional approach* (pp. 148-155). New York: Brunner/Mazel.

Winnicott, D. W. (1965). *Maturational processes and the facilitating environment: Studies in the theory of emotional development.* London: Hogarth Press.

Winnicott, D. W. (1971). *Playing and reality.* London: Routledge.

제6장

Achenbach, T. M. (1991). *Manual for the Child Behavior Checklist/4-18 and 1991 Profile.* Burlington: University of Vermont, Department of Psychiatry.

Beck, A. T. (1963). Thinking and depression: Idiosyncratic content and cognitive distortions. *Archives of General Psychiatry, 42,* 441-447.

Beck, A. T. (1964). Thinking and depression. *Archives of General Psychiatry, 10,* 561-571.

Beck, A. T. (1967). *Depression: Clinical, experimental, and theoretical aspects.* New York: Harper & Row.

Beck, A. T. (1970). Cognitive therapy: Nature and relation to behavior therapy. *Behavior Therapy, 1,* 184-200.

Beck, A. T. (1972). *Depression: Causes and treatment.* Philadelphia: University of Pennsylvania Press.

Beck, A. T. (1976). *Cognitive therapy and the emotional disorders.* New York: International Universities Press.

Beck, A. T. & Emery, G. (1985). *Anxiety disorders and phobias: A cognitive perspective.* New York: Basic Books.

Belknap, M. (2006). *Stress relief for kids: Taming your dragons.* Duluth, MN: Whole Person Associates.

Benedict, H. E. (2004, October). *Using play themes in play assessment and for treatment workshop.* Presented at the 21st annual Association for Play Therapy International Conference, Denver, CO.

Cavett, A. M. (2010). *Structured play-based interventions for engaging children and adolescents in therapy.* West Conshohocken, PA: Infinity Press.

Cavett, A. M. (in press). *Play-based cognitive-behavioral therapy interventions for children.* West Conshohocken, PA: Infinity Press.

Cavett, A. M., & Drewes, A. (2012). Play applications and trauma-specific components for young children. In J. A. Cohen, A. P. Mannarino, & E. Deblinger (Eds.), *Trauma-focused CBT for children and adolescents: Treatment applications* (pp. 124-148). New York: Guilford Press.

Cohen, J. A., Mannarino, A. P., & Deblinger, E. (2006). *Treating trauma and traumatic grief in children and adolescents.* New York: Guilford Press.

Crisci, G., Lay, M., & Lowenstein, L. (1998). *Paper dolls and paper airplanes: Therapeutic exercises for sexually traumatized children.* Indianapolis, IN: Kidsrights.

Deblinger, E., & Heflin, A. H. (1996). *Treating sexually abused children and their nonoffending parents: A cognitive-behavioral approach.* Thousand Oaks, CA: Sage.

Drewes, A. A. (2009). *Blending play therapy with cognitive behavioral therapy: Evidence based and other effective treatments and techniques.* New York:

Wiley.

Field, T. (2005). Touch deprivation and aggression against self among adolescents. In D. M. Stoff & E. J. Susman (Eds.), *Developmental psychobiology of aggression* (pp. 117-140). New York: Cambridge University Press.

Field, T., Seligman, S., Scafidi, F., & Schanberg, S. (1996). Alleviating posttraumatic stress in children following Hurricane Andrew. *Journal of Applied Developmental Psychology, 17*(1), 37-50.

Freud, A. (1928). *Introduction to the technique of child analysis* (L. P. Clark, Trans.). New York: Nervous and Mental Disease Publishing.

Freud, A. (1964). *The psychoanalytic treatment of children*. New York: Schocken Books.

Gil, E. (2006). *Helping abused and traumatized children: Integrating directive and nondirective approaches*. New York: Guilford Press.

Goodyear-Brown, P. (2005). *Digging for buried treasure 2: Another 52 prop-based play therapy interventions for treating the problems of childhood*. Nashville, TN: Author.

Grotsky, L., Camerer, C., & Damiano, L. (2000). *Group work with sexually abused children*. Thousand Oaks, CA: Sage.

Irwin, E. C. (2000). The use of a Puppet Interview to understand children. In K. J. O'Connor & C. E. Schaefer (Eds.), *Handbook of play therapy: Vol. 2. Advances and innovations* (pp. 682-703). New York: Wiley.

Kenney-Noziska, S. (2008). *Techniques, techniques, techniques: Play-based activities for children, adolescents, and families*. West Conshohocken, PA: Infinity Press.

Klein, M. (1932). *The psycho-analysis of children*. London: Hogarth Press.

Klein, M. (1955). The psychoanalytic play technique. *American Journal of Orthopsychiatry, 25,* 223-237.

Knell, S. M. (1992). *Puppet sentence completion task*. Unpublished manuscript.

Knell, S. M. (1993). *Cognitive-behavioral play therapy*. Northvale, NJ: Aronson.

Knell, S. M., & Beck, K. W. (2000). The Puppet Sentence Completion Task. In K. J. O'Connor & C. E. Schaefer (Eds.), *Handbook of play therapy: Vol. 2. Advances and innovations* (pp. 704-721). New York: Wiley.

Knell, S. M. (2009). Cognitive-behavioral play therapy. In K. J. O'Connor & L. D. Braverman (Eds.), *Play therapy theory and practice: Comparing theories and techniques* (2nd ed., pp. 203-236). Hoboken, NJ: Wiley.

Knell, S. M., & Dasari, M. (2011). Cognitive-behavioral play therapy. In S. W. Russ &

L. N. Niec (Eds.), *Play in clinical practice: Evidence-based approaches* (pp. 236-262). New York: Guilford Press.

Landreth, G. (1991). *Play therapy: The art of the relationship*. Bristol, PA: Taylor & Francis.

Lite, L. (1996). *A boy and a bear*. Plantation, FL: Specialty Press.

Maclean, G., & Ulrich, R. (1991). *Hermine Hug-Hellmuth: Her life and work*. New York: Routledge.

MacLean, K. L. (2009). *Moody cow*. Boston: Wisdom.

O'Conner, K. J. (1983). The color your life technique. In C. E. Schaefer & K. J. O'Conner (Eds.), *Handbook of play therapy* (pp. 251-258). New York: Wiley.

Padesky, C. A. (1993, September). *Socratic questioning: Changing minds or guiding discovery?* Invited keynote address presented at the European Congress of Behaviour and Cognitive Therapies, London. Retrieved October 1, 2013, from *www.padesky.com/clinicalcorner*.

Phillips, R. (1985). Whistling in the dark?: A review of play therapy research. *Psychotherapy, 22*(4), 752-760.

Piaget, J. (1972). *The psychology of the child*. New York: Basic Books.

Robingson, E. A., & Eyberg, S. M. (1981). The dyadic parent-child interaction coding system: Standardization and validation. *Journal of Consulting and Clinical Psychology, 49*(2), 245-250.

Russ, S. W. (2004). *Play in child development and psychotherapy*. Mahwah, NJ: Erlbaum.

Skinner, B. F. (1938). *The behavior of organisms: An experimental analysis*. New York: Appleton-Century.

제7장

Booth, P., & Jernberg, A. (2010). *Theraplay: Helping parents and children build better relationships through attachment-based play* (3rd ed.). San Francisco: Jossey-Bass.

Bratton, S., Ray, D., Rhine, T., & Jones, L. (2005). The efficacy of play therapy with children: A meta-analytic review of the outcome research. *Professional Psychology: Research and Practice, 36*(4), 376-390.

Cavett, A. (2009). A playful trauma-focused cognitive behavioral therapy. *Play Therapy Magazine, 4*(3), 20-22.

Cohen, J. A., Mannarino, A. P., & Deblinger, E. (Eds.). (2012). *Trauma-focused CBT for children and adolescents: Treatment applications*. New York: Guilford Press.

Cooper, G., Hoffman, K., & Powell, B. (2009). *Early intervention program for parents and children: A relationship parenting program, COS-PC facilitator manual 5.0*. Spokane, WA: Circle of Security International.

Drewes, A. A. (2009, October). *Integrating play therapy and cognitive-behavioral therapy*. Mining report presented at Association for Play Therapy, Clovis, CA.

Drewes, A. A. (2011). Integrating play therapy theories into practice. In A. A. Drewes, S. C. Bratton, & C. E. Schaefer (Eds.), *Integrative play therapy* (pp. 21-35). Hoboken, NJ: Wiley.

Drewes, A. A., Bratton, S. C., & Schaefer, C. E. (Eds.). (2011). *Integrative play therapy*. Hoboken, NJ: Wiley.

Gil, E. (2006). *Helping abused and traumatized children: Integrating directive and nondirective approaches*. New York: Guilford Press.

Gil, E. (2010). *Working with children to heal interpersonal trauma: The power of play*. New York: Guilford Press.

Gil, E. (2012). Trauma-focused integrated play therapy (TF-IPT). In P. Goodyear-Brown (Ed.), *Handbook of child sexual abuse: Identification, assessment, and treatment* (pp. 251-278). Hoboken, NJ: Wiley.

Gil, E., & Drewes, A. A. (2005). *Cultural issues in play therapy*. New York: Guilford Press.

Gil, E., & Shaw, J. A. (2013). *Working with children with sexual behavior problems*. New York: Guilford Press.

Goodyear-Brown, P. (2009). *Play therapy with traumatized children: A prescriptive approach*. Hoboken, NJ: Wiley.

Hitchcock, D. L., Ammen, S., O'Connor, K., & Backman, T. L. (2008). Validating the Marschak Interaction Method Rating System with adolescent mother-child dyads. *International Journal of Play Therapy, 17*(1), 24-38.

Jensen, J. P., Bergin, A. E., & Greaves, D. W. (1990). The meaning of eclecticism: New survey and analysis of components. *Professional Psychology: Research and Practice, 21*(2), 124-130.

Kenney-Noziska, S., Schaefer, C., & Homeyer, L. (2012). Beyond directive and nondirective: Moving the conversation forward. *International Journal of Play Therapy, 21*(4), 244-252.

Lindaman, S. L., Booth, P. B., & Chambers, C. L. (2000). Assessing parent-child interactions with the Marschak Interaction Method (MIM). In K. Giltin-Weiner,

A. Sandgrund, & C. Schaefer (Eds.), *Play diagnosis and assessment* (2nd ed.). Hoboken, NJ: Wiley.

Landreth, G. (1991). *Play therapy: The art of the relationship*. Muncie, IN: Accelerated Development.

Lazarus, A. A. (2006). Multimodal therapy: A seven-point integration. In G. Stricker & J. R. Gold (Eds.), *The casebook of psychotherapy integration* (pp. 17-28). Washington, DC: American Psychological Association.

Magnavita, M. J. (2008). Toward unification of clinical science: The next wave in the evolution of psychotherapy? *Journal of Psychotherapy Integration, 24,* 22-28.

Munns, E. (2011). Theraplay: Attachment-enhancing play therapy. In C. E. Shaefer (Ed.), *Foundations of play therapy* (2nd ed., pp. 275-296). Hoboken, NJ: Wiley.

Norcross, J. C., Beutler, L. E., & Levant, R. F. (Eds.). (2005). *Evidence-based practices in mental health: Debate and dialogue on the fundamental questions*. Washington, DC: American Psychological Association.

Norcross, J. C., & Goldfried, M. R. (Eds.). (2005). *Handbook of psychotherapy integration* (2nd ed.). New York: Oxford University Press.

O'Connor, K. J., & Schaefer, C. E. (Eds.). (1994). *Handbook of play therapy*. Hoboken, NJ: Wiley.

Perry, B., & Szalavitz, M. (2006). *The boy who was raised as a dog: And other stories from a child psychiatrist's notebook-what traumatized children can teach us about loss, love, and healing*. New York: Basic Books.

Phillips, R. & Landreth, G. (1995). Play therapists on play therapy: A report of methods, demographics, and professional/practice issues. *International Journal of Play Therapy, 4,* 1-26.

Powell, B., Cooper, G., Hoffman, K., & Marvin, B. (2014). *The Circle of Security intervention: Enhancing attachment in early parent-child relationships*. New York: Guilford Press.

Rasmussen, L. A., & Cunningham, C. (1995). Focused play therapy and non-directive play therapy: Can they be integrated? *Journal of Child Sexual Abuse, 4*(1), 1-20.

Ray, D. C. (2006). Evidence-based play therapy. In C. E. Schaefer & H. G. Kaduson (Eds.), *Contemporary play therapy: Theory, research and practice* (pp. 136-157). New York: Guilford Press.

Schaefer, C. E. (1995). *The therapeutic powers of play*. New York: Aronson.

Schaefer, C. E. (2003). Prescriptive play therapy. In C. E. Schaefer (Ed.), *Foundations of play therapy* (pp. 306-320). Hoboken, NJ: Wiley.

Schaefer, C. E., & Drewes, A. A. (Eds.). (2014). *The therapeutic powers of play: 20 core agents of change*. Hoboken, NJ: Wiley.

Siegel, D. & Payne Bryson, T. (2011). *The whole-brain child: 12 revolutionary strategies to nurture your child's developing mind, survive everyday parenting struggles, and help your family thrive*. New York: Delacorte.

Seymour, J. W. (2011). History of psychotherapy integration and related research. In A. A. Drewes, S. C. Bratton, & C. E. Schaefer (Eds.), *Integrative psychotherapy* (pp. 3-19). Hoboken, NJ: Wiley.

Stricker, G., & Gold, J. R. (2008). Integrative psychotherapies. In J. L. Lebow (Ed.), *Twenty-first century psychotherapies: Contemporary approaches to theory and practice* (pp. 389-423). Hoboken, NJ: Wiley.

Weir, K. N. (2008). Using integrative play therapy with adoptive families to treat reactive attachment disorder: A case study. *Journal of Family Psychotherapy, 18*(4), 1-16.

Wethington, H. R., Hahn, R. A., Fuqua-Whitley, D. S., Sipe, T. A., Crosby, A. E., Johnson, R. L., et al. (2008). The effectiveness of interventions to reduce psychological harm from traumatic events among children and adolescents: A systematic review. *American Journal of Preventative Medicine, 35,* 287-313.

Wynne, L. S. (2008). Play therapy in school settings [Association for Play Therapy mining report]. Retrieved from *www.a4pt.org/download.cfm?ID=26654.*

제8장

Abidin, R. R. (2012). *Parenting Stress Index* (4th ed.). Lutz, FL: PAR.

Ainsworth, M. D. S. (1989). Attachments beyond infancy. *American Psychologist, 44*(4), 709-716.

Ainsworth, M. D. S., Blehar, M. C., Waters, E., & Wall, S. (1978). *Patterns of attachment: Psychological study of the strange situation*. Hillsdale, NJ: Erlbaum.

Ainsworth, M. D. S. (1967). *Infancy in Uganda: Infant care and the growth of love.* Baltimore: Johns Hopkins Press.

Bick, J., & Dozier, M. (2008). Helping foster parents change: The role of parental state of mind. In H. Steele & M. Steele (Ed.), *Clinical applications of the Adult Attachment Interview* (pp. 452-470). New York: Guilford Press.

Biglan, A., Flay, B., Embry, D., & Sandler, I. (2012). The critical role of nurturing environments for promoting human well-being. *American Psychologist, 67*(4), 257-271.

Bowlby, J. (1982). *Attachment and loss: Vol. 1. Attachment.* New York: Basic Books. (Original work published 1969)

Bowlby, J. (1988). *A secure base: Parent-child attachment and healthy human development.* New York: Basic Books.

Bretherton, I. (1992). The origins of attachment theory: John Bowlby and Mary Ainsworth. *Developmental Psychology, 28*(5), 759-775.

Brown, S. (2009). *Play: How it sharpens the mind, opens the imagination, and invigorates the soul.* New York: Bantam Books.

Chapman, D. P., Whitfield, C. L., Felitti, V. J., Dube, S. R., Edwards, V. J., & Anda, R. F. (2004). Adverse childhood experiences and the risk of depressive disorders in adults. *Journal of Affective Disorders, 82*(2), 217-225.

Derogatis, L. R. (2004). *Symptom Checklist-90-Revised.* Bloomington, MN: NCS Pearson.

Fonagy, P., Steele, M., Steele, H., & Target, M. (1997). *Reflective function manual for application to Adult Attachment Interviews.* London: University College.

Siegel, D. J. (2012). *The developing mind: How relationships and the brain interact to shape who we are* (2nd ed.). New York: Guilford Press.

Sroufe, L. A., Egeland, B., Carlson, E. A., & Collins, W. A. (2005). *The development of the person; The Minnesota Study of Risk and Adaptation from Birth to Adulthood.* New York: Guilford Press.

Sroufe, L. A., & Siegel, D. J. (2011, March/April). The verdict is in. *Psychotherapy Networker,* pp. 34-39, 52-53.

Steele, H., & Steele, M. (2008). *Clinical applications of the Adult Attachment Interview.* New York: Guilford Press.

Stewart, A. L., Whelan, W. F., & Pendleton, C. (2013). Attachment theory as a road map for play therapies. In C. A. Malchiodi & D. A. Crenshaw (Eds.), *Creative arts and play therapy for attachment problems* (pp. 35-51). New York: Guilford Press.

Tronick, E. (2007). *The neurobehavioral and social-emotional development of infants and children.* New York: Norton.

van IJzendoorn, M., & Bakermans-Kranenburg, M. (2009). Attachment security and disorganization in maltreating families and orphanages. Retrieved from *www.child-encyclopedia.com/documents/van_IJzendoorn-Bakermans-KranenburgANGxp-Attachment.pdf.*

van IJzendoorn, M., Schuengel, C., & Bakermans-Kranenburg, M. (1999). Disorganized attachment in early childhood: Meta-analysis of precursors, concomitants, and sequelae. *Development and Psychopathology, 11,* 225-249.

Whelan, W. F., & Marvin, R. S. (2011, April 2). *Caregiver patterns that moderate the effects of abuse and neglect.* Presentation of results from the Virginia foster care study (NIH Award No. GC11456) at the biennial meeting of the Society for Research in Child Development, Montreal, Quebec, Canada.

Yoshikawa, H., Aber, L., & Beardslee, W. (2012). The effects of poverty on the mental, emotional, and behavioral health of children and youth. *American Psychologist, 67*(4), 272-284.

제9장

Axline, V. (1947). *Play therapy.* New York: Ballantine.

Bratton, S. C. (1998). Training parents to facilitate their child's adjustment to divorce using the filial/family play therapy approach. In J. M. Briesmeister & C. E. Schaefer (Eds.), *Handbook of parent training: Parents as co-therapists for children's behavior problems* (2nd ed., pp. 549-752). New York: Wiley.

Bratton, S. C., & Landreth, G. L. (1995). Filial therapy with single parents: Effects on parental acceptance, empathy, and stress. *International Journal of Play Therapy, 4*(1), 61-80.

Bratton, S. C., & Landreth, G. (Producers). (2013). *Child parent relationship therapy (CPRT) in action* [DVD]. Dallas, TX: Child Parent Relationship Therapy Institute.

Bratton, S. C., Landreth, G., Kellam, T., & Blackard, S. (2006). *Child parent relationship therapy (CPRT) treatment manual: A ten session filial therapy model for training parents.* New York: Routledge.

Bratton, S. C., Landreth, G., & Lin, Y. (2010). Child parent relationship therapy (CPRT): A review of controlled outcome research. In J. N. Baggerly, D. C. Ray, & S. C. Bratton (Eds.), *Child-centered play therapy research: The evidence base for effective practice* (pp. 267-294). New York: Wiley.

Bratton, S. C., Ray, D., Rhine, T., & Jones, L. (2005). The efficacy of play therapy with children: A meta-analytic review of treatment outcomes. *Professional Psychology: Research and Practice, 36*(4), 376-390.

Carnes-Holt, K., & Bratton, S. C. (in press). The efficacy of child parent relationship therapy for adopted children with attachment disruptions. *Journal of*

Counseling and Development, 92(3).

Chorpita, B., Daleiden, E., Ebesutani, C., Young, J., Becker, K., Nakamura, B., et al. (2011). Evidence-based treatments for children and adolescents: An updated review of indicators of efficacy and effectiveness. *Clinical Psychology Science and Practice, 18*(2), 154-172.

Cohen, J. (1988). *Statistical power analysis for the behavioral sciences* (2nd ed.). Hillsdale, NJ: Erlbaum.

Eyberg, S. M., Nelson, M. M., & Boggs, S. R. (2008). Evidence-based treatments for child and adolescent disruptive behavior disorders. *Journal of Clinical Child and Adolescent Psychology, 37,* 213-235.

Guerney, B. G., Jr. (1964). Filial therapy: Description and rationale. *Journal of Consulting Psychology, 28*(4), 303-310.

Guerney, B. G., Jr., & Stover, L. (1971). *Filial therapy: Final report on MH 18264-01*. Unpublished manuscript, Pennsylvania State University, University Park.

Guerney, L. (2000). Filial therapy into the 21st century. *International Journal of Play Therapy, 92,* 1-17.

Guerney, L., & Ryan, V. (2013). *Group filial therapy: The complete guide to teaching parents to play therapeutically with their children*. London: Jessica Kingsley.

Landreth, G. (2012). *Play therapy: The art of the relationship* (3rd ed.). New York: Routledge.

Landreth, G., & Bratton, S. C. (2006). *Child parent relationship therapy (CPRT): A 10-session filial therapy model*. New York: Routledge.

LeBlanc, M., & Ritchie, M. (2001). A meta-analysis of play therapy outcomes. *Counseling Psychology Quarterly, 14*(2), 149-163.

Nezu, A. M., & Nezu, C. M. (2008). *Evidence-based outcome research*. New York: Oxford University Press.

Perry, B. D., & Szalavitz, M. (2006). *The boy who was raised as a dog and other stories from a child psychiatrist's notebook: What traumatized children can teach us about loss, love, and healing*. New York: Basic Books.

Powell, B., Cooper, G., Hoffman, K., & Marvin, B. (2013). *The Circle of Security intervention: Enhancing attachment in early parent-child relationships*. New York: Guilford Press.

Ray, D. (2011). *Advanced play therapy: Essential conditions, knowledge and skills for advanced practice*. New York: Routledge.

Rogers, C. R. (1951). *Client-centered therapy: Its current practice, implications, and theory*. Boston: Houghton Mifflin.

Ryan, V., & Bratton, S. C. (2008). Child-centered/non-directive play therapy with very young children. In C. Schaefer, P. Kelly-Zion, & J. McCormick (Eds.), *Play therapy with very young children* (pp. 25-66). New York: Rowman & Littlefield.

Schore, A. (2003). *Affect dysregulation and disorders of the self.* New York: Norton.

Siegel, D. J., & Hartzell, M. (2003). *Parenting from the inside out: How a deeper self-understanding can help you raise children who thrive.* New York: Penguin Putnam.

Stover, L., & Guerney, B. G., Jr. (1967). The efficacy of training procedures for mothers in filial therapy. *Psychotherapy: Theory, Research, and Practice, 4*(3), 110-115.

VanFleet, R. (2005). *Filial therapy: Strengthening parent-child relationships through play* (2nd ed.). Sarasota, FL: Professional Resource Press.

Webster-Stratton, C., Rinaldi, J., & Reid, J. M. (2011). Long-term outcomes of Incredible Years parenting program: Predictors of adolescent adjustment. *Child and Adolescent Mental Health, 16*(1), 38-46.

제10장

Booth, P., Christensen, G., & Lindaman, S. (2011). *Marschak Interaction Method (MIM): Manual and cards* (3rd ed.). Chicago: Therapy Institute.

Booth, P., & Jernberg, A. (2010). *Theraplay: Helping parents and children build better relationships through attachment-based play* (3rd ed.). San Francisco: Jossey-Bass.

Booth, P. B., Lindaman, S., & Winstead, M. L. ┌R. (2014). Theraplay in reunification following relational trauma. In C. A. Malchiodi & D. A. Crenshaw (Eds.), *Creative arts and play therapy for attachment problems* (pp. 130-157). New York: Guilford Press.

Bowlby, J. (1982). *Attachment and loss: Vol. 1, Attachment.* New York: Basic Books. (Original work published 1969)

Brazelton, T. B. (1990). Touch as a touchstone: Summary of the round table. In K. E. Barnard & T. B. Brazelton (Eds.), *Touch: The foundation of experience.* Madison, WI: International Universities Press.

Cozolino, L. (2010). *The neuroscience of psychotherapy: Healing the social brain* (2nd ed.). New York: Norton.

Fonagy, P., Gergely, G., Jurist, E. L., & Target, M. (2002). *Affect regulation, mentalization, and the development of the self.* New York: Other Press.

George, C., Kaplan, N., & Main, M. (1985). *An Adult Attachment Interview: Interview protocol.* Unpublished manuscript, University of California, Berkeley.

Hart, S. (2008). *Brain, attachment, personality: An introduction to neuroaffective development.* London: Karnac Books.

Hughes, D. A. (2007). *Attachment-focused family therapy.* New York: Norton.

Iacoboni, M. (2008). *Mirroring people: The science of empathy and how we connect with others.* New York: Farrar, Straus & Giroux.

Kim, Y. K. (2010). The effect of group Theraplay on elderly women living alone. *Korean Journal of Play Therapy, 13*(4), 153-169.

Kim, Y. K. (2011). The effect of group Theraplay on self-esteem and depression of the elderly in day care center. *Korean Journal of Counseling, 12*(5), 1413-1430.

Mäkelä, J. (2003, Fall/Winter). What makes Theraplay effective?: Insights from developmental sciences. *Theraplay Institute Newsletter,* pp. 9-11.

Porges, S. W. (2011). *The polyvagal theory: Neuro-psychological foundations of emotions, attachment, communication, and self-regulation.* New York: Norton.

Schore, J. R., & Schore, A. N. (2008). Modern attachment theory: The central role of affect regulation in development and treatment. *Clinical Social Work Journal, 36,* 9-20.

Siegel, D. J. (2006). An interpersonal neurobiology approach to psychotherapy. *Psychiatric Annals, 36*(4), 248-256.

Siu, A. F. Y. (2009). Theraplay in the Chinese world: An intervention program for Hong Kong children with internalizing problems. *International Journal of Play Therapy, 18*(1), 1-12.

Slade, A. (2002, June/July). Keeping the baby in mind: A critical factor in perinatal mental health. *Zero to Three,* pp. 10-16.

Sunderland, M. (2006). *The science of parenting: Practical guidance on sleep, crying, play, and building emotional well-being for life.* New York: DK Publishing.

Trevarthen, C., & Aitken, K. J. (2001). Infant intersubjectivity: Research, theory, and clinical applications. *Journal of Child Psychology and Psychiatry, 42*(1), 3-48.

Tronick, E. Z., & Beeghly, M. (2011). Infants' meaning-making and the development of mental health problems. *American Psychologist, 66*(2), 107-119.

Tronick, E. Z., Bruschweiler-Stern, N., Harrison, A. M., Lyons-Ruth, K., Morgan, A.

C., Nahum, J. P., et al. (1998). Dyadically expanded states of consciousness and the process of therapeutic change. *Infant Mental Health Journal, 19*(3), 290-299.

Tronick, E. Z., Ricks, M., & Cohn, J. F. (1982). Maternal and infant affective exchange: Patterns of adaptation. In T. Field & A. Fogel (Eds.), *Emotion and early interaction* (pp. 83-100). Hillside, NJ: Erlbaum.

Weir, K., Song, L., Canosa, P., Rodrigues, N., McWilliams, M., & Parker, L. (2013). Whole family Theraplay: Integrating family systems theory and Theraplay to treat adoptive families. *Adoption Quarterly, 16*(3-4), 175-200.

Wettig, H. G., Coleman, A. R., & Geider, F. J. (2011). Evaluating the effectiveness of Theraplay in treating shy, socially withdrawn children. *International Journal of Play Therapy, 20*(1), 26-37.

Williamson, G. G., & Anzalone, M. (1997). Sensory integration: A key component of the evaluation and treatment of young children with severe difficulties in relating and communicating. *Zero to Three, 17*(5), 29-36.

제11장

Badenoch, B. (2011). *The brain-savvy therapist's workbook*. New York: Norton.

Baer, R. A. (Ed.). (2006). *Mindfulness-based treatment approaches: Clinician's guide to evidence base and applications*. Burlington, MA: Academic Press.

Damasio, A. (1999). *The feeling of what happens: The body and emotion in the making of consciousness*. San Diego, CA: Harcourt.

Hunter, L. (1998). *Images of resiliency*. Palm Beach, FL: Behavioral Communications Institute.

Jung, C. (1969). *The collected works of C. G. Jung: Vol. 8. Structure and dynamics of the psyche* (2nd ed.). Princeton, NJ: Princeton University Press.

Kalff, D. (1980). *Sandplay: A psychotherapeutic approach to the psyche*. Boston: Sigo Press.

Kalff, D. (2003). *Sandplay: A psychotherapeutic approach to the psyche*. Cloverdale, CA: Temenos Press. (Original work published 1980)

Kestly, T. (2004). *What is sandtray therapy?* Unpublished handout.

Kestly, T. (2014). *The interpersonal neurobiology of play: Brain-building interventions for emotional well-being*. New York: Norton.

Lowenfeld, M. (1979). *The world technique*. London: George Allen & Unwin.

McGilchrist, I. (2009). *The master and his emissary: The divided brain and the making of the Western world*. New Haven, CT: Yale University Press.

Siegel, D. J. (2007). *The mindful brain: Reflection and attunement in the cultivation of well-being*. New York: Norton.

Siegel, D. J. (2010). *Mindsight: The new science of personal transformation*. New York: Bantam Books.

Siegel, D. J. (2012). *The developing mind: How relationships and the brain interact to shape who we are* (2nd ed.). New York: Guilford Press.

Siegel, D. J., & Bryson, T. P. (2011). *The whole-brain child: 12 revolutionary strategies to nurture your child's developing mind*. New York: Delacorte Press.

Siegel, D. J., & Hartzell, M. (2003). *Parenting from the inside out: How a deeper self-understanding can help you raise children who thrive*. New York: Tacher/Penguin.

Urwin, C., & Hood-Williams, J. (Eds.). (1988). *Child psychotherapy, war and the normal child: Selected papers of Margaret Lowenfeld*. London: Free Association Books.

Wilson, F. (1998). *The hand: How its use shapes the brain, language, and human culture*. New York: Vintage Books.

제12장

Allan, J. (1997). Jungian play psychotherapy. In K. J. O'Connor & L. Braverman (Eds.), *Play therapy theory and practice: A comparative presentation*, (pp. 100-130). New York: Wiley.

Asante, M. K. (2009). *Maulana Karenga: An intellectual portrait*. New York: Wiley.

Axline, V. (1947). *Play therapy: The inner dynamics of childhood*. Boston: Houghton Mifflin.

Bopp, J., Bopp, M., Brown, L., & Lane, P., Jr. (1984/1985). *The sacred tree: Reflections on Native American spirituality*. Lethbridge, Alberta, Canada: Four Worlds International Institute.

Brave Heart, M. (1998). The return to the sacred path: Healing the historical trauma and historical unresolved grief response among the Lakota through a psycho-educational group intervention. *Smith College Studies in Social Work, 68*, 287-308.

Brody, V. (1997). *The dialogue of touch: Developmental play therapy*. Lanham, MD: Roman and Littlefield.

Brown, S. (2009). *Play.* New York: Avery Press.

Campbell, J. (1991). *The power of myth.* New York: Anchor Books.

Carey, L. (2006). *Expressive and creative arts methods for trauma survivors.* Philadelphia: Jessica Kingsley.

Crenshaw, D. A. (2008). *Therapeutic engagement of children and adolescents: Play, symbol, drawing and storytelling strategies.* Lanham, MD: Aronson.

Doidge, N. (2007). *The brain that changes itself.* New York: Penguin Books.

Drake, R. S. (2004). Hozho: Diné concept of balance and beauty. Retrieved from *www.roberts-drake.com/files/Hozho.htm.*

Drewes, A. A., Bratton, S. C., & Schaefer, C. E. (2011). *Integrative play therapy.* Hoboken, NJ: Wiley.

Duran, E. (2006). *Healing the soul wound.* New York: Teachers College Press.

Duran, E., & Duran, B. (1995). *Native American postcolonial psychology.* Albany: State University of New York Press.

Erickson, M., & Rossi, E. (1981). *Experiencing hypnosis: Indirect approaches to altered states.* New York: Irvington.

Erickson, M. H. (1980a). Pediatric hypnotherapy. In E. Rossi (Ed.), *The collected papers of Milton H. Erickson on hypnosis: Vol. 4. Innovative hypnotherapy* (pp. 174-180). New York: Irvington. (Original work published 1958)

Erickson, M. H. (1980b). The interspersal hypnotic technique for symptom correction and pain control. In E. Rossi (Ed.), *The collected papers of Milton H. Erickson on hypnosis: Vol. 4. Innovative hypnotherapy* (pp. 262-278). New York: Irvington. (Original work published 1966)

Erickson, M. H., & Rossi, E. (1979). *An exploratory casebook.* New York: Irvington.

Erickson, M. H., & Rossi, E. (1980). Two-level communication and the microdynamics of trance and suggestion. In E. Rossi (Ed.), *The collected papers of Milton H. Erickson on hypnosis: Vol. 1. The nature of hypnosis and suggestion* (pp. 430-451). New York: Irvington. (Original work published 1976)

Freud, A. (1946). *The psychoanalytic treatment of children.* London: Imago.

Geary, B. B., & Zeig, J. K. (2001). Ericksonian play therapy. In B. B. Geary & J. K. Zeig (Eds.), *Handbook of Ericksonian psychotherapy* (pp. 576-521). Phoenix, AZ: Milton H. Erickson Foundation Press.

Gil, E. (1991). *The healing power of play: Working with abused children.* New York: Guilford Press.

Gil, E. (1994). *Play in family therapy.* New York: Guilford Press.

Gilligan, S. (1997). *The courage to love.* New York: Norton.

Glover, J. (2005). *Commentary: Socrates, Freud and family therapy.* New York: Wiley.

Guerney, L. F. (1997). *Filial therapy: Strengthening parent-child relationships through play.* Sarasota, FL: Professional Resources Press.

Hammerschlag, C. A. (2012). *Kindling spirit: Healing from within.* Phoenix, AZ: Turtle Island Press.

Hines, P., Mills, J. C., Bonner, R., Sutton, C. E., & Castellano, C. (2007). Healing and recovery after trauma: A disaster response program for first responders. In *Systemic responses to disaster: Stories of the aftermath of Hurricane Katrina* (Winter AFTA Monograph Series, pp. 61-68). Available at *www.afta.org/files/2007_Monograph.pdf.*

Jernberg, A. M. (1979). *Theraplay: A new treatment using structured play for problem children and their families.* San Francisco: Jossey-Bass.

Kestly, T. (2001, September). *Articulating the value of play.* Paper presented at the New Mexico Association for Play Therapy, Albuquerque, NM.

Kestley, T. (in press). *The interpersonal neurobiology of play: Brain-building interventions for emotional well-being.* New York: Norton.

Landreth, G. L. (1991). *Play therapy: The art of the relationship.* Muncie, IN: Accelerated Development.

Lankton, S., & Lankton, C. (1989). *Tales of enchantment: Goal-oriented metaphors for adults and children in therapy.* New York: Brunner/Mazel.

Lankton, S., & Matthews, W. (2008). An Ericksonian model of clinical hypnosis. In S. Lynn, J. Rhue, & I. Kirsch (Eds.), *Handbook of clinical hypnosis* (2nd ed., pp. 209-238). Washington, DC: American Psychological Association Press.

Lowenfield, M. (1979). *The world technique.* London: Allen & Unwin.

McGilchrist, I. (2009). *The master and his emissary.* New Haven, CT: Yale University Press.

Mills, J. C. (1999). *Reconnecting to the magic of life.* Phoenix, AZ: Imaginal Press.

Mills, J. C. (2007). *Butterfly wisdom®.* Phoenix, AZ: Imaginal Press.

Mills, J. C. (2011). *StoryPlay foundations.* Phoenix, AZ: Imaginal Press.

Mills, J. C., & Crowley, R. J. (1988). A multi-dimensional approach to the utilization of therapeutic metaphors for children and adolescents. In J. K. Zeig & S. R. Lankton (Eds.), *Developing Ericksonian therapy: State of the art* (pp. 302-323). New York: Brunner/Mazel.

Mills, J. C., & Crowley, R. J. (2005). *Sammy the elephant and Mr. Camel* (2nd ed.). Washington, DC: Magination Press.

Mills, J. C., & Crowley, R. J. (2014). *Therapeutic metaphors and for children and the child within* (2nd ed.). Philadelphia: Brunner-Routledge.

Moustakas, C. (1992). *Psychotherapy with children*. Greeley, CO: Carron. (Original work published 1959)

Norton, C. C., & Norton, B. E. (1997). *Reaching children through play therapy*. Denver, CO: Publishing Cooperative.

Oaklander, V. (1998). *Windows to our children*. Moab, UT: Real People Press.

Oaklander, V. (2007). *Hidden treasure*. London: Karnac Books.

O'Connor, K. J., & Schaefer, C. E. (Eds.). (1994). *Handbook of play therapy: Vol. 2. Advances and innovations*. New York: Wiley.

O'Hanlon, W. H. (1987). *Taproots*. New York: Norton.

Ramachandran, V. S. (2011). *The tell-tale brain*. New York: Norton.

Schubach De Domenico, G. (1988). *Sand tray world play: A comprehensive guide to the use of the sand tray in psychotherapeutic and transformational settings*. Unknown binding.

Short, D., Erickson, B. A., & Erickson-Klein, R. (2005). *Hope and resiliency*. New York: Crown.

Siegel, D. J. (2012). *The developing mind: How relationships and the brain interact to shape who we are* (2nd ed.). New York: Guilford Press.

Siegel, D. J., & Bryson, T. P. (2012). *The whole-brain child: 12 revolutionary steps to nurture your child's developing mind*. New York: Bantam Books.

VanFleet, R. (1994). *Filial therapy: Strengthening parent-child relationships through play*. Sarasota, FL: Professional Resource Press.

White, M. (2007). *Maps of narrative practice*. New York: Norton.

White, M., & Epston, D. (1990). *Narrative means to therapeutic ends*. New York: Norton.

더 읽을거리

Benard, B. (1991). *Fostering resiliency in kids: Protective factors in the family, school, and community*. Portland, OR: Western Center for Drug-Free Schools and Communities.

Blum, R. W., Beuhring, T., Shew, M. L., Bearinger, L. H., Sieving, R. E., & Resnick, M. D. (2000). The effects of race/ethnicity, income, and family structure on adolescent risk behaviors. *American Journal of Public Health, 90,* 1879-1884.

Brown, J. H., D'Emidio-Caston, M., & Benard, B. (2001). *Resilience education*.

Thousand Oaks, CA: Corwin Press.

Butler, K. (1997, March/April). The anatomy of resilience. *Family Networker,* pp. 22-31.

Cameron-Bandler, L. (1978). *They lived happily ever after.* Cupertino, CA: Meta.

Duran, E., Duran, B., Brave Heart, M. Y. H., & Yellow Horse-Davis, S. (1998). Healing the American Indian soul wound. In D. Yael (Ed.), *International handbook of multigenerational legacies of trauma* (pp. 341-354). New York: Plenum Press.

Gil, E., & Drewes, A. A. (2005). *Cultural issues in play therapy.* New York: Guilford Press.

Haggerty, R. J., Sherrod, L. R., Garmezy, N., & Rutter, M. (1996). *Stress, risk, and resilience in children and adolescents: Processes, mechanisms, and interventions.* New York: Cambridge University Press.

Hammerschlag, C. A. (1988). *Dancing healers.* San Francisco: Harper & Row.

Hammerschlag, C. A. (1993). *Theft of the spirit.* New York: Simon & Schuster.

Heller, S., & Steele, T. (1986). *There's no such thing as hypnosis.* Phoenix, AZ: Falcon Press.

James, B. (1989). *Treating traumatized children.* Lexington, MA: Lexington Books.

James, B. (1994). *Handbook for treatment of attachment-trauma problems in children.* Lexington, MA: Lexington Books.

Kopp, R. R. (1995). *Metaphor therapy: Using client-generated metaphors in psychotherapy.* Bristol, PA: Brunner/Mazel.

Krovetz, M. L. (1999). *Fostering resiliency: Expecting all students to use their minds and hearts well.* Thousand Oaks, CA: Corwin Press.

Leffert, N., Benson, P. L., Scales, P. C., Sharma, A. R., Drake, D. R., & Blyth, D. A. (1998). Developmental assets: Measurement and prediction of risk behaviors among adolescents. *Applied Developmental Science, 2,* 209-230.

Mills, J. C. (1989). No more monsters and meanies. In M. Yapko (Ed.), *Brief therapy approaches to treating anxiety and depression* (pp. 150-170). New York: Brunner/Mazel.

Mills, J. C. (2006). The bowl of light: A story-craft for healing. In L. Carey (Ed.), *Expressive and creative arts methods for trauma survivors* (pp. 207-213). Philadelphia: Jessica Kingsley.

Mills, J. C. (2009). *StoryPlay® therapy* [DVD]. Pheoniz, AZ: Imaginal Press.

Werner, E. E. (1995). Resilience in development. *Current Directions in Psychological Science, 4,* 81-82.

Werner, E. E., & Smith, R. S. (1992). *Overcoming the odds: High risk children from birth to adulthood*. Ithaca, NY: Cornell University Press.

Werner, E. E., & Smith, R. S. (2001). *Journeys from childhood to midlife: Risk, resilience, and recovery*. Ithaca, NY: Cornell University Press.

제13장

Ariel, S. (1992). *Strategic family play therapy*. Somerset, NJ: Wiley.

Booth, P. B., & Jernberg, A. M. (2009). *Theraplay: Helping parents and children build better relationships through attachment-based play* (3rd ed.). Somerset, NJ: Wiley.

Bowen, M. (1978). *Family therapy in clinical practice*. New York: Aronson.

Brown, S. (2009). *Play: How it shapes the brain, opens the imagination, and invigorates the soul*. New York: Penguin.

Goldenberg, H., & Goldenberg, I. (2007). *Family therapy: An overview*. Boston: Brooks cole.

Gil, E. (1994). *Play in family therapy*. New York: Guilford Press.

Higgins-Klein, D. (2013). *Mindfulness-based play-family therapy: Theory and practice*. New York: Norton.

Hughes, D. A. (2013). *Eight keys to building your best relationships*. New York: Norton.

Landreth, G. L., & Bratton, S. C. (2006). *Child parent relationship therapy (CPRT): A 10-session filial therapy model*. New York: Routledge.

Lowenstein, L. (2010). *Creative family therapy techniques: Play, art, and expressive activities*. Toronto, Ontario, Canada: Champion Press.

McKay, J., Pickens, J., & Stewart, A. L. (1996). Inventoried and observed stress in parent-child interactions. *Current Psychology, 15*(3), 223-234.

Mullen, J. A., & Rickli, J. A. (2011). *How play therapists can engage parents and professionals*. Oswego, NY: Integrative Counseling Services.

Munns, E. (2009). *Applications of family and group Theraplay*. Lanham, MD: Rowman & Littlefield.

Nichols, M. (2012). *Family therapy: Concepts and methods* (10th ed.). Boston: Allyn & Bacon.

Schaefer, C. E., & Carey, L. J. (1994). *Family play therapy*. Northvale, NJ: Aronson.

Stanton, M., & Welsh, R. (2012). Systemic thinking in couple and family psychology. *Couple and Family Psychology: Research and Practice, 1*(1), 14-30.

VanFleet, R. (2005). *Filial therapy: Strengthening parent-child relationships through play* (2nd ed.). Sarasota, FL: Professional Resource Press.

Waters, D. B., & Lawrence, E. C. (1993). *Competence, courage, and change: An approach to family therapy.* New York: Norton.

제14장

Arkow, P. (2012). *Latham and the link: A legacy of cruelty prevention and personal responsibility* (Vol. 1). CreateSpace Independent Publishing.

Chandler, C. K. (2012). *Animal assisted therapy in counseling* (2nd ed.). New York: Routledge.

Crenshaw, D. A. (2012). Secrets told to Ivy: Animal-assisted play therapy in a residential treatment facility. *Play Therapy, 7*(2), 6-9.

Faa-Thompson, T. (2012a). Safe touch using horses to teach sexually abused clients to value their bodies and themselves. In K. S. Trotter (Ed.), *Harnessing the power of equine assisted counseling* (pp. 53-58). New York: Routledge.

Faa-Thompson, T. (2012b). You gotta crack a few eggs. In K. S. Trotter (Ed.), *Harnessing the power of equine assisted counseling* (pp. 129-132). New York: Routledge.

Fine, A. H. (Ed.). (2010). *Handbook on animal-assisted therapy: Theoretical foundations and guidelines for practice* (3rd ed.). New York: Elsevier.

Guerney, L., & Ryan, V. (2013). *Group filial therapy: The complete guide to teaching parents to play therapeutically with their children*. Philadelphia: Jessica Kingsley.

International Institute for Animal Assisted Play Therapy Studies Play Therapy. (2013). *Certification in animal assisted play therapy.* Boiling Springs, PA: Play Therapy Press.

Jalongo, M. R. (Ed.). (2004). *The world's children and their companion animals; Developmental and educational significance of the child/pet bond.* Olney, MD: Association for Childhood Education International.

Jalongo, M. R. (Ed.). (2014). *Teaching compassion: Humane education in early childhood.* New York: Springer.

Landreth, G. L. (2012). *Play therapy: The art of the relationship* (3rd ed.). New York: Routledge.

McCardle, P., McCune, S., Griffin, J. A., Esposito, L., & Freund, L. S. (Eds.). (2011). *Animals in our lives: Human-animal interaction in family, community, and therapeutic settings*. Baltimore: Brookes.

Melson, G. F. (2001). *Why the wild things are: Animals in the lives of children*. Cambridge, MA: Harvard University Press.

Melson, G. F., & Fine, A. H. (2010). Animals in the lives of children. In A. H. Fine (Ed.), *Handbook on animal-assisted therapy: Theoretical foundations and guidelines for practice* (pp. 223-245). New York: Elsevier.

Parish-Plass, N. (2008). Animal-assisted therapy with children suffering from insecure attachment due to abuse and neglect: A method to lower the risk of intergenerational transmission of abuse? *Clinical Child Psychology and Psychiatry, 13*(1), 7-30.

Parish-Plass, N. (Ed.). (2013). *Animal-assisted psychotherapy: Theory, issues, and practice*. West Lafayette, IN: Purdue University Press.

Thompson, M. J. (2009). Animal-assisted play therapy: Canines as co-therapists. In G. R. Walz, J. C. Bleuer, & R. K. Yep (Eds.), *Compelling counseling interventions: VISTAS 2009* (pp. 199-209). Alexandria, VA: American Counseling Association.

Trotter, K. S. (Ed.). (2012). *Harnessing the power of equine assisted counseling*. New York: Routledge.

Trotter, K. S., Chandler, C. K., Goodwin-Bond, D., & Casey, J. (2008). A comparative study of group equine assisted counseling with at-risk children and adolescents. *Journal of Creativity in Mental Health, 3*(3), 254-284.

VanFleet, R. (2007). *Preliminary results from the ongoing pet play therapy study*. Boiling Springs, PA: Play Therapy Press. Full report available at *http://play-therapy.com/playfulpooch/pets_study.html*.

VanFleet, R. (2008). *Play therapy with kids & canines: Benefits for children's developmental and psychosocial health*. Sarasota, FL: Professional Resource Press.

VanFleet, R. (2014a). *Filial therapy: Strengthening parent-child relationships through play* (3rd ed.). Sarasota, FL: Professional Resource Press.

VanFleet, R. (2014b). *Selection of dogs for family life and therapy work, with special attention to animal assisted play therapy* [Online course]. Boiling Springs, PA: Play Therapy Press.

VanFleet, R., & Colţea, C. G. (2012). Helping children with ASD through canine-assisted play therapy. In L. Gallo-Lopez & L. C. Rubin (Eds.), *Play-based interventions for children and adolescents with autism spectrum disorders* (pp. 39-72). New York: Routledge.

VanFleet, R., & Faa-Thompson, T. (2010). The case for using animal assisted play therapy. *British Journal of Play Therapy, 6,* 4-18.

VanFleet, R., & Faa-Thompson, T. (2012). The power of play, multiplied. *Play Therapy Magazine of the British Association of Play Therapists, 70,* 7-10.

VanFleet, R., & Faa-Thompson, T. (2014). Including animals in play therapy with young children and families. In M. R. Jalongo (Ed.), *Teaching compassion: Humane education in early childhood* (pp. 89-107). New York: Springer.

VanFleet, R., Sywulak, A. E., & Sniscak, C. C. (2010). *Child-centered play therapy.* New York: Guilford Press.

Weiss, D. (2009). Equine assisted therapy and Theraplay. In E. Munns (Ed.), *Applications of family and group Theraplay* (pp. 225-233). Lanham, MD: Aronson.

찾아보기

[인명]

[내용]

▷ 편저자 소개 ◁

David A. Crenshaw

심리학 박사, 미국심리전문가, 국제놀이치료사
뉴욕 포킵시 아동보호시설장이며, 컬럼비아대학교의 초빙교수이다. 미국심리전문가위원회의 임상심리사, 미국심리학회 및 미국심리학회 아동청소년심리 분과 회원, 미국놀이치료협회의 놀이치료 슈퍼바이저이다. 그는 뉴욕놀이치료협회와 허드슨밸리심리협회의 회장을 역임하였으며, 허드슨밸리심리협회에서는 공로상을 받기도 하였다. 또한 국제놀이치료학회지의 편집위원이었고, 존스홉킨스대학교에서 놀이치료를 가르쳤다. 아동치료와 아동외상 및 적응유연성에 관한 많은 논문과 책을 썼으며 놀이치료 콘퍼런스에서 자주 강연을 한다.

Anne L. Stewart

심리학 박사, 국제놀이치료사
제임스매디슨대학교 심리학과 교수로 매주 놀이치료를 실시하고 가르치며 슈퍼비전하고 있다. 그녀는 위기개입, 놀이치료, 슈퍼비전, 애착, 군인가족, 적응유연성 등에 대해 집필하고 있으며 국제 강연을 하고 있다. 또한 버지니아놀이치료협회의 창립자이자 회장이고, 미국놀이치료재단의 의장이며, 국제놀이치료학회지의 편집위원이다. 그녀는 미국놀이치료협회에서 우수치료자상을 수상하였으며, 버지니아고등교육협회에서 우수교원상을 받았다.

▷ 집필자 소개 ◁

Jeffrey S. Ashby, PhD, ABPP, College of Education, Georgia State University, Atlanta, Georgia

Bonnie Badenoch, PhD, LMFT, Nurturing the Heart, Vancouver, Washington

Steven Baron, PsyD, private practice, Bellmore, New York

Helen E. Benedict, PhD, RPT-S, Department of Psychology and Neuroscience, Baylor University, Waco, Texas

Phyllis B. Booth, MA, LPC, LMFT, RPT-S, The Theraplay Institute, Chicago, Illinois

Sue C. Bratton, PhD, LPC, RPT-S, Center for Play Therapy, University of North Texas, Denton, Texas

Stuart Brown, MD, National Institute for Play, Carmel Valley, California

Heather McTaggart Bryan, LPC, RPT, Gil Institute for Trauma Recovery and Education, Fairfax, Virginia

Angela M. Cavett, PhD, LP, RPT-S, Beacon Behavioral Health Services and Training Center, West Fargo, North Dakota

Peggy L. Ceballos, PhD, LPC, RPT-S, Department of Counseling, University of North Carolina at Charlotte, Charlotte, North Carolina

Kathleen McKinney Clark, MA, LPC, private practice, Alpharetta, Georgia

David A. Crenshaw, PhD, ABPP, RPT-S, Children's Home of Poughkeepsie, Poughkeepsie, New York

Greg Czyszczon, EdS, LPC, Harrisonburg Center for Relational Health, Harrisonburg, Virginia

Eric Dafoe, MA, Center for Play Therapy, University of North Texas, Denton, Texas

Lennis G. Echterling, PhD, Department of Graduate Psychology, James Madison University, Harrisonburg, Virginia

Tracie Faa-Thompson, MSW, Turn About Pegasus, Northumberland, United Kingdom

Diane Frey, PhD, RPT-S, Department of Counseling, Wright State University, and private practice, Dayton, Ohio

Brijin Johnson Gardner, MSW, LSCSW, RPT-S, Operation Breakthrough, Parkville, Missouri

Eliana Gil, PhD, LMFT, RPT-S, ATR, Gil Institute for Trauma Recovery and Education, Fairfax, Virginia

Myriam Goldin, LCSW, RPT-S, Gil Institute for Trauma Recovery and Education, Fairfax, Virginia

Louise F. Guerney, PhD, RPT-S, National Institute of Relationship Enhancement, Bethesda, Maryland

Christopher Hill, MS, MA, Clinical and School Psychology Doctoral Program, James Madison University, Harrisonburg, Virginia

Kevin B. Hull, PhD, LPC, Hull and Associates, Lakeland, Florida

Heidi Gerard Kaduson, PhD, RPT-S, Play Therapy Training Institute, Monroe Township, New Jersey

Sueann Kenney-Noziska, MSW, LISW, LCSW, RPT-S, Play Therapy Corner, Las Cruces, New Mexico

Theresa Kestly, PhD, RPT-S, Sandtray Training Institute of New Mexico, Corrales, New Mexico

Elizabeth Konrath, LPC, RPT, Gil Institute for Trauma Recovery and Education, Fairfax, Virginia

Terry Kottman, PhD, LMFT, RPT-S, The Encouragement Zone, Cedar Falls, Iowa

Garry L. Landreth, EdD, LPC, RPT-S, Center for Play Therapy, University of North Texas, Denton, Texas

J. P. Lilly, MS, LSCW, RPT-S, private practice, Provo, Utah

Liana Lowenstein, MSW, RSW, CPT-S, private practice, Toronto, Ontario, Canada

Dianne Koontz Lowman, EdD, Harrisonburg Center for Relational Health, Harrisonburg, Virginia

Lauren E. Maltby, PhD, Department of Psychiatry, Harbor-UCLA Medical Center, Torrance, California

Joyce C. Mills, PhD, RPT-S, The Story Play Center, Scottsdale, Arizona

Claudio Mochi, RP, RPT-S, Association of Play Therapy of Italy, Rome, Italy

John B. Mordock, PhD, ABPP, private practice, Poughkeepsie, New York

Kristie Opiola, MA, Center for Play Therapy, University of North Texas, Denton, Texas

Sarah C. Patton, PsyD, Psychology Service, North Florida/South Georgia Veterans Health System, Gainesville, Florida

Mary Anne Peabody, EdD, LCSW, RPT-S, Social and Behavioral Sciences Program,

Lewiston-Auburn College, University of Southern Maine, Brunswick, Maine

Phyllis Post, PhD, LPC-S, NCSC, RPT-S, Department of Counseling, Special Education, and Child Development, University of North Carolina at Charlotte, Charlotte, North Carolina

Dee C. Ray, PhD, LPC-S, RPT-S, Department of Counseling and Higher Education, University of North Texas, Denton, Texas

Scott Riviere, MS, LPC, RPT-S, Kids Interactive Discovery Zone (K.I.D.Z.), Lake Charles, Louisiana

John W. Seymour, PhD, LMFT, RPT-S, Department of Counseling and Student Personnel, Minnesota State University, Mankato, Mankato, Minnesota

Jennifer Shaw, PsyD, Gil Institute for Trauma Recovery and Education, Fairfax, Virginia

Angela I. Sheely-Moore, PhD, NCC, Department of Counseling and Educational Leadership, Montclair State University, Montclair, New Jersey

Janine Shelby, PhD, RPT-S, Department of Psychiatry, Harbor-UCLA Medical Center, Torrance, California

William Steele, PsyD, MSW, National Institute for Trauma and Loss in Children, Clinton Township, Michigan

Anne L. Stewart, PhD, RPT-S, Department of Graduate Psychology, James Madison University, Harrisonburg, Virginia

Debbie C. Sturm, PhD, LPC, Department of Graduate Psychology, James Madison University, Harrisonburg, Virginia

Kathleen S. Tillman, PhD, Department of Counseling Psychology and Community Services, University of North Dakota, Grand Forks, North Dakota

Jessica Anne Umhoefer, PsyD, NCSP, Department of Graduate Psychology, James Madison University, Harrisonburg, Virginia; Fairfax County Public Schools, Alexandria, Virginia

Risë VanFleet, PhD, RPT-S, CDBC, The Playful Pooch Program, Family Enhancement and Play Therapy Center, Boiling Springs, Pennsylvania

William Whelan, PsyD, Virginia Child and Family Attachment Center, University of Virginia, Charlottesville, Virginia

Marlo L.-R. Winstead, LSCSW, LCSW, RPT-S, Department of Social Work, University of Kansas, Kansas City, Kansas

▷ 역자 소개 ◁

이순행(Lee Soonhang)

이화여자대학교 심리학 박사

전 인간발달복지연구소 부소장

현 이화여자대학교 강사

한국심리학회 공인 발달심리전문가

한국발달지원학회 공인 놀이심리상담 수련감독자

윤진영(Yun Jinyoung)

이화여자대학교 심리학 박사

청소년상담사 1급

전 금천아이존 센터장

현 세명대학교 교양과정부 교수

한국발달지원학회 공인 놀이심리상담 수련감독자

최해훈(Choi Haehoon)

이화여자대학교 심리학 박사

전 일산 백병원 발달증진클리닉 놀이치료실 실장

현 이안아동발달연구소 소장

한국발달지원학회 공인 놀이심리상담 수련감독자

최은실(Choi Eunsil)

이화여자대학교 심리학 박사

전 서울사이버대학교 상담심리학과 교수

현 가톨릭대학교 심리학과 교수

한국심리학회 공인 발달심리전문가 및 수련감독자

한국발달지원학회 공인 놀이심리상담 수련감독자

박혜근(Park Hyegeun)

이화여자대학교 심리학 박사

전 인간발달복지연구소 부소장

현 이화여자대학교 발달장애아동센터 심리치료실 실장

한국심리학회 공인 임상심리전문가

한국발달지원학회 공인 놀이심리상담 수련감독자

놀이치료 1: 이론과 기법편
Play Therapy: A Comprehensive Guide to Theory and Practice

2018년 8월 30일 1판 1쇄 발행
2020년 4월 20일 1판 2쇄 발행

엮은이 • David A. Crenshaw · Anne L. Stewart
옮긴이 • 이순행 · 최해훈 · 박혜근 · 윤진영 · 최은실
펴낸이 • 김진환
펴낸곳 • (주) 학지사
04031 서울특별시 마포구 양화로 15길 20 마인드월드빌딩
대표전화 • 02)330-5114 팩스 • 02)324-2345
등록번호 • 제313-2006-000265호

홈페이지 • http://www.hakjisa.co.kr
페이스북 • https://www.facebook.com/hakjisabook

ISBN 978-89-997-1604-1 93180
정가 20,000원

역자와의 협약으로 인지는 생략합니다.
파본은 구입처에서 교환해 드립니다.

이 도서의 국립중앙도서관 출판시도서목록(CIP)은 서지정보유통지원시스템 홈페이지(http://seoji.nl.go.kr)와 국가자료공동목록시스템(http://www.nl.go.kr/kolisnet)에서 이용하실 수 있습니다.
(CIP 제어번호: CIP2018024389)